JN451814

論語集註 備旨 懸吐 完譯

論語集註 備旨 (Ⅲ)

曉泉 金慶國
木仁 朴相澤 譯註

전남대학교출판부

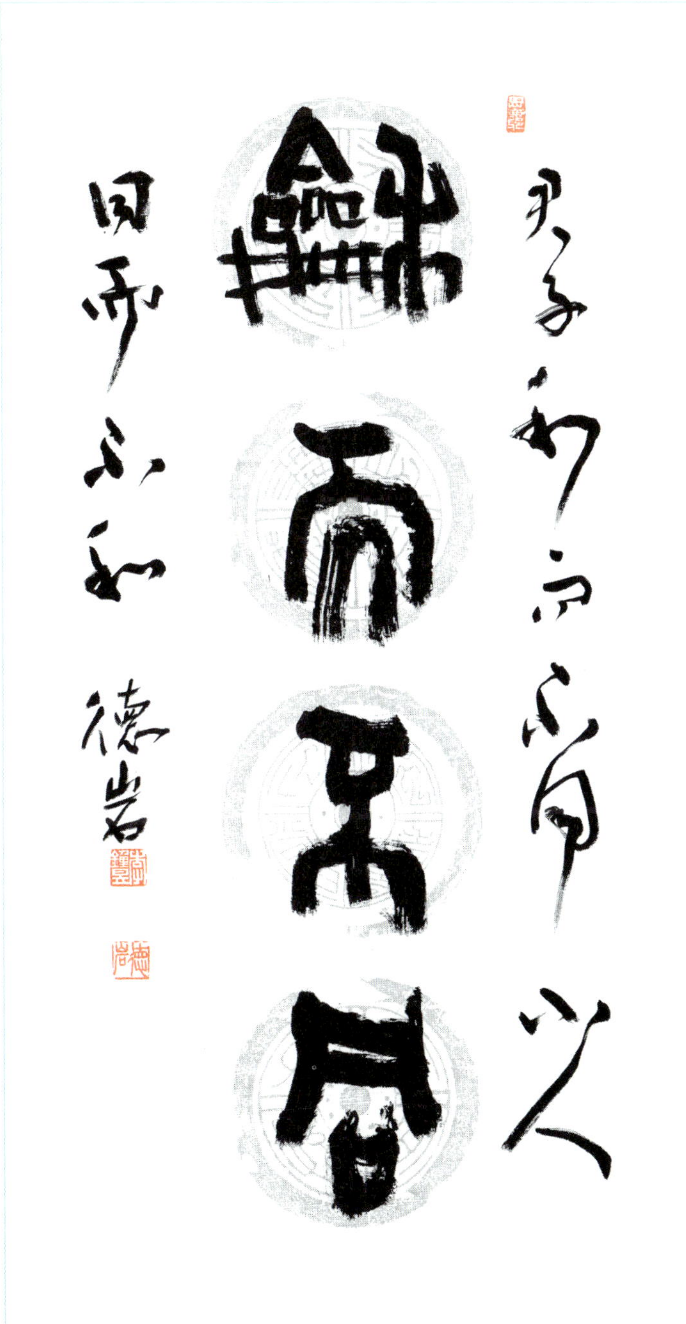

孔子像(明代，佚名)

孔子講學圖(明代, 佚名)

일러두기

❶ 譯註의 底本은 ≪新訂四書補註備旨≫(鄧林 著, 鄧煜 編次, 祁文友 重校, 杜定基 增訂, 上海 天寶書局, 1915), ≪中國子學名著集成·論語集註大全≫(明·胡廣 等撰, 明 內府刊本), ≪經書: 大學 論語 孟子 中庸≫(庚辰新刊 內閣藏板本 影印本, 成均館大 大東文化硏究院, 1965), ≪四書章句集注≫(中華書局, 1983) 등이다.

❷ 原文의 懸吐는 ≪四書諺解≫(保景文化社, 1984)와 ≪論語(附諺解)≫(學民文化社)를 기본으로 삼았고, 集註와 備旨는 譯註者가 직접 懸吐하였다.

❸ 번역은 축자식逐字式 번역을 원칙으로 하되, 필요에 따라 일부 현대식 표기법도 병행하여 일반 독자들의 이해를 높이도록 했다.

❹ 본문의 배열은 原文, 한글 譯, 註解의 순으로 했고, 독자들의 이해를 위해 어려운 한자들의 訓과 音을 표기했다.

❺ 集註의 내용만 가지고 이해하기 힘든 부분은 〈大全註疏〉의 일부 내용을 인용하여 번역하고 원문을 함께 실었다.

❻ ≪ ≫는 書名에, 〈 〉는 篇名에 사용하였다.

머리말

宋代의 巨儒 朱子(1130~1200)는 중국 儒學의 집대성자이자 우리나라 性理學에 가장 큰 영향을 미친 인물이다. 朱子가 일생동안 정리하고 연구한 儒家經傳은 주로 五經과 四書 및 北宋 諸子들인 주돈이周敦頤(1017~1073) · 정호程顥(1032~1085) · 정이程頤(1033~1107) · 소옹邵雍(1011~1077) · 장재張載(1020~1077) 등의 著作들로 나눌 수 있다.

이들 儒家經傳들의 상호 관계에 대하여 朱子는 ≪朱子語類≫ 105卷에서 "四子는 六經의 입문서이고, ≪近思錄≫은 四子의 입문서이다. 四子, 六經之階梯. ≪近思錄≫, 四子之階梯."라고 했는데, 여기에서 四子는 '四書', 六經은 '五經', ≪近思錄≫은 북송 諸子들의 학설을 말한다. 이 말의 뜻은 四書의 지위가 북송 諸子들의 저작 보다 높고 五經의 지위가 四書 보다 높기 때문에, 배우는 자들은 마땅히 ≪近思錄≫으로부터 시작해서 四子에 이르고, 다시 四子에서 五經에 이르러야 한다는 말이다.

六經의 입문서인 '四書'란 곧 ≪大學≫ · ≪論語≫ · ≪中庸≫ · ≪孟子≫ 등을 말한다. 이 四書의 중요성에 대해서 朱子는 그의 〈書臨漳所刊四子後〉에서 다음과 같이 강조했다. "河南 程氏는 사람을 가르치는데 반드시 먼저 ≪大學≫ · ≪論語≫ · ≪中庸≫ · ≪孟子≫ 등의 책에 힘을 쓴 다음에 六經에 미치도록 했다. 대개 그 난이難易와 원근遠近과 대소大小의 차례가 진실로 이와 같아야 어지럽지 않게 된다. 河南程夫子之教人, 必先使之用力乎 ≪大學≫ · ≪論語≫ · ≪中庸≫ ·

《孟子》 之書, 然後及乎六經. 蓋其難易, 遠近, 大小之序, 固如此而不可亂也." 이에 朱子는 二程사상을 계승해서 일생의 심혈을 기울여 《大學》·《論語》·《孟子》·《中庸》에 주해를 함으로써 《四書章句集註》를 완성했다.

朱子는 四書를 공부하는 순서에 대해서도 程子의 "《大學》은 孔氏의 遺書이며 처음 배우는 사람이 德에 들어가는 문이다. 大學, 孔氏之遺書, 而初學入德之門也."라는 주장을 계승하여 다음과 같이 밝히고 있다. "《大學》을 처음과 끝을 완전히 관통하여 모두 의심난 바가 없게 된 연후에 가히 《論語》와 《孟子》에 미칠 수가 있고, 또 의심난 바가 없게 된 연후에 가히 《中庸》에 미칠 수가 있다. 大學首尾貫通, 都無所疑然後, 可及語孟, 又無所疑然後, 可及中庸."(大全註疏) 《大學》이 이처럼 중요한 이유에 대해서 朱子는 《大學》이 학문의 처음과 끝을 꿰뚫어 말한 것이고, 《大學》을 먼저 읽고 《論語》와 《孟子》를 읽어야만 학문의 길에 쉽게 들어갈 수 있으며, 나아가 학문의 大體가 갖추어져 나머지 공부가 저절로 되기 때문이라고 설명했다.

《四書集註》와 備旨에 대한 주해 작업에 뜻을 두고, 지난번에 《大學章句 備旨》(2009), 《論語集註 備旨(Ⅰ)》(2010), 《論語集註 備旨(Ⅱ)》(2011)를 세상에 선보였고, 이번에 다시 《論語集註 備旨(Ⅲ)》를 출간하게 되었다. 《論語》는 儒家學說 중 가장 중요한 경전으로 全書의 원문은 약 1만 6천자이고 모두 20편으로 구성되어 있다. 《論語》의 내용은 비단 초기 儒家思想의 기본적인 면모와 그 우주관을 반영하고 있을 뿐만 아니라, 현실생활과 관련해서 크게는 '治國安邦'과 '德治仁政', 작게는 개인의 '安身立命'과 '處世爲人'을 논하고 있다. 또한 ≪論語≫에는 人生哲理와 사회현실에 대한 깊은 성찰과 풍부한 지혜가 담겨있기 때문에, 21세기를 살아가는 현대인들에게 교육과 연구적인 측면에서 그 활용 가치가 매우 높은 문헌이라고 할 수 있다.

사실 ≪論語≫의 핵심은 맨 앞 세 구절과 마지막 세 구절에 있다고 해도 과언이 아니다. 즉 孔子는 맨 처음 〈學而〉 篇의 "배우고 때로 익히면, 또한 기쁘지 아니한가? 친구가 먼 곳으로부터 찾아오면, 또한 즐겁지 아니한가? 사람들이 알아주지 않아도 성내지 아니하면, 또한 君子가 아닌가? 學而時習之, 不亦說乎? 有朋自遠方來, 不亦樂乎? 人不知而不慍, 不亦君子乎?"의 三句에서 군자가 갖추어야할 덕목으로 '知行合一'과 '人我合一' 및 '人際交往'의 세 가지를 대전제로 삼아 크게 강조하고 있다. 또한 마지막 〈堯曰〉 篇의 "천명을 알지 못하면 군자가 되지 못하고, 禮를 알지 못하면 바로 설 수 없으며, 남의 말을 알지 못하면 사람을 알 수 없다. 不知命, 無以爲君子也. 不知禮, 無以立也. 不知言, 無以知人也."의 三句에서 배우는 자는 '知命'과 '知禮'와 '知言'의 능력을 두루 갖춰야만 비로소 참된 군자가 될 수 있고, 나아가 社會 各所의 제자리에 바로 서서 세상을 널리 이롭게 할 수 있다고 역설하고 있다.

이 때문에 程子도 〈論語序說〉에서 "≪論語≫를 읽는데 읽고 나서 전연 일이 없는 자도 있고, 읽고 난 후에 그 가운데 한 두 句를 얻고 기뻐하는 자도 있으며, 읽고 난 후에 알고 좋아하는 자도 있고, 읽고 난 후에 다만 자신도 모르게 손으로 춤추고 발로 뛰는 자도 있다. 讀論語, 有讀了, 全然無事者. 有讀了後, 其中得一兩句喜者. 有讀了後, 知好之者. 有讀了後, 直有不知手之舞之足之蹈之者."라고 했고, 또한

"지금 사람들은 글을 읽을 줄 모른다. 예를 들어 ≪論語≫를 읽을 때 읽기 전에도 이러한 사람이요, 읽은 후에도 또 다만 이러한 사람이라면, 이는 읽지 않은 것이나 마찬가지다. 今人不會讀書. 如讀論語, 未讀時是此等人, 讀了後又只是此等人, 便是不曾讀."라고 했다.

이런 의미에서 우리가 어려서부터 항상 ≪論語≫를 몸 가까이 두고 읽어 오면서도 여지껏 ≪論語≫의 참다운 가치와 그 가르침을 깨닫지 못한다거나 또한 이를 실천에 옮기지 못하고 있다면, 이것은 바로 聖人의 말씀을 모독하는 것이요, 더 나아가 聖人에게 크나큰 죄업을 짓는 일이 될 것이다.

끝으로 본 書가 세상에 나오기까지 그 동안 엄격하고 자상한 가르침을 베풀어주신 弦齋 金永雄 선생님, 본문의 험난한 한자변환 작업을 위해 노고를 다해준 李鎬俊 선생님, 表紙題字를 써주신 德 岩 李鍾昱 선생님께 진심으로 감사드린다.

아울러 본 書의 출판에 도움을 준 전남대학교 당국과, 편집과 출판을 위해 노고를 다해주신 전남대학교출판부 관계자 분들께도 이 자리를 빌려 깊은 감사의 마음을 전한다.

壬辰年 立春節

著者 謹識

목차

論語集註

顔淵 第十二 ······ 137

子路 第十三 ······ 251

憲問 第十四 367

論語集註 卷十一

先進 第十一

先進 第十一

此篇은 多評弟子賢否하니 凡二十五章이라
胡氏曰 此篇은 記閔子騫言行者四而其一은 直稱閔子하니 疑閔氏門人所記也라

이 편은 弟子들의 賢否를 평한 것이 많으니 모두 25章이다.
胡氏 가로되 "이 편은 민자건閔子騫의 언행을 기록 한 것이 넷이요, 그 중 하나는 직접 민자閔子라고 칭했으니, 의심컨대 閔氏의 門人들이 기록한 것이다."

주해

- 先進: 周나라 文王 · 武王 · 成王 · 康王 시기의 사람들을 말한다(四書備旨註)
- 후재풍씨厚齋馮氏가 말했다. "이 편은 제자들의 賢否를 평한 것이 많다. 그러므로 夫子의 言動 다음에 두었다. 此篇多評弟子賢否, 故以次於夫子言動之後."(大全註疏)
- 閔(가엾게여길 민) 騫(이지러질 건)

[11·1]

子曰 先進이 於禮樂에 野人也요 後進이 於禮樂에 君子也라 하나니

孔子께서 가라사대 "先進이 禮와 樂에 野人이요, 後進이 禮와 樂에 君子라고 하나니,

先進後進은 猶言前輩後輩라 野人은 謂郊外之民이요 君子는 謂賢士大夫也라
程子曰 先進이 於禮樂에 文質得宜어늘 今反謂之質朴하여 而以爲野人이라 하고 後進之於禮樂에 文過其質이어늘 今反謂之彬彬하여 而以爲君子라 하니 蓋周末에 文勝이라 故로 時人之言ㅣ如此하여 不自知其過於文也니라

'先進'·'後進'은 前輩·後輩라고 말하는 것과 같다. '野人'은 郊外의 백성을 말함이요, '君子'는 어진 士大夫를 말한다.
程子 가로되 "先進이 禮樂에 文(문채)과 質(바탕)이 마땅함을 얻었거늘, 이제 도리어 질박質朴하다고 말하며 野人이라 하고, 後進이 禮樂에 文(문채)이 그 質(바탕)을 지나치거늘, 이제 도리어 빈빈彬彬하다고 말하며 君子라 하니, 대개 周末에 文(문채)이 앞섰기 때문에 당시 사람들의 말이 이와 같아 스스로 그 문채가 지나쳤음을 알지 못한 것이다."

주해

- 猶言: ~라고 말함과 같다.
- 野人: 박실樸實하고 꾸밈이 없는 사람을 말한다.
- 後進: 周나라 말기의 사람들을 말한다(四書備旨註)
- 文質: 문채(형식)와 바탕(내용), 곧 文華와 質朴을 말한다. 진晋 두예杜預의 ≪春秋經傳集解序≫에 "史有文質, 辭有詳略."이라 했고, 공영달孔穎達의 소疏에 "史文則辭華, 史質則辭直, 華則多詳, 直則多略."이라 했다.
- 彬彬: 文質이 겸비된 모습. 〈雍也〉篇에 "質勝文則野, 文勝質則史, 文質彬彬, 然後君子."라고 했다. 彬(빛날 빈)

【備旨】

夫子ㅣ以身維禮樂曰 禮樂은 以得中爲貴로되 但世道旣殊하여 而人之習尙이 亦異라 彼先進之於禮樂에 文質得宜어늘 今反以爲野人이라 하니 夫野人은 誠非禮樂所尙이어늘 不謂先進之禮樂을 竟等之野人也라 하니 可異也라

若後進之於禮樂에 文過其質이어늘 今反以爲君子라 하니 夫君子는 誠爲禮樂所重이어늘 不謂後進之禮樂을 亦稱之君子也라 하니 尤可異也라

夫子께서 몸으로써 禮樂을 헤아려 가라사대 "禮樂은 中道를 얻는 것을 귀하게 여기되 다만 世道가 이미 달라져서 사람의 習俗이 또한 달라졌도다. 저 先進 사람들이 禮樂에 文과 質이 마땅함을 얻었

거늘 지금은 도리어 野人이라 하니, 무릇 野人은 진실로 禮樂을 숭상하는 바가 아니거늘, 뜻밖에 先進 사람들의 禮樂을 마침내 野人과 같다고 하니 가히 괴이하도다!
예를 들어 後進 사람들이 禮樂에 文이 그 質보다 지나치거늘 지금 도리어 君子라고 하니, 무릇 君子는 진실로 禮樂을 중히 여기는 바이거늘 뜻밖에 後進 사람들의 禮樂을 또한 君子에게 걸맞다고 하니 더욱 가히 괴이하도다!"

주해

- 維: 생각하다, 헤아리다. 維(생각할 유)
- 習尙: '習俗' 또는 '風尙'·'崇尙'과 같다.
- 不謂: 뜻밖에, 뜻밖에도.
- 竟(마침내 경) 等(같을 등)

如用之면 則吾從先進하리라

"만약 그것(禮樂)을 쓴다면, 곧 나는 先進을 따르리라."

用之는 謂用禮樂이라 孔子旣述時人之言하고 又自言其如此하시니 蓋欲損過以就中也시니라

'用之'는 禮樂을 사용하는 것을 말한다. 孔子께서 이미 당시 사람들의 말을 기술하고, 또 스스로 말씀하심이 그 이와 같으시니, 대개 지나침을 덜어서 中道에 나아가게 하려고 하신 것이다.

주해

- 用之: 여기에서는 '治身'과 '淑世'를 겸해서 한 말이다.
- 吾從先進: '吾從周'와 같다.

【備旨】

夫時人之論이 若此하니 則其所用이 必從後進而不從先進也ㅣ明矣라 如吾用之인댄 吾則何如也오 亦惟從乎先進之禮樂而已니 又何恤於人言之紛紛乎아 夫子之越時論而獨決所從이 如此시니라

무릇 당시 사람들의 議論이 이와 같으니, 즉 그 쓰는 바가 반드시 後進을 따르고 先進을 따르지 않음이 분명하다. 만약 내 그것(禮樂)을 쓸진대 나는 곧 어떻게 하리오? 또한 오직 先進의 禮樂을 따를 뿐이니, 또 어찌 사람들의 말이 紛紛(분분)하는데 근심하리오? 夫子께서 時論을 뛰어 넘어 홀로 좇는 바를 결단함이 이와 같으셨다.

주해

- 恤(근심할 휼) 越(넘을 월)

[11·2]

子曰 從我於陳蔡者ㅣ皆不及門也로다

孔子께서 가라사대 "나를 진陳나라와 채蔡나라에서 따르던 자들이 (지금은) 모두 門下에 있지 않도다!"

孔子嘗厄於陳蔡之間할새 弟子多從之者러니 此時皆不在門이라 故로 孔子思之하시니 蓋不忘其相從於患難之中也라

孔子께서 일찍이 陳나라와 蔡나라 사이에서 곤액困厄을 당했을 때에 弟子들이 따르던 자가 많았는데 이 때에는 모두 門下에 있지 않았다. 그러므로 孔子께서 그들을 생각하시니, 대개 그 患難 중에 서로 따르던 일을 잊지 않으신 것이다.

주해

- 者: 여러 제자들을 말한다.
- 厄(재앙 액)
- 相從: 따르다, 함께 하다.

【備旨】

夫子ㅣ追思與難之賢曰 昔弟子에 從我於陳蔡患難之中者ㅣ今皆不及相從於吾門也라 하시니 撫今追昔에 其

能己於思哉아

夫子께서 患難을 함께 한 어진 이들을 追思하여 가라사대 "옛날 제자들중에 陳나라와 蔡나라의 患難중에서 나를 따르던 자들이 지금은 모두 내 門下에 서로 따르지 않도다!"라고 하시니, 현재를 살피면서 지난 과거를 돌이키는데 그 능히 생각에만 그치리오?

주해

- 追思: 회상하다, 기억하다. 追(쫓을 추)
- 撫今追昔: 현재의 상황을 살피면서 지난 과거를 돌이키다. 撫(어루만질 무) 昔(옛 석)

德行엔 顔淵閔子騫冉伯牛仲弓이요 言語엔 宰我子貢이요 政事엔 冉有季路요 文學엔 子游子夏니라

"德行에는 안연顔淵 · 민자건閔子騫 · 염백우冉伯牛 · 중궁仲弓이요, 言語에는 재아宰我 · 자공子貢이요, 政事에는 염유冉有 · 계로季路요, 文學에는 자유子游 · 자하子夏니라."

주해

- 德行: 마음에 道를 얻어 行事에 드러난 자를 말한다.
- 言語: 언변에 뛰어난 자를 말한다.

● 政事: 爲國과 治民의 일에 통달한 자를 말한다.
● 文學: 詩書禮樂의 글을 익혀 능히 그 뜻을 말할 수 있는 자를 말한다.
● 蹇(절뚝거릴 건) 冉(나아갈 염)

弟子因孔子之言하여 記此十人하고 而幷目其所長하여 分爲四科하니 孔子教人에 各因其材를 於此可見이니라 程子曰 四科는 乃從夫子於陳蔡者爾라 門人之賢者固不止此하니 曾子傳道而不與焉이라 故로 知十哲은 世俗論也니라

弟子들이 孔子의 말씀으로 인하여 이 열 사람을 기록하고 아울러 그 잘한 바를 지목하여 四科로 나누었으니, 孔子께서 사람을 가르치는데 각각 그 재능으로 인하신 것을 여기에서 가히 알 수 있다. 程子 가로되 "四科는 곧 陳나라와 蔡나라에서 夫子를 따르던 자들일 뿐이다. 門人중에 어진 자가 진실로 여기에 그치지 아니하니, 曾子께서 道를 전하였으나 이에 참여하지는 않으셨다. 그러므로 '十哲'은 세속의 論議임을 알 수 있다."

주해

● 四科: 朱子가 말했다. "德行者潛心體道, 默契於中, 篤志力行, 不言而信者也. 言語者, 善爲辭令者也. 政事者, 達於爲國治民之事者也. 文學者, 學於詩書禮樂之文而能言其意者也."(大全註疏) 潛(잠길 잠) 黙(고요할 묵) 契(맺을 계)

【備旨】

門人이 因夫子之言而記之曰 當時與難之賢을 考之컨대 有踐履篤實하여 長於德行者하니 則顔淵閔子騫冉伯牛仲弓也요 有應對明敏하여 長於言語者하니 則宰我子貢也요 有才識疏通하여 長於政事者하니 則冉有季路也요 有聞見博洽하여 長於文學者하니 則子游子夏也니라 以陳蔡患難中而有若人으로 誠足以相慰矣어늘 今皆不及門하니 其能已於思與아

門人들이 夫子의 말씀을 인하여 기록하여 가로되 "당시 환난을 함께 한 어진 이들을 상고하건대, 실천이 독실篤實하여 德行에 뛰어난 자가 있으니 곧 顔淵·閔子騫·冉伯牛·仲弓이요, 응대應對함이 영민하여 言語에 뛰어난 자가 있으니 곧 宰我·子貢이요, 재능과 식견이 소통疏通하여 政事에 뛰어난 자가 있으니 곧 冉有·季路요, 보고 들음이 광박廣博하여 文學에 뛰어난 자가 있으니 곧 子游·子夏이다.
陳蔡의 환난 속에서도 이와 같은 사람이 있었기 때문에 진실로 족히 서로 위안할 수 있었거늘, 이제 모두 門下에 있지 않으니 그 능히 생각에만 그치리오?"

주해

- 踐履: 실행, 실천. 踐(밟을 천) 履(밟을 리)
- 博洽: 학식과 見聞이 廣博함. 洽(적실 흡)

[11·3]

子曰 回也는 非助我者也로다 於吾言에 無所不說이온여

孔子께서 가라사대 "안회顔回는 나를 돕는 자가 아니로다! 나의 말에 기뻐하지 아니한 바가 없도다!"

주해

- 說: 기뻐하다. '열悅'과 통한다. 說(기쁠 열)

助我는 若子夏之起予니 因疑問而有以相長也라 顔子於聖人之言에 默識心通하여 無所疑問이라 故로 夫子云然하시니 其辭若有憾焉이나 其實은 乃深喜之시니라 胡氏曰 夫子之於回에 豈眞以助我望之리오 蓋聖人之謙德이요 又以深贊顔氏云爾니라

'助我'는 "子夏가 나를 흥기興起시킨다"는 것과 같으니, 疑問으로 인하여 교학상장敎學相長이 있는 것이다. 顔子는 聖人의 말씀에 묵묵히 알고 마음으로 통하여 疑問난 바가 없었다. 그러므로 夫子께서 이렇게 말씀하신 것이니, 그 말씀이 마치 유감이 있는 듯하나 그 사실은 곧 깊이 기뻐하신 것이다.
胡氏 가로되 "夫子께서 顔回에게 어찌 진실로 자신을 도와주기를 바라셨으리오? 대개 聖人의 겸손하신 德이요, 또한 顔氏를 깊이 칭

찬하신 말씀일 뿐이다."

주해

- 子夏之起予: '子夏가 나를 흥기興起시키다'. 〈팔일八佾〉篇 8章에 나온다. "子曰, 起予者商也. 始可與言詩已矣."
- 默識心通: '묵묵히 기억하며 마음으로 통하다.' '묵식默識'은 '속으로 기억하다'는 뜻으로, 〈述而〉篇에 "默而識之"라는 말이 나온다.
- 憾(한스러울 감)

【備旨】

夫子ㅣ嘉顔子之悟道曰 羣弟子問辨之間에 嘗有發吾之未發而得其助矣로되 若回也는 則非有助於我者也로다 但其凡於吾之所言에 惟無所不說而已耳라 無有疑면 自無有問이니 又安得有助哉아

夫子께서 顔子가 道를 깨달은 것을 가상히 여겨 가라사대 "여러 弟子들이 묻고 분별하는 사이에 일찍이 내가 發明하지 못한 것을 發明시켜 그 도움을 받은 적이 있었으나, 顔回와 같은 이는 곧 나에게 도움을 주는 자가 아니로다. 다만 그 무릇 나의 말한 바에 오직 기뻐하지 아니한 바가 없을 따름이다. 의문이 없으면 스스로 물음이 없으니, 또한 어찌 얻어 도움을 줄 수 있으리오?"

[11·4]

子曰 孝哉라 閔子騫이여 人不間於其父母昆弟之言이로다

孔子께서 가라사대 "효성스럽도다. 閔子騫이여! 사람들이 그 부모와 형제의 말에 트집잡지 못하도다!

胡氏曰 父母兄弟稱其孝友에 人皆信之하여 無異辭者는 蓋其孝友之實이 有以積於中而著於外라 故로 夫子歎而美之시니라

胡氏 가로되 "父母와 兄弟가 그 효도와 우애를 칭찬함에 사람들이 모두 그것을 믿고 다른 말이 없는 것은 대개 그 효도와 우애의 실상이 마음속에 쌓여 밖으로 드러났기 때문이다. 그러므로 夫子께서 감탄하고 찬미하신 것이다."

주해

- 昆弟: 형과 동생. '곤昆'은 '兄'과 같다. 昆(맏 곤)
- 不間: 異論이 없다, 흠 잡지 못하다. 間(헐뜯을 간)
- 운봉호씨雲峰胡氏가 말했다. "孔子의 門下에 어찌 유독 민자閔子만이 孝를 해서 夫子께서 홀로 칭찬하셨으리오? 다른 사람들의 孝는 인륜의 떳떳함에 처했으나, 閔子의 孝는 인륜의 變故에 처했다. 變故에 처했으나 그 떳떳함을 잃지 않았으니, 이것이 夫子께서 그를 칭찬하신 이유이신저! 孔門豈獨閔子爲孝, 而夫子獨稱之. 他人之孝處

人倫之常，閔子之孝處人倫之變．處變而不失其常，此夫子所以稱之歟．"(大全註疏)

【備旨】

夫子ㅣ稱閔子騫之孝曰 百行은 莫大乎孝니 以今觀之컨대 孝哉라 其閔子騫乎아 蓋凡人之孝는 見稱於父母昆弟者ㅣ有矣나 然이나 或溺於愛蔽於私하여 而外人이 未必以爲然也어늘 今閔子騫之孝는 不獨父母昆弟稱之요 而外人亦皆稱之하여 初無異於其父母昆弟之言하니 使非孝友之實이 積於中而著於外면 何以得此乎아하시니 此閔子騫所以爲純孝也니라

夫子께서 閔子騫의 孝를 칭찬하여 가라사대 "百行은 孝보다 큰 것이 없으니, 이제 살피건대, 효성스럽도다. 그 민자건閔子騫이여! 대개 무릇 사람들의 孝는 父母와 兄弟에게 칭찬을 받는 자가 있기도 하나, 그러나 혹 사랑에 빠지고 사사로움에 가려 바깥사람들이 모두 반드시 그렇다고 생각하지는 않거늘,

이제 閔子騫의 孝는 홀로 父母와 兄弟들만 칭찬할 뿐만이 아니요, 바깥사람들도 또한 모두 칭찬하여, 애초에 그 父母와 昆弟의 말과 다름이 없으니, 가사 효도와 우애의 실제가 마음속에 쌓여 외부에 드러나지 않았다면 어찌 이를 얻었으리오?"라고 하시니, 이는 閔子騫이 純孝를 행했기 때문이다.

주해

- 溺於愛蔽於私: 사랑에 빠지고 사사로움에 가리다. 溺(빠질 닉) 蔽(가릴 폐)
- 純孝: 지극한 효도. '至孝'와 같다.

[11·5]

南容이 三復白圭어늘 孔子ㅣ以其兄之子로 妻之하시다

남용南容이 백규白圭를 세 번 반복하거늘, 孔子께서 그 형님의 딸로써 그에게 시집보내셨다.

詩大雅抑之篇曰 白圭之玷은 尙可磨也어니와 斯言之玷은 不可爲也라 하니 南容이 一日三復此言이라 事見家語하니 蓋深有意於謹言也라 此는 邦有道에 所以不廢요 邦無道에 所以免禍라 故로 孔子以兄子妻之시니라 范氏曰 言者는 行之表요 行者는 言之實이니 未有易其言而能謹於行者라 南容이 欲謹其言이 如此면 則必能謹其行矣리라

≪詩經·大雅·抑≫篇에 가로되 "白圭의 흠은 오히려 가히 갈 수 있거니와, 이 말의 흠은 가히 할(갈) 수 없도다!"라고 하니, 南容이

하루에 세 번 이 말을 반복하였다. 이 일이 ≪孔子家語≫에 보이니, 대개 깊이 말을 삼감에 뜻을 둔 것이다. 이는 나라에 道가 있음에 버림받지 않는 바요, 나라에 道가 없음에 재앙을 면할 수 있는 바이다. 그러므로 孔子께서 兄의 딸로써 그에게 시집보내신 것이다.
范氏 가로되 "말이란 행실의 표상이요, 행실은 말의 실제이니, 그 말을 쉽게 하고서 능히 행실에 삼가는 자 있지 않다. 南容이 그 말을 삼가고자 함이 이와 같으면 곧 반드시 능히 그 행실을 삼갈 수 있을 것이다."

주해

- 三復: 세 번 반복하다. 여기에서 '三'은 '여러번', '되풀이해서'의 뜻이다.
- 白圭: 백옥으로 만든 홀. 圭(홀 규) '白圭'의 詩는 위衛나라 武公이 말을 삼가는 내용을 노래한 것이다.
- 妻: 시집보내다. '가嫁'와 같다. 妻(시집보낼 처) 嫁(시집갈 가)
- 玷(옥티 점) 見(나타날 현)

【備旨】

白圭之詩는 衛武公이 謹言而作也라
南容이 每日三復白圭之詩하니 蓋修身之士也니 於以齊家不難矣라 故로 孔子以其兄之子로 妻之하시니 是謹言之學을 聖門所重이 如此라

'白圭'의 詩는 위衛나라 武公이 말을 삼가려고 지은 것이다.
南容이 매일 '白圭'의 詩를 세 번 반복하니 대개 修身한 선비일 것이니, 집안을 가지런히 하는데 어렵지 않을 것이다. 그러므로 孔子께서 그 형님의 자식으로써 그에게 시집을 보내시니, 이는 말을 삼가는 학문을 聖人의 門下에서 중히 여기는 바가 이와 같았다.

[11·6]

季康子ㅣ問 弟子ㅣ孰爲好學이니잇고 孔子ㅣ對曰 有顔回者ㅣ好學하더니 不幸短命死矣라 今也則亡하니라

계강자季康子가 묻건대 "弟子 중에 누가 배우기를 좋아합니까?" 孔子께서 대답하여 가라사대 "顔回라는 자가 있어 배우기를 좋아했는데 불행히도 短命하여 죽고, 지금은 없습니다."

范氏曰 哀公康子問同而對有詳略者는 臣之告君엔 不可不盡이요 若康子者는 必待其能問이라야 乃告之하시니 此教誨之道也니라

范氏 가로되 "애공哀公과 강자康子의 물음이 같으나 대답에 상세하고 간략함이 있는 것은 臣下가 人君에게 告함에 가히 다하지 않을 수 없는 것이요, 康子와 같은 이는 반드시 그가 능히 묻기를 기다리고 나서 이에 告하시니, 이는 가르치는 방법이다."

주해

- 亡: 없다. '無'와 같다. 亡(없을 무)
- 教誨: 가르치고 훈계하다. 誨(가르칠 회)

【備旨】

魯大夫季康子ㅣ問羣弟子中에 孰爲好學이니잇고 孔子ㅣ對曰 好學之人을 豈易得哉아 羣弟子에 惟有顏回者하니 誠爲好學人也라 夫何天不假之以年하여 不幸短命死矣니 今也求之吾門인댄 則亡有好學如回者하니 寧不深可惜哉아

魯나라 大夫인 계강자季康子가 묻건대 "여러 弟子 중에 누가 배우기를 좋아합니까?"
孔子께서 대답하여 가라사대 "배우기를 좋아하는 사람을 어찌 쉽게 얻으리오? 여러 弟子 중에 오직 안회顏回란 자가 있으니, 진실로 배우기를 좋아하는 사람이었습니다. 무릇 어찌 하늘이 수명(목숨)을 빌려주지 아니하여 不幸히도 短命하여 죽었으니 이제는 내 門下에서 구하면 곧 배우기 좋아하는 것을 顏回만 같이 하는 자가 없으니, 어찌 심히 가히 애석하지 않으리오?"

주해

- 年(나이 년) 寧(어찌 녕)

[11·7]

顔淵이 死커늘 顔路ㅣ請子之車하여 以爲之槨한대

안연顔淵이 죽었거늘 안로顔路가 孔子의 수레로 곽槨을 만들 것을 청한대,

顔路는 淵之父니 名은 無繇라 少孔子六歲하니 孔子始敎而受學焉이라 槨은 外棺也니 請爲槨은 欲賣車以買槨也라

'안로顔路'는 顔淵의 부친이니, 이름은 무요無繇이다. 孔子 보다 6歲가 적으니, 孔子께서 처음 가르치실 때 受學하였다. '곽槨'은 外棺이니, 外棺을 만들기를 청한 것은 수레를 팔아서 外棺을 사고자 한 것이다.

주해

- 車: 夫子가 大夫의 신분으로 타고 다니던 수레.
- 槨(덧널 곽) 繇(우거질 요, 지날 유)

【備旨】

昔顔淵死에 家貧不能具槨한대 其父顔路ㅣ乃請夫子所乘之車하여 賣之以爲顔淵之槨하니 蓋溺於情而不知

有義者也라

옛날 顔淵이 죽자 집안이 가난하여 능히 外棺을 갖추지 못하자, 그 아버지 顔路가 이에 夫子께서 타고 다니던 수레를 팔아서 顔淵의 外棺을 만들 것을 청하니, 대개 人情에 빠져 義가 있음을 알지 못한 것이다.

子曰 才不才에 亦各言其子也니 鯉也ㅣ死커늘 有棺而無槨하니 吾不徒行하여 以爲之槨은 以吾從大夫之後라 不可徒行也니라

孔子께서 가라사대 "자식이 재주가 있거나 없거나 또한 각각 그 자식을 말하니, 리鯉가 죽었을 때 관棺만 있고 곽槨이 없었으니, 내가 걸어 다님으로써 槨을 만들어 주지 않은 것은 내가 大夫의 뒤를 따르며 가히 걸어 다닐 수 없었기 때문이니라."

鯉는 孔子之子伯魚也니 先孔子卒이라 言鯉之才雖不及顔淵이나 然이나 己與顔路以父視之면 則皆子也라 孔子時已致仕로되 尙從大夫之列이어늘 言後는 謙辭라 胡氏曰 孔子遇舊館人之喪하여 嘗脫驂以賻之矣어늘 今乃不許顔路之請은 何邪오 葬可以無槨이요 驂可以脫而復求며 大夫不可以徒行이요 命車不可以與人而鬻

諸市也라 且爲所識窮乏者得我하여 而勉强以副其意면 豈誠心與直道哉아리오 或者以爲君子行禮는 視吾之有無而已라 하니 夫君子之用財는 視義之可否니 豈獨視有無而已哉리오

'리鯉'는 孔子의 아들 '백어伯魚'이니, 孔子보다 앞서 죽었다. 리鯉의 재주가 비록 안연顔淵에 미치지 못하나, 그러나 孔子 자신과 顔路가 아버지의 입장에서 보면 곧 모두 자식이다. 孔子께서는 당시에 이미 致仕하였으나, 여전히 大夫의 반열班列을 따랐거늘, '後'라고 말씀하신 것은 謙辭이다

胡氏 가로되 孔子께서 옛 여관 주인의 喪을 만나 일찍이 곁말을 풀어서 부의賻儀를 하셨거늘, 지금 이에 안로顔路의 請을 허락하지 않으신 것은 무엇 때문이리오? 장사葬事는 가히 外棺이 없을 수 있고, 곁말은 가히 풀어주었다가 다시 구할 수 있으며, 大夫는 가히 걸어 다닐 수 없고, 命車는 가히 사람들에게 주어 시장에서 팔 수 없기 때문이다. 또 알고 지내는 궁핍한 자가 나를 얻기 위하여 억지로 그 뜻에 부응하도록 힘쓴다면, 어찌 진실된 마음과 정직한 道이리오? 혹자는 '君子가 禮를 행하는 것은 나의 있고 없음을 살필 따름이다.' 라고 하니, 무릇 君子의 用財는 義의 가부可否를 볼 뿐이니, 어찌 유독 有無만을 볼 따름이리오?

주해

- 才不才: 자식에게 재주가 있고 없는 것. '才'는 자식의 초肖, '不才'는 자식의 불초不肖를 말함. 肖(닮을 초)
- 徒行: 수레를 버리고 걷는 것. '도보徒步'·'보행步行'과 같음. 徒(걸어다

닐 도)

● 孔子遇舊館人之喪, 嘗脫驂以賻之矣: "孔子께서 옛 여관 주인의 喪을 만나, 일찍이 곁말을 풀어서 부의賻儀를 하셨다." ≪禮記·檀弓≫篇에 나온다. "孔子께서 위衛나라를 가시다가 옛 여관 주인의 喪을 만나, 들어가 哭을 하며 슬퍼하셨고 자공子貢으로 하여금 곁말을 풀어서 賻儀를 하도록 하셨다. 孔子之衛, 遇舊館人之喪, 入而哭之哀, 使子貢說驂而賻之."(大全註疏) 驂(곁말 참) 賻(부의 부) 說(놓아줄 탈)

● 葬(장사지낼 장) 鬻(팔 륙)

【備旨】

夫子ㅣ以義止之曰 人之子有才有不才나 然이나 以父視之면 亦各言其子也라 故로 子之視回ㅣ猶吾之視鯉하니 我鯉也ㅣ先回而死에 亦只有棺而無槨하니 吾不舍車徒行하여 以爲鯉之槨은 非故薄於鯉也라

蓋以吾雖致仕나 亦嘗從大夫之後니 則出入ㅣ猶詔於國이요 不可徒行以褻朝廷之名器也라 然則子之處回는 亦猶乎吾之處鯉가 可也니라

夫子께서 義로써 저지沮止하여 가라사대 "사람의 자식은 재주가 있기도 하고 재주가 없기도 하나, 그러나 아버지로서 살펴보면 또한 각각 그 자식에 대해서 말하게 되느니라. 그러므로 그대가 顔回를 보는 것이 마치 내가 鯉를 보는 것과 같으니, 우리 鯉가 顔回보다 앞서 죽었을 때에 또한 다만 棺만 있고 外棺이 없었으니, 내가 수레를 버리고 걸어 다니며 鯉의 外棺을 만들어 주지 않은 것은 고의

로 鯉에게 박대薄待한 것이 아니니라.

대개 내 비록 致仕하였으나 또한 일찍이 大夫의 뒤를 따랐으니, 곧 出入이 마치 나라에서 부르는 것과 같이 한 것이요, 가히 걸어 다님으로써 朝廷의 名器를 더럽힐 수 없는 것이니라. 그러한 즉 그대가 顔回를 처리한 것은 또한 내가 鯉를 처리한 것과 같이 함이 可할 것이니라."

주해

- 薄(엷을 박) 詔(고할 조) 褻(더럽힐 설)

[11 · 8]

顔淵이 死커늘
子曰 噫라 天喪予샷다 天喪予샷다

顔淵이 죽자,

孔子께서 가라사대 "오호라! 하늘이 나를 버리셨도다! 하늘이 나를 버리셨도다!"

噫는 傷痛聲이라 悼道無傳하여 若天喪己也라

'희噫'는 슬퍼하고 애통해 하는 소리이다. 道를 전할 수 없어 마치 하늘이 자신을 버리신 것과 같이 슬퍼하신 것이다.

주해

● 噫: '아!', '오호라!'(감탄사). 噫(탄식할 희)

【備旨】

昔顔淵死커늘 夫子ㅣ傷之曰 噫라 吾之道는 實賴顔回以傳이어늘 今回死하니 則吾之身雖存이나 而吾之道已無傳矣니 是天之喪予也라 是天之喪予也라 하시니 重言以致其歎息ㅣ如此시니라

옛날 顔淵이 죽자, 夫子께서 슬퍼하시며 가라사대 "오호라! 나의 道는 진실로 顔回에 자뢰資賴하여 傳해질 것이거늘, 이제 回가 죽었으니 곧 내 몸은 비록 살아있으나 나의 道는 이미 傳할 수가 없으니 이는 하늘이 나를 버리신 것이니라! 이는 하늘이 나를 버리신 것이니라!"라고 하시니, 거듭 말씀하여 그 歎息함을 다하심이 이와 같으셨다.

[11·9]

顔淵이 死커늘 子ㅣ哭之慟하신대
從者曰 子ㅣ慟矣하소이다

顔淵이 죽자, 孔子께서 곡哭을 애통하게 하신대,
從者가 가로되 "선생님께서 지나치게 애통해 하십니다."

慟은 哀過也라

'통慟'은 슬퍼함이 지나친 것이다.

주해

- 哭之慟: 죽은 顔淵을 위해 애통해하다. '之'는 顔淵을 말한다. 慟(서럽게울 통)
- 從子: 夫子의 門人을 말한다.

【備旨】

昔顔淵死커늘 夫子悼道無傳하여 哭之過哀而慟한대 門人從夫子者ㅣ恐夫子不自覺하여 乃請曰 夫子之哭이 慟矣라 하니 蓋欲節其哀也라

옛날 顔淵이 죽자, 夫子께서 道를 傳할 수 없음을 슬퍼하여 哭을 하시는데 슬픔을 지나쳐 애통해 하신대,
門人중에 夫子를 따르던 자가 夫子께서 스스로 깨닫지 못할까 두려워하여 이에 청하여 가로되 "夫子의 哭이 지나치게 애통하십니다." 라고 하니, 대개 그 슬픔을 절제節制하시도록 하고자 한 것이다.

曰 有慟乎아

가라사대 "지나치게 애통해 하였느냐?"

哀傷之至하여 不自知也라

슬픔과 상심이 지극하여 스스로 알지 못하신 것이다.

【備旨】

夫子ㅣ哀傷之至에 猶不自知하여 乃曰 吾之哭이 果有至於慟乎아

夫子께서 슬픔과 상심이 지극하여 오히려 스스로 알지 못하시고, 이에 가라사대 "내가 哭을 한 것이 과연 지나치게 애통한 데까지 이르렀느냐?"

非夫人之爲慟이요 而誰爲리오

"안연顔淵을 위하여 애통해 하지 않으면, 누구를 위해서 애통해 하리오?"

夫人은 謂顔淵이라 言其死可惜에 哭之宜慟하니 非他人之比也라

胡氏曰 痛惜之至에 施當其可하니 皆情性之正也라

'夫人'은 顔淵을 말한다. 그의 죽음을 가히 애석해 하여 哭이 마땅히 애통하니, 他人에 비할 바가 아님을 말한 것이다.
胡氏 가로되 "애통하고 한탄함이 지극하여 베풂이 그 可함에 마땅하니 모두 性情의 바름이다."

주해

- 夫人: 여기서는 안회顔回를 가리킨다.
- 痛惜: 마음으로 애통해 하고 한탄함. '심통완석心痛惋惜'의 뜻. 惋(한탄할 완) 惜(아낄 석)
- 新安陳氏가 말했다. "'스스로 그 지나치게 애통해 하는 것을 알지 못한다'는 말을 살피면 지나친 듯하다. 그러나 顔淵에 대해 哭하며 애통해 하는 것은 지나친 것이 아니니, 그 슬픔에서 發하여 節度에 들어맞았기 때문이다. 觀不自知其慟, 若過也. 然哭顔淵而慟, 非過也. 其哀之發而中節者歟."(大全註疏)

【備旨】

如有慟也면 則夫人者는 道之所由寄니 其死可惜에 吾非夫人之爲慟이요 而誰爲慟哉리오 하시니 觀此則回之死ㅣ深爲可惜이나 而夫子哀之中節을 亦可見矣라

"만약 지나치게 애통함이 있다면 곧 顔回는 道가 말미암아 寄託할 바이니, 그의 죽음을 가히 애석해 하는데, 내가 顔回를 위하여 애통해 하지 않는다면 누구를 위해 애통해 하리오?"라고 하시니, 이를 살펴보면 곧 顔回의 죽음이 심히 가히 애석해 할 만하나, 夫子께서 슬퍼하심이 節度에 들어맞음을 또한 가히 알 수 있다.

[11·10]

顔淵이 死커늘 門人이 欲厚葬之한대 子曰 不可하니라

顔淵이 죽자 門人들이 후하게 장사葬事지내고자 한대, 孔子께서 가라사대 "不可하니라."

喪具는 稱家之有無니 貧而厚葬은 不循理也라 故로 夫子止之시니라

'상구喪具'는 家勢의 有無에 걸맞게 해야 하니, 가난하면서 후하게 葬事를 지내는 것은 이치를 따르는 것이 아니다. 그러므로 夫子께서 제지制止하신 것이다.

주해

- 門人: '門人'에 대해 ≪四書補註備旨≫에서는 '夫子의 門人'이라 했고, 朱子는 '顔回의 門人'이라 주장했다.
- 喪具: 喪事에 쓰이는 棺이나 喪服 등을 말함.

【備旨】

昔顔淵死커늘 門人이 以回有賢行으로 欲厚其喪具以葬之한대

夫子止之曰 不可라 하시니 蓋喪具는 稱家有無니 貧

而厚葬은 非理也라

옛날 顔淵이 죽자 門人들이 顔回에게 어진 행실이 있었기 때문에 그 喪具를 厚하게 하여 葬事지내고자 한대,
夫子께서 제지하여 가라사대 "不可하니라."라고 하시니, 대개 喪具는 家勢의 有無에 걸맞아야 하니, 가난하면서 후하게 葬事지내는 것은 이치가 아니기 때문이다.

門人이 厚葬之한대

門人들이 厚하게 葬事를 치르니,

蓋顔路聽之라

대개 안로顔路가 허락한 것이다.

주해

- 蓋顔路聽之: '대개 안로顔路가 허락한 것이다.' '聽'은 '聽許'의 뜻이다. 聽(허락할 청)
  新安陳氏가 말했다. "'蓋'는 의심하는 말이니, 수레를 팔아 外棺을 만들고자 청한 일로써 살피건대, 아마도 顔路가 허락하였을 것이다. 蓋疑辭, 以請車爲槨觀之, 疑顔路聽之也."(大全註疏)

【備旨】

門人이 不聽夫子之言하고 竟厚葬之한대

門人들이 夫子의 말씀을 듣지 아니하고 마침내 厚하게 葬事한대,

子ㅣ曰 回也는 視予猶父也어늘 予不得視猶子也하니 非我也라 夫二三子也니라

孔子께서 가라사대 "顔回는 나 보기를 아버지와 같이 하였거늘, 나는 자식과 같이 보지를 못하였으니, 나 때문이 아니라 그대들 때문이니라."

歎不得如葬鯉之得宜하여 以責門人也시니라

리鯉를 葬事지낸 것처럼 마땅함을 얻지 못함을 탄식하여 門人들을 꾸짖으신 것이다.

주해

- 視: 보다, 대하다. '待'와 통한다.
- 면재황씨勉齋黃氏가 말했다. "門人들이 厚하게 葬事지내려는 것은 어진이를 존중하는 마음이다. 孔子께서 '不可'라고 말씀하신 것은 '安貧'의 뜻이다. 대개 情으로써 義를 이길 수 없는 것이니, 이른바 德으로써 사람을 사랑하되 姑息(무원칙적인 관용)적으로 대하지 않는

것이다. 門人欲厚葬, 尊賢之情也. 子曰不可, 安貧之義也. 蓋不以情勝義, 所謂愛人以德而不以姑息也."(大全註疏)

【備旨】

夫子ㅣ責之曰 回之於我에 其分이 固師弟矣나 然이나 恩義兼盡하니 蓋視予猶父也라 乃今之葬回에 不得如葬鯉之得宜하니 是予不得視回猶子也라 然이나 此非我之過也니 予嘗止之어늘 乃爾二三子不從而爲之也니 謂之何哉아

夫子께서 꾸짖어 가라사대 "顔回는 내게 있어 그 분수가 진실로 師弟간이나, 그러나 은혜와 의리를 모두 다하였으니, 대개 나를 아버지와 같이 대한 것이다. 이에 지금 顔回를 葬事지냄에 鯉를 葬事지낸 것처럼 마땅함을 얻지 못하였으니, 이는 내가 顔回를 자식과 같이 대하지 못한 것이다. 그러나 이는 나의 허물이 아니니, 내 일찍이 그것을 제지하였거늘 이에 너희들이 내 말을 따르지 않고 그렇게 하였으니, 무엇이라 이르리오?"

[11·11]

季路ㅣ問事鬼神한대

子曰 未能事人이면 焉能事鬼리오

敢問死하노이다

曰 未知生이면 焉知死리오

계로季路가 鬼神 섬기는 일을 묻건대,
孔子께서 가라사대 "아직 능히 사람을 섬기지 못하는데, 어찌 능히 귀신을 섬기리오!"
"감히 죽음에 대해 묻겠습니다."
가라사대 "아직 삶을 알지 못하는데 어찌 죽음을 알리오!"

주해

- 鬼神: 山川과 오사五祀와 先祖와 같은 경우를 말한다.
- 事人: 事父와 事兄과 事長과 같은 경우를 말한다.
- 焉能事鬼: '어찌 능히 귀신을 섬길 수 있으리오!' 이 말은 마땅히 사람을 섬기는 道를 먼저 구해야 한다는 뜻이다. 焉(어찌 언)

問事鬼神은 蓋求所以奉祭祀之意요 而死者는 人之所必有요 不可不知니 皆切問也라 然이나 非誠敬足以事人이면 則必不能事神이요 非原始而知所以生이면 則必不能反終而知所以死라
蓋幽明始終이 初無二理로되 但學之有序하여 不可躐等이라 故로 夫子告之如此시니라
程子曰 晝夜者는 死生之道也니 知生之道면 則知死之道요 盡事人之道면 則盡事鬼之道니 死生人鬼는 一而二요 二而一者也라 或言夫子不告子路라 하니 不知此乃所以深告之也니라

鬼神 섬기는 것을 물은 것은 대개 祭祀를 받드는 바의 뜻을 구한 것이요, 죽음이라는 것은 사람에게 반드시 있는 것이요, 가히 알지 않을 수 없으니 모두 간절한 물음이다.

그러나 정성과 공경으로 족히 사람을 섬기지 않으면 곧 반드시 능히 귀신을 섬기지 못할 것이요, 처음에 근원하여 생겨난 바를 알지 못하면 곧 반드시 능히 마지막을 돌이켜 죽는 바를 알지 못할 것이다. 대개 幽明과 始終이 애초에 두 가지 이치가 없는데, 다만 배움에 차례가 있어 가히 등급을 뛰어 넘을 수 없다. 그러므로 夫子께서 이와 같이 告하신 것이다.

程子 가로되 "晝夜는 死生의 道이니, 삶의 道를 알면 곧 죽음의 道를 알 것이요, 사람을 섬기는 道를 나하면 곧 귀신을 섬기는 道를 다할 것이니, 삶과 죽음과 사람과 귀신은 하나이면서 둘이요, 둘이면서 하나이다. 혹자는 '夫子께서 子路에게 고하지 않으셨다'고 말하니, 이는 바로 깊이 告하신 것임을 알지 못한 것이다."

주해

- 幽明: 生과 死, 낮과 밤, 사람과 귀신을 말함. 幽(그윽할 유)
- 躐等: 등급이나 서열을 건너 뛰다. 躐(뛰어넘을 렵) ≪禮記・學記≫篇에 "幼者聽而弗問, 學不躐等也."라고 했다.
- '事人事鬼'와 '知生知死'에 대해 채씨蔡氏가 말했다. "사람을 섬기고 귀신을 섬기는 것은 능히 할 수 있는 일로써 말한 것이요, 삶을 알고 죽음을 아는 것은 알 수 있는 이치로써 말한 것이다. 事人事鬼, 以所能之事言. 知生知死, 以所知之理言."(大全註疏)

【備旨】

季路ㅣ問事鬼神之道한대

夫子ㅣ告之曰 神道遠하고 人道邇하니 若能事人則鬼之道를 可推也니 苟未能誠敬以事人이면 焉能誠敬以事鬼乎아 子亦先求之事人이 可矣니라

又問 何爲而死이니잇고

夫子ㅣ告之曰 人始而生하고 終而死라 故로 必知生이면 而知死之道를 可推也니 苟不求原始而知所以生이면 又焉能反終而知所以死乎아 子亦先求知生이 可矣니라

季路가 鬼神 섬기는 道를 묻건대,

夫子께서 고하여 가라사대 "귀신의 道는 멀고 사람의 道는 가까우니, 만약 능히 사람을 섬길 수 있으면 곧 귀신의 道를 가히 미룰 수 있으니, 만일 능히 정성과 공경으로 사람을 섬기지 못하면 어찌 능히 정성과 공경으로 귀신을 섬길 수 있으리오? 그대는 또한 먼저 사람 섬기는 것을 구함이 옳을 것이니라."

또 묻건대 "죽음은 어떻게 해야 하옵니까?"

夫子께서 고하여 가라사대 "사람이 처음에는 태어나고 마지막에는 죽는 법이니라. 그러므로 반드시 삶을 알면 죽음을 아는 道를 가히 미룰 수 있으니, 만일 처음에 근원하여 사는 바 알기를 구하지 않는다면, 또한 어찌 능히 마지막을 돌이켜 죽는 바를 알 수 있으리오? 그대는 또한 먼저 삶을 아는 것을 구함이 옳을 것이니라."

주해

- 邇(가까울 이)

[11·12]

閔子는 侍側에 誾誾如也하고 子路는 行行如也하고 冉有 子貢은 侃侃如也어늘 子樂하시다

민자閔子는 곁에서 모는데 은은誾誾한 듯하고, 子路는 항항行行한 듯하고, 염유冉有와 자공子貢은 간간侃侃한 듯하거늘 夫子께서 즐거워하셨다.

行行은 剛强之貌라 子樂者는 樂得英材而敎育之라

'항항行行'은 강직하고 굳센 모양이다. '子樂'은 英材를 얻어서 교육하는 것을 즐거워하신 것이다.

주해

- 侍側: 夫子의 곁에서 모시고 서있는 모습.
- 誾誾: 강직함이 온화함 속에 감춰 있는 모습. 誾(온화할 은)
- 行行: 지나치게 강직하여 온화함이 부족한 모습. 行(굳셀 항)
- 侃侃: 온화함은 부족한 듯하고 강직함은 넘치는 모습. 侃(강직할 간)
- 子樂: 夫子(孔子)가 즐거워하다. 이 즐거움에 대해 ≪四書備旨補註≫에서는 "여러 제자들에게 굳센 德이 있어 가히 道에 나아갈 수 있음을 즐거워하신 것이지, 이 자리에 그침을 즐거워하신 것이 아니다. 樂數子有剛德, 可以進道. 非樂其終於此也."라고 한다.

【備旨】

昔閔子ㅣ侍於夫子之側에 其氣象이 內剛外和하고 德器渾厚하여 殆誾誾如也요 侍側有子路엔 則剛强不屈하고 英氣畢露하여 殆行行如也요 侍側有冉有子貢엔 則和順不足하고 剛直有餘하여 殆侃侃如也라

四者之氣象이 雖不同이나 要皆有剛德에 足以進道者라 故로 夫子樂之하시니 深幸斯道之有賴矣시니라

옛날 민자閔子가 夫子의 곁에서 모시고 있는데, 그 氣象이 안으로 굳세고 밖으로 온화하며 德器가 渾厚하여 자못 은은誾誾한 듯 하며, 子路가 곁에서 모시는데 곧 강직하고 굳세어 굽히지 아니하고 英氣가 모두 드러나서 자못 항항行行한 듯 하며,

염유冉有와 자공子貢이 곁에서 모시는데 곧 和順함이 不足하고 剛直함은 남음이 있어 자못 간간侃侃한 듯하였다.

네 사람의 氣象이 비록 같지 않으나, 요컨대 모두 강직한 덕이 있어 족히 道에 나아갈 수 있는 자들이다. 그러므로 夫子께서 즐거워하시니, 깊이 이 道가 자뢰資賴함이 있음을 다행으로 여기신 것이다.

주해

- 渾厚: 순박하고 박실樸實한 모습. 渾(순박할 혼) 樸(통나무 박)
- 殆(거의 태) 畢(다할 필) 賴(힘입을 뢰)

若由也는 不得其死然이로다

"由(자로)같은 이는 그 온당한 죽음을 얻지 못할 듯 하는구나!"

尹氏曰 子路剛强하여 有不得其死之理라 故로 因以戒之러시니 其後에 子路卒死於衛孔悝之難하니라
洪氏曰 漢書에 引此句한대 上有曰字라 或云 上文樂字는 卽曰字之誤라

尹氏 가로되 "子路는 굳세고 강하여 그 온전한 죽음을 얻지 못할 이유가 있었다. 그러므로 인하여 경계하셨는데, 그 뒤에 子路가 마침내 衛나라 공회孔悝의 難에 죽었다."
洪氏 가로되 "漢書에 이 句節를 인용하였는데, 위에 '曰'字가 있다. 혹자가 이르되 上文의 '樂'字는 곧 '曰'字의 잘못이라고 했다."

주해

- 不得其死然: '그 온당한 죽음을 얻지 못할 듯 하다.' 이는 '선종善終'을 하지 못할까 두렵다는 뜻이다.
- 孔悝之亂: ≪左傳・哀公15年≫條의 기록에 의하면, 위衛나라 太子 괴외蒯聵가 그의 아들 出公간에 왕권 다툼을 벌일 때, 당시 子路는 出公의 權臣인 공회孔悝의 朝臣으로서 蒯聵와 맞서다가 비참하게 죽음을 맞이했다. 죽을 당시 63세였던 子路는 "군자는 죽더라도 관冠을 벗을 수 없다."라고 말하며 갓끈을 고쳐 매고 죽었다고 한다. 悝(근심할 회) 蒯(황모 괴) 聵(배냇귀머거리 외)

【備旨】

夫剛德은 固可以進道나 而過剛은 亦足以取禍라 故로 夫子因子路之行行而戒之曰 若由也는 恐有不得其死之理者然이로다하시니 蓋欲矯其氣質之偏하여 以遂其樂育之心也니 過剛者ㅣ可不戒哉아

무릇 강직한 德은 진실로 가히 道에 나아갈 수 있으나, 지나치게 강직하면 또한 족히 禍를 부를 수 있다.
그러므로 夫子께서 子路의 항항行行함으로 인하여 경계하여 가라사대 "중유仲由같은 이는 아마도 그 온전한 죽음을 얻지 못할 이치가 있는 듯 하는구나!" 라고 하시니, 대개 그 기질의 치우침을 바로잡아 그 가르침을 즐겨하는 마음을 이루고자 함이니, 지나치게 강직한 자가 가히 경계하지 않으리오?

[11 · 13]

魯人爲長府어늘

노魯나라 사람이 장부長府라는 창고를 고쳐 짓자,

長府는 藏名이라 藏貨財曰府라 爲는 蓋改作之라

'장부長府'는 창고 이름이다. 재화貨財를 보관하는 곳을 '부府'라고 말

한다. '위爲'는 아마도 '고쳐 짓는다'는 뜻일 것이다.

주해

- 長府: 財貨나 武器를 저장하는 곳을 말한다. '長'은 金玉을 말하고, '부府'는 포백布帛을 말한다. 府(곳집 부) 帛(비단 백)

【備旨】

魯有長府는 其來久矣러니 一旦欲更爲之하니 是當事者之計過也라 國計民生이 從此蹙矣라

魯나라에 장부長府를 둔 지는 그 유래가 오래 되었는데, 하루아침에 그것을 고쳐짓고자 하니 이는 일을 담당한 자의 계획이 지나친 것이다. 나라의 경제와 백성들의 생활이 이로부터 위축되었다.

주해

- 國計: 나라의 경제 또는 나라의 財富를 말한다.
- 蹙(오그라들 축)

閔子騫曰 仍舊貫如之何오 何必改作이리오

민자건閔子騫이 가로되 "옛 일을 그대로 따르는 것이 어떠합니까? 어찌 반드시 고쳐 지으리오?"

仍은 因也요 貫은 事也라
王氏曰 改作은 勞民傷財하니 在於得已면 則不如仍舊貫之善이라

'잉仍'은 따름이요, '관貫'은 일이다.
王氏 가로되 "고쳐 짓는 것은 백성을 수고롭게 하고 재물을 손상하는 일이니, 얻어 그치는데 있다면(능히 그칠 수 있다면) 곧 옛 일을 그대로 따르는 善만 같지 못하다."

주해

- 仍舊貫: 前例에 따라 일을 처리하다. 仍(인할 잉) 貫(일 관) 騫(이지러질 건)
- 王氏: 名은 安石, 字는 개보介甫이며 臨川人이다.

【備旨】

閔子騫이 諷之曰 事有不得已者는 爲之可也어니와 今長府之役은 在所得已니 仍其舊貫ㅣ如之何오 何必紛紛然改作하여 而勞民傷財爲也리오 하니 言蓋婉而切矣라

閔子騫이 풍자하여 가로되 "일에 부득이한 것이 있으면 그 일을 하는 것이 可하거니와, 지금 長府의 일은 능히 그칠 바가 있으니 그 옛 일을 따르는 것이 어떠합니까? 어찌 반드시 어지럽게 고쳐 지어 백성을 수고롭게 하고 재물을 손상시키는 일을 하리오?"라고 하니, 말이 대개 완곡하고 간절하다.

주해

● 諷(풍자할 풍) 紛(어지러울 분) 婉(은근할 완)

子曰 夫人이 不言이언정 言必有中이니라

孔子께서 가라사대 "저 사람이 말을 하지 않을지언정 말하면 반드시 이치에 맞느니라."

言不妄發하고 發必當理는 惟有德者能之라

말을 妄發하지 않고, 發하면 반드시 이치에 맞게 한다는 것은 오직 德이 있는 자만이 능할 수 있다.

주해

● 夫人: 민자閔子를 말한다.
● 不言: 평소 망발妄發하지 않는다는 뜻이다.
● 有中: 이치에 맞음이 있다. 남헌장씨南軒張氏가 말했다. "'有中'은 이치에 들어맞는다는 말이다. 有中, 中於理也."(大全註疏)

【備旨】

故로 夫子ㅣ稱之曰 夫人이 固不輕言이언정 一有所言이면 則必有中乎理니라 하시니

其曰 仍舊貫者는 理之所當仍也요 曰何必改作者는 理

所不當改也니 使魯之君臣而從此言이면 則民不勞財不傷하리니 其利不亦溥哉아 觀此則知聖賢同一維魯之心矣니라

그러므로 夫子께서 칭찬하여 가라사대 "저 사람이 본디 말을 가볍게 하지 않을지언정, 일단 말한 바가 있으면 곧 반드시 이치에 맞느니라."라고 하시니,
그가 가로되 '옛 일을 그대로 따른다'는 말은 이치로 마땅히 따를 바요, 가로되 '어찌 반드시 고쳐 지으리오?'는 말은 이치로 마땅히 고치지 말아야 할 바이니, 魯나라의 君臣으로 하여금 이 말을 따르게 하면 곧 백성들이 수고롭지 않고 재물이 손상되지 않을지니, 그 이로움이 또한 크지 않으리오? 이를 살피건대 곧 聖賢들의 노魯나라를 생각했던 동일한 마음을 알 수 있다.

주해

- 維魯: 魯나라를 생각하다, 염려하다. '維'는 '생각하다'의 뜻. ≪史記≫에 "維萬世之安"이라 했다.
- 溥(넓을 부)

[11·14]

子曰 由之瑟을 奚爲於丘之門고

孔子께서 가라사대 "由(子路)의 거문고를 어찌 나의 門下에서 하는고?"

程子曰 言其聲之不和하여 與己不同也라 家語云 子路鼓瑟에 有北鄙殺伐之聲이라 하니 蓋其氣質剛勇하여 而不足於中和라 故로 其發於聲者如此라

程子 가로되 "그 소리가 조화롭지 못하여 자신(孔子)과 더불어 같지 않음을 말씀하신 것이다. ≪家語≫에 이르되 '子路가 거문고를 타는데 북쪽 변방의 살벌殺伐한 소리가 있었다'고 하였으니, 대개 그 氣質이 굳세고 용감하여 中和에 不足하였을 것이다. 그러므로 그 소리에 나타난 것이 이와 같았을 것이다.

주해

- 爲: 여기서는 '고슬鼓瑟'(거문고를 타다)의 뜻이다.
- 北鄙殺伐之聲: 북쪽 변방의 살벌한 소리. 鄙(변방 비)
  각헌채씨覺軒蔡氏가 말했다. "≪설원說苑≫에 따르면, 子路가 거문고를 타는데 북쪽 변방의 소리가 있었다. 孔子께서 가라사대 '南쪽은 낳고 기르는 곳이요, 북쪽은 살벌한 땅이다. 그러므로 순舜은 남풍의 소리를 지었으니, 그 소리가 발연勃然하게 興起했다. 주紂는 북쪽 변방의 소리를 지었으니, 그 소리가 홀연忽然이 없어졌다.'라고 하셨다. 按說苑, 子路鼓瑟, 有北鄙之聲, 孔子曰 南者生育之鄉, 北者殺伐之地. 故舜造南風之聲, 是興也勃然. 紂爲北鄙之聲, 其廢也忽然."(大全註疏) 苑(동산 원) 舜(순임금 순) 勃(크게성할 발) 紂(주임금 주)

【備旨】

子路其質剛勇이라 故로 其鼓瑟에 有北鄙殺伐之聲하니 夫子責之曰 丘之門은 以中和爲敎어늘 今由之瑟이 不

和甚矣니 奚爲而鼓於丘之門乎아하시니 斯言也는 蓋欲抑由之剛勇하여 以進於中和요 非謂其可忽也라

子路는 그 자질이 굳세고 용감하였다. 그러므로 그가 거문고를 타는데 북쪽 변방의 살벌한 소리가 있으니,
夫子께서 꾸짖어 가라사대 "나(丘)의 門下는 中和로써 가르침을 삼거늘, 이제 그대(由)의 거문고는 조화롭지 못한 것이 심하니 어찌 나의 門下에서 타는고?" 라고 하시니, 이 말씀은 대개 子路의 굳세고 용감함을 억제시켜 中和에 나아가게 하고자 함이요, 그 가히 홀대忽待할 수 있음을 이른 것이 아니다.

門人이 不敬子路한대
子曰 由也는 升堂矣요 未入於室也니라

門人들이 子路를 공경하지 아니한대,
孔子께서 가라사대 "由는 당堂에는 올랐고, 실室에는 들어가지 못했느니라."

門人이 以夫子之言으로 遂不敬子路라 故로 夫子釋之시니라
升堂入室은 喩入道之次第라 言子路之學이 已造乎正大高明之域이요 特未深入精微之奧耳니 未可以一事

之失而遽忽之也니라

門人들이 夫子의 말씀 때문에 마침내 子路를 敬待하지 않게 되었다. 그러므로 夫子께서 풀어 설명해 주신 것이다.
'升堂'과 '入室'은 道에 입문하는 차례를 비유한 것이다. 子路의 學問이 이미 正大하고 高明한 경지에는 나아갔으나, 다만 정밀精密하고 은미隱微한 깊은 곳까지는 들어가지 못했을 뿐이니, 가히 한 일의 과실 때문에 갑자기 忽待해서는 안된다는 점을 말씀하신 것이다.

주해

- 升堂入室: '堂'은 대청大廳 또는 內堂을 말하고, '室'은 안방 또는 內室을 말한다.
  남헌장씨南軒張氏가 말했다. "入室로 말미암아 말하자면, 升堂에는 아직 이르지 못한 것이고, 宮室의 담장 밖에서 바라보면 升堂과는 간격이 있는 것이다. 성인의 이 말씀은 다만 子路만을 두고 말씀하신 것이 아니요, 또한 門人들로 하여금 배움에 차례가 있음을 알게 하신 것이다. 由入室言, 則升堂爲未至. 由宮牆之外望, 則升堂有間矣. 聖人斯言, 非特以言子路, 亦使門人知學之有序也."(大全註疏) 牆(담장 장) 特(다만 특)
- 次第: 순서, 차례
- 奧(깊을 오) 遽(갑자기 거)

【備旨】

門人이 聞夫子之言하고 遂不敬子路라
故로 夫子釋之曰 二三子는 亦知由之所造乎아 今由之學은 其所知所行이 已造乎正大高明之域而升堂矣로되

特有歉於精微之奧而未深入於室也니라 自堂而至室은 固易易耳니 豈可以鼓瑟一事之失而忽之哉아

門人들이 夫子의 말씀을 듣고 마침내 子路를 敬待하지 않게 되었다. 그러므로 夫子께서 풀어 설명하여 가라사대 "그대들은 또한 由가 배움에 나아간 바를 아는가? 지금 由의 학문은 그 아는 바와 행하는 바가 이미 正大하고 高明한 경지에 나아가 堂에 올랐으되, 다만 정밀하고 은미한 심오함에는 부족하여 아직 室에 깊이 들어가지 못했을 뿐이니라. 堂으로부터 室에 이르는 것은 진실로 쉽고도 쉬울 따름이니, 어찌 가히 거문고를 타는 한 가지 일의 과실을 가지고 그를 홀대 할 수 있으리오?"

주해

● 歉(부족할 겸) 耳(뿐 이) 豈(어찌 기)

[11·15]

子貢이 問師與商也孰賢이니잇고 子曰 師也는 過하고 商也는 不及이니라

자공子貢이 묻건대 "師(子張)와 商(子夏)은 누가 더 났습니까?" 孔子께서 가라사대 "師는 지나치고, 商은 미치지 못하니라."

子張은 才高意廣而好爲苟難이라 故로 常過中하고 子

夏는 篤信謹守而規模狹隘라 故로 常不及이라

자장子張은 재주가 높고 뜻이 넓으나 구차하고 어려운 일 하기를 좋아하였다. 그러므로 항상 中道에 지나쳤고, 자하子夏는 독실히 믿고가 지켰으나 규모가 협소하였다. 그러므로 항상 미치지 못하였다.

주해

- 孰賢: '누가 더 나은가?' '숙孰'은 '수誰'와 같고, '賢'은 '勝'과 통한다. 孰(누구 숙) 誰(누구 수) 賢(나을 현) 勝(나을 승)
- 篤(도타울 독) 規(법 규) 模(법 모) 狹(좁을 협) 隘(좁을 애)

【備旨】

子貢이 問師與商也는 其所造ㅣ果孰爲賢이니잇고
夫子ㅣ告之曰 師也는 學每至於過하고 商也는 學每至於不及하니 一過一不及에 其所造較然矣니라

子貢이 묻건대 "師와 商은 그 학문에 나아간 바가 과연 누가 더 낫습니까?"
夫子께서 고하여 가라사대 "師는 배움이 매양 지나침에 이르고, 商은 배움이 매양 미치지 못함에 이르니, 하나는 지나치고 하나는 미치지 못하여 그 나아간 바가 확연히 차이가 있느니라."

주해

- 較然: 분명한 모습, 명확하게 드러나는 모습. 較(환할 교)

曰 然則師愈與잇가

가로되 "그렇다면 곧 사師가 더 낫습니까?"

愈는 猶勝也라

'유愈'는 '勝'과 같다.

주해

- 曰: 子張이 다시 물은 것이다.
- 與: 어조사, '여歟'와 통한다. 歟(그런가할 여)
- 愈(나을 유)

【備旨】

子貢이 未喩하고 以爲過者勝於不及하여 乃曰 夫子以師爲過하고 商爲不及하시니 然則師之過ㅣ果愈於商之不及與잇가

子貢이 미처 깨닫지 못하고, 지나친 것이 미치지 못하는 것 보다 낫다고 생각하여 이에 가로되 "夫子께서 師는 지나치다 하고 商은 미치지 못한다고 하시니, 그렇다면 곧 師의 지나침이 과연 商의 미치지 못함 보다 더 낫습니까?"

子曰 過猶不及이니라

孔子께서 가라사대 "지나침은 미치지 못함과 같느니라."

道는 以中庸爲至하니 賢知之過가 雖若勝於愚不肖之不及이나 然이나 其失中則一也라
尹氏曰 中庸之爲德也는 其至矣乎인저 夫過與不及이 均也니 差之毫釐면 繆以千里라 故로 聖人之敎는 抑其過하고 引其不及하여 歸於中道而已니라

道는 中庸으로써 지극함을 삼으니, 현명하고 지혜로움이 지나친 것이 비록 어리석고 不肖함이 미치지 못한 것보다 나은 것 같으나, 그러나 그 中道를 잃음은 곧 한가지이다.
尹氏 가로되 "中庸의 德됨이 그 지극하도다! 무릇 지나치고 미치지 못함은 똑같으니, 호리毫釐라도 어긋나면 千里만큼이나 어긋나게 된다. 그러므로 聖人의 가르침은 그 지나침을 억제하고, 그 미치지 못함을 이끌어 中道에 돌아가게 할 따름이다."

주해

- 過猶不及: '지나침은 미치지 못함과 같다' '유猶'는 '如'와 같다. 猶(같을 유)
  경원보씨慶源輔氏가 말했다. "子貢이 이른바 '然則師愈與'는 才質(資質)로써 말한 것이요, 夫子가 이른바 '過猶不及'은 義理로써 말한 것이다. 자질로써 논하면 어질고 지혜로움이 지나친 것이 비록 어리석고 不肖함이 미치지 못한 것보다 나은 것 같으나, 의리로써 논하면 過와 不及이 모두 中道를 잃어 道에 있어서 모두 이르지 못한 것이 된다. 子貢所謂然則師愈與者, 以才質言也. 夫子所謂過猶不及者, 以義理言也. 以才質論之, 則賢知之過, 雖若勝於愚不肖之不及. 以義理論之, 則過與不及, 皆爲失中, 而於道均爲未至也."(大全註疏)

- 毫釐: '호毫'와 '리釐'는 모두 크기나 치수가 지극히 작은 단위이다. '差之毫釐, 失之千里'라고도 말한다. 毫(가는털 호) 釐(털끝 리) 繆(어그러질 류)

【備旨】

夫子ㅣ曉之曰 非也라 道以中庸爲至하니 失之過ㅣ猶夫失之不及이니 安得以師爲愈哉리오 然則師與商也는 固當約之於中이요 而子貢도 亦當知所以取裁矣리라

夫子께서 깨우쳐 가라사대 "틀렸노라. 道는 中庸으로써 지극함을 삼으니, 지나침의 과실이 미치지 못함의 과실과 같으니, 어찌 師가 더 낫다고 할 수 있으리오? 그러한 즉 師와 商은 진실로 마땅히 中庸에 約束해야 할 것이요, 子貢(그대)도 또한 마땅히 취하여 재단할 바를 알아야 할 것이다."

주해

- 約: 약속約束하다, 속박束縛하다. 縛(묶을 박)≪자한子罕≫篇에 "夫子循循然善誘人, 博我以文, 約我以禮, 欲罷不能."라고 했다.
- 取裁: 가려서 취하다. '선취選取'와 같다. 裁(마름질할 재)

[11·16]

季氏ㅣ富於周公이어늘 而求也ㅣ爲之聚斂而附益之한대

계씨季氏가 周公 보다 부유하거늘, 求(冉有)가 그를 위해 부세賦稅를 더 거두어 부유하게 해 주었는데,

周公은 以王室至親으로 有大功하고 位冢宰하니 其富宜矣어니와 季氏는 以諸侯之卿而富過之하니 非攘奪其君하고 刻剝其民이면 何以得此리오 冉有ㅣ爲季氏宰하여 又爲之急賦稅以益其富하니라

주공周公은 王室의 至親으로 큰 功이 있었고 총재冢宰의 자리에 있었으니 그 부유함이 마땅하거니와, 季氏는 諸侯의 경卿으로서 부유함이 지나치니, 그 人君의 재물을 약탈했거나 그 백성의 재물을 침탈侵奪한 것이 아니라면 어찌 이런 富를 얻었으리오?
염유冉有는 季氏의 邑宰가 되어 또한 그를 위하여 賦稅를 급박하게 거두어 그의 富를 더해 주었다.

주해

- 聚斂: 갖가지 수단을 동원해 백성들의 재물을 취함. 聚(모을 취) 斂(거둘 렴)
- 附益: 더하고 보탬. 附(더할 부)
- 王室至親: 周公은 武王의 아우이며 成王의 叔父이다.

- 冢宰: 周나라의 官名으로 육경六卿의 우두머리. '太宰'와 같다. 冢(맏 총) 宰(재상 재)
- 攘奪: 약탈掠奪하다, 탈취奪取하다. 攘(빼앗을 양) 奪(빼앗을 탈)
- 刻剝: 침탈해서 빼앗다. 刻(벗길 각) 剝(깎을 박)

【備旨】

季氏ㅣ以諸侯之卿으로 而富過於王室至親之周公하니 則必有攘君刻民之事矣라 爲之臣者ㅣ從而匡救之可也어늘 而求也ㅣ爲季氏以宰하여 不惟不能匡救라 又爲之設法征求하고 多方聚斂하여 以增益其富하니 其黨惡害民也ㅣ甚矣라

季氏는 제후의 卿으로써 富가 王室의 至親인 周公보다 지나치니, 곧 반드시 人君의 재물을 빼앗고 百姓의 재물을 침탈하는 일이 있었을 것이다. 신하된 자가 좇아 바로잡아 구하는 것이 可하거늘, 求는 季氏의 邑宰가 되어 오직 능히 바로잡아 구하지 못했을 뿐만 아니라, 또 그를 위하여 법을 만들어 세금을 징수하고 갖가지 방법으로 賦稅를 거두어 그의 富를 더해 주니, 그 惡人과 무리지어 백성을 해침이 심하다.

주해

- 匡救: 잘못된 것을 바로잡아 구하다. 匡(바룰 광) 救(건질 구)
- 征求: 세금을 징수하다. 征(세받을 정)

子曰 非吾徒也로소니 小子아 鳴鼓而攻之ㅣ可也니라

孔子께서 가라사대 "나의 門徒가 아니니, 小子들아! 북을 울려 그 죄를 성토聲討함이 옳도다."

非吾徒는 絶之也요 小子鳴鼓而攻之는 使門人聲其罪以責之也라 聖人之惡黨惡而害民也ㅣ如此라 然이나 師嚴而友親故로 已絶之하고 而猶使門人正之하시니 又見其愛人之無已也라
范氏曰 冉有以政事之才로 施於季氏라 故로 爲不善이 至於如此하니 由其心術不明하여 不能反求諸身而以仕爲急故也니라

'非吾徒'는 그와 義絶함이요, '小子鳴鼓而攻之'는 門人들로 하여금 그 죄를 성토하여 꾸짖게 한 것이다. 聖人께서 악惡과 무리지어 백성을 해치는 것을 미워하심이 이와 같다. 그러나 스승은 엄하고 벗은 친하기 때문에 이미 그와 義絶하고 오히려 門人들로 하여금 그를 바로잡게 하시니, 또한 그 사람 사랑이 끝이 없음을 알 수 있다.
范氏 가로되 "염유冉有는 政事의 재주로 季氏에게 시행하였다. 그러므로 不善을 저지른 것이 이와 같음에 이르렀으니, 그 心術이 밝지 못하여 능히 몸에서 돌이켜 구하지 못하고 벼슬을 급선무로 삼았기 때문이다."

주해

- 小子: 여러 제자들을 말함.
- 鳴鼓: 북을 두드리다, 죄를 聲討하다. 鳴(울 명) 聲(성토할 성)

【備旨】

夫子ㅣ責之曰 吾徒는 以致君澤民爲事어늘 今求之所爲ㅣ若此하니 殆非吾所敎之徒也로소니 爾小子아 於求에 有朋友之義하니 其鳴鼓焉하여 以聲其罪而攻之ㅣ可也니라

聖人之警求ㅣ如此하시니 亦以警季氏也니라

夫子께서 꾸짖어 가라사대 "우리 門徒는 人君에게 충성을 다하고 백성을 윤택하게 하는 것으로써 일을 삼거늘, 이제 求(冉有)가 하는 일이 이와 같으니, 아마도 내가 가르치는 門徒가 아니다. 너희 小子들아! 求에게 朋友의 의리가 있으니, 그 북을 두드려 그 죄를 聲討하여 공격함이 옳도다."

聖人께서 求를 警戒함이 이와 같으시니, 또한 季氏를 警戒한 것이다.

주해

- 致君: 人君을 보좌하여 聖君이 되게 함.

[11·17]

柴也는 愚하고

"시柴는 우직하고,"

柴는 孔子弟子니 姓은 高요 字는 子羔라 愚者는 知不足而厚有餘라
家語에 記其足不履影하고 啓蟄不殺하고 方長不折하며 執親之喪에 泣血三年하여 未嘗見齒하고 避難而行에 不徑不竇라 하니 可以見其爲人矣라

'시柴'는 孔子의 弟子니 姓이 高요 字는 자고子羔이다. '우愚'는 지혜가 부족하고 厚德함이 있는 것이다.
≪家語≫에 "그 발로 남의 그림자를 밟지 않았고, 땅속에서 갓나온 벌레를 죽이지 않았고, 한창 자라는 초목을 꺾지 않았으며, 부모의 상喪을 집행하는데 삼 년 동안 피눈물을 흘리고 일찍이 이를 드러내놓고 웃지 않았으며, 難을 피해 길을 가는데 지름길로 가지 않고 구멍으로 나가지 않았다."고 기록되어 있으니, 가히 그 사람됨을 알 수 있다.

주해

- 啓蟄: 땅속에서 갓나온 벌레. 啓(열 계) 蟄(벌레 칩)
- 泣血: 소리없는 통곡을 하며 피눈물을 흘리는 모습. 泣(울 읍)
- 見齒: 이를 드러내고 웃는 모습. 見(드러낼 현)
- 柴(나무 시) 羔(새끼양 고) 履(밟을 리) 徑(지름길 경) 竇(구멍 두)

【備旨】

夫子ㅣ語四子之偏하여 欲使知所自勵也하여 曰學者之質이 各有其偏하니 如柴也는 爲人이 明智不足하여 多固執而不通하니 其病也愚하고

夫子께서 네 제자의 치우침을 말하여, 하여금 스스로 힘쓸 바를 알게 하고자 하여 가라사대 "배우는 자의 자질이 각기 그 치우침이 있으니, 시柴 같은 이는 사람됨이 밝은 지혜가 부족하여 고집固執이 많고 이치에 통하지 못하니, 그 병통病痛이 우직하고,"

주해

● 偏(치우칠 편) 勵(힘쓸 려)

參也는 魯하고

"參(曾子)은 노둔魯鈍하고,"

魯는 鈍也라

程子曰 參也는 竟以魯得之니라 又曰 曾子之學은 誠篤而已라 聖門學者가 聰明才辯이 不爲不多로되 而卒傳其道는 乃質魯之人爾라 故로 學은 以誠實爲貴也니라

尹氏曰 曾子之才魯이라 故로 其學也確하니 所以能深

造乎道也니라

'노魯'는 둔함이다.

程子 가로되 "參은 마침내 노둔함으로써 道를 얻었다." 또 가로되 "曾子의 學問은 誠實하고 돈독敦篤했을 따름이다. 聖門의 배우는 자가 聰明하고 재주 있고 말 잘하는 자가 많지 않은 것은 아니되, 마침내 그 道를 전한 이는 바로 질박하고 노둔한 사람이었다. 그러므로 배움은 誠實을 귀하게 여긴다."

尹氏 가로되 "曾子의 재주는 노둔했다. 그러므로 그 배움이 확고確固했으니, 능히 道에 깊이 나아간 이유이다."

주해

● 魯鈍: 더디고 둔하다. 魯(노둔할 로)
≪예기禮記 · 단궁하檀弓下≫에 "容居, 魯人也."라 했고, 漢나라 鄭玄의 註에 "魯, 魯鈍也."라고 풀이했다.
경원보씨慶源輔氏가 말했다. "魯鈍한 자는 능히 바로 알 수가 없어서, 모름지기 공부를 해야 투철하게 알 수 있다. 총명한 자는 아는 것이 비록 빠르나 나아가 바는 천박해서, 겨우 그 울타리를 건너고도 스스로 그 깊은 곳까지 들어갔다고 말하는 자들이 많다. 魯鈍者不能便明了, 須用工夫方透. 聰明者所見雖快, 所造則淺, 方涉其藩而自謂入其奧者, 多矣."(大全註疏) 透(통할 투) 涉(건널 섭) 藩(울타리 번) 奧(깊을 오)

【備旨】

參也는 爲人이 質樸渾厚하여 每遲鈍而不敏하니 其病也魯하고

"參(曾子)은 사람됨이 질박質樸하고 혼후渾厚하여, 매양 더디고 둔하며 민첩하지 못하니 그 병통이 노둔魯鈍하고,"

주해

- 渾厚: 순박하고 박실樸實한 모습. 渾(순박할 혼) 樸(통나무 박)

師也는 辟하고

"사師(子張)는 편벽便辟하고,"

辟은 便辟也니 謂習於容止하고 少誠實也라

'벽辟'은 편벽便辟됨이니, 容止에만 익숙하고 誠實함이 부족한 것을 말한다.

주해

- 便辟: 편벽되다, 한 쪽만 잘하다. '편벽便僻', "偏僻"과 통한다. 辟(치우칠 벽) 僻(치우칠 벽)
  ≪論語・季氏≫篇에 "友便辟, 友善柔, 友便佞, 損矣."라는 말이 나오고, 형병邢昺의 소疏에 "便辟, 巧辟人之所忌以求容媚者也."라고 풀이했다. 佞(아첨할 녕) 邢(성 형) 昺(밝을 병)
- 容止: 의용儀容과 擧止, 즉 용모와 행동거지를 말함.
  경원보씨慶源輔氏가 말했다. "子張은 외모에만 힘쓰고, 容儀에 마음을 두었다. 子張務外, 留意於容儀."(大全註疏)

【備旨】

師也는 爲人이 留意容儀하여 務外而少誠實하니 其病也辟하고

"師는 사람됨이 용모와 거동에 유의하여 외모에만 힘쓰고 誠實함이 부족하니, 그 병통이 便辟하고,"

주해

- 留意=留心: 마음에 새겨 두어 조심하며 관심을 가짐.

由也는 喭이니라

"由(子路)는 거칠도다."

喭은 粗俗也니 傳稱喭者는 謂俗論也라
楊氏曰 四者는 性之偏이니 語之하여 使知自勵也라
吳氏曰 此章之首에 脫子曰二字라 或疑下章子曰이 當在此章之首 而通爲一章이라

'언喭'은 거칠고 속된 것이니, 傳에 '언喭'이라고 일컬은 것은 속된 논의를 말한다.
楊氏 가로되 "네 가지는 性質의 치우침이니, 그것을 말하여 하여금

스스로 힘쓸 것을 알게 하신 것이다."

吳氏 가로되 "이 章의 머리에 '子曰' 두 字가 빠졌다. 혹은 의심컨대 아래 章의 '子曰'이 마땅히 이 章의 머리에 위치하여 합쳐서 한 章이 되어야 한다."

주해

- 喭: 거칠다, 조잡하다. 喭(거칠 안)
- 粗俗: 말과 행동이 거칠고 속되다. '조야粗野'하고 '용속庸俗'하다. 粗(거칠 조) 庸(범상할 용)

  경원보씨慶源輔氏가 말했다. "由는 언행이 거칠고 속되어서 夫子께서 일찍이 粗野스럽다고 하셨다. 由粗俗, 夫子嘗以爲野."(大全註疏)

【備旨】

由也는 爲人이 貌言粗率하여 野俗而少文雅하니 其病也喭이라 四子는 其各思所以變化之哉인저

"由는 사람됨이 용모와 말투가 거칠고 경솔하여 野俗하고 文雅함이 부족하니 그 병통이 거칠도다. 네 제자들은 그 각각 변화시켜야 할 바를 생각할 것인 저!"

주해

- 粗率: 말과 행동이 거칠고 경솔함. 率(경솔할 솔)
- 文雅: 예의를 갖추고 저속低俗하지 않음.

[11·18]

子曰 回也는 其庶乎요 屢空이니라

孔子께서 가라사대 "回는 그 道에 가까웠고, 자주 끼니를 굶었노라."

庶는 近也니 言近道也라 屢空은 數至空匱也니 不以貧窶動心而求富라 故로 屢至於空匱也라 言其近道요 又能安貧也라

'서庶'는 가까움이니, 道에 가깝게 되었다는 말이다. '누공屢空'은 자주 쌀궤가 비었다는 것이니, 가난 때문에 마음을 움직여 富를 구하지 않았다. 그러므로 자주 쌀궤가 비게 된 것이다. 그 道에 가깝게 되고 또한 능히 가난을 편안하게 여겼음을 말씀하신 것이다.

주해

- 庶(가까울 서) 屢(자주 루) 數(자주 삭)
- 空匱: 쌀궤를 비우다. '匱'는 '櫃'와 같음. 匱(함 궤) 櫃(함 궤)
- 貧窶: 궁핍하다, 빈궁貧窮하다. 貧(가난할 빈) 窶(가난할 구)

【備旨】

夫子ㅣ論回賜之所造曰 吾門에 有回하니 博約之功이 旣深에 其庶幾近道矣乎며 且又能安貧에 雖屢至空匱

而不改其樂하니 回之所造ㅣ如此니라

夫子께서 회回(顔回)와 사賜(子貢)가 道에 나아간 바를 논하여 가라사대 "우리 門下에 顔回가 있으니, 博文約禮의 공부가 이미 깊어져서 그가 거의 道에 가깝게 되었으며, 또한 능히 가난함을 편안하게 여겨 비록 자주 쌀궤가 비게 되었으나 그 즐김을 바꾸지 아니하니, 顔回가 道에 나아간 바가 이와 같느니라."

주해

● 博約: 널리 학문을 구하고, 삼가서 예법을 지킴. '博文約禮'에서 나온 말이다.

賜는 不受命이요 而貨殖焉이나 億則屢中이니라

"사賜는 天命을 받아들이지 않고 財貨를 증식增殖했으나, 마음으로 헤아리면 곧 자주 적중했노라."

命은 謂天命이라 貨殖은 貨財生殖也라 億은 意度也라 言子貢이 不如顔子之安貧樂道나 然其才識之明이 亦能料事而多中也라

程子曰 子貢之貨殖은 非若後人之豐財로되 但此心未忘耳나 然此亦子貢少時事요 至聞性與天道 則不爲此

矣리라
范氏曰 屢空者는 簞食瓢飮이 屢絶而不改其樂也니 天下之物이 豈有可動其中者哉리오 貧富在天이어늘 而子貢以貨殖爲心하니 則是不能安受天命矣요 其言而多中者는 億而已니 非窮理樂天者也라
夫子嘗曰 賜不幸言而中하니 是使賜多言也라 하시니 聖人之不貴言也ㅣ如是시니라

'命'은 天命을 말한다. '화식貨殖'은 財貨를 생산하고 증식하는 것이다. '억億'은 마음으로 헤아림이다. 子貢은 안자顔子의 안빈낙도安貧樂道만 같지 못하나, 그러나 그 재주와 학식의 밝음이 또한 능히 일을 헤아려 적중함이 많았다는 말이다.
程子 가로되 "子貢이 재화를 증식함은 後人들이 재화를 넉넉하게 한 것과 같지 않았으나, 다만 이 마음을 아직 잊지 않았을 뿐이다. 그러나 이 또한 子貢이 젊었을 때의 일이요, 本性과 天道를 깨닫고 난 다음에는 곧 이 일을 하지 않았을 것이다."
范氏 가로되 "'누공屢空'은 단사표음簞食瓢飮(단사표음)이 자주 끊겼으나, 그 즐김을 고치지 아니한 것이니, 天下의 사물이 어찌 가히 그 마음을 움직일 수 있으리오? 貧富는 하늘에 달려 있거늘 子貢이 貨殖으로써 마음을 삼았으니, 곧 이는 능히 天命을 편안히 받아들이지 못한 것이요, 그가 말하여 대부분 적중한 것은 억측일 뿐이니, 이치를 궁구窮究하고 天命을 즐긴 것은 아니었다."
夫子께서 일찍이 가라사대 "사賜는 불행히도 말한 것이 적중했으니, 이는 賜로 하여금 말을 많이 하게 한 것이다."라고 하시니, 聖人께

서 말을 귀하게 여기지 않음이 이와 같으셨다.

주해

- 不受命: 天命을 따르지 않다.
- 貨殖: 재물(財貨)를 생산하고 증식함. 貨(재화 화) 殖(번성할 식)
- 億則屢中: 마음으로 헤아리면 곧 자주 적중하다. '億'은 헤아리다, 예측하다. '中'은 적중하다, 들어맞다. 億(臆測할 억) 屢(자주 루)
- 意度: 뜻으로(마음으로) 헤아리다. 度(헤아릴 탁)
- 安貧樂道: 청빈한 생활에 편안해 하고 道를 즐기다.
  ≪論語・雍也≫篇에 나온다. "賢哉, 回也! 一簞食, 一瓢飮, 在陋巷. 人不堪其憂, 回也不改其樂."
  신안진씨新安陳氏가 말했다. "'재화를 증식하는 일을 그 청빈함에 편안해 하는 것만 못하고, 천명을 따르지 않는 것은 그 道'를 즐기는 것만 같지 못하다. 貨殖是不如其安貧, 不受命是不如其樂道"(大全註疏)
- 簞食瓢飮: 한 대바구니의 밥과 한 표주박의 물. 君子의 곧 안빈낙도安貧樂道하는 모습. 簞(대광주리 단) 食(밥 사) 瓢(표주박 표)

【備旨】

若夫賜之爲人이면 則不能安受天命이요 而貨財嘗生殖焉이라 然이나 雖未能如回之安貧樂道나 而其才識明敏하여 亦能億度事情하여 屢中其機會也니 獨非求道之資乎인저 賜也는 勉之어다

"사賜(子貢)의 사람됨을 보면 곧 능히 편안히 天命을 받아들이지 못하고, 財貨를 일찍이 생산하고 증식하였다. 그러나 비록 능히 顔回의 안빈낙도安貧樂道만 같지는 못하였으나, 그 재주와 식견이 밝고 민첩하여 또한 능히 일을 마음으로 헤아려서 자주 그 機會에 들어맞으니, 유독로 道를 구하는 資質은 아닐 것인 저! 賜는 힘쓸지어다."

[11·19]

子張이 問善人之道한대 子曰 不踐迹이나 亦不入於室이니라

子張이 善人의 道를 묻건대,
孔子께서 가라사대 "성현의 자취를 밟지 않았으나, 또한 室에는 들어가지 못하니라."

善人은 質美而未學者也라
程子曰 踐迹은 如言循途守轍이라 善人은 雖不必踐舊迹이나 而自不爲惡이라 然이나 亦不能入聖人之室也라
張子曰 善人은 欲仁而未志於學者也라 欲仁故로 雖不踐成法이라도 亦不蹈於惡하며 有諸己也로되 由不學故로 無自而入聖人之室也니라

'선인善人'은 자질은 아름다우나 배우지 못한 자이다.
程子 가로되 "'천적踐迹'은 길을 따르고 바퀴자국을 지킨다는 말과 같다. 善人은 비록 반드시 성현의 옛 자취를 밟지 않아도 스스로

惡을 행하지 않을 것이다. 그러나 또한 능히 聖人의 室에는 들어가지 못한다."

張子 가로되 "善人은 仁을 행하고자 하나 배움에는 뜻을 두지 아니한 자이다. 仁을 행하고자 하기 때문에 비록 성현의 成法을 밟지 않을지라도 또한 惡을 따르지는 아니하며, 그것(仁)이 나에게 있되 배우지 않았기 때문에 말미암아 聖人의 室에 들어갈 수 없는 것이다."

주해

- 踐迹: 聖賢의 옛 자취를 따르다. '적迹'은 성현의 成法을 말한다. 踐(밟을 천) 迹(자취 적)
- 有諸己也: 仁이 자신에게 간직되어 있다.
  신안진씨新安陳氏가 말했다. "孟子가 '자신에게 간직되어 있는 것을 信이라고 말한다'라고 했는데, 여기에서는 이미 '信'에서 한 걸음 더 나아가 '善人'에 대해 말하고 있다. 孟子曰, 有諸己之謂信, 此已是進信一步而說善人也."(大全註疏)
- 循(따를 순) 途(길 도) 轍(바퀴자국 철) 蹈(밟을 도)

【備旨】

子張이 問善人之所以爲善人者는 其道如何이니잇고 夫子ㅣ告之曰 善人者는 質之美者也라 故로 雖不踐聖賢之舊迹이나 而自不爲惡이라 然이나 質雖美而未學이면 不能精造其域하여 而入於聖人之室焉이라 夫不踐迹者는 質美故也니 善人之所以爲善人也요 不入室者는 未學故也니 又善人之所以止於善人也니 善人之道ㅣ如此니라

子張이 묻건대 "善人이 善人이 되는 바는 그 道가 어떠한 것입니까?" 夫子께서 고하여 가라사대 "善人은 자질이 아름다운 자이다. 그러므로 비록 聖賢의 옛 자취를 밟지 않을지라도 스스로 惡을 행하지 않느니라. 그러나 자질이 비록 아름다우나 배우지 않으면 능히 정밀하게 그 지경에 나아가 聖人의 室에 들어갈 수 없느니라. 무릇 성현의 자취를 밟지 않은 것은 자질이 아름답기 때문이니, 善人이 善人이 되는 바요, 성인의 室에 들어가지 못한 것은 배우지 않았기 때문이니, 또한 善人이 善人에 그치는 바이니, 善人의 道가 이와 같으니라."

[11·20]

子曰 論篤을 是與면 君子者乎아 色莊者乎아

孔子께서 가라사대 "言論이 독실한 자를 이에 許與한다면 이는 君子인가? 얼굴만 장엄한 자인가?"

言但以其言論篤實而與之면 則未知其爲君子者乎아 爲色莊者乎아 言不可以言貌取人也니라

다만 그 言論이 篤實하기 때문에 그를 許與한다면, 곧 그가 君子가 되는가, 얼굴만 장엄한 자가 되는가를 알지 못한다는 말이다. 가히 말과 외모로써 사람을 취해서는 안된다는 말이다.

주해

- 與: 許與
- 君子: 마음과 언변이 德과 부합되는 사람.
- 色莊: 언론만 莊重하여 안으로 實情이 없는 자. 莊(엄숙할 장)
- 言貌取人: 말과 외모로 사람을 판단하다. '言'은 '論'을 가리키고, '貌'는 '色'을 가리킨다.

【備旨】

夫子ㅣ爲當時以言貌取人者하여 發曰 觀人者ㅣ若但以其言論篤實而遂與之면 斯人也는 其果表裏相附而君子者乎아 抑亦矯飾外貌而色莊者乎아 如其君子인댄 與之誠是矣어니와 使其色莊인댄 將不失於過乎아 觀人者는 當考其行이요 勿徒聽夫言也니라

夫子께서 當時 말과 외모로써 사람을 取하는 자를 위하여 發明하여 가라사대 "사람을 살피는 자가 만약 다만 그 言論이 篤實하다고 하여 마침내 그 사람을 許與한다면, 이 사람은 그 과연 겉과 속이 서로 부합하는 君子인가? 아니면 또한 外貌를 그럴 듯하게 꾸며 얼굴만 莊嚴한 자인가?
만약 그가 君子라면 그를 許與하는 것이 진실로 옳거니와, 가사 그가 얼굴만 장엄하게 꾸미는 자라면 장차 허물에 빠지지 않으리오? 사람을 살피는 자는 마땅히 그 행실을 考察할 것이요, 한갓 저 말만을 듣지 말지니라."

주해

● 矯飾: 과장되게 수식하여 진상을 감추는 일. 矯(속일 교) 飾(꾸밀 식) ≪후한서後漢書·장제기章帝紀≫에 "俗吏矯飾外貌 似是而非."라 했다. 吏(벼슬아치 리)

[11·21]

子路ㅣ問 聞斯行諸잇가

子曰 有父兄이 在하니 如之何其聞斯行之리오

冉有ㅣ問 聞斯行諸잇가

子曰 聞斯行之니라

公西華ㅣ曰 由也ㅣ問聞斯行諸어늘 子曰 有父兄在라 하시고 求也ㅣ問聞斯行諸어늘 子曰 聞斯行之라 하시니 赤也ㅣ惑하여 敢問하노이다

子曰 求也는 退故로 進之하고 由也는 兼人故로 退之하니라

子路가 묻건대 "옳은 말을 들으면 이에 행해야 하옵니까?"
孔子께서 가라사대 "父兄이 계시니, 어찌 들으면 이에 행하리오?"

염유冉有가 묻건대 "옳은 말을 들으면 이에 행해야 하옵니까?"
孔子께서 가라사대 "들으면 이에 행할지니라!"
공서화公西華가 가로되 "由(子路)가 '옳은 말을 들으면 이에 행해야 하옵니까?' 하고 물으니, 夫子께서 가라사대 '父兄이 계시니라.' 라고 하시고, 求(冉有)가 듣고 '옳은 말을 들으면 이에 행해야 하옵니까?' 하고 물으니, 夫子께서 가라사대 '들으면 이에 행할지니라."라고 하시니, 적赤이 의혹되어 감히 묻사옵니다."
孔子께서 가라사대 "求는 물러나기 때문에 나아가게 한 것이고, 由는 남보다 뛰어나므로 물러나게 한 것이니라."

兼人은 謂勝人也라
張敬夫曰 聞義면 固當勇爲나 然이나 有父兄在면 則有不可得而專者니 若不稟命而行이면 則反傷於義矣라 子路는 有聞이요 未之能行하여는 唯恐有聞하니 則於所當爲에 不患其不能爲矣요 特患爲之之意或過而於所當稟命者에 有闕耳라
若冉求之資稟은 失之弱하니 不患其不稟命也요 患其於所當爲者에 逡巡畏縮而爲之不勇耳라 聖人이 一進之하고 一退之하시니 所以約之於義理之中하여 而使之無過不及之患也시니라

'겸인兼人'은 남보다 뛰어났다는 말이다.
장경부張敬夫 가로되 "義를 들으면 진실로 마땅히 용감하게 행해야 하나, 그러나 父兄이 계시면 곧 가히 전단專斷할 수 없는 것이 있으

니, 만약 命을 받지 않고 행하면 곧 도리어 義를 傷하게 된다. 子路는 (義)를 듣고 능히 미처 행하지 못하면 오직 (義)를 들을까 두려워하니, 곧 마땅히 해야 할 바에 그 능히 하지 못할까 근심하는 것이 아니라, 다만 그것을 행하려는 뜻이 혹 지나쳐서 마땅히 命을 받아야 할 바에 빠뜨림이 있을까 근심할 뿐이다.
염구冉求와 같은 자질과 품성은 지나치게 유약柔弱하니 그 命을 받지 않을까 근심하지 않고, 그 마땅히 해야 할 바에 머뭇거리고 위축되어 행하는 것이 용감하지 못할까 근심할 뿐이다. 聖人께서 하나는 나아가게 하고 하나는 물러나게 하시니, 義理의 中道에 요약하여 하여금 지나치거나 미치지 못하는 근심이 없게 하려고 하신 바이다."

주해

- 兼人: 자질과 품성이 굳세고 강하며 남보다 뛰어난 재주가 있는 사람. 兼(나을 겸)
- 稟命: 윗사람의 명을 받음. 稟(받을 품)
- 資稟: 자질資質과 품성稟性. '자품姿稟'과 통함.
- 逡巡: 이리저리 배회하며 앞으로 나아가지 못하는 모양. 逡(뒷걸음질칠 준) 巡(돌 순)
- 畏縮: 두려워서 뒤로 물러남. 畏(두려워할 외) 縮(줄일 축)

【備旨】

子路ㅣ問人之聞善이면 斯可卽從而行諸否乎잇가

夫子ㅣ曰 有聞이면 固當卽行이나 然이나 有父兄在하니 必稟命而後可行也니 如之何其聞斯行之리오

冉有ㅣ問人之聞善이면 斯可卽從而行諸否乎잇가

夫子ㅣ曰 見義不爲는 是無勇也니 有所聞이면 斯行之可矣니라

公西華ㅣ 乃疑而問曰 由也ㅣ問聞斯行諸는 不異於求也어늘 而夫子則曰 有父兄在라 하시고 求也ㅣ問聞斯行諸는 亦同乎由也어늘 而夫子則曰 聞斯行之라하시니 夫由有父兄하고 求獨無父兄乎아 求所當行을 由獨不當行乎아 赤也ㅣ竊有惑焉하여 敢問其所以異하노이다

夫子ㅣ告之曰 吾之敎由與求는 亦因其才耳니 求之資稟은 過於柔而退하니 則稟命非所患也요 患其爲之不勇耳라 故로 吾告之以聞斯行者는 所以激而進之하여 使其勇於有爲也라

由之資稟은 過於剛而兼人하니 則急行非所患也요 患其於所當稟命者有闕耳라 故로 吾告之以有父兄在는 所以抑而退之하여 使其審於有爲也니 亦可以無惑矣니라

자로子路가 묻건대 "사람이 善을 들으면 이에 가히 곧 좇아서 행해야 하옵니까? 행하지 말아야 하옵니까?"

夫子께서 가라사대 "들음이 있으면 진실로 마땅히 곧 행해야 하나, 그러나 父兄이 계시니 반드시 命을 받은 이후에 가히 행해야 하니, 어찌 그 듣고 이에 행하리오?"

염유冉有가 묻건대 "사람이 善을 들으면 이에 가히 곧 좇아서 행해

야 하옵니까? 행하지 말아야 하옵니까?"

夫子께서 가라사대 "義를 보고 행하지 않는 것은 이는 용기가 없는 것이니, 들은 바가 있으면 이에 행하는 것이 옳을지니라."

공서화公西華가 이에 의심하여 물어 가로되 "由가 '善을 들으면 이에 행해야 하옵니까?' 라고 물은 것은 求의 물음과 다르지 않거늘, 夫子께서 곧 가라사대 '父兄이 계신다.'라고 하시고,

求가 '善을 들으면 이에 행해야 하옵니까?' 라고 물은 것은 또한 由의 물음과 같거늘, 夫子께서 곧 가라사대 '들었으면 이에 행해야 하느니라.' 라고 하시니, 무릇 由는 부형이 있고, 求만 홀로 父兄이 없는 것입니까? 求가 마땅히 행해야 할 바를 由만 홀로 마땅히 행하지 말아야 하는 것입니까? 적赤은 속으로 의혹됨이 있어서 감히 그 다른 바를 묻사옵니다."

夫子께서 告하여 가라사대 "내가 由와 求를 가르치는 것은 또한 그 재주로 因할 따름이니, 求의 자질과 품성은 유약함에 지나쳐서 물러나니 곧 命을 받는 것을 근심할 바가 아니요, 그 행하는 것이 용감하지 못할까 근심할 뿐이니라. 그러므로 내가 '善을 들으면 이에 행해야 한다' 라고 告한 것은 그를 격려해서 나아가게 하고, 하여금 그가 행하는데 용감하게 하고자 한 것이니라.

由의 자질과 품성은 강직함에 지나쳐 남들보다 뛰어나니, 곧 급히 행하는 것을 근심할 바가 아니요, 그 마땅히 命을 받아야 할 곳에 빠뜨림이 있을까 근심할 뿐이니라. 그러므로 내가 '父兄이 계시다' 라고 告한 것은 그를 억제하여 물러나게 하고, 하여금 그가 행하는데 살피도록 하고자 한 것이니라. 赤은 가히 의혹되지 말지니라."

[11·22]

子ㅣ畏於匡하실새 顔淵ㅣ後러니
子曰 吾ㅣ以女爲死矣로라
曰 子在어시니 回ㅣ何敢死리잇고

孔子께서 광匡땅에서 위협을 받으실 때 안연顔淵이 뒤처져 있었는데,
孔子께서 가라사대 "나는 그대가 죽은 줄 알았노라."
가로되 "夫子께서 계신데 제가 어찌 감히 죽겠습니까?"

後는 謂相失在後라 何敢死는 謂不赴鬪而必死也라
胡氏曰 先王之制에 民生於三하니 事之如一이라 惟其所在則致死焉이어늘
況顔淵之於孔子에 恩義兼盡하니 又非他人之爲師弟子者而已라 卽夫子不幸而遇難이면 回必捐生以赴之矣요 捐生以赴之라가 幸而不死면 則必上告天子하고 下告方伯하여 請討以復讐요 不但已也리라 夫子而在면 則回何爲而不愛其死하여 以犯匡人之鋒乎아

'後'는 서로 자취를 잃고 뒤처져 있다는 말이다. '何敢死'는 싸움에 나아가 반드시 죽지 않는다는 말이다.
胡氏 가로되 "先王의 제도에 백성은 세 가지에서 살게 되니 섬기는

것은 한가지이다. 오직 그 섬기는 곳에서 곧 목숨을 다 바치거늘, 하물며 顔淵은 孔子에 대해서 은혜와 의리를 모두 곡진曲盡히 하였으니, 또한 다른 사람들의 師弟간과는 다를 따름이다. 곧 夫子께서 불행히도 환난을 만났다면, 回는 반드시 목숨을 버리고 달려갔을 것이요, 목숨을 버리고 달려갔는데도 다행히 죽지 않았다면, 곧 반드시 위로 天子에게 告하고 아래로 方伯에게 告하여 토벌하여 복수復讐할 것을 청했을 것이요, 다만 그치지는 않았을 것이다. 夫子께서 살아계시면 곧 回가 어찌하여 그 목숨을 아끼지 아니하고 광인匡人의 칼끝을 범하리오?"

주해

- 以女爲死: 그대가 죽은 줄로 여기다. 女는 '汝'와 통한다. 汝(너 여)
- 赴鬪: 나아가 싸우다. '赴戰'과 같다. 赴(나아갈 부)
- 民生於三: 백성은 세 가지에서 살아간다. ≪國語・晉語一≫에 "'民生於三, 事之如一.' 父生之, 師教之, 君食之. 非父不生, 非食不長, 非教不知, 生之族也, 故壹事之, 唯其所在, 則致死焉."라고 했다.
- 遇難: 재난을 당하다. 遇(만날 우) 難(재앙 난)
  ≪史記・孔子世家≫에 "公良孺謂曰 '吾昔從夫子遇難於匡, 今又遇難於此, 命也已.'"라고 했다.
- 捐生: 목숨을 버리다, 희생하다. 捐(버릴 연)
- 鋒(칼끝 봉) 卽(만일 즉)

【備旨】

夫子ㅣ爲匡人所圍하여 有畏心於匡하실새 時顔淵이 相失在後러니 及其至而夫子ㅣ謂之曰 吾以女爲我之

故로 犯匡人之鋒而死矣로라
顔淵ㅣ對曰 回之死生은 惟夫子是從이니 幸天未喪斯文而夫子猶在也시니 回何敢輕死하여 以犯匡人之鋒乎아하니
觀此컨대 而聖賢相與之情과 保身之哲을 俱見之矣라

夫子께서 匡人에게 포위가 되어 匡땅에서 마음으로 위협을 받으실 때, 당시 顔淵이 서로 자취를 잃고 뒤쳐져 있다가 그가 도착하자, 夫子께서 일러 가라사대 "나는 그대가 나보다 뒤쳐져 있었기 때문에 광인匡人의 칼끝을 범해 죽은 줄 알았노라."
顔淵이 대답하여 가로되 "제(回)가 죽고 사는 것은 오직 夫子를 이에 좇을 뿐이니, 다행히 하늘이 斯文(사문)을 버리지 않고 夫子께서 오히려 살아 계신데, 제(回)가 어찌 감히 죽음을 가벼이 여겨 匡人의 칼끝을 범하겠습니까?"라고 하니,
이를 살피건대 聖賢이 서로 許與하는 情과 몸을 보존하는 명철함을 함께 알 수 있다.

주해

- 斯文: 여기서는 '儒士'나 '文人'을 가리킴.
≪후한서後漢書 · 응소전應劭傳≫에 "夫覩之者掩口盧胡而笑, 斯文之族, 無乃類旃."라고 했고, 唐나라 두보杜甫의 〈장유壯遊〉라는 詩에 "斯文崔魏徒, 以我似班揚."이라는 구절이 나온다. 劭(힘쓸 소) 睹(볼 도) 掩(가릴 엄) 旃(기 전)

[11·23]

季子然이 問仲由冉求는 可謂大臣與잇가

계자연季子然이 묻건대 "중유仲由와 염구冉求는 가히 大臣이라 이를 수 있습니까?"

子然은 季氏子弟니 自多其家得臣二子라 故로 問之라

'자연子然'은 계씨季氏의 子弟니, 스스로 그 집안에서 두 사람을 신하로 삼은 것을 자랑스럽게 여겼기 때문에 물은 것이다.

주해

- 季子然: 계평자季平子의 아들이자, 환자桓子의 아우이다.
- 多(자랑할 다)

【備旨】

季子然이 自多其家得由求而臣之라 故로 問於夫子曰 仲由冉求는 其德業才望이 可謂之大臣與잇가

계자연季子然이 스스로 그 집안에서 由(仲由)와 求(冉求)를 신하로 삼은 것을 자랑스럽게 여겼다. 그러므로 夫子께 물어 가로되 "仲由와 冉求는 그 德業과 才望이 가히 大臣이라 이를 만합니까?"

주해

● 德業才望: 덕망과 재주. '德望才業'이라고도 함.

子曰 吾以子爲異之問이러니 曾由與求之問이로다

孔子께서 가라사대 "나는 그대가 특이한 물음을 할 것이라 생각했는데, 이에 由와 求에 대해 묻는구나."

異는 非常也라 曾은 猶乃也라 輕二子하여 以抑季然也라

'이異'는 보통이 아닌 것이다. '증曾'은 '내乃'와 같다. 두 사람(由와 求)을 가벼히 여겨 季子然을 억제하신 것이다.

주해

● 曾: 이에, 마침내. 曾(이에 증)

【備旨】

夫子ㅣ見大臣旣非家臣所可當이요 而二子ㅣ又不足以盡大臣之道하사 特輕以抑之曰 子問大臣에 吾以子必擧非常之人來問이러니 曾由與求二子之爲問乎아

夫子께서 '大臣'이란 이미 家臣이 가히 감당할 바가 아니며, 二子가 또 족히 大臣의 道를 다할 수 없다고 보시고, 다만 가벼히 여기고 억제하여 가라사대 "그대가 大臣에 대해서 묻길래 나는 그대가 필시 범상치 않은 사람을 거론하여 물을줄 알았는데, 이에 由와 求 두 사람에 대해 묻는가?"

주해

- 旣~, 又…: '이미 ~하고, 또(한) …하다'
- 特: 다만. '只'와 통함. 特(다만 특)

所謂大臣者는 以道事君하다가 不可則止하나니

"이른바 大臣은 道로써 人君을 섬기다가 可하지 않으면 곧 그치나니,"

以道事君者는 不從君之欲이요 不可則止者는 必行己之志라

'道로써 人君을 섬긴다'는 것은 人君의 욕망을 따르지 않는 것이요, '可하지 않으면 그친다'는 것은 반드시 자신의 뜻을 행하는 것이다.

주해

- 以道事君: '道로써 人君을 섬기다.'
  면재황씨勉齋黃氏가 말했다. "道로써 人君을 섬긴다는 것은 出處의 마땅함을 살피고, 責難의 義를 다하며, 반드시 나의 正道를 지키고 윗사람의 비위를 맞추면서 구차하게 人君의 사욕을 따르지 않는다는 말이다. 以道事君, 謂審出處之宜, 盡責難之義, 必守我之正道, 而不容悅以苟順君之私欲也."(大全註疏)
  * 容悅: 자신의 뜻을 굽혀가면서 윗사람에게 아부하는 일. ≪孟子・盡心上≫에 "有事君人者, 事是君, 則爲容悅者也."라고 했고, 朱子集註에 "阿殉以爲容, 逢迎以爲悅."라고 풀이했다. 阿(아첨할 아) 殉(따라죽을 순)
  * 責難: 남에게 하기 어려운 일을 힘써 권하는 일.
  ≪孟子・이루離婁上≫에 "責難於君謂之恭, 陳善閉邪謂之敬, 吾君不能謂之賊."이라 했고, 조기趙岐의 註에 "人臣之道, 當進君於善, 責難爲之事, 使君勉之."라고 풀이했다.
- 不可則止: '可하지 않으면 그친다.' '不可'는 人君이 道를 쓰지 않는다는 말이고, '止'는 벼슬하지 않는다는 말이다.

【備旨】

夫所以謂大臣者는 非徒以名與位也라 蓋以至正之道事其君하여 而納於軌物之中하되 苟其志不可行이면 則止而不仕하여 必不枉道以辱身하니 是進退不苟 有如此니라

무릇 大臣이라고 말하는 이유는 다만 名聲과 地位로써만 말하는 것이 아니다. 대개 지극히 바른 道로써 그 人君을 섬기며 법도 안으로 들어가게 하되, 만일 그 뜻을 가히 행할 수 없으면, 곧 그만두고 벼

슬하지 아니하며 반드시 道를 굽히면서 몸을 욕되게 하지 않으니, 이는 進退를 구차하게 하지 않는데 이와 같음이 있다.

주해

- 非徒: '다만 ~뿐 만이 아니다' '不但' 또는 '非但'과 같다. 徒(다만 도)
- 軌物: 규범이나 준칙準則. 軌(법도 궤)
- 枉(굽을 왕) 辱(욕될 욕)

今由與求也는 可謂具臣矣니라

"지금 由와 求는 가히 구신具臣이라 말할 수 있느니라."

具臣은 謂備臣數而已라

'구신具臣'은 臣下의 숫자만 채울 뿐이라는 말이다.

주해

- 具臣: 벼슬자리만 채우는 평범한 신하.
  ≪한서漢書 · 매복전梅福傳≫에 "故京兆尹王章, 資質忠直, 敢面引廷爭, 孝元皇帝擢之, 以厲具臣而矯曲朝."라고 했고, 안사고顏師古 註에 "具臣, 具位之臣無益者也." 풀이했다. 擢(뽑을 탁) 矯(바로잡을 교)
  면재황씨勉齋黃氏가 말했다. "'大臣'은 群臣들과 달라서 그 위를 초월한 자이다. '具臣'은 群臣들과 똑같이 그 가운데에 뒤섞여 있는 자이다. 大臣者異乎群臣, 而超乎其上者也. 具臣者等乎群臣, 而混乎其中者也."(大全註疏) 混(섞일 혼)

【備旨】

今由與求也는 果能以道事君乎며 果能不可則止乎잇가 特可謂具人臣之數已矣니 安可謂大臣哉아

"지금 由와 求는 과연 능히 道로써 人君을 섬길 수 있으며, 과연 능히 可하지 않으면 곧 그칠 수 있습니까?"
"다만 가히 人臣의 숫자만 갖추었다고 이를 뿐이니, 어찌 가히 大臣이라 이르리오?"

曰 然則從之者與잇가

가로되 "그렇다면 곧 따르기만 하는 자입니까?"

意二子旣非大臣이면 則從季氏之所爲而已라

두 사람이 이미 大臣이 아니라면 곧 季氏가 하는 바를 따르기만 할 뿐이라고 생각한 것이다.

【備旨】

子然ㅣ又問曰 二子旣非大臣이면 然則凡事에 皆從其主之所欲爲者與잇가

子然이 또 물어 가로되 "두 사람이 이미 大臣이 아니라면, 그러면 곧 凡事에 모두 그 주인이 하고자 하는 바를 따르기만 하는 자입니까?"

子曰 弑父與君은 亦不從也리라

孔子께서 가라사대 "아버지와 人君을 시해弑害하는 일은 또한 따르지 않을 것이니라."

言二子雖不足於大臣之道나 然이나 君臣之義則聞之熟矣니 弑逆大故는 必不從之라 蓋深許二子以死難不可奪之節하고 而又以陰折季氏不臣之心也시니라
尹氏曰 季氏專權僭竊이어늘 二子仕其家而不能正也하고 知其不可而不能止也하니 可謂具臣矣라
是時에 季氏已有無君之心이라 故로 自多其得人이요 意其可使從己也라 故로 曰弑父與君은 亦不從也라 하시니 其庶乎二子可免矣로다

두 사람이 비록 大臣의 道에는 부족하나, 그러나 君臣間의 의리는 곧 익숙하게 들었으니 시해하고 반역하는 大故는 반드시 따르지 않을 것이라는 말이다. 대개 死難에도 가히 빼앗을 수 없는 두 사람의 절개를 깊이 許與하고, 또 은근히 季氏의 신하답지 않는 마음을 꺾은 것이다.

尹氏 가로되 "季氏가 권력을 전횡專橫하고 참절僭竊하거늘, 두 사람이 그 집에 벼슬하면서 능히 바로잡지 못했고, 그것이 可하지 못함을 알면서 능히 그치지를 못했으니, 가히 具臣이라 이를 만하다. 이때 季氏에게 이미 人君을 무시하는 마음이 있었다. 그러므로 스스로 그 인재 얻은 것을 자랑스럽게 여긴 것이요, 그 가히 하여금 자신을 따르게 할 수 있다고 생각한 것이다. 그러므로 '아버지와 人君을 시해하는 일은 또한 따르지 않을 것이다.'라고 말씀하시니, 그 두 사람이 가히 죄에서 면할 수 있기를 바라신 것이다."

주해

- 弑: 아랫사람이 윗사람을 죽이는 것을 '시弑'라 한다. 弑(죽일 시)
- 死難: 국가의 危難과 大義를 위해 목숨을 버리다.
- 僭竊: 분수에 넘어 참람하게 취하는 일. 僭(참람할 참) 竊(훔칠 절)

【備旨】

夫子ㅣ折之曰 二子ㅣ雖不足於大臣之道나 然이나 君臣之義則聞之已熟이라 若弑父與君之事는 乃非道之甚이니 吾知其見之審守之固하여 亦必不從也리라 하시니 蓋季氏素有不臣之心하여 欲借二子爲羽翼이라 故로 夫子稱二子하여 以陰折其心也시니라

夫子께서 꺾어 가라사대 "두 사람이 비록 大臣의 道에는 부족하나 그러나 君臣의 의리는 곧 익숙하게 들었노라. 아버지와 人君을 시해하는 일과 같은 경우는 이에 非道가 심한 것이니, 내 그들이 자세

히 살피고 굳게 지켜서 또한 반드시 따르지 않을 것을 아노라."라고 하시니,
대개 季씨는 평소에 신하노릇 하지 않으려는 마음을 가지고 두 사람을 빌어 우익羽翼으로 삼고자 하였다. 그러므로 夫子께서 두 사람을 칭찬하여 은연중에 그 마음을 꺾으신 것이다.

주해

- 不臣: 신하로서의 도리를 지키지 아니함.
  ≪左傳 · 소공昭公三十一年≫에 "若召季孫而不來, 則信不臣矣, 然後伐之."라고 했다.
- 羽翼: 새의 날개, 보좌하는 사람. 羽(깃우) 翼(날개 익)

[11 · 24]

子路ㅣ使子羔爲費宰한대

子路가 자고子羔로 하여금 비읍費邑의 읍재邑宰를 삼은대,

子路爲季氏宰而擧之也라

子路가 季氏의 家臣이 되어 그를 천거한 것이다.

주해

- 自羔: 孔子의 제자인 고시高柴를 말함. 羔(새끼양 고) 柴(섶 시)
- 邑宰: 縣邑을 다스리는 사람. '縣令'과 통함. 宰(벼슬 재)

【備旨】

昔에 子路仕於季氏하여 以費邑難治로 擧子羔爲費邑宰하니 意以子羔厚重에 足以化民也라

옛날 子路가 季氏에게 벼슬하여 비읍費邑이 다스리기 어렵기 때문에 자고子羔를 천거하여 費邑의 읍재邑宰를 삼으니, 子羔가 厚重하여 족히 백성을 敎化할 수 있다고 생각한 것이다.

주해

- 厚重: 사람됨이 돈후敦厚하고 장중莊重함. 敦(도타울 돈) 莊(엄할 장)

子曰 賊夫人之子로다

孔子께서 가라사대 "남의 아들을 해치는구나!"

賊은 害也라 言子羔質美而未學이어늘 遽使治民이면 適以害之라

'적賊'은 해치는 것이다. '자고子羔'는 자질이 아름다우나 아직 배우지 않았거늘, 갑자기 하여금 백성을 다스리게 하면 다만 그를 해칠 뿐이라는 말이다.

주해

● 適(다만 적) 遽(갑자기 거)

【備旨】

夫子ㅣ聞而而責之曰 以夫人之子而遽使之仕면 則內有妨於修己하여 而學問無由成하고 外有妨於治人하여 而功業不能就하니 適以賊夫人之子耳니라

夫子께서 듣고 꾸짖어 가라사대 "남의 자식으로써 갑자기 하여금 벼슬을 하게 하면 곧 안으로는 몸을 닦는데 방해가 되어 學問을 말미암아 이룰 수 없고, 밖으로는 사람을 다스리는데 방해가 되어 功業을 능히 이루지 못하니 다만 남의 자식을 해칠 뿐이니라."

주해

● 聞而: '이런 말(사실)을 듣고'. 곧 '子路가 자고子羔를 비읍費邑의 읍재邑宰를 삼았다는 소식을 듣고 나서'의 뜻. '而'는 '此'와 통한다. 而(이것 이)
● 就(이룰 취)

子路曰 有民人焉하며 有社稷焉하니 何必讀書然後에 爲學이리잇고

子路가 가로되 "백성이 있으며 社稷이 있으니, 어찌 반드시 讀書

한 연후에 학문을 하겠습니까?"

言治民事神이 皆所以爲學이라

백성을 다스리고 귀신을 섬기는 것이 모두 학문을 하는 바라고 말한 것이다.

주해

- 民人: '人民' 또는 '百姓'. 원래 '民'은 벼슬이 없는 자이고, '人'은 벼슬에 있는 자를 말한다.
  ≪詩・대아大雅・첨앙瞻卬≫篇에 "人有土田, 女反有之. 人有民人, 女覆奪之."라고 했고, ≪孟子・등문공상滕文公上≫篇에 "五穀熟而民人育."라고 했다. 覆(뒤집을 복) 滕(나라이름 등)
- 社稷: '사社'는 토지신이고, '직稷'은 곡식의 신을 말한다. 社(토지신 사) 稷(곡신穀神 직)
  ≪書・太甲上≫에 "先王顧諟天之明命, 以承上下神祇, 社稷宗廟罔不祗肅."이라 했고, ≪孟子・진심盡心下≫에 "民爲貴, 社稷次之, 君爲輕."라는 말이 나온다. 顧(돌아볼 고) 諟(이 시) 罔(없을 망) 祗(공경할 지)

【備旨】

子路ㅣ强辭以對曰 夫子謂賊夫人은 以其未學也라 然이나 費邑之中에 有民人焉하니 所當治也며 有社稷焉하니 所當事也라 治民事神이 是卽學矣니 何必沾沾焉하여 讀章句之書然後에 爲學也哉이리잇고

子路가 말을 억지로 하여 對答하여 가로되 "夫子께서 남을 해친다고 말씀하신 것은 그가 배우지 않았기 때문입니다. 그러나 비읍費邑의 안에 백성이 있으니 마땅히 다스려야 할 바이며, 사직社稷이 있으니 마땅히 섬겨야 할 바입니다. 백성들을 다스리고 귀신을 섬기는 것이 곧 학문이니, 어찌 반드시 의기양양하게 章句의 글을 읽은 연후에 학문을 하겠습니까?"

주해

- 沾沾: 의기양양하며 우쭐거리는 모습. 沾(경망할 첩)
  ≪新唐書 · 여간전黎幹傳≫에 "黎幹, 自負其辯, 沾沾喜議論."이라 했다. 黎(검을 려)

子曰 是故로 惡夫佞者하노라

孔子께서 가라사대 "이런 연고로 말 잘하는 자를 미워하노라."

治民事神이 固學者事나 然이나 必學之已成然後에 可仕以行其學이니 若初未嘗學而使之卽仕以爲學이면 其不至於慢神而虐民者ㅣ幾希矣라 子路之言은 非其本意요 但理屈詞窮하여 而取辨於口以禦人耳라 故로 夫子不斥其非하시고 而特惡其佞也시니라
范氏曰 古者에 學而後入政하니 未聞以政學者也라 蓋道之本在於修身이요 而後及於治人이니 其說具於方冊

이라 讀而知之然後에 能行이니 何可以不讀書也리오 子路乃欲使子羔以政爲學하니 失先後本末之序矣어늘 不知其過而以口給禦人이라 故로 夫子惡其佞也시니라

백성을 다스리고 귀신을 섬기는 것이 본디 배우는 자의 일이나, 그러나 반드시 배움이 이미 이루어진 연후에 가히 벼슬하여 그 배운 것을 행할 수 있다. 만약 애초에 일찍이 배우지 아니하고 그로 하여금 벼슬에 나아가 학문을 하게 하면, 그 귀신에게 태만怠慢하고 백성을 학대虐待하는데 이르지 않을 자가 거의 드물 것이다. 子路의 말은 그 本意가 아니요, 다만 이치가 맞지 않고 말이 궁색窮塞하여 입으로써 변론을 취하여 남을 막았을 뿐이다. 그러므로 夫子께서 그가 그릇된 것을 배척하지 않고 다만 그가 말 잘하는 것을 미워하신 것이다.

范氏 가로되 "옛날에는 배운 이후에 政事에 들어갔으니, 政事로써 배운다는 말은 들어보지 못했다. 대개 道의 근본은 修身에 있고 이후에 사람을 다스리는데 미치니, 그 말이 방책方冊에 갖추어져 있다. 읽고 나서 그것을 안 연후에 능히 행할 수 있으니, 어찌 가히 讀書하지 않으리오?

子路가 이에 자고子羔로 하여금 政事로써 학문을 하게 하려고 하니, 先後와 本末의 차례를 잃었거늘, 그 잘못을 알지 못하고 말재주로써 사람을 막은 것이다. 그러므로 夫子께서 그 말 잘하는 것을 미워하신 것이다."

주해

- 口給: 말재주, 말주변. 給(말잘할 급)

≪論語 · 공야장公冶長≫에 "禦人以口給, 屢憎於人."이라 했다. 누 憎(미워할 증)

- 理屈詞窮: 이치가 맞지 않고 말이 궁색窮塞함. 屈(굽을 굴) 塞(막힐 색)
- 惡(미워할 오) 佞(말잘할 녕) 希(드물 희) 禦(막을 어)

【備旨】

夫卽仕而學은 非子路使子羔本意로되 但因夫子之責하여 而飾辭以應之라

故로 夫子ㅣ復責之曰 是故로 我平日所以惡夫佞者는 正以其不問理之是非하고 而但以口給取勝耳어늘 今由之言은 乃所謂佞者也니 庸非我之所惡乎아

무릇 벼슬에 나아가 배운다는 말은 子路가 자고子羔에게 시킨 본뜻이 아니로되, 다만 夫子의 꾸짖음으로 인하여 말을 꾸며 응대한 것이다.

그러므로 夫子께서 다시 꾸짖어 가라사대 "이런 연고로 내가 평일에 말 잘하는 자를 미워하는 이유는, 바로 그가 이치의 옳고 그름을 묻지도 않고 다만 말재주로써 이길려고 할 뿐이거늘, 이제 由의 말은 곧 이른바 말만 잘하는 것이니, 어찌 내가 미워하는 바가 아니리오?"

주해

- 取勝: 이기다, 성공하다.
- 飾(꾸밀 식) 庸(어찌 용)

[11·25]

子路 曾皙 冉有 公西華ㅣ侍坐러니

子路와 증석曾皙과 염유冉有와 공서화公西華가 夫子를 모시고 앉았는데,

皙은 曾參父ㅣ니 名은 點이라

'석皙'은 증삼曾參의 아버지이니 이름은 점點이다.

주해

- 皙(밝을 석)

【備旨】

昔에 子路 曾皙 冉有 公西華ㅣ侍坐於夫子之側이러니

옛날에 子路와 증석曾皙과 염유冉有와 공서화公西華가 夫子의 곁에서 모시고 앉아 있었는데,

子曰 以吾ㅣ一日長乎爾나 毋吾以也하라

孔子께서 가라사대 "내 나이가 그대들 보다 조금 많으나, 나 때

문에 말을 어려워하지 말지니라."

言我雖年少長於女나 然이나 女勿以我長而難言이라 蓋誘之盡言하여 以觀其志시니 而聖人和氣謙德을 於此亦可見矣라

내 비록 나이가 그대들 보다 조금 많으나, 그러나 그대들은 내가 나이가 많다고 해서 말을 어렵게 하지 말라는 말씀이다.
대개 말을 다하도록 유도하여 그 뜻을 살피려는 것이니, 聖人의 온화한 기운과 겸손한 德을 여기에서 또한 가히 볼 수 있다.

주해

- 一日: 나이가 많지 않음을 겸손히 말한 것이다.
- 爾: 너, 그대. 여기서는 '子路 · 증석曾晳 · 염유冉有 · 공서화公西華' 네 제자를 가리킨다. 爾(너 이)
- 女: 너, 그대. '汝'와 통함. 汝(너 여)

【備旨】

夫子ㅣ誘之言志曰 以年而言인댄 吾雖有一日少長於爾나 然이나 辨論之際엔 非年之所得拘者니 爾其有懷必言이요 有言必盡하여 毋以吾長之故로 而遜焉而不言也하라

夫子께서 뜻을 말하도록 유도하여 가라사대 "나이로써 말하자면 내

비록 하루라도 그대들보다 조금 많으나, 그러나 변론辨論할 때는 나이로 구애받을 바가 아니니, 그대들에게 그 품은 생각이 있으면 반드시 말할 것이요, 할 말이 있으면 반드시 말을 다하여 내 나이가 많기 때문에 겸손해 하며 할 말을 그만두지 말지니라."

居則曰不吾知也라 하나니 如或知爾면 則何以哉오

"평소에 곧 가로되 '나를 알아주지 않는다'고 했으니, 만약 혹 그대들을 알아준다면 곧 어떻게 하리오?"

言女平居則言人不知我라 하나니 如或有人知女면 則女將何以爲用也라

그대들은 평소에 '남들이 나를 알아주지 않는다.'고 말하니, 만약 혹 남들이 그대들을 알아준다면 곧 그대들은 장차 어떻게 쓰여지겠느냐고 말씀하신 것이다.

주해

- 平居: '平日', '평소平素'와 같다.

【備旨】

想女平居之時엔 則皆自負曰 吾才足以爲世用이나 而人

不吾知也라 하나니 如或有君相知爾而擧用之면 則爾將何以措諸用而酬知哉오 爲我言之可也니라

"생각하건대 그대들이 평소에 곧 모두 自負하여 가로되 '나의 재주가 족히 세상을 위해 쓰일 수 있으나 남들이 나를 알아주지 않는다'고 하니, 만약 혹 人君과 國相이 그대들을 알아주어 천거하여 쓴다면 곧 그대들은 장차 어떻게 등용에 措處하여 자신을 알아준 것에 보답하리오? 나를 위하여 말함이 可할지니라."

주해

- 君相: 人君과 國相
- 措: 조처措處하다, 대처對處하다. 措(놀릴 조)

子路ㅣ率爾而對曰 千乘之國이 攝乎大國之間하여 加之以師旅요 因之以饑饉이어든 由也ㅣ爲之면 比及三年하여 可使有勇이요 且知方也케하리이다

夫子哂之하시다

子路가 경솔히 대답하여 가로되 "千乘의 나라가 大國의 사이에 끼어서 사려師旅가 침략해 들어오고 게다가 기근饑饉이 들어도, 제(由)가 다스리면 3년이 되어 가히 하여금 용맹스럽게 수 있고,

또한 義로 향할 수 있게 할 것입니다."
夫子께서 빙그레 웃으셨다.

率爾는 輕遽之貌라 攝은 管束也라 二千五百人이 爲師요 五百人이 爲旅라 因은 仍也라 穀不熟曰饑요 菜不熟曰饉이라 方은 向也니 謂向義也라 民向義 則能親其上하고 死其長矣라 哂은 微笑也라

'솔이率爾'는 경솔하고 성급한 모양이다. '섭攝'은 관여하고 구속하는 것이다. 2천 5백명이 '師'가 되고, 5백명이 '旅'가 된다. '인因'은 거듭함이다. 곡식이 여물지 못한 것을 '기饑'라 하고, 채소가 성숙하지 못한 것을 '근饉'이라 한다. '方'은 향하는 것이니, 義로 향함을 말한다. 백성들이 義로 향하면 곧 능히 그 윗사람을 친애하고, 그 어른을 위해 죽게 된다. '신哂'은 미소짓는 것이다.

주해

- 千乘之國: 춘추시대의 제후국을 말한다.
- 率爾: 경솔하고 성급한 모양.
- 師旅: 군대, 전란. 곧 침략해서 정벌하는 일.
- 因: 겹치다, 거듭하다. 因(겹칠 인) 仍(거듭할 잉)
- 饑饉: 흉년. 饑(굶주릴 기) 饉(흉년들 근)
- 比及: '~에 이르다', '~에 미치다'. 比(미칠 비)
  ≪禮記・단궁檀弓上≫에 "太公封於營丘. 比及五世, 皆反葬於周."라고 했다.
- 管束: 관여(관리)하고 속박하다.
- 攝(낄 섭) 哂(빙그레웃을 신)

【備旨】

子路丨遂輕遽率爾而對曰
以千乘諸侯之國而兵賦旣煩하고 管攝乎二大國之間而擧動有制하여 勢之難也丨如此하고 又且加之以師旅而兵興하고 因之以饑饉而歲歉하여 時之難也丨又如此어든 使由也丨見知於人而爲之면 則政敎所敷丨比及三年之久하여 可使斯民皆有勇敢之氣하여 以戰之則勝하고 攻則取하며 皆知方而有親上死長之義하여 而樂爲之致死하고 依然强盛之千乘也리니 由之副知我以此니이다
言畢에 夫子微笑而哂之焉하시니라

子路가 마침내 성급하고 경솔하게 대답하여 가로되 "千乘의 諸侯國으로써 군사와 조세가 이미 문란하고 두 大國의 사이에 끼여 움직임에 제한이 있어 형세의 어려움이 이와 같고, 또 장차 師旅로써 침략하여 전란을 일으키고, 게다가 기근饑饉으로 흉년이 들어 때의 어려움이 또 이와 같거든,
가사 제(由)가 남에게 알아줌을 당하여 다스리게 되면, 곧 政事와 敎化를 펴는 바가 3년에 이르러, 가히 이 백성들로 하여금 모두 용감한 기상을 길러 싸우면 곧 이기고 공격하면 곧 취할 수 있게 하며, 이 백성들로 하여금 모두 향할 바를 알게 해서 윗사람을 친애하고 어른을 위해 죽는 의리가 있게 해서 기꺼이 그들을 위하여 목숨을 바치고 여전히 강성한 千乘의 제후국이 되게 할 수 있으니, 제(由)가 남이 저를 알아주는데 부합하기를 이렇게 할 것입니다."
말을 마치자 夫子께서 미소 지으며 빙그레 웃으셨다.

주해

- 燔: 어지럽다, 문란하다. 燔(어지러울 번)
  ≪진서晉書 · 유송전劉頌傳≫에 "撥煩理亂, 兼肅文教."라고 했다. 撥(다스릴 반)
- 致死: 목숨을 바침.
- 依然: 예전과 다름이 없음. '의구依舊'와 같다.
- 歉(흉년들 겸) 敷(펼 부) 副(맞을 부)

求아 爾는 何如오

對曰 方六七十과 如五六十에 求也ㅣ爲之면 比及三年하여 可使足民이어니와 如其禮樂엔 以俟君子하리이다

"求야! 그대는 어찌 하겠느냐?"

대답하여 가로되 "사방 육칠 십리 혹은 오륙 십리되는 나라를 제가 다스린다면, 3년이 되어 가히 하여금 백성들을 풍족하게 할 수 있거니와, 그 예악禮樂과 같은 경우는 君子를 기다리겠습니다."

求爾何如는 孔子問也니 下放此라 方六七十里는 小國也라 如는 猶或也라 五六十里則又小矣라 足은 富足也라 俟君子는 言非己所能이라 冉有謙退하고 又以子路見哂故로 其辭益遜이라

'구이하여求爾何如'는 孔子께서 물은 것이니, 아래도 이와 같다. '方六七十里'는 작은 나라이다. '如'는 '或'과 같다. '五六十里'는 곧 더 작은 나라이다. '足'은 부유하고 풍족함이다. '俟君子'는 자기가 능히 할 바가 아니라는 말이다. 冉有는 謙退하고, 또 子路가 웃음을 당하였기 때문에 그 말이 더욱 겸손했다.

주해

- 放: 같다. '방倣'과 통한다. 放(같을 방) 倣(본뜰 방)
- 謙退: '겸양謙讓'과 같다. 謙(겸손할 겸)
  ≪史記・樂書≫에 "君子以謙退爲禮, 以損減爲樂, 樂其如此也."라고 했다.
- 俟(기다릴 사) 遜(겸손할 손)

【備旨】

夫子ㅣ又問 求아 爾之志는 何如오

求ㅣ對曰 千乘之國은 非求之所敢任也로되 但方六七十里之小國과 如五六十里之小國에 求也ㅣ見知於人而爲之면 則生養有方하여 比及三年之久하여 可使斯民皆富足이니 求之志ㅣ如斯而已라

然이나 此特富而未敎也니 若夫禮以節民性하고 樂以和民情엔 則必以俟履中蹈和之君子라야 能之리니 豈求之所敢當哉아 求之副知我以此니이다

夫子께서 또 물으시되 "求야! 그대의 뜻은 어떠하느냐?"

求가 대답하여 가로되 "千乘의 나라는 제(求)가 감히 맡을 바가 아니로되, 다만 사방 육칠 십리되는 小國과 혹 사방 오륙 십리되는 小國에 제(求)가 남에게 알아줌을 당하여 다스리게 된다면, 곧 生養에 方道를 마련하여 3년에 이르러 가히 이 백성들로 하여금 모두 넉넉하고 풍족하게 할 수 있으니, 저(求)의 뜻이 이와 같을 뿐입니다. 그러나 이는 다만 부유하게 하고 아직 교화시키지는 못할 뿐이니, 禮로써 民性을 절제하고 음악으로써 民情을 和하게 하는 경우에는 곧 반드시 중용을 道를 실천하고 謙和의 道를 따르는 君子를 기다려야 능히 할 수 있으니, 어찌 제(求)가 감히 감당할 바이겠습니까? 제(求)가 남이 저를 알아주는데 부합하기를 이렇게 할 것입니다."

주해

- 履中蹈和: 中庸의 道를 몸소 행하고, 謙和의 道를 따르다. 履(밟을 리) 蹈(밟을 도)

  '履中'에 대해서 漢나라 유향劉向의 ≪설원說苑 · 수문修文≫에 "彼舜以匹夫, 積正合仁, 履中行善, 而卒以興."이라 했고, '蹈和'에 대해서 주립파周立波의 ≪산향거변山鄕巨變≫上四에 "左門楣上題著'履中', 右門楣上寫著'蹈和'."라고 했다. 楣(문미 미)
- 生養有方: 백성을 生育하는데 방도를 마련하다. 生養은 '生育'과 같다.

赤아 爾는 何如오

對曰 非曰能之라 願學焉하노이다 宗廟之事와 如會同에 端章甫로 願爲小相焉하노

이다

"적赤아! 그대는 어찌 하겠느냐?"
공서화公西華가 대답하여 가로되 "능하다고 말씀드리는 것이 아니라 배우기를 원하옵니다. 종묘宗廟의 일과 혹은 會同하는데 玄端의 옷을 입고 章甫의 관을 쓰고 小相이 되기를 원하옵니다."

公西華ㅣ志於禮樂之事하니 嫌以君子自居라 故로 將言己志而先爲遜辭하여 言未能而願學也라 宗廟之事는 謂祭祀라 諸侯時見曰會요 衆覜曰同이라 端은 玄端服이요 章甫는 禮冠이라 相은 贊君之禮者니 言小는 亦謙辭라

공서화公西華는 禮樂의 일에 뜻을 두었으니, 君子로서 자처함을 싫어하였다. 그러므로 장차 자신의 뜻을 말하려는데 먼저 겸손한 말을 하여, 능하지 못하니 배우기를 원한다고 말한 것이다.
종묘宗廟의 일은 祭祀를 말한다. 諸侯가 天子를 수시로 뵙는 것을 '會'라 하고, 여럿이 뵙는 것을 '同'이라 한다. '단端'은 현단玄端의 옷이요, '장보章甫'는 禮冠이다. '相'은 人君의 禮를 돕는 자이니, '小'라고 말한 것은 또한 겸손한 말이다.

주해

- 會同: 고대에 제후들이 天子를 알현하는 것을 통칭하는 말.

≪詩 · 小雅 · 거공車攻≫篇에 "赤芾金舄, 會同有繹."이라 했고, 毛傳에 "時見曰會, 殷見曰同. 繹, 陳也."라고 풀이했다. 芾(우거질 불) 舄(클 석) 繹(풀어낼 역) 殷(많을 은)

또한 ≪周禮 · 春官大宗伯≫에 "春見曰朝, 夏見曰宗, 秋見曰覲, 冬見曰遇, 時見曰會, 殷見曰同."이라 했다.

- 端: 周代의 예복禮服.
  ≪周禮≫에 "其齊服, 有玄端素端."이라 했다.
- 章甫: 商代의 예관禮冠. 곧 '치포관緇布冠'을 말한다. 緇(검은비단 치)
  ≪禮記 · 儒行≫에 "丘少居魯, 衣逢掖之衣. 長居宋, 冠章甫之冠."이라 했고, 손희단孫希旦의 集解에 "章甫, 殷玄冠之名, 宋人冠之."라고 풀이했다. 掖(낄 액)
- 自居: 自處하다, 自任하다.

【備旨】

夫子ㅣ又問하되 赤아 爾之志는 何如오

赤ㅣ對曰 禮樂者는 君子之事니 赤은 非敢曰能之라 但願學以習其事焉하노이다 彼宗廟之事以享祖考와 如會同之事以見辟王은 此皆禮樂之所寓而貴有人相之也니 當斯時也하여 赤은 服則玄端이요 冠則章甫로 願爲小相以贊君하여 行禮於宗廟하고 行禮於會同焉이면 庶有以畢吾願學之志哉인저 赤之副知我以此니이다

夫子께서 또 묻되 "赤아! 너의 뜻은 어떠한가?"

적赤이 대답하여 가로되 "禮樂이란 것은 君子의 일이니, 저(赤)는 감히 능하다고 말할 수 없습니다. 다만 배워서 그 일을 익히기를 원할 뿐입니다. 저 종묘의 일로써 조고祖考를 配享하고, 혹 會同의 일로써 人君을 뵙는 일은 이는 모두 禮樂이 기탁하는 바여서 도와주는 사람이 있는 것을 귀하게 여기니, 이때를 당하여 저(赤)는 옷은 곧 玄端을 입고 冠은 곧 章甫를 쓰고서 小相이 되어 人君을 도와, 종묘에서 禮를 행하고 會同에서 禮를 행하기를 원한다면, 거의 제가 배우기를 원하는 뜻을 마칠 수 있을 것입니다. 저(赤)가 남이 저를 알아주는데 부합하기를 이렇게 할 것입니다."

주해

- 享祖考: 조상에게 제사지내다. 享(제사지낼 향) '祖考'는 '先祖'와 같다. ≪詩・小雅・信南山≫篇에 "祭以清酒, 從以騂牡, 享於祖考."라고 했다. 騂(붉은말 성) 牡(수컷 모)
- 辟王: 人君 또는 君王과 같다. 辟(임금 벽)
  ≪詩・대아大雅・역박棫樸≫篇에 "濟濟辟王, 左右趣之."라고 했고, 鄭玄의 전箋에 "辟, 君也. 君王謂文王也."라고 풀이했고, ≪詩・주송周頌・재현載見≫篇에 "載見辟王, 曰求厥章."이라 했고, 鄭玄의 전箋에 "諸侯始見君王, 謂見成王也."라고 풀이했다. 棫(두릅나무 역) 樸(통나무 박) 厥(그 궐)

點아 爾는 何如오

鼓瑟希러니 鏗爾舍瑟而作하여 對曰 異乎

三子者之撰하니이다

子曰 何傷乎리오 亦各言其志也니라

曰莫春者에 春服이 旣成이어든 冠者五六

人과 童子六七人으로 浴乎沂하여 風乎舞雩하여 詠而歸하리이다

夫子ㅣ喟然歎曰 吾與點也하노라

"점點아! 그대는 어찌 하겠느냐?"

(點이) 거문고 타는 것을 잠시 멈추더니, 갱연鏗然히 거문고를 내려두고 일어나 대답하여 가로되 "세 사람이 가지고 있는 것과는 다르옵니다."

孔子께서 가라사대 "무슨 상관이 있으리오? 또한 각자 그 뜻을 말할지니라."

가로되 "늦봄에 봄옷이 이미 완성되었으면, 관冠을 쓴 자 대여섯 명과 童子 예닐곱 명으로 기수沂水에서 몸을 씻고 무우舞雩에서 바람을 쏘이며 노래하면서 돌아오겠습니다."

夫子께서 위연喟然히 탄식하며 가라사대 "내 點을 許與하노라."

주해

- 鏗爾: 거문고를 타는 소리. 여기서는 거문고를 내려두는데 거문고의 餘音이 남아있는 소리를 말한다. 鏗(거문고소리 갱) 撰(갖출 선)
- 莫春: 늦은 봄. '모莫'는 '暮'와 통한다. 莫(저물 모) 暮(저물 모)
- 冠者: 冠禮를 치른 成人을 말한다.
- 沂水: 물이름. 산동성 추현鄒縣에서 발원하여 곡부曲阜를 지나 수수洙水와 합쳐 다시 사수泗水로 흘러드는 물. 沂(물이름 기)
- 舞雩: 누대樓臺의 이름. 魯나라에서 기우제祈雨祭를 지내던 곳으로 오늘날 산동성 곡부曲阜 동쪽에 있다. 雩(기우제 우)
- 喟然: 탄식하는 소리. 喟(한숨쉴 위)

四子侍坐에 以齒爲序면 則點當次對로되 以方鼓瑟이라 故로 孔子先問求赤 而後及點也라 希는 間歇也라 作은 起也라 撰은 具也라 莫春은 和煦之時요 春服은 單袷之衣라 浴은 盥濯也니 今上巳祓除ㅣ是也라 沂는 水名이니 在魯城南이라 地志以爲有溫泉焉이라 하니 理或然也라 風은 乘涼也요 舞雩는 祭天禱雨之處니 有壇墠樹木也라 詠은 歌也라

네 제자가 夫子를 모시고 앉아 있는데, 나이로써 차례를 삼으면 곧 점點이 마땅히 두 번째로 대답을 해야 하나, 바야흐로 거문고를 타고 있었기 때문에 孔子께서 먼저 구求와 적赤에게 물어보신 후에 점點에게 미치신 것이다. '희希'는 사이에 잠시 쉬는 것이다. '作'은 일어남이다. '선撰'은 갖춤이다. '모춘莫春'은 온화하고 따뜻한 때요, '春服'은 홑옷과 겹옷이다. '욕浴'은 세수하고 씻는 것이니, 지금의 上巳日에 불제祓除한다는 것이 이것이다. '기沂'는 물 이름이니 魯城의 남쪽에 있다. ≪地志≫에 온천溫泉이 있다고 하니, 이치에 혹 그러하였을 것이다. '風'은 서늘한 바람을 쐬는 것이요, '무우舞雩'는 하늘에 제사하여 비오기를 바라는 곳이니, 단선壇墠과 樹木이 있다. '詠'은 노래함이다.

주해

- 間歇: 일정한 시간이 흐른 후에 잠시 휴식을 취하는 일. 歇(쉴 헐)
- 單袷: 홑옷과 겹옷. 袷(겹옷 겹)
- 盥濯: 몸을 씻다. 盥(세수할 관) 濯(씻을 탁)
- 上巳: 삼월 삼짇날. 漢나라 이전에는 음력 三月 상순上旬 사일巳日을

'上巳'로 정했으나, 위진魏晉 이후로는 三月 三日을 '上巳'日로 삼았다. ≪후한서後漢書 · 예의지禮儀志上≫에 "是月上巳, 官民皆絜於東流水上, 曰洗濯祓除去宿垢疢爲大絜."이라 했다. 絜(헤아릴 혈) 垢(때 구) 疢(열병 진)

- 祓除: 재앙을 물리치고 간사한 기운을 제거하는 제사. 祓(푸닥거리할 불) ≪周禮 · 春官 · 여무女巫≫에 "掌歲時祓除釁俗."이라 했고, 鄭玄의 註에 "歲時祓除, 如今三月上巳如水上之類."라고 풀이했다. 釁(피바를 흔)
- 地志: ≪漢書 · 地理志≫를 말한다.
- 壇墠: 제단의 터. 壇(단 단) 墠(제터 선)
- 煦(따뜻하게할 후) 禱(빌 도)

曾點之學이 蓋有以見夫人欲盡處에 天理流行하고 隨處充滿하여 無少欠闕이라 故로 其動靜之際에 從容如此하고 而其言志則又不過卽其所居之位하여 樂其日用之常이요 初無舍己爲人之意하여 而其胸次悠然하여 直與天地萬物로 上下同流하여 各得其所之妙가 隱然自見於言外하니 視三子之規規於事爲之末者하면 其氣象不侔矣라

故로 夫子歎息而深許之하시고 而門人이 記其本末에 獨加詳焉하니 蓋亦有以識此矣라

증점曾點의 학문은 대개 인욕人慾이 다한 곳에 天理가 流行하고 到處가 充滿하여 조금도 부족간 것이 없었다. 그러므로 動靜의 즈음에 여유롭고 한가함이 이와 같고 그 뜻을 말하면 곧 또 그가 처한 자리에 나아가 日用의 떳떳함을 즐기는 데에 지나지 않았고, 애초에

'舍己爲人'의 뜻이 없어 그 가슴이 유연悠然하여 곧장 天地萬物과 더불어 上下로 함께 흘러, 각각 그 합당한 바를 얻은 신묘함이 은연중에 저절로 말 밖에 나타나니, 세 제자가 일(행위)의 말단에 급급한 것을 보면 그 氣象이 같지 않다.

그러므로 夫子께서 歎息하며 깊이 許與하셨고, 門人들이 그 本末을 기록하는데 유독 자세하게 더하니, 대개 또한 이 점을 인식함이 있었을 것이다.

주해

- 隨處: 到處, 處處.
- 欠闕: 부족한 곳, 결점. 欠(부족할 흠) 闕(빠질 궐)
- 從容: 여유롭고 한가한 모습.
- 舍己爲人: 자신의 이익을 버리고 남을 도와줌. 舍(버릴 사)
- 胸次: '흉금胸襟'과 같음. 次(속 차)
  ≪庄子・田子方≫에 다. "行小变而不失其大常也, 喜怒哀乐不入於胸次."
- 各得其所: 각기 그 원하는 바를 얻다. 사람과 사물이 모두 합당한 자리와 안배를 얻다.
  ≪周易・계사下繫辭下≫에 나온다. "日中爲市, 致天下之民, 聚天下之貨, 交易而退, 各得其所."
- 規規: 천박하고 비루하게 구애받는 모습.
  ≪莊子・秋水≫篇에 "子乃規規然而求之以察, 索之以辯, 是直用管闚天, 用錐指地也, 不亦小乎!"라고 했고, 成玄英의 소疏 "規規, 經營之貌也."라고 풀이했다. 闚(엿볼 규) 錐(송곳 추)
- 事爲: 일, 행위.
- 侔(같을 모)

【備旨】

夫子ㅣ又問 點아 爾之志은 何如오

點ㅣ時方鼓瑟이라가 承夫子問하고 鼓之者漸希러니 乃以手推瑟하여 有鏗爾之餘音하니 爰舍瑟而作하여 從容對曰 三子者는 皆用世之志也요 點之志는 異夫三子者之撰하노이다

夫子ㅣ慰之曰 志雖有異나 庸何傷乎리오 人各有志에 亦各言其志可也니라

點ㅣ乃言曰 如玆之日은 固莫春者라 春服則旣已成矣어든 或冠者五六人焉과 或童子六七人焉으로 相與浴乎沂水之濱하여 風乎舞雩之下하여 而彼此各適詠歌而歸也리니 此則點之志而已라

斯言也는 據其所居之位하여 其樂이 雖若止於一身이나 然이나 以心而論하면 則固藹然天地生物之心이요 聖人對時育物之事也니 夫安有物我內外之間哉아

夫子ㅣ喟然而嘆曰 吾與點之志也하노라

夫子께서 또 물으시되 "점點아! 그대의 뜻은 어떠하느냐?

點이 때에 바야흐로 거문고를 연주하다가 夫子의 물음을 받들고 연주하는 것이 점점 잦아들더니, 이에 손으로 거문고를 밀쳐 갱이鏗爾한 여음이 있으니, 이에 거문고를 내려놓고 일어나 여유있게 대답하여 가로되 "세 사람은 모두 세상에 쓰여질 뜻이요, 저(點)의 뜻은 세 사람이 지닌 것과 다릅니다."

夫子께서 위로하여 가라사대 "뜻이 비록 다름이 있으나 어찌 무슨 상관이 있으리오? 사람마다 각기 뜻이 있고, 또한 각기 그 뜻을 말하는 것이 옳도다."
點이 이에 말하여 가로되 "이와 같은 날은 진실로 늦은 봄이니, 봄옷이 곧 이미 완성되었으면 혹 관冠을 쓴 자 대여섯 명과 童子 예닐곱 명으로, 서로 기수沂水의 물가에서 몸을 씻고 무우舞雩의 아래에서 바람을 쏘이며 서로 간에 다만 노래하면서 돌아오려고 하니, 이것이 곧 저(點)의 뜻일 뿐입니다."
이 말은 그가 處한 바의 자리에 依據하여 그 즐거움이 비록 마치 한 몸에 그치는 것 같으나, 그러나 마음으로써 論하자면 곧 진실로 애연藹然히 天地가 萬物을 낳는 마음이요, 聖人이 때맞춰 만물을 기르는 일이니, 무릇 어찌 物我와 안팎의 사이가 있으리오?
夫子께서 위연喟然히 탄식하며 가라사대 "내가 點의 뜻을 許與하노라!"

주해

- 庸何: 어찌, 무슨. '何'와 같다.
- 藹然: 온화한 모습. 藹(우거질 애)

三子者ㅣ出커늘 曾晳ㅣ後러니
曾晳曰 夫三子者之言이 何如하니잇고
子曰 亦各言其志也已矣니라
曰 夫子ㅣ何哂由也시니잇고

세 사람이 나가거늘 증석曾晳이 뒤에 있었는데,
曾晳이 가로되 "저 세 사람의 말이 어떠합니까?"
孔子께서 가라사대 "또한 각기 그 뜻을 말하였을 따름이니라."
가로되 "夫子께서는 어찌 由를 보고 웃으셨습니까?"

點以子路之志는 乃所優爲而夫子哂之라 故로 請其說이라

點은 子路의 뜻이 이에 넉넉한 바이나 夫子께서 웃으셨기 때문에 그 설명을 청한 것이다.

주해

● 優爲 : 맡은 일이 넉넉하고 여력이 있는 모습.

【備旨】

及三子ㅣ旣出커늘 曾晳ㅣ獨留在後러니 其意將有所請也라
乃問於夫子曰 夫三子之所言은 其得失ㅣ果何如하니잇고
夫子ㅣ答之曰 三子之言이 或富强或禮樂하여 雖有不同이나 亦各言其所爲志也已矣니라
曾點이 又疑而問之曰 三子ㅣ旣是各言其志어늘 夫子ㅣ何故로 獨哂夫仲由也시니잇고

세 사람이 이미 나가자 증석曾晳이 홀로 뒤에 머물러 있었는데, 그 마음에 장차 請할 바가 있어서이다.
이에 夫子께 물어 가로되 "저 세 사람이 한 말은 그 得失이 과연 어떠하옵니까?"
夫子께서 대답하여 가라사대 "세 사람의 말이 혹은 富强을 말하고 혹은 예악禮樂을 말하여 비록 같지 않음이 있으나, 또한 각기 그 뜻한 바를 말했을 따름이니라."
曾點이 또 의아하여 물어 가로되 "세 사람이 이미 각기 그 뜻을 말하였거늘, 夫子께서는 무슨 연고로 유독 仲由를 보고 웃으셨습니까?"

曰 爲國以禮어늘 其言ㅣ不讓이라 是故로 哂之로라

가라사대 "나라 다스림은 禮로써 하거늘 그 말이 겸손하지 못하였노라. 이런 연고로 웃은 것이니라."

夫子ㅣ蓋許其能하되 特哂其不遜이라

夫子께서 대개 그 능함을 許與하셨으나, 다만 그가 겸손하지 못함을 웃으신 것이다.

주해

- 爲國: 나라를 다스리다. '治國'과 같다.
- 禮: 恭敬하고 辭讓하는 禮를 말한다.

【備旨】

夫子曰 爲國之道는 所以辨上下定民志者니 必以恭敬辭遜之禮이어늘 今由之言志는 慨然無復遜讓之意하니 是不達爲國以禮之理也니라 吾故로 從而哂之로라

夫子께서 가라사대 "나라를 다스리는 道는 上下를 분별하고 백성의 뜻을 안정시키는 바이니, 반드시 恭敬과 사손辭遜의 禮로써 해야 하거늘, 지금 由가 뜻을 말한 것은 개연慨然히 다시 겸손과 사양의 뜻이 없으니, 이는 나라를 禮로써 다스리는 이치를 통달하지 못한 것이니라. 내 이 때문에 따라서 웃은 것이니라."

주해

- 辭遜: 言辭가 겸손함.
- 慨然: 감정이 격앙된 모습. 慨(분개할 개)

唯求則非邦也與잇가
安見方六七十과 如五六十而非邦也者리오

"오직 求는 곧 나라 다스리는 일을 말한 것이 아닙니까?"

"어찌 사방 육칠 십리의 小國과 혹 오륙 십리의 小國이라 해서 나라가 아니라고 볼 수 있으리오!"

曾點以冉求亦欲爲國이로되 而不見哂이라 故로 微問之에 而夫子之答이 無貶辭하시니 蓋亦許之시니라

曾點은 염구冉求 또한 나라를 다스리고자 하였으나 웃음을 당하지 않았기 때문에 은미隱微하게 물었는데, 夫子의 대답에 폄사貶辭가 없으시니 대개 또한 許與하신 것이다.

주해

- 貶辭: 남을 헐뜯는 말. 貶(떨어뜨릴 폄)

【備旨】

是는 夫子之所以哂由者ㅣ特哂其不讓耳요 非哂其爲邦也어늘 何點未達而疑求之不見哂也하여 乃微問曰 唯求之志在民하니 民則非爲邦也與아

夫子曰 先王建國이 雖有大小나 其爲邦則一也니 安見方六七十과 如五六十 而非先王分茅胙土之邦也者리오 是求所任이 固亦爲邦之事也니라

이는 夫子께서 由를 보고 웃으신 이유가 다만 그가 겸손하지 못함을 보고 웃었을 뿐이요, 그가 나라 다스리는 말을 듣고 웃으신 것이

아니거늘,

어찌 點은 깨닫지 못하고 求가 웃음을 당하지 않은 것을 의아하게 여기고, 이에 은미하게 물어 가로되 "오직 求의 뜻이 백성에게 있으니, 백성은 곧 나라를 다스리는 것이 아닙니까?"라고 하니,

夫子께서 가라사대 "先王이 나라를 세우는데 비록 大小가 있으나, 그 나라를 다스리는 일은 곧 한가지이니, 어찌 사방 육칠 십리의 小國과 혹 오륙 십리의 小國이라 해서 先王의 분모조토分茅胙土의 나라가 아니라고 볼 수 있으리오! 이는 求의 所任이 진실로 또한 나라를 다스리는 일이니라."

주해

- 分茅胙土: 고대 天子가 王이나 諸侯를 封할 때 방위를 대표하는 五色土로 제단祭壇을 쌓고, 封地가 위치한 방향에 따라 한 가지 색깔의 흙을 담아서 흰 띠풀로 싸서 하사하던 의식. 茅(띠 모) 胙(줄 조) 明나라 유약우劉若愚의 ≪작중지酌中志・우위의후기憂危議後紀≫에 나온다. "數公皆人傑, 無不望分茅胙土如姚廣孝, 豈止富貴終其身而已乎!"

唯赤則非邦也與잇가 宗廟會同이 非諸侯而何오 赤也ㅣ爲之小면 孰能爲之大리오

"오직 赤은 곧 나라를 다스리는 일을 말한 것이 아닙니까?"

"종묘宗廟와 회동會同하는 것이 諸侯의 일이 아니고 무엇이리오? 赤이 그 小相이 되면, 누가 능히 그 大相이 되리오?"

此亦曾晳問而夫子答也라 孰能爲之大는 言無能出其右者니 亦許之之辭라

程子曰 古之學者는 優柔厭飫하여 有先後之序하니 如子路冉有公西赤이 言志如此하고 夫子許之亦以此하시니 自是實事라 後之學者는 好高하여 如人游心千里之外나 然이나 自身卻只在此니라

又曰 孔子與點은 蓋與聖人之志同이니 便是堯舜氣象也라 誠異三子者之撰이요 特行有不掩焉耳니 此所謂狂也라 子路等은 所見者小니라 子路只爲不達爲國以禮道理라 是以哂之니 若達이면 却便是這氣象也라

又曰 三子는 皆欲得國而治之라 故로 夫子不取시니라 曾點은 狂者也니 未必能爲聖人之事로되 而能知夫子之志라 故로 曰浴乎沂하여 風乎舞雩하여 詠而歸라 하니 言樂而得其所也라 孔子之志는 在於老者安之하고 朋友信之하고 少者懷之하여 使萬物莫不遂其性하시니 曾點知之 故로 孔子喟然歎曰 吾與點也라 하시니라

又曰 曾點漆雕開는 已見大意하니라

이는 또한 증석曾晳이 묻고 夫子께서 답한 것이다. '孰能爲之大'는 능히 그 右者(亦)를 뛰어 넘을 수 없다는 말이니, 또한 그를 許與하신 말씀이다.

程子 가로되 "옛날의 배우는 자는 우유염어優柔厭飫하게 학문을 닦으며 先後의 차례가 있었으니, 예를 들어 子路·冉有·公西赤이 뜻을

말하는 것이 이와 같았고 夫子께서 許與하심을 또한 이로써 하시니, 자연히 이는 실제의 일이다. 후세의 배우는 자는 高遠한 것만 좋아하여 마치 사람이 마음은 천리 밖에서 노닐지만, 그러나 自身은 도리어 단지 이곳에 있는 것과 같다."

또 가로되 "孔子께서 點을 許與하신 것은 대개 聖人의 뜻과 같은 것이니, 곧 이는 堯舜의 氣象이다. 진실로 세 사람이 지니고 있는 뜻과는 다른 것이요, 다만 행실이 말을 가리지 못했을 뿐이니, 이것이 이른바 狂者이다. 子路 등은 보는 바가 작았다. 子路는 다만 禮로써 나라를 다스리는 道理를 깨닫지 못했다. 이 때문에 웃으신 것이니, 만약 깨달았다면 도리어 곧 이러한 氣象일 것이다."

또 가로되 "세 사람은 모두 나라를 얻어 다스리고자 하였다. 그러므로 夫子께서 취하지 않으셨다. 曾點은 狂者이니 반드시 능히 聖人의 일을 할 수 있는 것은 아니지만, 능히 夫子의 뜻을 알 수 있었다. 그러므로 가로되 '기수沂水에서 목욕하고 무우舞雩에서 바람 쏘이며 노래하며 돌아오겠다.'라고 했으니, 즐겨하며 그 마땅한 자리를 얻었다고 말한 것이다. 孔子의 뜻은 늙은이를 편안히 해주고, 朋友에게 미덥게 하고, 젊은이들을 품어 주어 만물로 하여금 그 本性을 이루지 못함이 없도록 하는데 있으셨으니, 曾點이 이를 알았다. 그러므로 孔子께서 喟然히 탄식하며 가라사대 '내가 點을 許與하노라!'라고 하신 것이다."

또 가로되 "증점曾點과 칠조개漆雕開는 이미 大意를 깨달았다."

주해

- 小: 人君의 禮를 돕는 '小相'을 말한다.
- 右者: 前者 곧 '小相'을 자처한 '赤'을 말한다.
- 優柔厭飫: 여유롭고 넉넉하게 학문을 닦으며 깊이 그 맛을 체득하

는 일. '優柔饜飫'이라고도 한다. 優(넉넉할 우) 柔(부드러울 우) 厭(싫을 염) 飫(물릴 어) 饜(물릴 염)

明나라 송렴宋濂의 ≪고동오선생오공묘갈명故東吳先生吳公墓碣銘≫에 나오는 말이다. "遐爾學徒, 爭奔走其門, 先生隨其資器, 孶孶訓迪, 必使優柔厭飫而後已." 遐(멀 하) 奔(달릴 분) 孶(많이 낳을 자) 迪(나아갈 적)

● 狂: '광狂者' 또는 '광간狂簡'의 뜻으로 쓰였다. 狂(常規벗어날 광)

'狂者'는 뜻이 高遠하고 道를 향해 용맹하게 전진하는 者를 말하는데, ≪論語·子路≫篇에 "不得中行而與之, 必也狂狷乎. 狂者進取, 狷者有所不爲也."라고 했고, 형병邢昺의 소疏에 "狂者進取於善道, 知進而不知退."라고 풀이했다. 狷(성급할 견) 邢(나라이름 형) 昺(밝을 병)

또한 '狂簡'은 뜻이 高遠하나 일처리는 거칠고 주도면밀周到綿密하지 못하는 자를 말하는데, ≪論語·공야장公冶長≫篇에 "吾黨之小子狂簡, 斐然成章, 不知所以裁之."라고 했고, 朱熹集註에 "狂簡, 志大而略於事也."라고 풀이했다. 斐(문채날 비)

● 卻(도리어 각) 掩(가릴 엄) 漆(옻 칠) 雕(새길 조)

【備旨】

何點이 猶未達而亦疑赤之不見哂也하여 又微問曰 唯赤之願爲小相이면 則非爲邦也與잇가

夫子曰 宗廟以事親과 會同以事君은 非有國諸侯之事而何오 以赤之才而願爲小相이면 孰能出其右而爲之大者乎아 是赤所任은 固亦爲邦之事也니라

觀夫子之許求赤이면 則知由之見哂는 不在爲邦而在其言之不讓也니 夫何疑哉아 點亦可以釋然矣리라

要之컨대 始與點者는 所以廣三子也요 終兼與三子者

는 所以實點也니 聖人 造就之意深矣라

어찌 點이 여전히 깨닫지 못하고 또한 赤이 웃음을 당하지 않음을 의아하게 여기며, 또 은미隱微하게 물어 가로되 "오직 赤이 小相이 되기를 원하다면 곧 나라를 다스리는 일이 아닙니까?"
夫子께서 가라사대 "宗廟로써 어버이를 섬기는 일과 會同으로써 人君을 섬기는 일이 나라를 지닌 諸侯의 일이 아니고 무엇이리오? 赤의 재능으로 小相이 되기를 원한다면, 누가 능히 그 右(小相)을 뛰어넘어 그 大相이 되리오? 이는 赤의 所任이 진실로 또한 나라를 다스리는 일이니라."
夫子께서 求와 赤을 許與하신 것을 살피면, 곧 由가 웃음을 당한 것이 나라를 다스리는데 있지 않고 그 말이 겸손하지 못하는데 있음을 알 수 있으니, 어찌 의심하리오? 點 또한 가히 석연釋然할 수 있었을 것이다.
요컨대 처음에 點을 許與하신 것은 세 사람의 뜻을 넓혀 주려는 바요, 마지막에 세 사람을 함께 許與하신 것은 點을 實證하신 바이니, 聖人께서 제자들이 학문의 道에 나아가게 하려는 뜻이 깊으시다.

주해

- 釋然: 의심스러운 생각이 없어진 모양. 釋(풀릴 석)
  南朝 宋나라 유의경劉義慶의 ≪世說新語·言語≫篇에 "由是釋然, 復無疑慮."라고 했다.
- 造就: 인재를 배양해서 학문적 성취를 이루게 함.

論語集註 卷十二

顔淵 第十二

顔淵 第十二

凡二十四章

모두 24장이다.

[12·1]

顔淵이 問仁한대
子曰 克己復禮ㅣ爲仁이니 一日克己復禮면 天下歸仁焉하나니 爲仁이 由己니 而由人乎哉아

안연顔淵이 仁을 묻건대,
孔子께서 가라사대 "자신의 사욕私欲(私慾)을 이기고 禮로 돌아가는 것이 仁을 행하는 것이니, 하루라도 자신의 私欲을 이기고 禮로 돌아가면 天下가 仁을 許與하리니, 仁을 행하는 것이 자신으로부터 말미암는 것이지 남으로 말미암으리오?"

仁者는 本心之全德이라 克은 勝也요 己는 謂身之私欲也라 復은 反也요 禮者는 天理之節文也라 爲仁者

는 所以全其心之德也라 蓋心之全德이 莫非天理 而亦不能不壞於人欲이라 故로 爲仁者ㅣ必有以勝私欲而復於禮면 則事皆天理 而本心之德이 復全於我矣라
歸는 猶與也라 又言一日克己復禮면 則天下之人皆與其仁이니 極言其效之甚速而至大也라 又言爲仁由己而非他人所能預니 又見其機之在我而無難也라 日日克之하여 不以爲難이면 則私欲淨盡하고 天理流行하여 而仁不可勝用矣리라
程子曰 非禮處는 便是私意니 旣是私意면 如何得仁이리오 須是克盡己私하여 皆歸於禮라야 方始是仁이니라 又曰 克己復禮면 則事事皆仁이라 故로 曰天下歸仁이라 하시니라
謝氏曰 克己는 須從性偏難克處克將去니라

'仁'은 本心의 온전한 德이다. '극克'은 이김이요, '기己'는 몸의 私欲을 말한다. '복復'은 되돌아감이요, '예禮'는 天理의 節文이다. '爲仁'은 그 마음의 德을 온전히 하는 바이다. 대개 마음의 온전한 덕이 天理가 아닌 것이 없으나, 또한 능히 人欲에 파괴되지 않을 수 없기 때문에, 仁을 행하는 자가 반드시 私欲을 이겨 禮에 되돌아감이 있으면 곧 일이 모두 天理임에 本心의 德이 다시 나에게 온전해질 것이다.
'귀歸'는 許與함과 같다. 또 "하루라도 克己復禮를 하면 곧 天下의 사람들이 모두 그 仁을 許與할 것이다."라고 말했으니, 그 효험이 매우 빠르고 지극히 크다는 것을 극단적으로 말한 것이다. 또 "仁을

행하는 것이 자신으로부터 말미암고 他人이 능히 간여할 바가 아니다."라고 말했으니, 또한 그 기틀이 나에게 있어 어려움이 없다는 것을 나타낸 것이다. 날마다 私欲을 이겨내어 어렵게 여기지 않는다면, 곧 私欲이 모두 깨끗해지고 天理가 流行하여 仁을 가히 이겨 쓰지 못할 것이다.

程子 가로되 "禮가 아닌 곳은 곧 이 私意이니, 이미 이 私意면 어떻게 얻어 仁이리오. 모름지기 이 자기의 사욕을 이겨 다하여 모두 禮에 돌아갈 지라야 바야흐로 비로소 이 仁이다."

또 가로되 "克己復禮한 즉 일마다 모두 仁인 故로 가로되 天下가 仁을 허여한다고 하신 것이다."

謝氏 가로되 "克己는 모름지기 성질이 편벽되어 극복하기 어려운 곳으로부터 이겨 나아가야 한다."

주해

- 克己復禮: 자신의 사욕私欲(私慾)을 이기고 先王의 禮로 돌아가다. '己'는 私欲이 몸에 낀 것, '克'은 싸워서 이기는 것, '禮'는 가히 따를 수 있는 규범, '復'은 본래 처음의 몸으로 되돌아가는 것이다.
  하안何晏의 집해集解에 "馬曰 : '克己, 約身.' 孔曰 : '復, 反也.' 身能反禮, 則爲仁矣."라 했다.
- 天下歸仁: 천하 사람들이 모두 그 仁을 許與하다. '天下'는 '천하의 사람들'이고, '歸仁'은 그 仁을 칭찬한다는 뜻이다.
  朱子가 말했다. "'克己復禮'를 하면 일마다 모두 옳게 되어서, 천하 사람들이 그것을 보고 듣고나서 모두 그 仁을 許與하지 않는 사람이 없게 된다. 克己復禮, 則事事皆是. 天下之人, 聞之見之, 莫不皆與其仁也."(大全註疏)
- 仁者, 本心之全德: '仁은 本心의 온전한 德이다'
  경원보씨慶源輔氏가 말했다. "仁義禮智는 모두 마음의 德이지만, '仁'

은 義·禮·智를 포괄한다. 그러므로 本心의 온전한 德이라고 말한다. 仁義禮智皆心之德, 而仁包義禮智, 故曰本心之全德."(大全註疏)

節文: 예절과 의식儀式. 또는 예의를 제정해서 行하는데 법도가 있게 하는 일.

≪礼记·檀弓下≫："辟踊, 哀之至也。有筭, 为之节文也。" 孔颖达疏："男踊女辟是哀痛之至极也, 若不裁限, 恐伤其性, 故辟踊有筭为準节文章。"

預(간여할 예)

- 性偏難克處: 성질이 편벽되어 이겨내기 어려운 곳. 偏(치우칠 편)
운봉호씨雲峰胡氏가 말했다. "능히 人欲의 사사로움을 이겨내는 것은 이치가 人欲을 이긴 것이고, 능히 性質의 편벽됨을 이겨내는 것은 德이 氣를 이긴 것이다. 集註의 '克己'는 人欲만을 말했고 일찍이 氣質에 대해서는 말하지 않았기 때문에, 다시 謝氏의 說을 인용해서 채운 것이다. 能克人欲之私, 是理勝欲. 能克性質之偏, 是德勝氣. 集註克己, 說人欲, 未曾說氣質. 故復引謝氏說以足之."(大全註疏)

【備旨】

顔淵ㅣ問爲仁之道한대

夫子告之曰 仁者는 本心之天理요 天理之節文이라 是爲禮而不能不壞於人欲하니 必有以克勝己之私欲하여 使事事合於天理之節文하여 以復於禮면 則欲去理全而爲仁矣라

夫仁原天下人心所同具니 誠能於一日之間에 克去己而復於禮면 則天下之人이 皆歸我以仁焉하리니 其效固甚速而至大也라 然이나 爲仁之機ㅣ皆由己니 克之復

之에 而豈他人所能與其力哉아 是其機ㅣ又在我而無難也니 考其效而決其機는 是在回之自勉矣니라

顔淵이 仁을 행함의 道를 묻건대,
夫子께서 고하여 가라사대 "仁은 本心의 天理요 天理의 節文이니라. 이 禮를 행하는데 능히 人欲에 파괴되지 않을 수 없으니, 반드시 자신의 私欲을 이겨 내서 하여금 일마다 天理의 節文에 符合되게 하여 禮로 돌아가면, 곧 사욕이 제거되고 이치가 온전해져서 仁을 행하게 되느니라.
대저 仁은 원래 天下 사람들의 마음에 함께 갖춘 바이니, 진실로 능히 단 하루의 사이에 능히 사욕을 제거하고 禮로 돌아갈 수 있으며, 곧 天下의 사람들이 모두 나를 仁으로써 許與할 것이니, 그 효험이 진실로 매우 빠르며 지극히 크도다.
그러나 仁을 행하는 기틀이 모두 자기로부터 말미암으니, 私慾을 이기고 禮로 돌아가는데 어찌 다른 사람이 능히 그 힘을 줄 수 있으리오? 이는 그 기틀이 또 내게 있어 어려움이 없으니, 그 효험을 상고하고 그 기틀을 決行하는 것은 이는 回가 스스로 힘쓰는데 달려 있느니라."

顔淵曰 請問其目하노이다
子曰 非禮勿視하며 非禮勿聽하며 非禮勿言하며 非禮勿動이니라

顔淵曰 回雖不敏이나 請事斯語矣리이다

顔淵이 가로되 "청컨대 그 조목을 묻사옵니다."
孔子께서 가라사대 "禮가 아니면 보지 말며, 禮가 아니면 듣지 말며, 禮가 아니면 말하지 말며, 禮가 아니면 움직이지 말지니라."
顔淵이 가로되 "제(回)가 비록 민첩하지 못하나, 청컨대 이 말씀에 종사從事하겠습니다."

目은 條件也라 顔淵聞夫子之言하니 則於天理人欲之際에 已判然矣라 故로 不復有所疑問而直請其條目也라 非禮者는 己之私也라 勿者는 禁止之辭니 是는 人心之所以爲主而勝私復禮之機也라 私勝則動容周旋이 無不中禮하여 而日用之間에 莫非天理之流行矣라 事는 如事事之事라 請事斯語는 顔淵이 默識其理하고 又自知其力有以勝之라 故로 直以爲己任而不疑也시니라 程子曰 顔淵이 問克己復禮之目한대 子曰 非禮勿視하며 非禮勿聽하며 非禮勿言하며 非禮勿動이라 하시니 四者는 身之用也라 由乎中而應乎外하나니 制於外는 所以養其中也라 顔淵事斯語는 所以進於聖人이니 後之學聖人者는 宜服膺而勿失也라 因箴以自警하노라

'目'은 조건條件(條目)이다. 顔淵이 夫子의 말씀을 들으니, 곧 天理와 人欲의 사이에서 이미 판연判然해졌다. 그러므로 다시 의심나는 바

가 있지 않아서 곧바로 그 조목을 청한 것이다. '非禮'는 자신의 사욕이다. '물勿'은 禁止의 말이니, 이는 人心이 주인이 되어 사욕을 이기고 禮로 돌아가는 바의 기틀이다. 사욕을 이기면 곧 動容과 周旋이 禮에 맞지 아니함이 없어, 日用의 사이에 天理가 流行하지 않음이 없게 된다. '事'는 일에 종사한다는 事와 같다. '請事斯語'는 顔淵이 묵묵히 그 이치를 깨닫고 또 스스로 그 힘이 이겨낼 수 있음을 안 것이다. 그러므로 곧바로 자신의 임무로 여기고 의심하지 않은 것이다.

程子 가로되 "顔淵이 克己復禮의 조목을 묻자, 孔子께서 '非禮勿視, 非禮勿聽, 非禮勿言, 非禮勿動.'이라고 말씀하시니, 네 가지는 몸의 쓰임이다. 心中에서 말미암아 밖으로 應하니, 밖에서 제재하는 것은 그 心中을 기르는 것이다. 顔淵이 이 말씀에 종사한다는 것은 聖人에게 나아가는 바이니, 후세의 聖人을 배우는 자들은 마땅히 가슴에 새기고 잃지 말아야 할 것이다. 인하여 잠箴을 지어서 스스로 경계하노라."

주해

- 目: 克己復禮하는 조목條目을 말한다.
- 判然: 서로간의 차이가 명확하게 드러나는 모양.
- 動容: 행동거지行動擧止와 의용儀容(儀表, 容貌).
  ≪孟子・盡心下≫에 나온다. "動容周旋中禮者, 盛德之至也"
- 周旋: 고대에 禮를 행할 때 진퇴進退와 읍양揖讓의 동작을 말한다. 揖(읍 읍)
  ≪禮記・악기樂記≫篇에 "升降上下, 周還裼襲, 禮之文也."라고 했고, 육덕명陸德明의 석문釋文에 "還, 音旋."이라 풀이했고, 공영달孔穎達의 소疏에 "周謂行禮周曲迴旋也."라고 풀이했다. 裼(웃통벗을 석) 襲(엄습할 습) 迴(돌 회) 旋(돌 선)

● 服膺: 교훈을 마음에 새기고 충심으로 받드는 일. 膺(가슴 응) ≪禮記 · 中庸≫에 "得一善, 則拳拳服膺而弗失之矣."이라 했고, 朱子集註에 "服, 猶著也. 膺, 胸也. 奉持而著之心胸之間, 言能守也."라고 풀이했다. 拳(주먹 권)

其視箴曰 心兮本虛하니 應物無跡이라 操之有要하니 視爲之則이라 蔽交於前하면 其中則遷하나니 制之於外하여 以安其內니라 克己復禮하면 久而誠矣라

其聽箴曰 人有秉彛는 本乎天性이언마는 知誘物化하여 遂亡其正하나니라 卓彼先覺은 知止有定이라 閑邪存誠하여 非禮勿聽하나니라

其言箴曰 人心之動이 因言以宣하나니 發禁躁妄이라야 內斯靜專하나니라 矧是樞機라 興戎出好하나니 吉凶榮辱이 惟其所召니라 傷易則誕하고 傷煩則支하며 己肆物忤하고 出悖來違하나니 非法不道하여 欽哉訓辭하라

其動箴曰 哲人知幾하여 誠之於思하고 志士勵行하여 守之於爲하나니 順理則裕요 從欲惟危니 造次克念하여 戰兢自持하라 習與性成하면 聖賢同歸하리라

愚按 此章問答은 乃傳授心法切要之言이니 非至明이면 不能察其幾요 非至健이면 不能致其決이라 故로 惟顏子得聞之요 而凡學者亦不可以不勉也라 程子之箴이 發明親切하시니 學者尤宜深玩이라

"그 시잠視箴에 가로되 '마음이여! 본래 허령虛靈하니, 사물에 응하되 자취가 없도다! 마음을 잡는데 요체가 있으니, 보는 것이 법칙이 되니라. 눈앞에서 가리워 교착되면 그 心中이 곧 옮겨가니, 밖에서 제재하여 그 안을 편안히 할지니라. 克己復禮하면 오래되어 정성스럽게 될 것이다.'

그 청잠聽箴에 가로되 '사람에게 떳떳한 常道가 있는 것은 天性에서 근본하였지만, 물욕에 끌려 사물에 동화되어 마침내 그 바름을 잃게 되느니라. 뛰어난 저 先覺者들은 그침을 알고 定함이 있었으니, 간사함을 막고 精誠을 보존하여 禮가 아니면 보지 말지니라!'

그 언잠言箴에 가로되 '人心의 동요는 말로 인하여 퍼지나니, 發言에 조급과 망발을 금해야 내심이 이에 고요하고 專一하니라. 하물며 이는 추기樞機이니, 전쟁을 일으키기도 하고 友誼를 만들기도 하나니, 吉凶과 영욕榮辱이 오직 그것(말)이 불러들인 것이네. 쉬운데 상하면 곧 허탄虛誕해지고, 번잡함에 상하면 곧 지리支離해지며, 자신이 방자하면 外物도 거역하고, 나가는 말이 어그러지면 오는 말이 거슬리나니, 法이 아니면 말하지 말고 훈사訓辭를 공경할지어다'

그 동잠動箴에 가로되 '哲人은 기미幾微를 알아 생각에 성실하고, 志士는 행실에 힘써 행함에 지키나니, 이치를 따르면 곧 넉넉해지고 사욕을 따르면 오직 위태로우니, 造次라도 능히 생각하고 전전긍긍戰戰兢兢하며 스스로 간직하라. 습관이 天性으로 더불어 이루어지면 聖賢과 함께 돌아가리라!'"

내가 안찰按察컨대, "이 章의 問答은 곧 心法을 전수하는 간절하고 요긴한 말씀이니, 지극히 밝지 않으면 능히 그 기미를 살피지 못할 것이요, 지극히 굳세지 않으면 능히 그 결단을 내리지 못할 것이다. 그러므로 오직 顔子만이 얻어 들은 것이요, 모든 배우는 자들은 또한 가히 힘쓰지 않으면 안되느니라. 程子의 잠언箴言은 發明이 親切하시니, 배우는 자가 더욱 마땅히 깊이 완미해야 할 것이다."

주해

- 秉彝: 떳떳한 常道를 잡아 간직함. 秉(잡을 병) 彝(떳떳할 이)
《詩·大雅·증민烝民》篇에 "民之秉彝, 好是懿德."라고 했고, 毛傳에 "彝, 常."이라 풀이했고, 朱子集註에 "秉, 執."이라 했다. 烝(많을 증) 懿(아름다울 의)
- 知誘: 物慾에 끌려 본성을 잃다. '知'는 '欲'과 같다.
《禮記·樂記》篇에 "好惡無節於內, 知誘於外, 不能反躬, 天理滅矣."라 했고, 鄭玄의 註에 "知, 猶欲也."라 했다.
- 樞機: 사물의 關鍵이 되는 부분. 樞(지도리 추)
《易·계사상繫辭上》에 "言行, 君子之樞機, 樞機之發, 榮辱之主也."라고 했고, 왕필王弼의 註에 "樞機, 制動之主."라고 하고, 공영달孔穎達의 소疏에 "樞謂戶樞, 機謂弩牙."라고 했다. 弩(쇠뇌 노)
- 箴(경계할 잠) 躁(성급할 조) 矧(하물며 신) 支(지루할 지) 肆(방자할 사) 忤(거스를 오) 悖(어그러질 패) 違(어길 위) 欽(공경할 흠)

【備旨】

顔淵ㅣ從博約後로 理欲已明이라 但曰 請問克復之條目하나니 何如잇가

夫子ㅣ告之曰 子欲詳其目乎아 亦求諸視聽言動之間而已라 視必以禮니 一有非禮면 卽禁止於心而勿視하며 聽必以禮니 一有非禮면 卽禁止於心而勿聽하며 言必以禮니 一有非禮면 卽禁止於心而勿言하고 動以必

禮니 一有非禮면 卽禁止於心而勿動이라 夫非禮者는 皆己也오 勿之는 皆克也라 己克則復禮而仁在是矣니 所謂克己復禮者ㅣ如此니라

顔淵直任之曰 回之質이 雖有歉於明健而不敏也나 請從事於四勿之語하여 以天下歸仁으로 自考하고 以爲仁由己로 自勵면 庶無負乎夫子之敎也니 敢以不敏而自諉哉리오

顔淵이 博文約禮를 따른 이후로 天理와 人欲이 이미 밝아졌다. 다만 가로되 "청컨대 '克己復禮'의 條目을 묻자오니, 어떠하옵니까?"라고 하니,

夫子께서 告하여 가라사대 "그대는 그 조목을 상세히 알고자 하는가? 또한 보고 듣고 말하고 움직이는 사이에서 구할 따름이니라. 보는 것을 반드시 禮로써 해야 하니, 하나라도 禮가 아님이 있으면 곧 마음에 禁止하여 보지 말며, 듣는 것을 반드시 禮로써 해야 하니, 하나라도 禮가 아님이 있으면 곧 마음에 금지하여 듣지 말며, 말하는 것을 반드시 禮로써 해야 하니 하나라도 禮가 아님이 있으면 곧 마음에 금지하여 말하지 말고, 행동하는 것을 반드시 禮로써 해야 하니 하나라도 禮가 아님이 있으면 곧 마음에 금지하여 행동하지 말라.

무릇 禮가 아닌 것은 모두 사욕이요, 하지 말라는 것은 모두 이기는 것이니라. 사욕을 이기면 곧 禮로 돌아가서 仁이 여기에 있으니, 이른바 '克己復禮'란 것이 이와 같으니라."

顔淵이 곧바로 自任하여 가로되 "저(回)의 자질이 비록 총명과 강건

함이 부족하여 민첩하지 못함이 있으나, 청컨대 '四勿'의 말씀을 종사하여 天下 사람들이 仁을 許與하는 것으로 스스로 살피고, 仁을 행하는 것을 자신으로부터 말미암는 것으로 스스로 힘쓴다면, 거의 夫子의 가르침에 저버림이 없을 것이니, 감히 민첩하지 못하다고 하여 스스로 핑계를 삼으리오?"

주해

- 博文約禮: 널리 배움을 구하고 예법을 삼가서 지킴. ≪論語 · 옹야雍也≫篇에 나온다. "子曰 君子博學於文, 約之以禮, 亦可以弗畔矣夫!" 畔(어긋날 반)
- 歉(부족할 겸) 諉(핑계댈 위)

[12 · 2]

仲弓이 問仁한대
子曰 出門如見大賓하며 使民如承大祭하고 己所不欲을 勿施於人이니 在邦無怨하며 在家無怨이니라
仲弓曰 雍雖不敏이나 請事斯語矣리이다

중궁仲弓이 仁을 묻건대,
孔子께서 가라사대 "門을 나서면 큰 손님을 만나는 것 같이 하며, 백성을 부릴 때는 큰 제사를 받드는 것 같이 하며, 자신이 하고자 하지 않는 바를 남에게 베풀지 말지니라. 이렇게 하면 나라에 있어서는 원망이 없으며, 집안에 있어서는 원망이 없을 것이니라." 仲弓이 가로되 "제(옹雍)가 비록 민첩하지 못하나, 청컨대 이 말씀을 종사하겠습니다."

敬以持己하고 恕以及物이면 則私意無所容而心德全矣라 內外無怨은 亦以其效言之니 使以自考也라
程子曰 孔子言仁에 只說出門如見大賓하며 使民如承大祭하시니 看其氣象하면 便須心廣體胖하여 動容周旋中禮니 惟謹獨이 便是守之之法이라
或問 出門使民之時엔 如此可也어니와 未出門使民之時엔 如之何니잇고
曰此儼若思時也라 有諸中而後見於外하나니 觀其出門使民之時에 其敬如此 則前乎此者敬을 可知矣라 非因出門使民然後에 有此敬也라
愚按 克己復禮는 乾道也요 主敬行恕는 坤道也니 顔冉之學이 其高下淺深을 於此可見이나 然이나 學者ㅣ誠能從事於敬恕之間而有得焉이면 亦將無己之可克矣리라

경敬으로써 자신을 지키고 서恕로써 사물에 미치면, 곧 私意가 용납될 바가 없어서 心德이 온전해질 것이다. 안팎으로 원망이 없다는 것은 또 그 효험으로써 말한 것이니, 하여금 스스로 살피게 한 것이다. 程子 가로되 "孔子께서 仁을 말씀하시는데 단지 '門을 나서면 큰 손

님을 만나는 것 같이 하며, 백성을 부릴 때는 큰 제사를 받드는 것 같이 하라!'고 말씀하시니, 그 氣象을 보면 곧 모름지기 심광체반心廣體胖하여 動容과 周旋이 禮에 맞으니, 오직 謹獨이 곧 이것을 지키는 法이니라.

혹자가 묻되 '門을 나서고 백성을 부릴 때에는 이와 같이 하는 것이 可하거니와, 門을 나서고 백성을 부리지 아니할 때에는 어떻게 해야 합니까?'라고 하니,

가라사대 '이는 공경하게 생각해야 할 때이니라. 心中에 지니고 있은 후에 밖으로 나타나는 법이니, 그 門을 나서고 백성을 부리는 때에 그 공경함이 이와 같음을 살피면, 곧 이보다 앞서서 공경한 것을 가히 알 수 있다. 門을 나서고 백성을 부린 것으로 인한 연후에야 이 공경이 있는 것이 아니다."

내 생각건대 克己復禮는 건도乾道요, 敬을 수장하고 恕를 행하는 것은 곤도坤道이니, 顏淵과 冉(仲弓)의 학문이 그 高下와 淺深을 이에서 가히 볼 수 있다. 그러나 배우는 자가 진실로 능히 敬과 恕의 사이에 從事하여 얻은 것이 있으면, 또한 장차 가히 이겨야(극복되어야) 할 사욕이 없게 될 것이다.

주해

- 心廣體胖: 마음이 크게 넓어지고 몸이 편안하게 펴지다. 胖(희생반쪽 반)
  ≪禮記·大學≫에 나온다. "富는 집을 윤택하게 하고, 德은 몸을 윤택하게 하니, 마음이 넓어지고 몸이 편안해진다. 富潤屋, 德潤身, 心廣體胖." 이에 대해 朱子集註에 "마음에 부끄러움이 없으면, 광대하게 넓어지고 몸이 항상 편안해진다. 心无愧怍, 则广大宽平, 而体常舒泰."라고 했다. 愧(부끄러울 괴) 怍(부끄러울 작) 舒(펼 서)
- 儼若: 공경하는 모습. 儼(의젓할 엄)
  ≪禮記·곡례상曲禮上≫에 나온다. "毋不敬, 儼若思"

【備旨】

仲弓이 問爲仁之道한대

夫子ㅣ告之曰 爲仁之道는 不外於存心이요 存心之要는 惟在於敬恕라 卽如一出門之時也엔 則如見大賓而極其禮讓之敬하고 一使民之事也엔 則如承大祭而極其神明之敬하며 至人施諸己而有所不欲也엔 則勿以施之於人而極其推心之恕하니 夫能敬이면 則私意無所容而仁之體以立이요 能恕면 則私意無所雜而仁之用以行이라 由是로 外而在邦에 邦人이 咸悅於吾之敬恕而無有怨焉하며 內而在家에 家人이 咸安於吾之敬恕而無有怨焉이니 蓋主敬行恕而至邦家無怨이면 則心存理得而仁在是矣리라

仲弓이 遂直任之曰 爲仁이 莫如敏하니 雍之質이 雖不敏이나 請從事夫子敬恕無怨之語矣리니 敢以不敏으로 自諉哉리오

仲弓이 仁을 행함의 道를 묻건대,

夫子께서 告하여 가라사대 "仁을 행하는 道는 存心에서 벗어나지 않고, 存心의 요체要諦는 오직 경敬과 서恕에 있느니라. 곧 만일 일단 門을 나설 때엔 大賓을 만나듯이 하여 그 예양禮讓의 공경을 지극히 하고, 일단 백성을 부릴 때엔 곧 大祭를 받들듯이 하여 그 神明의 공경을 지극히 하며, 남이 내게 베푸는데 하고자 하지 아니한 바가 있으면, 곧 남에게 베풀지 말아 그 마음을 미루는 서恕를 지극히 할

지니, 무릇 능히 공경하면 곧 사사로운 생각이 용납될 바가 없어 仁의 體가 설 것이요, 능히 恕를 하면 곧 사사로운 생각이 섞인 바가 없어 仁의 用이 행해질 것이니라. 이로 말미암아 밖으로 나라에 있어서 邦人들이 모두 나의 敬과 恕에 기뻐하여 원망이 없을 것이며, 안으로 집에 있어서 家人들이 모두 나의 敬과 恕에 편안히 여겨 원망이 없을 것이니, 대개 敬을 주장하고 恕를 행하여 나라와 집안에 원망이 없게 되면 곧 마음을 보존하고 이치를 얻어 仁이 이 자리에 있게 될지니라."

仲弓이 마침내 곧바로 自任하여 가로되 "仁을 행하는 것이 민첩함만 같은 것이 없으니, 저(雍)의 자질이 비록 不敏하나 청컨대 夫子의 '경서무원敬恕無怨'의 말씀을 從事하고자 하오니, 감히 不敏으로써 스스로 핑계를 삼으리오?"

[12·3]

司馬牛ㅣ問仁한대

司馬牛가 仁을 묻건대,

司馬牛는 孔子弟子니 名은 犂요 向魋之弟라

'사마우司馬牛'는 孔子의 弟子이니, 이름이 '리犂'요, '상퇴向魋'의 아우이다.

주해

● 犁(얼룩소 리) 向(姓 상) 魋(사람이름 퇴)

子曰 仁者는 其言也ㅣ訒이니라

孔子께서 가라사대 "仁者는 그 말이 참는 듯 하니라."

訒은 忍也며 難也라 仁者는 心存而不放이라 故로 其言이 若有所忍而不易發이니 蓋其德之一端也라 夫子以牛多言而躁라 故로 告之以此하사 使其於此而謹之하시니 則所以爲仁之方이 不外是矣리라

'인訒'은 참는 것이며 어렵게 여기는 것이다. '仁者'는 마음이 보존되어 방일放逸하지 않는다. 그러므로 그 말이 마치 참는 바가 있어 쉽게 나오지 않는 듯하니, 대개 그 德의 一端이다. 夫子께서 司馬牛가 말이 많고 조급하기 때문에 이로써 告하시고, 그로 하여금 이에 삼가게 하시니 곧 仁을 행하는 바의 방법이 이에서 벗어나지 않을 것이다.

주해

● 德之一端: 德의 一端, 德의 한 단면.
운봉호씨雲峯胡氏가 말했다. "≪集註≫에서 顔淵에 대해서는 곧 心德의 온전함이라고 했고, 여기에서는 곧 德의 一端이라고 했으니,

또한 '四勿' 중의 하나에 지나지 않는다. 集註於顔淵, 則曰心德之全. 此則德之一端, 亦不過四勿中之一也."(大全註疏)

● 訒(참을 인) 躁(조급할 조)

【備旨】

司馬牛ㅣ問爲仁之道한대
夫子ㅣ告之曰 仁者之人은 其於言也에 若有所訒而不敢輕發者니 子能知此而謹焉하면 則所以爲仁之方이 寧外是乎아

司馬牛가 仁을 행하는 道를 묻건대,
夫子께서 告하여 가라사대 "어진 사람은 그 말함에 마치 참는 바가 있어 감히 가벼이 발언하지 않는 듯하니, 그대 능히 이 점을 알아서 삼가면 곧 仁을 행하는 바의 방법이 어찌 여기에서 벗어나리오?"

曰 其言也訒이면 斯謂之仁矣乎잇가
子曰 爲之難하니 言之得無訒乎아

가로되 "그 말을 참아서 하면 곧 이를 仁이라 말할 수 있습니까?"
孔子께서 가라사대 "그것을 행하기가 어려우니, 말하는데 참지 않을 수 있으리오?"

牛意仁道至大하여 不但如夫子之所言이라 故로 夫子ㅣ又告之以此하시니라 蓋心常存故로 事不苟하고 事不苟故로 其言이 自有不得而易者요 非强閉之而不出也라

楊氏曰 觀此及下章再問之語하면 牛之易其言을 可知니라

程子曰 雖爲司馬牛多言故로 及此나 然이나 聖人之言이 亦止此爲是니라

愚謂牛之爲人이 如此하니 若不告之以其病之所切하고 而泛以爲仁之大槪語之면 則以彼之躁로 必不能深思以去其病하여 而終無自以入德矣라 故로 其告之如此하시니라 蓋聖人之言이 雖有高下大小之不同이나 然이나 其切於學者之身하여 而皆爲入德之要는 則又初不異也니 讀者ㅣ其致思焉이니라

司馬牛는 仁道가 지극히 커서 다만 夫子께서 말씀하신 바와 같지는 않을 것이라고 생각했다. 그러므로 夫子께서 또 이로써 告하신 것이다. 대개 마음이 항상 보존되었기 때문에 일이 구차하지 않고, 일이 구차하지 않기 때문에 그 말이 저절로 얻어 쉽게 할 수 없는 것이 있는 것이요, 억지로 입을 막고 말을 하지 않는 것이 아니다.

楊氏 가로되 "이 곳과 下章에서 다시 묻는 말을 살피면, 司馬牛가 그 말을 쉽게 하는 것을 가히 알 수 있다."

程子 가로되 "비록 司馬牛가 말을 많이 하기 때문에 이를 언급하였으나, 그러나 聖人의 말씀이 또한 여기에 그치는 것이 옳다."

내 생각건대 "司馬牛의 사람됨이 이와 같으니, 만약 그 병폐의 절실한 것으로써 일러주지 아니하고 일반적으로 仁을 행하는 大槪로써 말해 주었다면, 곧 저(司馬牛)의 조급함 때문에 반드시 능히 깊이 생각하여 그 병폐를 제거하지 못하고 끝내 스스로 德에 들어갈 수 없었을 것이다. 그러므로 그 이와 같이 告하신 것이다.
대개 聖人의 말씀이 비록 高下와 大小가 같지 않음이 있으나, 그러나 그 배우는 자의 몸에 절실해서 모두 德에 들어가는 요체要諦가 되는 것은 곧 또 애당초 다르지 않으니, 읽는 자는 그 생각을 다해야 할 것이다."

주해

- 斯: 곧, 즉. '卽' '就'와 같다.
- 得無訒: '참지 않을 수 없다'는 뜻.

【備旨】

司馬牛 又問曰 仁道至大어늘 其言也訒이면 斯卽謂之仁矣乎잇가
夫子ㅣ告之曰 汝知仁者之言訒而已요 而不知仁者之言所以訒이라 蓋仁者는 心存於事에 爲之甚難하니 言之得無訒乎아 不輕於爲者는 自不輕於言이니 是其言之訒也라 由於心之存而爲之難하고 心存則仁不外是矣니 豈可以爲易而忽之哉아

司馬牛가 또 물어 가로되 "仁道는 지극히 크거늘 그 말이 참아서 하면, 이에 곧 그것을 仁이라 말할 수 있습니까?"
夫子께서 告하여 가라사대 "그대는 仁者의 말이 참아서 하는 줄만 알 뿐이요, 仁者의 말이 참하서 하는 이유를 알지 못하니라. 대개 仁者는 마음이 일에 보존되어 행하는 것을 심히 어렵게 하니, 말을 하는데 참지 않을 수 있으리오? 행하는데 가볍게 하지 않는 자는 저절로 말하는데 경솔하지 않으니, 이는 그 말을 참아서 하는 것이니라. 마음에 보존되기 때문에 행하는 것을 어렵고, 마음이 보존되면 곧 仁이 여기에서 벗어나지 않으니, 어찌 가히 쉽게 해서 소홀히 하리오?"

[12·4]

司馬牛ㅣ問君子한대
子曰 君子는 不憂不懼니라

司馬牛가 君子를 묻건대,
孔子께서 가라사대 "君子는 근심하지 않고 두려워하지 않느니라."

向魋作亂에 牛常憂懼라 故로 夫子告之以此하시니라

싱퇴向魋가 亂을 일으키니 사마우司馬牛가 항상 근심하고 두려워하였다. 그러므로 夫子께서 이로써 告하신 것이다.

주해

- 牛常憂懼: 사마우司馬牛가 항상 근심하고 두려워하다. '우憂'는 화환禍患이 이르기 전에 근심하는 것이고, '구懼'는 禍患이 이미 이르고 나서 두려워하는 것이다. 憂(근심할 우) 懼(두려워할 구)
  후재풍씨厚齋馮氏가 말했다. "안으로 그 형을 근심하고, 밖으로 그 화禍를 두려워한 것이다. 內憂其兄, 外懼其禍也."(大全註疏)

【備旨】

司馬牛ㅣ問君子之人은 何如잇가한대
夫子ㅣ以牛多憂懼故로 告之曰 人常不免於憂懼로되 惟君子則隨在自得하여 不見其有所憂於未事之先也하며 不見其有所懼於臨事之際也니 君子之所以爲君子者ㅣ 如此니라

司馬牛가 묻건대 "君子라는 사람은 어떠한 사람입니까?"
夫子께서 司馬牛가 근심과 두려움이 많기 때문에 告하여 가라사대 "사람이란 항상 근심과 두려움에서 벗어나지 못하되, 오직 君子만은 곧 어디에 처하든지 마음으로 체득體得한 바가 어, 그 일이 시작되기에 앞서서 근심하는 바가 있음을 보지 못하며, 그 일에 임할 때에 두려워하는 바가 있음을 보지 못하니, 君子가 君子답게 되는 바가 이와 같으니라!"

주해

- 隨在: 처한 자리에 따라, 어디에서든. '수처隨處'와 같음.
  청淸나라 포송령蒲松齡의 ≪요재지이聊齋志異・사훈司訓≫篇에 나온

다. "某爲親戚寄賣房中僞器, 輒藏靴中, 隨在求售." 輒(문득 첩) 藏(감출 장) 靴(가죽신 화)

- 自得: 마음으로 체득한 바가 있는 모양.
≪禮記・中庸≫에 "君子無入而不自得焉."라고 했고, ≪孟子・이루하離婁下≫篇에 "君子深造之以道, 欲其自得之也. 自得之則居之安, 居之安則資之深, 資之深則取之左右逢其原, 故君子欲其自得之也."라고 했다.

曰 不憂不懼면 斯謂之君子矣乎잇가
子曰 內省不疚어니 夫何憂何懼리오

가로되 "근심하지 않고 두려워하지 않으면 이에 君子라고 말할 수 있사옵니까?"
孔子께서 가라사대 "안으로 살펴 병폐가 없으니, 어찌 근심하며 어찌 두려워하리오?"

牛之再問은 猶前章之意라 故로 復告之以此하시니라
疚는 病也라 言由其平日所爲無愧於心이라 故로 能內省不疚而自無憂懼니 未可遽以爲易而忽之也라
晁氏曰 不憂不懼는 由乎德全而無疵라 故로 無入而不自得이요 非實有憂懼而強排遣之也라

司馬牛가 재차 물은 것은 前章의 뜻과 같다. 그러므로 다시 이로써

告하신 것이다. '구疚'는 병폐이다. 그 平日에 행하는 바가 마음에 부끄러움이 없기 때문에 능히 안으로 살펴 병폐가 없어 스스로 근심과 두려움이 없으니, 가히 갑자기 쉽게 여겨 소홀하게 해서는 안 된다는 말이다.

조씨晁氏 가로되 "'不憂不懼'는 德이 온전하여 흠이 없는 데에서 말미암는다. 그러므로 들어가 自得하지 않음이 없으니, 실제로 근심과 두려움이 있는데도 억지로 물리치는 것은 아니다."

주해

- 排遣: 물리치다, 배제하다. 排(밀칠 배) 遣(보낼 견)
- 無入而不自得: 들어가서 마음으로 체득하지 않음이 없다. ≪禮記 · 中庸≫篇에 나온다. "君子無入而不自得焉."
- 疚(오랜병 구) 晁(아침 조)

【備旨】

司馬牛ㅣ又曰 君子之道大矣어늘 不憂不懼면 斯謂之君子矣乎잇가

夫子ㅣ又告之曰 子勿易視之也니 君子平日所爲가 內省於心에 皆無疚焉이면 則仰不愧俯不怍하여 浩然天地之間에 夫何憂何懼之有리오 此非自修之功이 已造於成德者면 不能이니 子何疑不足以盡君子乎아

司馬牛가 또 가로되 "君子의 道가 크거늘, 근심하지 않고 두려워하지 않으면 이에 君子라 말할 수 있사옵니까?"

夫子께서 또한 告하여 가라사대 "그대는 쉽게 보지 말지니, 君子가 平日에 행하는 바가 안으로 마음에서 살펴 모두 병폐가 없으면, 곧 우러러 부끄럽지 않고 굽어보아 부끄럽지 않아, 넓은 天地의 사이에서 어찌 근심하고 어찌 두려워함이 있으리오? 이는 스스로 닦은 공부가 이미 德을 이루는데 나아간 것이 아니면 能할 수 없으니, 그대는 어찌 족히 君子의 道를 다하지 못했다고 의심하리오?"

주해

● 仰不愧俯不怍: 우러러 부끄럽지 않고 굽어보아 부끄럽지 않다. 愧(부끄러워할 괴) 怍(부끄러워할 작)
≪孟子・盡心上≫篇에 나온다. "仰不愧於天, 俯不怍於人, 二樂也."

[12・5]

司馬牛ㅣ憂曰 人皆有兄弟어늘 我獨亡로다

司馬牛가 근심하여 가로되 "사람들이 모두 兄弟가 있거늘, 나만 홀로 없도다."

牛有兄弟而云然者는 憂其爲亂而將死也라

司馬牛는 兄弟가 있었으나 이렇게 말한 것은, 그가 亂을 일으키다가 장차 죽을 것을 근심한 것이다.

주해

- 亡: 없다. '無'와 같다. 亡(없을 무)

【備旨】

司馬牛丨因見其兄向魋作亂하고 而弟子頎子車도 亦與之同惡이라 故로 懷憂於心而言曰 人皆有兄弟而得遂其天倫之樂이로되 我獨遭其變而亡兄弟하니 是則可憂也라

司馬牛가 그 兄인 상퇴向魋가 亂을 일으키고 아우인 자기子頎와 자거子車 또한 그와 함께 惡行을 저지른 것을 보았기 때문에, 마음에 근심을 품으며 말하여 가로되 "남들은 모두 형제가 있어 능히 그 天倫의 즐거움을 이루었지만, 나만 홀로 그 變故를 만나 兄弟가 없으니, 이것이 곧 가히 근심스럽도다."

주해

- 魋(사람이름 퇴) 頎(헌걸찰 기) 遭(만날 조)

子夏曰 商은 聞之矣로니

子夏 가로되 "내(商)가 듣자하니,"

蓋聞之夫子라

아마도 夫子에게 들은 것이리라.

死生이 有命이요 富貴ㅣ在天이라호라

"死와 生에는 命이 있고, 富와 貴는 하늘에 달려 있다고 하였느니라."

命은 稟於有生之初니 非今所能移요 天은 莫之爲而爲니 非我所能必이니 但當順受而已라

'명命'은 태어난 처음에 품부稟賦받은 것이니, 지금 능히 바꿀 수 있는 바가 아니요, 天은 하는 일이 없으나 일이 그렇게 되니, 내가 능히 기필期必할 바가 아니요, 다만 마땅히 순순히 받아들일 따름이다.

주해

- 稟(받을 품)
- 順受: 순순히 담담하게 받아들이다.
  ≪孟子・盡心上≫篇에 나온다. "莫非命也, 順受其正. 是故知命者, 不立乎巖牆之下." 巖(바위 암) 牆(담 장)
  경원보씨慶源輔氏가 말했다. "'順'은 어기지 않는다는 말이고, '受'는 거절하지 않는다는 말이다. 다만 이 두가지가 生死와 富貴에 처하는 요결要訣이다. 順謂不咈, 受謂不拒, 只此二者, 便是處死生富貴之

要訣."(大全註疏) 咈(어길 불) 訣(비결 결)

【備旨】

子夏ㅣ因述所聞以慰之曰 子勿以亡兄弟爲憂也하라 商嘗聞於夫子矣로니 人之死生이 有命存焉이요 人之富貴ㅣ在於天焉이라 하시니 由商所聞觀之면 則兄弟之有無는 亦天之爲也요 命之致也니 憂之果何益哉아

子夏가 인하여 들은 바를 서술하여 위로하여 가로되 "그대는 兄弟가 없다고 해서 근심으로 삼지 말라. 내(商)가 일찍이 夫子께 들으니, '사람의 死生에는 命이 있고, 사람의 富貴는 하늘에 달려 있다' 고 하셨으니, 내가 들은 바로 말미암아 살피면 곧 兄弟의 有無는 또한 하늘이 하신 것이요 命의 所致니, 근심하는 것이 과연 어찌 유익 하리오?"

주해

- 慰(위로할 위)

君子ㅣ敬而無失하며 與人恭而有禮면 四海之內ㅣ皆兄弟也니 君子ㅣ何患乎無兄弟也리오

"君子가 공경하고 잃음이 없으며, 사람과 더불어 공손하되 禮가 있으면, 四海의 안이 모두 兄弟이니 君子가 어찌 兄弟 없음을 근심하리오?"

旣安於命하고 又當修其在己者라 故로 又言苟能持己以敬而不間斷하고 接人以恭而有節文이면 則天下之人이 皆愛敬之를 如兄弟矣라 蓋子夏欲以寬牛之憂 而爲是不得已之辭니 讀者不以辭害意ㅣ可也라

胡氏曰 子夏四海皆兄弟之言은 特以廣司馬牛之意니 意圓而語滯者也라 惟聖人則無此病矣니라 且子夏知此로되 而以哭子喪明하니 則以蔽於愛而昧於理라 是以로 不能踐其言爾니라

이미 天命에 편안하고 또 마땅히 그 몸에 있는 것을 닦아야 한다. 그러므로 또 '만일 능히 몸가짐을 공경으로써 하되 間斷하지 않게 하고, 사람 대하기를 공손으로써 하되 節文이 있으면, 곧 天下의 사람들이 모두 사랑하고 공경하기를 兄弟와 같이 할 것이다.'라고 말한 것이다. 대개 子夏는 司馬牛의 근심을 풀어주고자 하여 이렇게 不得已한 말을 한 것이니, 읽는 자는 말로써 뜻을 해치지 않는 것이 可할지니라.

胡氏 가로되 "子夏의 四海가 모두 兄弟라는 말은 다만 司馬牛의 뜻을 넓힌 것이니, 뜻은 원만하나 말이 막힌 것이다. 오직 聖人만이 곧 이러한 병폐가 없다. 또 子夏는 이런 도리를 알면서도 자식의 죽음에 곡哭하다 실명失明까지 하였으니, 곧 사랑에 가리워서 이치에

어두운 것이다. 이 때문에 능히 그 말을 실천하지 못했을 뿐이다."

주해

- 哭子喪明: 자식의 죽음에 곡哭하다 실명失明하다. 哭(울 곡) 喪(잃을 상) ≪禮記·단궁상檀弓上≫篇에 나온다. "子夏喪其子而喪其明. 曾子弔之, 曰 '吾聞之也, 朋友喪明則哭之.'"
- 滯(막힐 체) 蔽(가릴 폐) 昧(어두울 매)

【備旨】

夫旣安於天命하고 又當修其在己者焉이니 君子ㅣ苟能持己以敬而無間斷之失하며 與人恭遜而有節文之禮면 則盛德所感에 擧四海之內가 皆愛敬之하여 而視我若兄弟也니 疎者도 可親이어늘 而況親者乎아 然則君子는 特患恭敬之未盡耳니 又何患乎無兄弟也리오 吾於是에 知子非惟不容憂요 抑且不必憂矣니라

이미 天命에 편안하고 또 마땅히 그 몸에 있는 것을 닦아야 하니, 君子가 만일 능히 몸가짐을 공경으로써 하되 間斷의 과실이 없으며, 사람과 더불어 공손하되 節文의 禮가 있으면, 곧 盛德이 감화된 바에 모든 四海의 안이 모두 사랑하고 공경하여 나를 마치 兄弟와 같이 보는 것이니, 소원疎遠한 자도 가히 친할 수 있거늘, 하물며 친한 자 임에랴! 그런 즉 君子는 다만 恭敬을 다하지 못할까 근심할 뿐이니, 또 어찌 兄弟가 없음을 근심하리오? 내 이에 그대가 오직 근심을 용납하지 않을 뿐만 아니라, 또한 반드시 근심하지만은 않을 것임을 알겠도다.

주해

● 非惟~, 抑且…: '비단 ~뿐만 아니라, 또한(하물며)…하다.' '非惟'는 '不但' 또는 '不僅'과 같고, '抑且'는 '況且'와 같다. 僅(겨우 근)

[12·6]

子張丨問明한대
子曰 浸潤之譖과 膚受之愬丨不行焉이면 可謂明也已矣니라 浸潤之譖과 膚受之愬丨不行焉이면 可謂遠也已矣니라

子張이 밝음을 묻건대,
孔子께서 가라사대 "무젖어드는 참언讒言과 피부로 받는 하소연이 행해지지 않는다면, 가히 밝다고 말할 수 있느니라. 무젖어드는 참언讒言과 피부에 와 닿는 하소연이 행해지지 않는다면, 가히 밝음이 심원하다고 말할 수 있느니라."

浸潤은 如水之浸灌滋潤하여 漸漬而不驟也라 譖은 毁人之行也라 膚受는 謂肌膚所受利害切身이니 如易所謂剝床以膚니 切近災者也라 愬는 愬己之冤也라 毁人者丨漸漬而不驟면 則聽者不覺其入而信之深矣요 愬

冤者ㅣ急迫而切身이면 則聽者不及致詳而發之暴矣라 二者는 難察而能察之면 則可見其心之明而不蔽於近矣리라 此亦必因子張之失而告之라 故로 其辭繁而不殺하여 以致丁寧之意云이라

楊氏曰 驟而語之와 與利害不切於身者不行焉은 有不待明者能之也라 故로 浸潤之譖과 膚受之愬不行然後에 謂之明이요 而又謂之遠이니 遠則明之至也라 書曰 視遠惟明이라 하니라

'침윤浸潤'은 마치 물에 젖어 점점 스며드는 듯이 하여 점차 젖어들어 갑작스럽지 않는 것이다. '참譖'은 남의 행실을 비방하는 것이다. '부수膚受'는 피부로 받는 바의 利害가 몸에 간절한 것을 말하니, 마치 ≪周易≫에 이른바 '침상을 깎아 살갗에 닿으니, 재앙에 너무 가깝다'는 것과 같다. '소愬'는 자기의 억울함을 하소연하는 것이다. 남을 비방하는 자가 점점 젖어들어 급하게 하지 않으면, 곧 듣는 자는 그 스며들어 가는 것을 깨닫지 못하고 깊이 믿게 된다. 억울함을 하소연하는 자가 급박急迫하고 몸에 간절히 하면, 곧 듣는 자는 상세함을 다하지 못하고 發하는 것이 급해질 것이다. 두 가지는 살피기 어려우나 능히 살필 수 있으면, 곧 가히 그 마음이 밝아져서 가까운 것에 가리우지 않음을 알 수 있다. 이는 또한 반드시 子張의 과실로 인하여 告하신 것이다. 그러므로 그 말이 번잡하되 줄이지 않고, 정녕丁寧의 뜻을 다하신 것이다.

楊氏 가로되 "급박하게 말하는 것과 利害가 몸에 간절하지 않는 것을 행하지 않는 것은 밝은 자를 기다리지 않더라도 능히 할 수 있

다. 그러므로 점점 젖어드는 참소와 피부에 와 닿는 하소연이 행하여지지 않은 후에 밝다고 말할 수 있고, 또 밝음이 심원하다고 말할 수 있으니, '遠'은 곧 밝음이 지극한 것이다. ≪書傳≫에 가로되 '먼 데까지 볼 수 있는 것은 오직 밝음 뿐이니라.'라고 하였다."

주해

- 明: 여기서는 '마음속에 가려진 바가 없는 상태'를 말한다.
- 浸潤之譖: 물에 젖어 점점 스며드는 듯한 참언讒言. '浸潤'은 나중에 '참언讒言'의 뜻으로 사용됨. 浸(물에적실 침) 潤(젖을 윤) 譖(참소할 참) 하안何晏의 ≪論語集解≫에서 鄭玄의 말을 인용해서 "譖人之言, 如水之浸潤, 漸以成之."라고 했다.
- 浸灌: 물에 적셔 스며들다. '침지浸漬'같다. 灌(물댈 관) 漸(점차 점) 驟(급박할 취)
- 膚受之愬: 피부에 와 닿는 간절한 하소연. 膚(살갗 부) 愬(하소연할 소) 冤(원통할 원)
- 剝床以膚, 切近災: '침상을 깎아 살갗에 닿으니, 재앙에 너무 가깝다' 剝(벗길 박) 災(재앙 재) ≪周易 · 박괘剝卦≫에 나온다.
- 丁寧: 재삼 부탁하다, 분부하다. '정녕叮嚀'과 통한다. 叮(정성스러울 정) 嚀(간곡할 녕)

  ≪詩 · 小雅 · 채미采薇≫篇에 "曰歸曰歸, 歲亦莫止"라고 했고, 漢나라 정현鄭玄의 전箋에 "丁寧歸期, 定其心也."라고 풀이했으며, ≪漢書 · 곡영전穀永傳≫에 "二者 (日食, 地震) 同日俱發, 以丁寧陛下, 厥咎不遠, 宜厚求諸身."이라 했고, 안사고顏師古의 註에 "丁寧, 謂再三告示也."라고 풀이했다. 薇(고사리 미) 穀(곡식 곡) 陛(섬돌 폐) 厥(그 궐) 咎(허물 구) 毁(헐 훼) 肌(살 기) 蔽(덮을 폐) 暴(급작스러울 포) 殺(줄일 쇄)
- 視遠惟明: '먼 데까지 볼 수 있는 것은 오직 밝음 뿐이다.' ≪書 · 太甲中≫에 나온다. "視遠惟明, 聽德惟聰"

【備旨】

子張丨問何如라야 斯可謂之明잇가

夫子丨告之曰 所謂明者는 能察人之所難察耳니 彼譖人者 以急辭不足以入人也요 惟譖而浸潤하되 或借事巧詆하고 或冷語中傷하여 漸漬不驟하면 入人最深하고 愬寃者는 以緩辭로 非所以動人也요 惟愬而膚受하되 或痛陳加害하며 或極言被殘하여 危迫切身하면 動人最易니 二者 至難察也라

若能察其僞而不行焉이면 則有以見其心之明而可謂明也已矣요 抑不但可謂明也라 譖爲浸潤之譖하고 愬爲膚受之愬而果不行焉이면 則洞不蔽於近而可謂遠也已矣니 子欲求明인댄 亦惟察於此而已니라

子張이 묻건대 "어떻게 해야 이에 가히 밝다고 말할 수 있습니까?" 夫子께서 告하여 가라사대 "이른바 밝다는 것은 능히 남들이 살피기 어려운 바를 살피는 것이니, 저 사람을 참소讒訴하는 자가 급박한 말로써 족히 사람에게 들어가지는 못할 것이요, 오직 참소하면서 점점 무젖어들게 하되 혹 일을 빌려 교묘히 꾸짖고 혹은 조롱과 풍자가 섞인 말로 中傷하여, 갑작스럽게 하지 않고 점점 젖어들게 하면 사람 마음에 파고 들어가는 것이 가장 깊게 되느니라.

억울함을 하소연하는 자는 느긋한 말로써 사람을 감동시키는 바가 아니요, 오직 하소연하면서 피부에 와 닿게 하되, 혹 가해加害 받은 것을 통렬히 진술하기도 하며 혹 학대받은 것을 극단적으로 말하

여, 위험하고 급박함이 몸에 절실해지면 사람 마음을 움직이는 것이 가장 쉬우니, 두 가지는 지극히 살피기 어려운 것이니라.
만약 능히 그 거짓을 살펴 행해지지 않는다면, 곧 그 마음의 밝음을 볼 수 있어 가히 밝다고 말할 수 있느니라. 또한 다만 가히 밝다고 말할 뿐만 아니요, 참소하는데 점점 무젖어드는 참소를 하고 하소연하는데 피부에 닿는 듯한 하소연을 하되 결과적으로 행해지지 않는다면, 곧 진실로 가까운 데에 가려지지 않아서 가히 밝음이 심원하다고 말할 수 있으니, 그대가 밝음을 구하고자 할진대, 또한 오직 여기에서 살필 따름이니라."

주해

- 冷語: 조롱과 풍자를 담고 있는 말.
- 巧(공교할 교) 詆(꾸짖을 저) 洵(참으로 순)

[12·7]

子貢이 問政한대
子曰 足食足兵이면 民이 信之矣리라

자공子貢이 政事를 묻건대,
孔子께서 가라사대 "먹는 것을 足하게 하고 군사를 足하게 하면, 백성들이 믿을 것이니라."

言倉廩實而武備修然後에 敎化行而民信於我하여 不離

叛也라

곳집이 가득 차고 武備가 닦여진 연후에 敎化가 행해지면, 백성들이 나에게 믿음을 갖게 되어 이반離叛하지 않을 것이라는 말씀이다.

주해

● 倉(곳집 창) 廩(곳집 름) 實(채울 실) 叛(배반할 반)

【備旨】

子貢 | 問爲政之道한대
夫子 | 告之曰 政以治民生與民心而已니 必也制田里하고 薄稅斂하여 以足其食하며 比行伍하고 時簡閱하여 以足其兵하며 又必教化素行하여 民無攜貳之心이면 皆信於我矣니 此三者는 爲政之大端也라

子貢이 '爲政의 道'를 묻건대,
夫子께서 告하여 가라사대 "政事는 民生과 民心을 다스릴 따름이니, 반드시 田地와 여사廬舍를 제정하고 세금 거두는 것을 가볍게 해서 그 먹는 것을 족하게 할 것이며, 항오行伍를 가지런히 하고 때로 군대를 검열檢閱하여 그 병사를 족하게 할 것이며, 또 반드시 敎化를 평소에 행하여 백성들에게 두 마음이 없으면 모두 나에게 믿음을 가질 것이니, 이 세 가지는 爲政의 큰 실마리니라."

주해

- 田里: 田地와 여사廬舍, 곧 논밭과 주택을 말함. 廬(오두막집 려)
  ≪周禮・地官・수인遂人≫篇에 "凡治野, 以下劑致甿, 以田裏安甿."이라 했고, 가공언賈公彥의 소疏에 "以田裏安甿者, 田則爲百晦之田, 裏則五晦之宅. 民得業則安, 故雲安甿也."라고 풀이했으며, ≪孟子・盡心上≫篇에도 "所謂西伯善養老者, 制其田裏, 教之樹畜, 導其妻子, 使養其老."라고 했다. 甿(백성 맹) 晦(이랑 무)
- 稅斂: 세금을 거두어 들임. 斂(거둘 렴)
- 簡閱: 군대를 검열하다. 簡(검열할 간) 閱(검열할 열)
  ≪구당서舊唐書・고조기高祖紀≫에 "丙申, 幸宜州, 簡閱將士."라고 했다.
- 行伍: 군대의 대오. 한 줄에 다섯 명을 '오伍'라 하고, 그 다섯줄의 스물다섯 명을 '항行'이라 함. 항(항렬 항) 比(다스릴 비)
- 攜貳: 두 마음을 품다, 배반하다. 攜(갖을 휴) 貳(두 이)
  ≪國語・周語上≫에 "其刑矯誣, 百姓攜貳, 明神不蠲."이라 했고, 위소韋昭의 註에 "攜, 離. 貳, 二心也."라 풀이했다. 矯(바로잡을 교) 誣(속일 무) 蠲(밝을 견)

子貢曰 必不得已而去인댄 於斯三者에 何先이리잇고
曰 去兵이니라

子貢이 가로되 "반드시 부득이하게 버린다면, 이 세 가지 중에 무엇을 먼저 해야 하옵니까?"
가라사대 "兵을 버릴지니라."

言食足而信孚면 則無兵而守固矣라

먹는 것이 족하고 믿음이 두터우면, 곧 兵이 없어도 지킴이 견고하다는 말씀이다.

주해

- 三者: '兵·食·信'을 말한다.
- 孚(미쁠 부)

【備旨】

子貢이 又問曰 時當無事에 三者를 在所必兼也로되 設或變出不測하여 必不得已而去其一焉인댄 於斯兵食信三者에 何先이리잇고

夫子ㅣ告之曰 去兵이니 蓋籌畫糧餉하여 固結人心이면 則吾民은 卽吾兵也니 是兵或可去也니라

子貢이 또 물어 가로되 "때에 일이 없음을 당하여 세 가지를 반드시 겸할 바가 있으나, 설혹 예측하지 못한 변고가 생겨 반드시 부득이하게 그 중 하나를 버린다면, 이 兵·食·信 세 가지 중에서 무엇을 먼저 해야 하옵니까?"

夫子께서 告하여 가라사대 "兵을 버릴지니 대개 군량을 계획하여 人心을 굳게 단결시킬 수 있으면, 곧 우리 백성이 곧 우리 군사이니, 이 '군사'를 혹 가히 버릴 수 있느니라."

주해

- 設或: 가령, 예를 들어. '가사假使'와 같음.
- 籌畫: 도모하여 계획하다. 籌(헤아릴 주) 畫(그을 획)
- 糧餉: 군량. 糧(양식 량) 餉(건량 향)
  ≪史記・太史公自序≫에 "楚漢相距鞏洛, 而韓信爲填潁川, 盧綰絶籍糧餉."이라 했다. 鞏(떨어질 공) 洛(물이름 락) 填(메울 전) 潁(물이름 영)

子貢曰 必不得已而去인댄 於斯二者에 何先이리잇고
曰 去食이니 自古皆有死어니와 民無信不立이니라

子貢이 가로되 "반드시 부득이하게 버린다면, 이 두 가지 중에 무엇을 먼저 해야 하옵니까?"
가라사대 "食을 버려야 하니 예로부터 모두 죽음이 있거니와, 백성들이 믿음이 없으면 설 수가 없느니라."

民無食必死나 然이나 死者는 人之所必不免이요 無信이면 則雖生而無以自立이니 不若死之爲安이라 故로 寧死而不失信於民하여 使民亦寧死而不失信於我也라
程子曰 孔門弟子善問하여 直窮到底하니 如此章者는 非子貢이면 不能問이요 非聖人이면 不能答也니라

愚謂以人情而言하면 則兵食足而後에 吾之信이 可以孚於民이요 以民德而言하면 則信本人之所固有니 非兵食所得而先也라 是以로 爲政者ㅣ當身率其民而以死守之요 不以危急而可棄也니라

百姓에게 먹을 것이 없으면 반드시 죽으나, 그러나 죽는 것은 사람이 반드시 면하지 못할 바요, 믿음이 없으면 곧 비록 살아 있으나 스스로 설 수 없으니, 죽어서 편안함만 같지 못하다. 그러므로 차라리 죽을지언정 백성들에게 믿음을 잃지 아니하여, 백성들로 하여금 또한 차라리 죽을지언정 나에게 믿음을 잃지 않게 해야 한다.
程子 가로되 "孔門의 弟子들이 묻기를 잘하여 곧바로 끝까지 이르렀으니, 이 章과 같은 경우는 子貢이 아니면 능히 묻지 못할 것이요, 聖人이 아니면 능히 답하지 못했을 것이다."
내 생각건대, 人情으로써 말하자면 곧 兵과 食이 足한 이후에 나의 믿음이 가히 백성들에게 미덥게 될 것이요, 民德으로써 말하자면 곧 信은 본래 사람의 固有한 것이니 兵과 食이 얻어 먼저 할 바가 아니다. 이 때문에 爲政者는 마땅히 몸소 그 백성에게 솔선수범하여 죽음으로써 신의를 지켜야 하며, 危急하다고 해서 가히 버려서는 안 된다."

주해

- 無以自立: 스스로 바로 설 수 없다.
  朱子가 말했다. "이는 백성들이 스스로 설 수 없다는 것이니, 백성들이 서지 못하면 곧 나라도 또한 능히 설 수가 없다, 대개 믿음이 있으면 곧 죽음으로써 서로 지켜내지만, 믿음이 없으면 서로 속이고 서로 거짓말을 하게 되어, 신하는 그 人君을 버리고 자식은 그

부모를 버리게 되는 법이다. 是民自不立, 民不立, 則國亦不能以有立. 蓋有信則相守以死, 無信則相欺相詐, 而臣棄其君, 子棄其父矣."(大全註疏) 詐(거짓말할 사) 棄(버릴 기)

【備旨】

子貢이 又問曰 時非甚變이면 食與信非可缺也로되 設或事變愈窮하여 必不得已而去其一焉인댄 於斯食信二者에 何先이리잇고
夫子ㅣ告之曰 去食이니라 蓋民無食이면 必死나 然이나 自古及今에 民皆有死어니와 若無信이면 則相欺相詐하여 雖生而無以自立에 不若死之爲安矣니 是食猶可去而信決不可去也니라 하시니
觀此則聖人之經權互用하여 而經世之略을 可槪見矣니라

子貢이 또 물어 가로되 "때에 심한 변고가 아니라면, 食과 信을 가히 빠뜨릴 수 없으나, 설혹 일의 변고가 더욱 심하여 반드시 부득이하게 그 중 하나를 버린다면, 이 食과 信 두 가지 중에서 무엇을 먼저 해야 하옵니까?"
夫子께서 告하여 가라사대 "食을 버릴지니다. 대개 백성은 食이 없으면 반드시 죽으나, 그러나 예로부터 지금에 이르기까지 백성들에게 모두 죽음이 있었거니와, 만약 信이 없으면 곧 서로 속이고 서로 거짓말하여, 비록 살아 있으나 스스로 설 수 없게 되어 죽어서 편안함을 얻는 것만 같지 못하니, 이는 食을 오히려 가히 버릴지언정

信은 결코 가히 버릴 수 없는 것이니라!"
이를 살피면, 곧 聖人께서 경도經道와 권도權道를 互用하여 經世의 대략을 가히 개괄적으로 볼 수 있다.

주해

- 經權: 經道과 權道. '경經'은 正道와 원칙原則을 말하고, '권權'은 변통變通을 말한다. 즉 원칙을 견지하면서 변통을 부리며 한 곳에만 고집하지 않는다는 뜻이다.
≪漢書 · 공우전貢禹傳≫에 "守經據古, 不阿當世."라고 했고, ≪宋史 · 홍매전洪邁傳≫에 "不謂書生能臨事達權."이라 했다. 阿(아부할 아) 邁(나아갈 매)
- 經世之略: 國事를 다스리는 方略.
- 缺(이지러질 결)

[12 · 8]

棘子成曰 君子는 質而已矣니 何以文爲리오

극자성棘子成이 가로되 "君子는 質일 따름이니, 어찌 文을 하리오?"

棘子成은 衛大夫니 疾時人文勝이라 故로 爲此言이라

극자성棘子成은 위衛나라 大夫이니, 당시 사람들이 文을 숭상하는 것을 싫어했기 때문에 이 말을 한 것이다.

주해

- 棘(대추나무 극) 疾(미워할 질)

【備旨】

棘子成이 疾時人過於尚文이라 故로 言曰 所貴乎君子者는 持身應事에 亦惟忠信誠慤이 存乎質而已矣니 何必著之物采而以文爲哉리오

극자성棘子成이 당시 사람들이 文을 숭상함이 지나친 것을 싫어하였기 때문에 말하여 가로되 "君子에게 귀하게 여기는 바는 몸을 지키고 일에 應함에 또한 오직 忠信과 성각誠慤을 質에 보존할 따름이니, 어찌 반드시 광채를 드러내는데 文으로써 하리오?"

주해

- 物采: 색채色彩. 사물의 광채. '采'는 '채彩'와 통함.
  ≪左傳·은공隱公五年≫條에 "故講事以度軌量謂之軌, 取材以章物采謂之物."이라 했다. 度(헤아릴 탁) 軌(법도 궤)
- 誠慤: 성실하고 소박함. 慤(성실할 각)

子貢曰 惜乎라 夫子之說이 君子也나 駟不及舌이로다

子貢이 가로되 "애석하도다! 夫子의 말이 君子다우나, 사마駟馬

라도 혀에 미치지 못할 것이로다."

言子成之言이 乃君子之意나 然이나 言出於舌이면 則駟馬不能追之니 又惜其失言也라

자성子成의 말이 곧 君子의 뜻이나, 그러나 말이 혀에서 나오면 곧 사마駟馬라도 능히 따라잡을 수 없다는 말이니, 또 그 失言을 애석해 한 것이다.

주해

- 惜乎: 애석하도다!. 여기서는 극자성棘子成의 실언에 대해 탄식하는 말이다.
- 夫子: 子成을 말한다.
- 駟馬: 수레 한 대를 끄는 네 필의 말. 駟(사마 사)

【備旨】

子貢이 聞而歎曰 惜乎라 夫子之說이 崇本抑末에 固君子之意也나 然이나 意雖善而言則有病하니 今言出於舌에 雖駟馬라도 不能追及其舌矣니 誠哉라 其可惜也로다

子貢이 듣고 탄식하여 가로되 "애석하도다! 夫子(子成)의 말이 근본을 숭상하고 末端을 억제하여 진실로 君子의 마음이나, 그러나 뜻이 비록 善하되 말에는 곧 병폐가 있으니, 이제 말이 혀에서 나와

비록 사마駟馬라도 능히 그 혀를 따라잡지 못하니, 참으로 그 가히 애석하도다!"

文猶質也며 質猶文也니 虎豹之鞟이 猶犬羊之鞟이니라

"文이 質과 같으며 質이 文과 같으니, 호랑이와 표범의 날가죽이 개와 羊의 날가죽과 같느니라."

鞟은 皮去毛者也라 言文質等耳라 不可相無니 若必盡去其文而獨存其質이면 則君子小人을 無以辨矣라 夫棘子成은 矯當時之弊에 固失之過요 而子貢矯子成之弊에 又無本末輕重之差하니 胥失之矣로다

'곽鞟'은 가죽에서 털을 제거한 것이다. 文과 質은 동등하여 가히 서로 없어서는 안되니, 만약 반드시 그 文을 모두 제거하고 다만 그 質만을 보존한다면, 곧 君子와 小人을 분별할 수 없다는 말이다. 극자성棘子成은 當時의 폐단을 바로잡는데 진실로 지나침에 잘못이요, 子貢은 子成의 폐단을 바로잡는데 또한 本末과 輕重의 차이가 없으니 서로 잘못된 것이다.

주해

- 君子小人, 無以辨矣: '君子와 小人을 서로 분별할 수 없다.'

경원보씨慶源輔氏가 말했다. "質이 있으면 이에 文이 있고, 文이 있으면 모름지기 質이 있어야 하며 가히 서로 없어서는 안된다. 가죽은 비유하면 質이고 털은 비유하면 文이니, 가죽과 털이 모두 갖춰진 연후에 호표虎豹와 견양犬羊을 가히 분별할 수 있고, 文과 質이 함께 보존된 연후에 군자와 소인을 가히 밝힐 수 있다. 만약 그 털을 모두 제거해 버리고 홀로 그 가죽만 남겨두는 것은, 비유컨대 그 文을 모두 제거하고 홀로 그 質만 보존하는 것과 같은 뿐이니, 이와 같이 하면 虎豹와 犬羊의 貴賤과 군자와 소인의 어진 여부를 모두 가히 분별할 수 없을 것이다. 有質斯有文, 有文須有質, 不可相無. 皮譬則質也, 毛譬則文也, 皮毛俱在然後虎豹犬羊可辨. 文質兼存然後, 君子小人可明. 若盡去其毛, 獨存其皮, 譬則進去其文, 獨存其質爾. 如是則虎豹犬羊之貴賤, 君子小人之賢否, 皆不可辨矣."(大全註疏)

譬(비유할 비)

- 鞟(털없는 가죽 곽) 胥(서로 서)

【備旨】

彼天下之事ㅣ無質이면 不立이요 無文이면 不行이니 以文而較之質이면 則文與質等에 固不輕於質而可盡去也요 以質而較之文이면 則質與文等에 亦不重於文而可獨存也니 是文質之相等이 如此라

且文은 譬則毛也요 質은 譬則皮也니 文質俱存然後에 可以辨君子小人이니 亦猶皮毛俱存然後에 可以辨虎豹犬羊이라

若如夫子之言이면 則是盡去其文而獨存其質이니 則君子何以異於小人이리오 猶盡去其毛而獨存其皮이면 則

虎豹之鞟이 何以異於犬羊之鞟乎아 此夫子所以爲失言也라

저 天下의 일은 質이 없으면 바로 서지 못하고, 文이 없으면 行하지 못하나니, 文으로써 質에 비교하면 곧 文은 質과 동등해서 진실로 質보다 경시하여 가히 다 제거할 수 없고, 質로써 文에 비교하면 곧 質은 文과 동등해서 또한 文보다 중하다고 하여 가히 홀로 보존할 수 없으니, 이는 文과 質의 서로 동등함이 이와 같다.
또한 文은 비유하면 곧 털이요, 質은 비유하면 곧 가죽이니, 文과 質이 모두 보존된 연후에 가히 君子와 小人을 분별할 수 있으니, 또한 마치 털과 가죽이 모두 보존된 연후에 가히 호표虎豹와 견양犬羊을 분별할 수 있는 것과 같다.
만일 夫子(棘子成)의 말과 같다면, 곧 이는 그 文을 다 제거하고 홀로 그 質을 보존하는 것이니, 곧 君子가 어찌 小人과 다르리오? 마치 그 털을 다 제거하고 홀로 그 가죽만 보존하는 것과 같으니, 곧 虎豹의 날가죽이 어찌 犬羊의 날가죽과 다르리오? 이는 夫子(棘子成)가 失言을 한 바이다.

[12·9]

哀公이 問於有若曰 年饑用不足하니 如之何오

애공哀公이 유약有若에게 물어 가로되 "해에 흉년이 들어 나라의 財用이 不足하니, 어찌하리오?"

稱有若者는 君臣之辭라 用은 謂國用이라 公意蓋欲加賦以足用也라

'유약有若'이라 부른 것은 人君과 신하 사이의 말이다. '用'은 나라의 財用을 말한다. 哀公의 뜻은 대개 부세賦稅를 더하여 財用을 넉넉히 하고자 한 것이다.

주해

- 年饑: 해에 흉년이 들다. 饑(주릴 기)

【備旨】

魯哀公이 不憂民之不足而以國用爲憂라 故로 問於有若曰 方今年歲饑荒하여 國用不足하니 將如之何하여 而可以足用乎아

노魯나라 애공哀公이 백성들의 부족함을 근심하지 않고, 나라의 財用으로써 근심을 삼았다. 그러므로 유약有若에게 물어 가로되 "바야흐로 금년에 해가 흉년이 들어 나라의 財用이 不足하니, 장차 어떻게 하여 가히 財用을 足하게 하리오?"

주해

- 年歲: 한 해 농산물의 作況. '年成'과 같다.

有若ㅣ對曰 盍徹乎시니잇고

유약有若이 대답하여 가로되 "어찌 철법徹法을 쓰지 않습니까?"

徹은 通也며 均也라 周制에 一夫受田百畝하여 而與同溝共井之人으로 通力合作하여 計畝均收하니 大率民得其九요 公取其一이라 故로 謂之徹이라
魯自宣公稅畝하고 又逐畝什取其一하니 則爲什而取二矣라 故로 有若請但專行徹法하니 欲公節用以厚民也라

'철徹'은 통함이며 균일均一함이다. 주周나라 제도에 一夫가 토지 백묘百畝를 받아 봇도랑을 같이 쓰고 우물을 함께 사용하는 사람과 더불어 힘을 모아 合作하여 畝를 계산하여 고르게 수확하니, 대개 백성은 그 아홉을 얻고, 公(나라)은 그 하나를 취한다. 그러므로 이것을 '철徹'이라 말한다.
노魯나라는 선공宣公 때부터 畝에 대해 부세賦稅하고, 또 畝에 따라 10에 그 1을 취하니 곧 10에 2를 취한 것이 된다. 그러므로 有若이 다만 오로지 철법徹法만 시행하기를 청하니, 哀公이 財用을 절약하여 백성들을 두텁게 하도록 한 것이다.

주해

- 盍: '어찌 ~하지 않으리오?' '합盍'은 '何不'과 같다. 盍(어찌아니할 합) 畝(이랑 묘)
- 徹法: 周나라 때의 조세법租稅法으로 10분지 1을 납세함. 徹(구실이름 철) 철법徹法과 조법助法에 대해 朱子가 말했다. "'徹法'은 8가구가 함께

힘을 합쳐 9百畝를 경작하고, 토지 조세는 곧 畝를 계산하여 균분하고 公(나라)은 그 1을 취한다. '助法'과 같은 경우는 8가구가 각각 百畝씩 경작하고, 함께 힘을 모아 公田을 경작하는데, 이것이 助法과 徹法이 다른 점이다. 徹是八家, 皆通力合作九百畝, 田收則計畝均分, 公取其一. 如助則八家各耕百畝, 同出力耕公田, 此助徹之別也."(大全註疏) 助(구실 조)

- 一夫: '農夫' 또는 한 집안의 '家長'을 말함.
  ≪孟子·만장萬章下≫篇에 나온다. "耕者之所獲, 一夫百畝. 百畝之糞, 上農夫食九人."
- 同溝共井: 봇도랑을 같이 쓰고 우물을 함께 사용하다. 溝(봇도랑 구)

【備旨】

有若이 欲哀公之薄斂故로 對之曰 昔也엔 徹行而足이어늘 今也엔 徹廢而不足하니 權之足與不足之間에 盍不法先王而行徹法乎아

유약有若이 애공哀公으로 하여금 조세를 輕減시키도록 하고자 해서 대답하여 가로되 "옛날에는 徹法을 시행해도 財用이 足하였거늘, 지금은 徹法을 廢하고도 不足하니, 足하고 不足한 사이를 저울질함에 어찌 先王의 道를 법으로 삼아 徹法을 시행하지 않으리오?"

주해

- 薄斂: 부세賦稅를 경감하다. 薄(엷을 박) 斂(거둘 렴)
  ≪左傳·소공昭公二十年≫條에 나온다. "公說, 使有司寬政, 毀關, 去禁, 薄斂, 已責." 毀(헐 훼) 關(빗장 관)

曰 二도 吾猶不足이어니 如之何其徹也리오

가로되 "10분의 2도 내 오히려 不足하거늘, 어찌 그 徹法을 쓰리오?"

二는 卽所謂什二也라 公以有若不喩其旨라 故로 言此以示加賦之意라

'二'는 곧 이른바 10분의 2이다. 哀公은 유약有若이 자신의 뜻을 깨닫지 못했다고 여겼기 때문에, 이를 말하여 賦稅를 가중시키고자 한 뜻을 보인 것이다.

주해

- 加賦: 부세賦稅를 가중시키다. 喩(깨우칠 유)

【備旨】

哀公이 不悟復問曰 我魯自稅畝以來로 十分已取其二나 吾之國用이 猶且不足이어니 如之何其可更行徹法也리오

哀公이 깨닫지 못하고 다시 물어 가로되 "우리 魯나라가 畝에 賦稅한 이래로 10分에서 이미 그 2를 취했으나, 우리의 국가 財用이 오히려 또 부족하거늘 어찌 그 가히 다시 徹法을 행하리오?"

對曰 百姓이 足이면 君孰與不足이며 百姓ㅣ不足이면 君孰與足이리잇고

대답하여 가로되 "百姓이 足하면 人君이 누구와 더불어 부족할 것이며, 백성이 부족하면 人君이 누구와 더불어 足하리오?"

民富則君不至獨貧이요 民貧則君不能獨富니 有若이 深言君民一體之意하여 以止公之厚斂하니 爲人上者ㅣ所宜深念也니라
楊氏曰 仁政은 必自經界始니 經界正而後에 井地均하고 穀祿平하여 而軍國之需ㅣ皆量是以爲出焉이라 故로 一徹而百度擧矣니 上下寧憂不足乎아 以二猶不足이어늘 而敎之徹하니 疑若迂矣라 然이나 什一은 天下之中正이니 多則桀이요 寡則貉이니 不可改也라 後世에 不究其本而惟末之圖라 故로 征斂無藝하고 費出無經하여 而上下困矣니 又烏知盍徹之當務而不爲迂乎아

百姓들이 부유하면 곧 人君이 홀로 가난에 이르지 않고, 百姓들이 가난하면 곧 人君이 능히 홀로 부유富裕하지 못하니, 有若이 人君과 백성이 한 몸이 된다는 뜻을 깊이 말하여 哀公이 세금을 무겁게 거두려는 것을 제지한 것이니, 남의 윗사람이 된 자는 마땅히 깊이 생각해야 할 바이다.
楊氏 가로되 "仁政은 반드시 經界로부터 시작되는 것이니, 經界가 바르게 된 이후에 井地가 균등하게 되고, 곡록穀祿이 공평하게 되

며, 군대와 나라의 수요가 모두 이것을 헤아려 지출되는 것이다. 그러므로 한 가지 徹法으로 백가지 법도가 거행되니, 上下가 어찌 不足함을 근심하리오? 10분지 2를 취하고도 오히려 不足하다고 여기는데 徹法을 가르쳤으니 의심컨대 우원迂遠하다고 의심할 듯하다. 그러나 10분지 1은 天下의 中正이니, 이보다 많이 거두면 곧 걸桀이요, 적게 거두면 곧 맥貉의 세법이니 가히 고칠 수 없다. 後世에 그 근본을 窮究하지 않고 오직 말단末端만을 도모했기 때문에, 세금을 거두는데 다함이 없고, 경비의 지출에 법도가 없어서 上下가 모두 곤궁하니, 또한 어찌 '盍徹'에 마땅히 힘쓰고 迂遠하지 않음을 알 수 있으리오?"

주해

- 厚斂: 세금을 무겁게 징수하다.
  ≪左傳 · 소공昭公二十六年≫條에 나온다. "公厚斂焉, 陳氏厚施焉, 民歸之矣."
- 經界: 토지나 강역疆域의 분계.
  ≪孟子 · 등문공상滕文公上≫篇에 나온다. "夫仁政, 必自經界始. 經界不正, 井地不鈞, 穀祿不平, 是故暴君汙吏必慢其經界." 鈞(고를 균)
- 井地: 곧 '井田'을 말한다.
  ≪孟子 · 등문공상滕文公上≫篇에 "經界不正, 井地不鈞."이라 했고, 朱子의 ≪四書集註≫에 "井地, 即井田也."라고 풀이했다.
- 迂遠: 사상과 행위가 실제에 부합되지 않음. '迂闊'과 같다. 迂(멀 우) 闊(멀 활)
- 貊(북방종족 맥) 藝(다할 예) 烏(어찌 오)

【備旨】

有若이 對曰 民之貧富는 其權이 實操於君하고 君之

貧富는 其勢又本於民하니 君行徹法하여 使百姓不困於征求而足焉이면 未有民富而君獨貧者也니 其孰忍與之不足乎아
若不行徹法하여 使百姓困於加賦而不足焉이면 未有民貧而君獨富者也니 其孰肯與之足乎아 信乎라 徹法之不可以不行也여

유약有若이 대답하여 가로되 "백성의 貧富는 그 권세가 실로 人君에게 쥐어져 있고, 人君의 貧富는 그 형세가 또한 백성에게 근본하니, 人君이 철법徹法을 시행하여 百姓들로 하여금 세금을 징수하는데 곤궁하지 않고 足하게 하면, 백성들이 부유하고도 人君이 홀로 가난한 자가 있지 아니하니, 그 누가 차마 그와 더불어 不足하리오? 만약 徹法을 시행하지 않고 백성들로 하여금 賦稅를 가중시켜 不足하게 만든다면, 백성들이 가난하고도 人君이 홀로 부유한 자가 있지 아니하니, 그 누가 기꺼이 그와 더불어 足하리오? 진실로 徹法을 가히 시행하지 않을 수 없도다!"

[12 · 10]

子張이 問崇德辨惑한대
子曰 主忠信하며 徙義가 崇德也니라

子張이 德을 높이고 미혹迷惑을 분별하는 것에 대해 묻건대,

孔子께서 가라사대 "忠과 信을 주장하며 義로 옮기는 것이 德을 높이는 것이니라."

主忠信則本立이요 徙義則日新이라

忠과 信을 주장하면 곧 근본이 서고, 義로 옮기면 곧 날로 새로워진다.

주해

● 崇德辨惑: 德을 높이고 미혹迷惑을 분별하다. 辨(분별할 변) 惑(미혹할 혹) 徙(옮길 사)
'德'은 마음에 얻은 바이고, '惑'은 마음에 가리워진 바이다. 徙(옮길 사)

【備旨】

子張이 問於夫子曰 得於心者謂德이니 所當崇也로되 何以崇之而使之高하며 蔽於心者謂惑이니 所當辨也로되 何以辨之而使之明乎이니잇고
夫子ㅣ告之曰 德本於心而達於事者也니 使內有僞妄之心하고 外無遷善之勇이면 德何由崇也리오 必也 內主忠信하여 存於心者ㅣ無一念之不實하고 又外徙乎義하여 見於事者ㅣ無一事之不宜면 則本立而日新이니 豈不是崇德乎아

子張이 夫子께 물어 가로되 "마음에 얻은 것을 '德'이라고 말하니 마땅히 숭상해야 할 바이나, 어떻게 숭상하여 하여금 높게 할 것이며, 마음에 가리워진 것을 미혹이라고 말하니 마땅히 분별해야 할 바이나, 어떻게 분별하여 하여금 밝게 할 수 있사옵니까?"
夫子께서 告하여 가라사대 "德은 마음에 근본하여 일에 통달하는 것이니, 가사 안으로 거짓과 망령된 마음이 있고 밖으로 개과천선改過遷善하는 용기가 없으면, 德을 무엇으로 말미암아 숭상하리오? 반드시 안으로 忠과 信을 주장하여 마음에 보존된 것이 한 생각도 진실 되지 않는 것이 없고, 또 밖으로 義에 옮겨 가서 일에 나타난 것이 한 가지 일도 마땅하지 않는 것이 없다면, 곧 근본이 서고 날로 새로워질 것이니, 어찌 이 德을 숭상함이 아니리오?"

愛之란 欲其生하고 惡之란 欲其死하나니 旣欲其生이요 又欲其死ㅣ 是ㅣ惑也니라

"사랑하면 그가 살기를 바라고, 미워하면 그가 죽기를 바라나니, 이미 그가 살기를 바라고 또 그가 죽기를 바라는 것, 이것이 미혹한 일이니라."

愛惡는 人之常情也라 然이나 人之生死有命하니 非可得而欲也어늘 以愛惡而欲其生死면 則惑矣요 旣欲其生하고 又欲其死면 則惑之甚也라

사랑하고 미워하는 것은 사람의 떳떳한 情이다. 그러나 사람의 生死에는 天命이 있으니, 가히 얻어서 하고 싶은 대로 할 수 있는 것이 아니거늘, 사랑하고 미워하는 것으로써 그 살게 하고 죽게 하고자 한다면 곧 미혹된 것이요, 이미 그가 살게 하고자 하고, 또 그가 죽게 하고자 한다면 곧 미혹이 심한 것이다.

주해

- 愛之: 그를 사랑하다. '之'는 '此人'의 뜻이다.
- 惡人: 그를 미워하다. '之'는 '此人'의 뜻이다.
- 旣~, 又…: '이미 ~하기도 하고, 또 …하기도 하다.'

【備旨】

欲辨其惑인댄 當知所以爲惑而後에 可辨耳니 彼人之生死는 本非吾之所能主也어늘 乃愛之則欲其人之生矣요 惡之則欲其人之死矣라 且均此一人也어늘 方其愛之란 旣欲其生이라가 及其惡之란 又欲其死하나니 是는 中心無主而見理不明이니 惑之甚者也라 知所以爲惑이면 則知所以辨惑矣리라

그 미혹迷惑을 분별하고자 한다면 마땅히 미혹된 이유를 안 이후에 가히 분별할 수 있을 따름이니, 저 사람의 生死는 본디 내가 능히 주장할 바가 아니거늘, 이에 그를 사랑하면 곧 그 사람이 살기를 바라고, 그를 미워하면 곧 그 사람이 죽기를 바란다.
또한 모두 이 한 사람이거늘 바야흐로 그를 사랑하면 이미 그가 살기를 바라다가, 그를 미워하게 되면 또 그가 죽기를 바라니, 이는 마음속에 주장함이 없어 이치를 보는 것이 밝지 못함이니 미혹이 심한 것이다. 미혹된 바를 알면 곧 미혹을 분별할 바를 알게 될 것이다.

誠不以富요 亦祇以異로다

"진실로 富를 이룰 수는 없으나, 또한 다만 다른 점을 취할 뿐이로다."

此는 詩小雅我行其野之辭也라 舊說에 夫子引之하여 以明欲其生死者不能使之生死하니 如此詩所言不足以致富而適足以取異也라
程子曰 此는 錯簡이니 當在第十六篇齊景公有馬千駟之上이라 因此下文亦有齊景公字而誤也라
楊氏曰 堂堂乎라 張也여 難與並爲仁矣니 則非誠善補過하여 不蔽於私者라 故로 告之如此하시니라

이는 ≪詩經·小雅≫의 '我行其野'에 나오는 말이다. 옛 해설에 夫子께서 인용하여 그가 살거나 죽기를 바라는 자가 능히 그로 하여금 살거나 죽게 하지 못하니, 이 詩에서 말한 바와 같이 足히 富를 이루지는 못하고 다만 足히 다른 점을 취할 뿐임을 밝힌 것이다. 程子 가로되 "이는 착간錯簡이니 마땅히 第16篇의 '齊景公有馬千駟'의 위에 있어야 한다. 이 下文에 또한 '齊景公'이란 字가 있으니 잘못된 것이다."

楊氏 가로되 "堂堂하도다 子張이여! 더불어 나란히 仁을 행하기가 어려우니, 곧 善을 정성스럽게 하고 허물을 보충하여 사사로움에 가리지 않는 자가 아니었다. 그러므로 이와 같이 告하신 것이다."

주해

- 誠善補過: '善을 정성스럽게 하고 허물을 보충하다.'
  경원보씨慶源輔氏가 말했다. "'誠善'은 忠信을 주장하는 일이고, '補過'는 義로 옮겨가는 일이다. '사사로움에 가리지 않는 것'은 미혹을 분별하는 일이다. 堂堂하여 더불어 함께 仁을 행하기 어렵다는 것은 대개 밖에만 힘쓰고 안은 힘쓰지 않는 자이다. 그러므로 이와 같이 告하신 것이다. 誠善, 主忠信之事. 補過, 徙義之事. 不蔽於私, 辨惑之事. 堂堂難與並爲仁, 蓋務外不務內者. 故告以此."(大全註疏)
- 祇(다만 지) 適(다만 적) 駟(사마 사) 錯(섞일 착)

[12·11]

齊景公이 問政於孔子한대

제齊나라 경공景公이 孔子께 政事를 묻건대,

齊景公은 名杵臼라 魯昭公末年에 孔子適齊하시니라

제齊나라 경공景公은 이름이 저구杵臼이다. 노魯나라 소공昭公 말년에 孔子께서 齊나라에 가셨다.

주해

● 杵(공이 저) 臼(절구 구) 適(갈 적)

【備旨】

齊君景公이 問爲政之道於孔子한대

齊나라 人君인 景公이 孔子께 政事를 다스리는 道를 묻건대,

孔子ㅣ對曰 君君 臣臣 父父 子子니이다

孔子께서 대답하여 가라사대 "人君은 人君답고, 신하는 신하답고, 아비는 아비답고, 자식 자식다운 것입니다."

此는 人道之大經이요 政事之根本也라 是時에 景公失政而大夫陳氏厚施於國하고 景公又多內嬖而不立太子하여 其君臣父子之間에 皆失其道라 故로 夫子ㅣ告之以此하시니라

이는 人道의 大經이요, 政事의 根本이다. 이 때에 景公이 政事를 잘못하여 大夫인 진씨陳氏가 나라에 후한 政事를 베풀고 있었고, 景公은 또 안으로 사랑하는 여자가 많아 太子를 세우지 못하여, 그 君臣과 父子의 사이에 모두 그 道를 잃고 있었다. 그러므로 夫子께서

이렇게 告하신 것이다.

주해

- 大經: 常規 또는 常道를 말한다.
  《左傳・소공昭公十五年》條에 "禮, 王之大經也."라 했고, 《呂氏春秋・교자驕恣》篇에 "欲無壅塞必禮士, 欲位無危必得衆, 欲無召禍必完備. 三者, 人君之大經也."라 했다. 驕(교만할 교) 恣(방자할 사) 壅(막을 옹) 塞(막을 색)
- 內嬖: 君主나 高官의 총애를 받는 여자. 嬖(사랑할 폐)
  《後漢書・황보규전皇甫規傳》에 "陛下八年之中, 三斷大獄, 一除內嬖, 再誅外臣."이라 했고, 이현李賢의 註에 "無德而寵曰嬖, 謂廢鄧皇後也."라고 풀이했다. 誅(벨 주) 寵(사랑할 총)

【備旨】

是時에 齊景公이 威福下移하니 嫡庶內亂하여 失政甚矣라

故로 孔子ㅣ對之曰 爲政에 以正倫爲先이니 外而朝廷에 君盡君道而大權之不移하니 自是臣亦盡臣道而威福之不僭하며 內而家庭에 父盡父道而絶偏愛之私하니 自是子亦盡子道而安世及之分이면 則國家表正하고 萬化攸同하니 爲政之道ㅣ在是矣니라

이 때에 齊나라 景公이 위엄과 복록福祿이 아래 사람에게 옮겨가니, 적자嫡子와 서자庶子들이 내란을 일으켜 失政이 심하였다.
그러므로 孔子께서 대답하여 가라사대 "政事를 다스리는데 인륜을 바르게 하는 것이 우선이니, 밖으로 조정에 있어서 人君이 人君의 道를 다하여 大權이 옮겨가지 아니하니, 이로부터 臣下가 또한 臣下의 道를 다하여 威福이 참람僭濫하지 아니하며,

안으로 가정에 있어서 아비가 아비의 道를 다하여 편애하는 사사로움이 끊어지니, 이로부터 자식이 또한 자식의 道를 다하여 세습世襲의 분수를 편안하게 하면, 곧 국가가 바르게 되고 모든 교화에 동화되는 바 이니, 政事를 다스리는 道가 여기에 있습니다."

주해

- 威福: 위엄과 목록福祿.
- 嫡庶: 적자嫡子와 서자庶子. 嫡(정실 적) 庶(여러 서)
- 世及: 世代가 서로 전해지다. '세습世襲'과 같다.
  ≪예기禮記 · 예운禮運≫篇에 "大人世及以爲禮."라 했고, 공영달孔穎達의 소疏에 "世及, 諸侯傳位自與家也. 父子曰世, 兄弟曰及, 謂父傳與子, 無子則兄傳與弟也."라고 풀이했다.
- 表正: 몸으로 직접 솔선수범率先垂範하여 바르게 잡다.
  ≪書 · 중훼지고仲虺之誥≫에 "天乃錫王勇智, 表正萬邦, 纘禹舊服."이라 했다. 錫(줄 석) 纘(이을 찬)
- 僭(참람할 참) 濫(넘칠 람) 攸(바 유)

公曰 善哉라 信如君不君하며 臣不臣하며 父不父하며 子不子면 雖有粟이나 吾得而食諸아

景公이 가로되 "좋습니다! 진실로 만일 人君이 人君답지 못하며, 신하가 신하답지 못하며, 아비가 아비답지 못하며, 자식이 자식답지 못하면, 비록 제후국諸侯國의 녹祿이 있으나 내가 그 녹祿을 향유享有할 수 있으리오?"

景公이 善孔子之言而不能用이러니 其後에 果以繼嗣不定으로 啓陳氏弑君簒國之禍하니라
楊氏曰 君之所以君과 臣之所以臣과 父之所以父와 子之所以子는 是必有道矣라 景公이 知善夫子之言이로되 而不知反求其所以然하니 蓋悅而不繹者니 齊之所以卒於亂也니라

景公이 孔子의 말씀을 좋다고 여겼으나 능히 쓰지 못하더니, 그 후에 과연 후사後嗣를 정하지 못하여 진씨陳氏의 人君을 시해弑害하고 나라를 찬탈簒奪하는 禍를 열어 주었다.
楊氏 가로되 "人君의 人君다운 바와 臣下가 臣下다운 바와 아비가 아비다운 바와 자식의 자식다운 바는 이는 반드시 道가 있다. 景公이 夫子의 말씀을 좋다고 여길 줄만 알았으되, 돌이켜 그것이 그렇게 된 바를 구할 줄을 몰랐으니, 대개 기뻐하기만 하고 궁구窮究할 줄 모른 자이니, 齊나라가 亂으로 멸망한 이유이다."

주해

- 粟: 곡식. 여기서는 '제후국諸侯國의 祿'을 말한다.
- 所以然: 원인, 도리.

≪안자춘추晏子春秋・잡하십雜下十≫篇에 나온다. "橘生淮南則爲橘, 生

於淮北則爲枳, 葉徒相似, 其實味不同. 所以然者何? 水土異也." 橘(귤나무 귤) 淮(강이름 회) 枳(탱자나무 지)

● 嗣(이을 사) 啓(열 계) 弑(죽일 시) 簒(빼앗을 찬) 奪(빼앗을 탈) 繹(풀어낼 역)

【備旨】

景公이 感而嘆曰 善哉라 夫子之言乎여 信如君不成其爲君하며 臣不成其爲臣 父不成其爲父하며 子不成其爲子면 彝倫攸斁而禍亂將作하니 雖擅一國之富而有粟이나 吾安得而食諸哉아 吾以是而知夫子之言之善也니라

景公이 감동하고 탄식하여 가로되 "훌륭하도다, 夫子의 말씀이여! 진실로 만약 人君이 그 人君답게 되지 못하며, 臣下가 그 臣下답게 되지 못하며, 아비가 그 아비답게 되지 못하며, 자식이 그 자식답게 되지 못하면, 彝倫(이륜)이 무너진 바가 되어 재앙과 혼란이 장차 일어날 것이니, 비록 一國의 富를 마음대로 하여 祿이 있으나 내 어찌 얻어 먹을 수 있으리오? 내 이로써 夫子의 말씀의 좋은지를 알았도다."

주해

● 彝倫: 常理, 常道. 彝(떳떳할 이)
≪書·홍범洪範≫篇에 "王乃言曰 '嗚呼, 箕子! 惟天陰騭下民, 相協厥居, 我不知其彝倫攸敘.'"이라 했고, 채침蔡沉의 집전集傳에 "彝, 常也. 倫, 理也."라고 풀이했다. 箕(키 기) 騭(수말 즐) 厥(그 궐)

● 斁(패할 두) 擅(멋대로 천)

[12·12]

子曰 片言에 可以折獄者는 其由也與인저

孔子께서 가라사대 "반 마디 말로 가히 옥사獄事를 결단할 수 있는 자는 그 由(子路)인저!"

片言은 半言이요 折은 斷也라 子路忠信明決이라 故로 言出而人信服之하여 不待其辭之畢也라

'편언片言'은 반 마디 말이요, '절折'은 결단함이다. 子路는 忠信스럽고 명쾌하게 결단하기 때문에, 말이 나오면 사람들이 믿고 따라서 그 말이 끝나기를 기다리지 않았다.

주해

- 片言: 지극히 간단한 말. '半言'과 같다.
  朱子가 말했다. "'半言'이란 말이 채 끝나기도 전에 사람들이 이미 믿는 것이다. 半言, 辭未畢而人已信之也."(大全註疏)
- 折獄: 옥사獄事나 訴訟事件을 판결하다. 折(결단할 절)
  ≪易·풍괘豐卦≫에 "君子以折獄致刑."이라 했고, 공영달孔穎達의 소疏에 "斷決獄訟."라고 풀이했다.
- 明決: 명쾌하게 결단을 내리다.

【備旨】

夫子ㅣ稱子路曰 民情이 多僞에 獄之難折也ㅣ久矣니

若夫片言之間에 可以折斷其是非曲直者는 其惟由也與인저

夫子께서 子路를 일컬어 가라사대 "民情은 거짓이 많아 獄事를 결단하기 어려운지가 오래되었으니, 예를 들어 반 마디 말하는 사이에 가히 그 是非와 곡직曲直을 명쾌하게 결단할 수 있는 자는 그 오직 由(子路) 뿐인저!"

子路는 無宿諾이러라

"子路는 승낙을 지체遲滯하는 일이 없었노라."

宿은 留也니 猶宿怨之宿이라 急於踐言하여 不留其諾也라 記者ㅣ因夫子之言而記此하여 以見子路之所以取信於人者ㅣ由其養之有素也니라

尹氏曰 小邾射이 以句繹奔魯하여 曰 使季路要我면 吾無盟矣라 하니 千乘之國이 不信其盟而信子路之一言하니 其見信於人을 可知矣라 一言而折獄者는 信在言前하여 人自信之故也니 不留諾은 所以全其信也니라

'숙宿'은 지체하는 것이니, '숙원宿怨'의 宿과 같다. 말을 실천하는데 급하여 그 승낙을 지체하지 않는 것이다. 기록한 자가 夫子의 말씀

으로 인하여 이를 기록해서, 子路가 사람들에게 신뢰를 얻은 이유는 그가 평소에 기른 것이 있기 때문임을 나타낸 것이다.
尹氏 가로되 "소주역小邾射이 구역句繹의 땅으로써 노魯나라에 망명하여 말하기를 '季路를 사신으로 삼아 나에게 약속한다면, 나는 맹약을 않겠다.'라고 하니, 千乘之國이 그 맹약을 믿지 않고 子路의 한마디 말을 믿은 것이니, 그가 사람들에게 신뢰를 받은 것을 가히 알 수 있다. 한마디 말로 獄事를 결단하는 것은 신뢰가 말보다 앞에 있어 사람들이 스스로 믿었기 때문이니, 승낙을 지체하지 않은 것은 그 믿음을 온전하게 한 바이다."

주해

- 宿怨: 마음속에 원한을 품다.
  ≪孟子·만장하萬章上≫篇에 "仁人之於弟也, 不藏怨焉, 不宿怨焉, 親愛之而已矣."라고 했고, 朱子의 ≪四書集註≫에 "宿怨, 謂留蓄其怨."이라 풀이했다. 藏(감출 장) 蓄(쌓을 축)
- 小邾射以句繹奔魯: 소주역小邾射이 구역句繹의 땅을 가지고 노魯나라로 망명하다. '소주小邾'는 國名이고 '역射'은 小邾의 大夫 이름이다. 邾(나라이름 주) 射(이름 역)
  ≪左傳·애공哀公十四年≫條에 나온다. "小邾射以句繹來奔曰 '使季路要我, 吾無盟矣.' 使子路, 子路辭. 季康子使冉有謂之曰 '千乘之國, 不信其盟而信子之言, 子何辱焉?' 對曰 '魯有事於小邾, 不敢問故, 死其城下可也. 彼不臣而濟其言, 是義之也. 由弗能.'" 奔(달릴 분) 要(약속할 요)
- 句繹: 地名이다. 繹(풀어낼 역)

【備旨】

然이나 其所以取信於人者는 由其養之有素耳라 門人이 因夫子之言而記之曰 子路平日에 急於踐言하여 曾無宿留之諾焉이라 蓋踐言者는 忠信也요 急於踐言者는 明決也니 忠信則人不忍欺요 明決則人不能欺라 故로 人自信而獄可折也니라

그러나 그 사람들에게 신뢰를 받은 바는 그가 평소에 기른 것이 있기 때문이다. 門人들이 夫子의 말씀으로 인하여 기록하여 가로되 "子路는 平日에 말을 실천하는데 급하여 일찍이 승낙을 지체하는 일이 없었노라.

대개 말을 실천하는 것은 忠信이요, 말을 실천하는 것보다 급한 것은 명쾌하게 결단하는 일이니, 忠信을 하면 곧 사람들이 차마 속이지 못하고, 명쾌하게 결단하면 곧 사람들이 능히 속일 수가 없느니라. 그러므로 사람들이 저절로 믿게 되어서 獄事를 가히 결단할 수 있는 것이니라."

주해

- 宿留: 지체하다, 기다리다.
  ≪史記・효무본기孝武本紀≫에 "宿留海上, 與方士傳車及閒使求僊人以千數."라고 했고, 사마정司馬貞의 색은索隱에 "宿留, 遲待之意, 若依字讀, 則言宿而留, 亦是有所待, 並通也."라고 풀이했다.

[12·13]

子曰 聽訟이 吾猶人也나 必也使無訟乎인저

孔子께서 가라사대 "송사訟事를 듣고 결단하는 것이 내가 남과 같으나, 반드시 하여금 訟事가 없게 할 것인저!"

范氏曰 聽訟者는 治其末塞其流也니 正其本淸其源이면 則無訟矣리라
楊氏曰 子路片言에 可以折獄이나 而不知以禮遜爲國하니 則未能使民無訟者也라 故로 又記孔子之言하여 以見聖人不以聽訟爲難하고 而以使民無訟爲貴니라

范氏 가로되 "訟事를 듣는다는 것은 그 末을 다스리고 그 흐름을 막는 것이니, 그 근본을 바르게 하고 그 근원을 맑게 하면 곧 訟事가 없어질 것이다."
楊氏 가로되 "子路는 한마디 말로 가히 옥사獄事를 결단할 수 있었으나, 禮와 겸손으로써 나라를 다스린다는 것은 알지 못하였으니, 곧 능히 백성들로 하여금 訟事가 없게 하지 못한 것이다. 그러므로 또 孔子의 말씀을 기록하여 聖人께서 訟事를 듣고 결단하는 것을 어렵게 여기지 않고, 백성들로 하여금 訟事가 없도록 하는 것을 귀하게 여김을 나타낸 것이다."

주해

● 聽訟: 송사訟事를 듣고 판결하다. '청聽'은 '단결斷決'의 뜻이고, '송訟'

은 '쟁송爭訟'을 말한다.

● 無訟: 백성들이 敎化가 되어서 저절로 爭訟이 없어지다.
新安陳氏가 말했다. "'聽訟'이란 백성들의 爭訟을 판결하는 것이고, '無訟'이란 몸소 백성들의 교화를 행하여 자연히 爭訟하지 않게 하는 것이다. 聽訟者, 決民之爭. 無訟者, 躬行化民而自不爭."(大全註疏)

【備旨】

夫子ㅣ思崇本之治曰 爲人上者ㅣ因民之訟而聽決其是非曲直하니 吾雖不能過人이나 尙可以猶人也니라 此不過治其末塞其流而已니 必也正其本清其源하여 使民知恥向化하여 自然無訟之可聽이라야 乃爲貴乎인저 하시니 爲政者ㅣ當知所尙矣니라

夫子께서 근본을 숭상하는 다스림을 생각하여 가라사대 "남의 윗사람이 된 자는 百姓들의 訟事로 인하여 그 是非와 曲直을 듣고 판결을 하나니, 내 비록 능히 남보다 뛰어나지는 못하나 오히려 가히 남과 같을 수는 있느니라. 이는 그 末을 다스리고 그 흐름을 막는데에 지나지 않을 뿐이니, 반드시 그 근본을 바르게 하고 그 근원을 맑게 하여, 백성들로 하여금 부끄러움을 알고 귀복歸復해서 자연히 가히 들을 만한 訟事가 없어야 만이 이에 귀하다고 할 것인 저!"라고 하시니, 政事를 다스리는 자는 마땅히 숭상할 바를 알지니라.

주해

● 向化: 귀화해서 복종하다. '嚮化'와 같다. 嚮(향할 향)
≪後漢書・구순전寇恂傳≫에 "今始至上穀而先墮大信, 沮向化之心, 生

離畔之隙, 將復何以號令它郡乎?”라고 했다. 寇(도적 구) 恂(정성 순) 墮(떨어질 타) 沮(막을 저) 畔(배반할 반) 隙(틈 극)

[12·14]

子張問政한대
子曰 居之無倦하며 行之以忠이니라

子張이 政事에 대해 묻건대,
孔子께서 가라사대 "마음에 두되 게으름이 없게 하며, 행하되 忠으로써 할지니라."

居는 謂存諸心이니 無倦則始終如一이라 行은 謂發於事니 以忠則表裏如一이라
程子曰 子張이 少仁하여 無誠心愛民하니 則必倦而不盡心이라 故로 告之以此하시니라

'거居'는 마음에 보존함을 말하니, '무권無倦'은 곧 처음과 끝이 한결같은 것이다. '行'은 일에서 발현되는 것을 말하니, 忠으로써 하면 곧 表裏가 한결 같이 된다.
程子 가로되 "子張이 仁이 부족하여 정성스런 마음으로 백성을 사랑함이 없으니, 곧 필시 게을러서 마음을 다하지 못했을 것이다. 그러므로 이로써 告하신 것이다."

주해

- 居之無倦, 行之以忠: 마음에 보존하는 것을 게으르지 않게 하고, 행하기를 忠으로써 하다. 倦(게으를 권)

  朱子가 말했다. "'마음에 보존하되 게으름이 없게 하는 것'은 心上에서 하는 말이요, '행하되 忠으로써 하는 것'은 事上에서 하는 말이다. 居之無倦, 在心上說. 行之以忠, 在事上說."(大全註疏)

  新安陳氏가 말했다. "'居'는 居敬의 居와 같으니, 마음에 보존하고 그 근본을 세우는 것이다. '行'은 行簡의 行과 같으니, 일에서 발현되어 用에 통달하는 것이다. 居如居敬之居, 存諸心, 立其本也. 行如行簡之行, 發於事, 達於用也."(大全註疏)

【備旨】

子張이 問政於夫子한대

夫子告之曰 爲政之道는 在乎存誠而已니 必也居此政於心者ㅣ始終如一하여 初不銳於始而怠於終하여 而無倦焉이요 又必行此政於事者ㅣ表裏如一하여 不徒有其文而有其意하여 而以忠焉이니 能如是면 則政無不擧矣리니 爲政之道ㅣ何以加此리오

子張이 夫子께 政事를 묻건대,

夫子께서 告하여 가라사대 "爲政의 道는 精誠을 보존하는데 있을 따름이니, 반드시 이 政事를 마음에 보존하는 것이 始終如一해서, 처음에는 민첩하다가 끝에는 나태하지 않게 하여 게으름이 없게 할 것이요,

또 반드시 이 政事를 일에 시행하는 것이 表裏가 한결같아, 한갓

그 문채만 있을 뿐만이 아니라 그 뜻도 두어서 忠으로써 해야 하느니라. 능히 이와 같이 하면 곧 政事가 거행되지 않을 수 없으니, 爲政의 道가 어찌 이에 더하리오?"

주해

● 不徒: 한갓(다만) ~뿐만 아니다. '不獨', '不但'과 같다.

[12·15]

子曰 博學於文이요 約之以禮면 亦可以弗畔矣夫인저

孔子께서 가라사대 "文에 널리 배우고, 이를 禮로써 요약하면 또한 가히 어긋나지 않을 것인 저!"

重出이라

거듭 나왔다.

주해

● 본 章은 〈옹야雍也〉篇 6章의 내용과 중복된다.

[12·16]

子曰 君子는 成人之美하고 不成人之惡하나니 小人은 反是니라

孔子께서 가라사대 "君子는 남의 아름다움을 이루게 하고, 남의 惡을 이루지 않게 하나니, 小人은 이에 反하느니라."

成者는 誘掖奬勸하여 以成其事也라 君子小人은 所存이 旣有厚薄之殊하고 而其所好ㅣ又有善惡之異라 故로 其用心不同이 如此니라

'成'은 이끌어주고 부축하고 장려하고 권면하여 그 일을 이루게 하는 것이다. 君子와 小人은 마음에 보존한 바가 이미 두텁고 얇음의 차이가 있고, 그 좋아한 바가 또한 善惡의 다름이 있기 때문에, 그 마음 씀씀이가 같지 않음이 이와 같다.

주해

- 成人之美: 남의 아름다움을 이루게 하다. '美'는 '善'과 같다.
- 誘掖: 이끌어주고 부축해주다. 誘(인도할 유) 掖(부축할 액)
  ≪詩·진풍陳風·형문서衡門序≫에 "誘僖公也. 願而無立志, 故作是詩以誘掖其君也."라 했는데, 정현鄭玄의 전箋에 "誘, 進也. 掖, 扶持也."라 했고, 공영달孔穎達의 소疏에 "誘掖者, 誘謂在前導之, 掖謂在傍扶之, 故以掖爲扶持也."라 풀이했다.
- 奬(권면할 장) 勵(힘쓸 려)

【備旨】

夫子ㅣ論君子小人用心之不同曰 君子之存心은 旣厚而其所好ㅣ又在於善이라 故로 遇人之美면 則誘掖之奬勵之하여 以成其美焉하고 見人之惡이면 則規戒之沮抑之하여 不成其惡焉이어니와 若小人之存心은 旣薄而其所好ㅣ又在於惡이니 則不成人之美而成人之惡하여 反乎君子之所爲矣라 하시니
君子小人用心不同이 如此하니 學者ㅣ可不愼哉아

夫子께서 君子와 小人의 用心이 같지 않음을 論하여 가라사대 "君子가 마음을 보존하는 것은 이미 두텁고 그 좋아하는 바가 또 善에 있기 때문에, 남의 아름다움을 만나면 곧 이끌어주고 부축하고 장려하고 권면하여 그 아름다움을 이루게 하고, 남의 惡을 보면 곧 정중하게 경계警戒하고 막고 억제하여 그 惡을 이루지 못하게 하거니와,
小人이 마음을 보존하는 경우는 이미 각박한데다 그 좋아하는 바가 또한 惡에 있기 때문에 곧 남의 아름다움을 이루어주지 않고 남의 惡을 이루어주어 君子가 하는 바에 反하니라."라고 하시니,
君子와 小人의 用心이 같지 않음이 이와 같으니, 배우는 자가 가히 삼가지 않으리오?.

주해

- 規戒: 정중하게 권면勸勉하고 경계警戒하다.
  晉나라 갈홍葛洪의 ≪포박자抱樸子·군도君道≫篇에 나온다. "經典規

戒, 弗聞弗覽, 玩弄褻宴, 是耽是務." 褻(친압할 설) 耽(즐길 탐)

● 沮抑: 막고 억제하다. 沮(막을 저) 抑(누를 억)

[12·17]

季康子 | 問政於孔子한대
孔子 | 對曰 政者는 正也니 子帥以正이면
孰敢不正이리오

계강자季康子가 孔子께 政事를 묻건대,
孔子께서 대답하여 가라사대 "政事는 바르게 하는 것이니, 그대가 솔선하여 바르게 한다면, 누가 감히 바르지 않으리오?"

范氏曰 未有己不正而能正人者니라
胡氏曰 魯自中葉으로 政由大夫하니 家臣效尤하여 據邑背叛하여 不正이 甚矣라 故로 孔子以是告之하여 欲康子以正自克하여 而改三家之故시니라 惜乎라 康子之溺於利欲而不能也여

范氏 가로되 "자신이 바르지 않고 능히 남을 바르게 할 수 있는 자는 있지 않다."
胡氏 가로되 "노魯나라 중엽으로부터 政事가 大夫로 말미암으니, 家臣들이 허물을 본받아 봉읍封邑에 근거根據하여 배반하니 바르지

못함이 심하였다. 그러므로 孔子께서 이로써 告하여 강자康子로 하여금 바름으로써 스스로 극복하여 三家의 옛 버릇을 고치도록 하신 것이다. 애석하도다! 康子가 利欲에 빠져 능히 그렇게 하지 못함이여!"

주해

- 帥: 率先하다. '솔帥'은 '率' 통한다. 帥(거느릴 솔)
- 效尤: 나쁜 행위를 본받다. 效(본받을 효) 尤(허물 우)
  ≪左傳·장공莊公二十一年≫條에 나온다. "鄭伯效尤, 其亦將有咎."
  咎(허물 구)

【備旨】

季康子ㅣ問爲政之道於孔子한대

孔子ㅣ對曰 政之爲言은 正也니 所以正人之不正也라 然이나 未有己不正而能正人者하니 子若自端其身 而帥之以正이면 孰敢有不歸於正者哉아

계강자季康子가 孔子께 爲政의 道를 묻건대,

孔子께서 대답하여 가라사대 "'政'이라는 말은 바로잡는다는 것이니, 남의 바르지 못함을 바르게 하는 바이니라. 그러나 자신이 바르지 않고 능히 남을 바르게 하는 자는 있지 아니하니, 그대가 만약 스스로 그 몸을 단정히 하고 바름으로써 솔선한다면, 누가 감히 바름으로 돌아가지 않을 자가 있으리오?"

[12·18]

季康子ㅣ患盜하여 問於孔子한대
孔子ㅣ對曰 苟子之不欲이면 雖賞之라도 不竊하리라

계강자季康子가 도적을 근심하여 孔子께 묻건대,
孔子께서 대답하여 가라사대 "진실로 그대가 탐욕을 부리지 않는다면, 비록 상을 준다 해도 도둑질을 하지 않을 것이니라."

言子不貪欲이면 則雖賞民하여 使之爲盜라도 民亦知恥而不竊이라
胡氏曰 季氏竊柄하고 康子奪嫡하니 民之爲盜는 固其所也니 盍亦反其本耶아 孔子以不欲啓之하시니 其旨深矣로다 奪嫡은 事見春秋傳이라

그대가 탐욕을 부리지 않는다면, 곧 비록 백성들에게 상을 주며 도둑질을 하도록 시킬지라도, 백성들이 또한 부끄러움을 알아 도둑질하지 않을 것이라는 말씀이다.
胡氏 가로되 "계씨季氏가 권력을 참절僭竊하고, 강자康子가 적자嫡子를 빼앗았으니, 백성이 도둑질하는 것은 진실로 그 당연한 것이니, 어찌 또한 그 근본으로 돌아가지 않으리오? 孔子께서 탐욕하지 말라는 것으로써 계도啓導하시니 그 뜻이 깊도다. 嫡子를 빼앗은 일은 ≪春秋傳≫에 보인다."

주해

- 竊柄: 권력을 탈취하다. 竊(훔칠 절) 柄(권세 병)
- 奪嫡: 人君의 자리를 세습하는데 서자庶子가 후사後嗣를 이으며 嫡子를 廢하는 일. '奪適'이라고도 한다. 奪(빼앗을 탈) 嫡(정실 적)
  ≪漢書・매복전梅福傳≫에 "諸侯奪宗, 聖庶奪適."이라 했고, 안사고顔師古의 註에 "適讀曰嫡."이라 풀이했다.
  ≪春秋傳≫에 보면 魯나라 哀公 3년에 계손사季孫斯가 죽으면서 총신寵臣 正常에게 만약에 부인 남유자南孺子가 아들을 낳으면 그 아들을 자신의 후사로 삼고, 딸이면 대신 康子가 잇도록 하였으나, 아들을 낳았음에도 불구하고 康子가 그 아들을 죽이고 자신이 뒤를 이은 사건을 말한다.
- 所: 마땅하다, 적절하다. 所(마땅할 소)
  ≪易・계사繫辭下≫에 나온다. "交易而退, 各得其所."

【備旨】

季康子ㅣ患魯國多盜하여 問於孔子하여 求所以止盜之方한대

孔子ㅣ對曰 上者는 下之倡이니 苟子在上하여 淸心勵節하여 不事貪欲이면 則民之視之하여 亦知以是爲貴矣라 民知以不貪欲爲貴면 則雖賞以誘之하여 使爲竊盜라도 而其心愧恥하여 自不肯爲之矣리니 尙何盜之足患哉아

季康子가 魯나라에 도적이 많은 것을 근심하여, 孔子께 여쭈어 도적을 제지하는 방도를 구한대,

孔子께서 대답하여 가라사대 "윗사람이 아랫사람을 인도하니, 진실로 그대가 위에 있으면서 마음을 깨끗이 하고 절검節儉에 힘쓰며 탐욕을 일삼지 않는다면, 곧 백성들이 그것을 보고 또한 이것이 귀한지를 알 것이니라.
백성들이 탐욕이 귀하지 않다는 것을 알게 되면, 곧 비록 상을 주면서 유혹을 하며 도적질을 하도록 시킬지라도, 그 마음이 부끄러워 스스로 도적질을 즐겨하지 않을 것이니, 오히려 어찌 도적을 족히 근심하리오?"

[12 · 19]

季康子ㅣ問政於孔子曰 如殺無道하여 以就有道인댄 何如하니잇고
孔子ㅣ對曰 子ㅣ爲政에 焉用殺이리오 子ㅣ欲善이면 而民이 善矣리니 君子之德은 風이요 小人之德은 草라 草上之風이면 必偃하나니라

계강자季康子가 孔子께 政事를 물어 가로되 "만일 道가 없는 이를 죽여서 道가 있는 이를 성취시킨다면 어떻습니까?"
孔子께서 대답하여 가라사대 "그대가 政事를 다스리는데 어찌 죽이는 일을 쓰리오? 그대가 善을 하고자 하면 백성들이 善하게 될 것이니, 君子의 德은 바람이요 小人의 德은 풀이라. 풀위에 바람이 불면 반드시 눕게 되느니라."

爲政者는 民所視效니 何以殺爲리오 欲善則民善矣라
上은 一作尙이니 加也라 偃은 仆也라
尹氏曰 殺之爲言이 豈爲人上之語哉리오 以身教者는 從하고 以言教者는 訟하니 而況於殺乎아

爲政者는 백성들이 보고 본받는 바이니, 어찌 죽이는 일을 하리오? 善을 하고자 하면 곧 백성들이 善해질 것이다. '上'은 일설에 '尙'으로 되어 있으니, 더해진다는 말이다. '언偃'은 쓰러짐이다.
尹氏 가로되 "죽인다고 말하는 것이 어찌 남의 윗사람이 된 자의 말이리오? 몸으로써 가르치는 자는 백성들이 따르고, 말로써 가르치는 자는 백성들에게 訟事가 생기거늘, 하물며 죽이는데 있어서랴!"

주해

- 無道: 백성 중에 惡한 자.
- 就有道: 백성 중에 善한 자를 나아가게 하다. '就'는 '成就하다', '나아가게 하다'의 뜻이다.
  汪氏가 말했다. "康子는 惡人을 죽여서 善人을 성취시키고자 하고, 夫子는 곧 惡人을 교화시켜 또한 善人이 되게 하고자 하신 것이다. 康子欲殺惡人以成就善人, 夫子則欲化惡人, 亦爲善人."(大全註疏)
- 偃(쓰러질 언) 仆(엎드릴 부)

【備旨】

季康子ㅣ問政於孔子曰 刑亦爲政者ㅣ所不廢也니 如殺無道之民하여 使人知所懼하여 以成就乎有道인댄 何如하니잇고

孔子ㅣ對曰 民之爲善은 顧所以倡之者何如耳니 今以子秉國而爲政에 勿論不當殺이어늘 亦焉用殺爲哉리오 但子有欲善之心而躬行以率之면 民自有所觀感하여 興起而歸於善矣리니 所以然者는 以君子之德은 主於感人하여 猶之風也요 小人之德은 主於應人하여 猶之草也니 草而加之以風이면 則必隨風而偃仆라 然則小人而感之以君子면 豈有不從欲而治哉아 子欲民之善이면 亦爲善以風之ㅣ可矣니 焉用殺爲리오

季康子가 孔子께 政事를 물어 가로되 "형벌은 또한 政事를 다스리는 자가 없애지 못할 바이니, 만일 無道한 백성을 죽여 사람들로 하여금 두려워 할 바를 알게 해서 有道한 백성을 成就하게 하면 어떻습니까?"

孔子께서 대답하여 가라사대 "백성들이 善을 행하는 것은 唱導하는 자가 어떠한가를 돌아볼 뿐이니, 이제 그대가 나라의 실권을 잡고 政事를 다스리는데, 마땅히 백성들을 죽이지 말아야 하는 것은 물론이거니와, 또한 어찌 죽이는 방법을 사용하리오?

다만 그대에게 善을 하고자 하는 마음이 있어 몸소 행하여 백성들을 이끈다면, 백성들이 저절로 보고 느끼는 바가 있어 흥기하여 善

으로 돌아갈지니, 그렇게 되는 까닭은 君子의 德은 사람을 감화시키는데 주장하여 마치 바람과 같고, 小人의 德은 사람에게 감응당하는데 주장하여 마치 풀과 같으니, 풀위에 바람이 불면 곧 반드시 바람을 따라 눕게 되니라. 그렇게 되면 곧 小人이라 해도 君子의 바람으로써 감응을 시키면, 어찌 욕망을 좇아 다스리지 못함이 있으리오? 그대가 백성들이 善하고자 하면 또한 善을 행하여 風敎하는 것이 可할지니, 어찌 죽이는 방법을 사용하리오?"

주해

- 懼(두려워할 고) 顧(돌아볼 고) 隨(따를 수)

[12・20]

子張ㅣ問 士ㅣ何如라야 斯可謂之達矣니잇고

子張이 묻건대 "선비가 어떻게 해야 이에 가히 '達'했다고 말할 수 있사옵니까?"

達者는 德孚於人而行無不得之謂라

'달達'이란 德이 남들에게 미덥게 되어 행함에 얻지 못함이 없는 것을 말한다.

주해

- 士: 배우는 자를 통칭한 말.
- 達: 도처에 모두 通達하는 것을 말한다.

선비의 '通達'에 대해 朱子가 말했다. "그는 나라에 있어서 윗사람을 섬기면 곧 윗사람에게서 믿음을 얻고, 백성을 다스리면 곧 백성에게서 믿음을 얻게 된다. 그는 집안에 있어서 부모가 편안하고, 그 형제들을 효성스럽게 만들며 그 벗들을 기쁘게 한다. 其在邦也, 事上則獲乎上, 治民則得乎民. 其在家也, 父母安, 其孝兄弟, 悅其友." (大全註疏)

【備旨】

子張이 問士之行은 貴達也라 然이나 達必有所由致하니 必何如라야 斯可謂之達矣니잇고

子張이 묻건대 "선비의 행함은 達을 귀하게 여기나, 그러나 '達'은 반드시 말미암아 이룰 바가 있으니, 반드시 어떻게 해야만이 이에 통달했다고 이를 수 있사옵니까?"

子曰 何哉오 爾所謂達者여

孔子께서 가라사대 "무엇이느냐? 그대가 말하는 바의 '達'이라는 것이?"

子張이 務外하니 夫子蓋已知其發問之意라 故로 反詰之하여 將以發其病而藥之也시니라

子張이 외면에 힘썼으니, 夫子께서 대개 이미 그가 묻는 뜻을 아셨다. 그러므로 도리어 힐문詰問하여 장차 그 병폐를 드러내어 처방하고자 하신 것이다.

주해

- 何哉: '무엇인가?', 곧 '그대의 본 뜻이 어디에 있는가?'라고 반문한 것이다.
- 詰(꾸짖을 힐)

【備旨】

夫子ㅣ反詰之曰 何哉오 爾意之所謂達者여 試爲我言之ㅣ可也니라

夫子께서 도리어 힐문詰問하여 가라사대 "무엇이느냐? 그대의 뜻이 이른바 '達'이라는 것이? 시험삼아 나를 위해 말함이 可할지니다."

子張ㅣ對曰 在邦必聞하며 在家必聞이니이다

子張이 대답하여 가로되 "나라에 있어서도 반드시 소문이 나며, 집에 있어서도 반드시 소문이 나는 것이옵니다."

言名譽著聞也라

명예가 드러나 소문이 나는 것을 말한다.

주해

- '邦'은 州里를 말하고, '家'는 족당族黨을 말한다.

【備旨】

子張이 對曰 人惟名譽不彰이라 是以行多所窒이니 吾之所謂達也者는 謂其在邦엔 名譽必著聞於邦하며 在家엔 名譽必著聞於家而已라 하니 是는 子張蓋以聞爲達也니라

子張이 대답하여 가로되 "사람은 오직 명예가 드러나지 않기 때문에 이에 행함에 막힌 바가 많으니, 제가 말씀드린 바의 '達'이란 것은 그 나라에 있어서는 명예가 반드시 나라에 드러나 소문이 나고, 집에 있어서는 명예가 반드시 집에 드러나 소문이 나는 것일 따름입니다."라고 하니, 이는 子張이 대개 소문나는 것을 '達'이라고 여긴 것이다.

주해

- 彰(밝을 창) 窒(막힐 질)

子曰 是는 聞也라 非達也니라

孔子께서 가라사대 "이것은 소문이요, 達이 아니니라."

聞與達은 相似而不同하니 乃誠僞之所以分이니 學者ㅣ不可不審也라 故로 夫子旣明辨之하시고 下文에 又詳言之하시니라

소문과 통달은 서로 비슷한 것 같으나 같지 않으니, 곧 진실과 거짓이 나뉘는 바이니, 배우는 자가 가히 살피지 않을 수 없다. 그러므로 夫子께서 이미 명확하게 분별하셨고, 下文에 또 상세히 말씀하신 것이다.

주해

- 聞과 達: '聞'은 상대편으로 하여금 나에 대한 소문을 듣게 하는 것이고, '達'은 나의 소문이 저절로 상대편에게 전달되는 것이다. 쌍봉요씨雙峯饒氏가 말했다. "'聞'은 남들에게 소문나는 것을 구하는 것이고, '達'은 남들이 저절로 나를 믿어주는 것이다. 聞是求聞於人, 達是人自信己."(大全註疏)

【備旨】

夫子ㅣ乃辨之曰 子之所謂邦家必聞者는 是聞於邦家之謂也니 非達於邦家之謂也니 一誠一僞之間에 豈非迹雖相似나 而其實有不同者哉아

夫子께서 이에 분별하여 가라사대 "그대가 이른바 '나라와 집에 반드시 소문이 나게 한다'는 것은, 이는 나라와 집안에 소문이 난다는 말이지 나라와 집안에 통달한다는 말이 아니니, 한번 진실되고 한번 거짓된 사이에 어찌 자취가 비록 서로 비슷하다고 해서 그 실제는 서로 같지 않음이 있는 것이 아니리오?"

夫達也者는 質直而好義하며 察言而觀色하여 慮以下人하나니 在邦必達하며 在家必達이니라

"무릇 '達'이란 것은 질박하며 정직하고 義를 좋아하며, 남의 말을 살피고 남의 안색을 관찰하여, 마음으로 생각하여 남에게 낮추는 것이니, 이렇게 되면 나라에 있어서도 반드시 達하며, 집안에 있어도 반드시 達하게 되느니라."

內主忠信而所行合宜하고 審於接物而卑以自牧하니 皆自修於內요 不求人知之事라 然이나 德修於己而人信之면 則所行이 自無窒礙矣리라

안으로 忠과 信을 주장하여 행한 바가 마땅함에 부합하고, 사물을 접하는데 살펴서 낮추어 스스로를 기르니, 모두가 스스로 내면에서 닦는 것이요, 남이 알아주기를 구하는 일이 아니다. 그러나 德이 자신에게 닦여져서 남들이 믿어주게 되면, 곧 행하는 바가 자연히 막힘이 없을 것이다.

주해

- 察言: 남의 말을 따를 것인가 말 것인가를 살피는 일.
- 觀色: 남의 안색의 向背를 관찰하는 일.
- 卑以自牧: 겸손하고 낮춤으로써 스스로를 지키는 일. 牧(기를 목) ≪易 · 겸謙≫卦에 "謙謙君子, 卑以自牧也."라고 했고, 이에 대해 왕필王弼의 註에 "牧, 養也."라 했고, 고형高亨의 註에 "餘謂牧猶守也, 卑以自牧謂以謙卑自守也."라고 했다.
- 窒礙: 장애, 막힘. 窒(막을 질) 礙(가로막을 애)

【備旨】

夫所謂達也者는 非有心於求達也니 內焉質直而主於忠信하고 外焉好義而所行合宜하며 且審於接物하여 察人之言以驗己之是非하고 觀人之色以徵己之得失하며 又必卑以自牧而思慮之間에 惟謙抑以下人하나니 此皆自修於內요 不求人知之事라

然이나 德修於己而人信之면 在邦則孚於邦하여 必行無不得而達也요 在家則孚於家하여 必行無不得而達也리니 所謂達者ㅣ如此니라

"무릇 이른바 '達'이란 것은 達 자체를 구하는데 마음을 두는 것이 아니니, 안으로 질박하고 정직하여 忠과 信을 주장하고, 밖으로 義

를 좋아하여 행하는 바가 마땅함에 부합되며, 또 사물을 접하는데 심찰審察하여 남의 말을 관찰하여 자신의 是非를 증험證驗하고, 남의 안색을 관찰하여 자기의 得失을 징험徵驗하며, 또 반드시 낮추어 스스로 기르고 생각하는 사이에 오직 겸손하고 양보하여 남에게 낮추나니, 이는 모두 스스로 내면에서 닦은 덕이요, 남이 알아주기를 구하지 않는 일이다.

그러나 德을 몸에서 닦아 남들이 믿어주면, 나라에 있어서는 곧 나라에서 믿음을 얻어 반드시 행함에 얻어서 통달하지 못함이 없고, 집에 있어서는 곧 집에서 믿음을 얻어 반드시 행함에 얻어서 통달하지 못함이 없을 것이니, 이른바 '達'이라는 것이 이와 같느니라."

주해

● 謙抑: '겸손謙遜'과 통한다. 謙(겸손할 겸) 抑(물러날 억)

夫聞也者는 色取仁而行違이요 居之不疑하나니 在邦必聞하며 在家必聞이니라

"무릇 소문이란 것은 안색을 꾸며 仁에서 취했으나 행실은 어긋나고, 仁에 안주하면서 의심이 없으니, 나라에 있어서도 반드시 소문이 나며, 집안에 있어서도 반드시 소문이 나는 법이니라."

善其顔色하여 以取於仁이나 而行實背之하고 又自以爲是而無所忌憚하니 此는 不務實而專務求名者라 故

로 虛譽雖隆이나 而實德則病矣니라
程子曰 學者는 須是務實이요 不要近名이니 有意近名이면 大本已失이니 更學何事리오 爲名而學이면 則是僞也라 今之學者는 大抵爲名하니 爲名與爲利는 雖淸濁不同이나 然이나 其利心則一也니라
尹氏曰 子張之學이 病在乎不務實이라 故로 孔子告之는 皆篤實之事니 充乎內而發乎外者也라 當時門人이 親受聖人之敎로되 而差失有如此者이온 況後世乎아

그 顔色을 잘 꾸며 仁에서 취하나 行實이 어긋나고, 또 스스로 옳다고 하여 거리끼는 바가 없으니, 이는 실제에 힘쓰지 않고 오로지 명예를 구하는데 힘쓰는 자이다. 그러므로 헛된 명예가 비록 높으나 실제의 德은 곧 병든 것이다.
程子 가로되 "배우는 자는 모름지기 이 실제에 힘쓸 것이요, 명예를 가까이해서는 안되니, 명예를 가까이 하고자하는 의도가 있다면 大本을 이미 잃은 것이니, 다시 무슨 일을 배우리오? 명예를 위해서 배운다면 곧 이것은 위선이다. 지금의 배우는 자들은 대개 명예만을 위하니, 명예를 위하고 이익을 위하는 것은 비록 淸濁이 같지 않으나, 그러나 그 이익을 추구하는 마음은 곧 같은 것이다."
尹氏 가로되 "子張의 학문은 병폐가 실질에 힘쓰지 않는데에 있었다. 그러므로 孔子께서 告하신 것이 모두 독실篤實한 일이니, 안에서 쌓여 밖으로 드러나는 것이다. 당시 門人들이 친히 聖人의 가르침을 받았으나, 過失이 이와 같음이 있었거늘 하물며 후세에 있어서랴?"

주해

- 居之不疑: '仁에 안주하면서 의심하지 않다.' '居'는 안주하다, '之'는 仁을 가리킨다.
- 差失: 과실, 착오.
- 大抵: 대개, 대략. 抵(막을 저)

【備旨】

夫所謂聞也者는 惟一心以求聞而已니 善其顔色以襲仁者之名이나 而行實背之니 則與質直好義者로 異矣요 此又自以爲是而無所忌憚하여 居之於仁而不疑하나니 則與察言觀色慮以下人者로 異矣니라
此皆不務實而專務求名者라 然이나 有意近名이면 而名亦歸之하니 在邦엔 則虛譽隆於邦而必聞也요 在家엔 則虛譽隆於家而必聞也라 所謂聞者ㅣ如此하니 師也는 辨之하여 愼勿以聞爲達焉이 可也니라

"무릇 이른바 '聞'이란 것은 오직 한마음으로 소문나기를 구할 따름이니, 그 안색을 잘 꾸며서 仁者의 명예를 습용襲用하나 행실이 仁에 어긋나니, 곧 질박하고 정직하고 義를 좋아하는 자와 더불어 다르다.
이는 또한 스스로 옳다고 여겨 거리끼는 바가 없어 仁에 안주하면서 의심이 없으니, 곧 말을 살피고 안색을 관찰하며 마음으로 생각하여 남에게 자신을 낮추는 자와 더불어 다르다.
이는 모두 실제에 힘쓰지 아니하고 오로지 명예만을 구하는 자이

다. 그러나 명예를 가까이 하는데 뜻을 두면, 명예가 또한 돌아오나니, 나라에 있어서는 곧 헛된 명예가 나라에 융성하여 반드시 소문이 날 것이요, 집안에 있어서는 곧 헛된 명예가 집안에 융성하여 반드시 소문이 날 것이다. 이른바 소문이란 것이 이와 같으니, 師(子張)는 이를 분별하여 삼가 소문나는 것으로써 통달로 여기지 않는 것이 옳을지니라."

주해

- 襲用: 옛 제도나 규정에 따라 일을 처리하다. '연용沿用'이나 '인습因襲'과 같다. 襲(엄습할 습)

[12·21]

樊遲ㅣ從遊於舞雩之下러니 曰 敢問崇德脩慝辨惑하노이다

번지樊遲가 무우舞雩의 아래서 夫子를 모시고 노닐더니,
가로되 "감히 德을 높이고 사특함을 닦아서 제거하고 미혹을 분별하는 것을 묻사옵니다."

胡氏曰 慝之字는 從心從匿하니 蓋惡之匿於心者라 脩者는 治而去之라

胡氏 가로되 "특慝'이라는 글자는 '心'字를 따르고 '닉匿'字를 따라 나

왔으니, 대개 惡이 마음속에 감춰진 것이다. '수脩'는 다스려 제거하는 것이다."

주해

- 從遊: 德있는 사람을 모시고 노닐면서 학문을 구하다.
  ≪史記·중니제자열전仲尼弟子列傳≫에 나온다. "子路喜從遊, 遇長沮桀溺荷蓧丈人."沮(막을 저) 桀(빼어날 걸) 蓧(삼태기 조)
- 崇德: 德을 숭상하다. 곧 '天理'를 보존하는 공부를 말한다.
- 脩慝辨惑: 사특邪慝함을 닦아서 제거하고, 의혹을 분별하다. 곧 '인욕人欲'을 막는 공부를 말한다. 脩(닦을 수) 慝(사특할 특) 惑(미혹할 혹)
- 惡之匿於心: 惡이 마음속에 감춰져 있다. 匿(숨을 닉)
  신안진씨新安陳氏가 말했다. "惡이 밖으로 나타난 것은 쉽게 볼 수 있으나, 마음속에 감춰져 있는 것은 알기 어려우니, 이것이 惡의 뿌리이다. 惡之形於外者, 易見. 匿於心者, 難知. 乃惡之根也."(大全註疏)
- 樊(울타리 번) 遲(늦을 지) 舞(춤출 무) 雩(기우제 우)

【備旨】

昔에 夫子ㅣ閒遊於舞雩之下할새 樊遲從焉이러니 因曰 理得於心이 爲德이니 如何以崇之하며 惡匿於心이 爲慝이니 如何以修之하며 事疑於心이 爲惑이니 如何以辨之리오 敢以問之夫子하노이다

옛날 夫子께서 무우舞雩의 아래에서 한가로이 노니실 적에 번지樊遲가 모셨는데,
인하여 가로되 "이치가 마음속에 얻어진 것이 德이 되니 어떻게 숭

상하며, 惡이 마음속에 감춰진 것이 사특邪慝함이 되니 어떻게 닦아서 제거하며, 일이 마음속에 의심스러운 것이 의혹이 되니 어떻게 분별하리오? 감히 夫子께 묻사옵니다."

子曰 善哉라 問이여

孔子께서 가라사대 "훌륭하도다! 그 질문이여!"

善其切於爲己라

그 자신을 위하는 데에 간절함을 좋게 여기신 것이다.

【備旨】

夫子ㅣ以其問切於爲己故로 嘉之曰 善哉라 子之崇德修慝辨惑之問也여 以視世之徇外而忘內者에 大不侔矣로다

夫子께서 그 질문이 자신을 위하는 데에 간절하기 때문에 가상히 여겨 가라사대 "훌륭하도다! 그대의 德을 숭상하고, 사특邪慝함을 닦아 제거하고, 의혹됨을 분별하는 질문이여! 세상의 밖을 따르고 안을 잊는 자와 비교하여 크게 같지 않도다!"

주해

● 徇外: 마음 밖의 이치를 추구하다. 徇(주창할 순) 侔(짝할 모)

先事後得이 非崇德與아 攻其惡이요 無攻人之惡이 非脩慝與아 一朝之忿으로 忘其身하여 以及其親이 非辨惑與아

"일을 먼저하고 얻음을 뒤로하는 것이 德을 높이는 것이 아니리오? 그(자신) 惡을 다스리고 남의 惡을 다스리지 않는 것이 사특함을 닦아 제거하는 것이 아니리오? 하루 아침의 분노로 그 몸을 잊고서 그 화禍가 어버이에게 미치는 것이 미혹됨이 아니리오?"

先事後得은 猶言先難後獲也라 爲所當爲而不計其功이면 則德日積而不自知矣요 專於治己而不責人이면 則己之惡이 無所匿矣요 知一朝之忿爲甚微하고 而禍及其親爲甚大면 則有以辨惑而懲其忿矣라 樊遲麤鄙近利라 故로 告之以此하시니 三者는 皆所以救其失也니라 范氏曰 先事後得은 上義而下利也니 人惟有利欲之心이라 故로 德不崇이요 惟不自省己過而知人之過라 故로 慝不脩라 感物而易動者는 莫如忿이니 忘其身以及其親은 惑之甚者也라 惑之甚者는 必起於細微하나니

能辨之於早면 則不至於大惑矣라 故로 懲忿이 所以辨惑也니라

'先事後得'은 '어려움을 먼저 하고 얻는 것을 뒤로 한다'는 말과 같다. 마땅히 해야 할 바를 하되 그 功을 계산하지 아니하면 곧 德이 날로 쌓여 스스로 알지 못할 것이요, 자기를 다스리는데 전일專一하되 남을 책責하지 않으면 곧 자신의 惡이 숨겨질 바가 없을 것이요, 하루 아침의 분노가 심히 미세하나 재앙이 그 어버이에게 미치면 심히 크다는 사실을 알면 곧 미혹을 분별하여 그 분노를 징계할 수 있을 것이다.

번지樊遲는 거칠고 비루鄙陋하여 이익을 가까이 했기 때문에 이로써 고하시니, 세 가지는 모두 그 과실을 구하는 바이다.

范氏 가로되 "'先事後得'은 義를 높이고 利를 낮추는 것이니, 사람이 오직 利欲의 마음이 있기 때문에 德을 높이지 못하는 것이요, 오직 스스로 자신의 허물을 살피지 못하고 남의 허물만을 알기 때문에 사특함을 닦아서 하지 못하는 것이요, 外物을 감응하여 쉽게 움직이게 하는 것은 분노만한 같은 것이 없으니, 그 몸을 잊고서 화가 어버이에게 미치는 것은 미혹됨이 심한 것이다. 미혹됨이 심한 것은 반드시 세미細微한데서 일어나니 능히 이것을 일찍 분별할 수 있다면 곧 커다란 미혹에 이르지 않을 것이다. 그러므로 분노를 징계懲戒하는 것이 미혹을 분별하는 바이니라."

주해

- 攻其惡: 그(자신의) 惡을 다스리다. '其'는 '己'와 같다. 攻(다스릴 공)
- 先難後獲: '어려움을 먼저 처리하고 얻는 것을 뒤로 하다' ≪論語 ·

雍也≫篇에 나온다. 獲(얻을 획)

- 麤鄙: 거칠고 비속卑俗하다. 麤(거칠 추) 鄙(더러울 비)
宋나라 섭적葉適의 ≪온주신수학기溫州新修學記≫에 나온다. "然則妄相融會者零落而不存, 外爲馳騖者麤鄙而不近矣." 馳(달릴 치) 騖(달릴 취)
- 懲忿窒慾: 분한 생각을 경계하고 사욕을 막다. 懲(징계할 징) 忿(성낼 분) 窒(막을 질)

【備旨】

誠能先其事之所難爲其所當爲而後其效之所得이면 則理純於心하니 非所以崇吾心之德與아 若能專於攻己之惡而無暇去攻人之惡이면 則自治誠切하니 非所以修吾心之慝與아 至若一朝之微忿은 忍之可也니 顧乃忘其一己之身하여 因以禍及其親焉이면 則昧於利害之幾하니 非心之惑與아 知此之爲惑이면 則知所以辨之矣리니 遲ㅣ可不知所從事哉아

"진실로 능히 그 일의 하기 어려운 바와 그 마땅히 해야 할 바를 우선하고, 그 공효功效의 얻을 바를 뒤로 하면 곧 이치가 마음에 순연純然하니, 내 마음의 德을 높이는 바가 아니리오?
만약 능히 자신의 惡을 다스리는데 專一하고, 남의 惡을 다스려서 제거하는데 겨를이 없다면 곧 스스로 다스림이 진실로 간절하니, 내 마음의 사특함을 닦아 제거하는 바가 아니리오?
하루 아침의 작은 분노는 참는 것이 옳으니, 다만 곧 그 자신의 한 몸을 잊고서 인하여 재앙이 그 어버이께 미치게 되면, 곧 利害의

기미幾微에 어두운 것이니 마음의 미혹됨이 아니리오? 이것이 미혹함이 된다는 것을 알면 곧 분별할 바를 알지니, 그대(樊遲)는 가히 從事할 바를 알지 못하리오?"

[12·22]

樊遲問仁한대
子曰 愛人이니라
問知한대
子曰 知人이니라

번지樊遲가 仁을 묻건대,
孔子께서 가라사대 "사람을 사랑하는 것이니라."
知(智)를 묻건대,
孔子께서 가라사대 "사람을 아는 것이니라."

愛人은 仁之施요 知人은 知之務라

'愛人'은 仁을 베푸는 것이요, '知人'은 知(智)에 힘쓰는 것이다.

【備旨】

樊ㅣ問 如何라야 爲仁이니잇고

夫子ㅣ答之曰 仁主於愛하니 雖人有不同이나 無一不在其所愛中也니라
又問 如何라야 爲知니잇고
夫子ㅣ告之曰 知主於知하니 雖人有不同이나 無一不在其所知中也니라

번지樊遲가 묻건대 "어떻게 해야 仁을 행할 수 있습니까?"
夫子께서 答하여 가라사대 "仁은 사랑을 주장하니 비록 사람마다 같지 아니함이 있으나, 하나라도 그 사랑 가운데 있지 아니함이 없느니라."
또 묻건대 "어떻게 해야 知(智)를 행할 수 있습니까?"
夫子께서 告하여 가라사대 "知(智)는 앎을 주장하니 비록 사람마다 같지 아니함이 있으나, 하나라도 그 앎 가운데 있지 아니함이 없느니라."

樊遲ㅣ未達이어늘

번지樊遲가 깨닫지 못하거늘,

曾氏曰 遲之意는 蓋以愛欲其周而知有所擇이라 故로 疑二者之相悖爾라

曾氏 가로되 "번지樊遲의 뜻은 대개 사랑은 그 두루 미치고자 하나, 知는 가리는 바가 있다고 여겼기 때문에, 두 가지가 서로 어긋난다고 의심하였을 뿐이다."

주해

- 未達: 깨닫지 못하다, 알아듣지 못하다. 知(智)가 仁에 방해된다고 의심한 것이다.

【備旨】

樊遲ㅣ以愛欲其周요 知人則有所分別이니 疑知之妨仁而有所未達焉이라

번지樊遲는 사랑은 그 두루 미치고자 하고, 남을 아는 것은 곧 분별할 바가 있으니, 知가 仁을 방해한다고 의심하여 깨닫지 못한 바가 있었다.

子曰 擧直錯諸枉이면 能使枉者直이니라

孔子께서 가라사대 "곧은 자를 등용하고 모든 사곡邪曲한 자를 버려 두면, 능히 邪曲한 자로 하여금 곧게 할 수 있느니라."

擧直錯枉者는 知也요 使枉者直則仁矣니 如此면 則二

者不惟不相悖요 而反相爲用矣라

곧은 이를 등용하고 굽은 이를 버려둠은 知요, 굽은 이로 하여금 곧게 함은 곧 仁이니, 이와 같은 즉 두 가지는 오직 어긋나지 않을 뿐만 아니라 도리어 서로 쓰임이 된다.

주해

- 擧直: 곧은 사람을 등용하다. '擧'는 擧用, '直'은 立心制行에 사곡邪曲이 없는 자를 말한다.
- 錯諸枉: 모든 굽은 사람을 버려두다. '조錯'는 버리다, 놓다의 뜻. '조措'와 통한다. '諸'는 모두(衆), '枉'은 立心制行에 사곡邪曲이 있는 자를 말한다. 錯(버릴 조) 枉(굽을 왕)

【備旨】

夫子ㅣ窺其未達之意故로 告之曰 子何疑乎아 誠知其人之正直者하여 擧而用之하며 知其人之邪枉者하여 錯而舍之면 則取舍公而激勸寓하여 能使枉者로 皆有所感奮以歸於直焉이니라 하시니
是夫子之意니 蓋於知人之中에 自寓愛人之意矣니라

夫子께서 그가 깨닫지 못한 뜻을 살피셨기 때문에 고하여 가라사대 "그대는 어찌 의심하는가? 진실로 그 사람의 正直한 점을 알아서 천거해서 등용하며, 그 사람의 사왕邪枉한 점을 알아서 놓아 두어 버리면, 곧 취하고 버림이 공정하고, 격려와 권면이 깃들어 있어, 능히 굽은 자로 하여금 모두 감응하고 분발한 바가 있어 곧은 데로

돌아갈 수 있느니라."
이는 夫子의 뜻이니, 대개 知人의 가운데 저절로 愛人의 뜻이 깃들어 있는 것이다.

주해

- 激勸: 격려하여 권면하다. 窺(엿볼 규) 寓(깃들 우)

樊遲ㅣ退하여 見子夏曰 鄕也에 吾ㅣ見於夫子而問知하니 子曰 擧直錯諸枉이면 能使枉者直이라 하시니 何謂也오

번지樊遲가 물러나 자하子夏를 보고 가로되 "지난번에 내가 夫子를 뵙고 知(智)에 대해 여쭈었더니, 夫子께서 '곧은 사람을 등용하고 모든 굽은 사람들을 버려두면, 능히 굽은 자로 하여금 곧게 할 수 있느니라.'라고 말씀하셨는데, 이것이 무슨 말씀이시오?"

遲ㅣ以夫子之言으로 專爲知者之事하고 又未達所以能使枉者直之理라

번지樊遲가 夫子의 말씀을 오로지 知者의 일이라 여기고, 또 능히 굽은 자로 하여금 곧게 할 수 있는 이치를 깨닫지 못한 것이다.

주해

● 鄕: 전에, 지난번에. '鄕'은 '嚮'과 통한다. 鄕(지난번 향) 嚮(접때 향)

【備旨】

樊遲ㅣ猶未喩夫子之言이나 而不敢多問일새 遂退하여 乃見子夏而問曰 鄕也에 吾見於夫子而問知하니 子則告我曰 擧直錯諸枉이면 能使枉者直이라 하시니 夫擧直錯枉는 吾知其知矣요 而能使枉者直는 吾不知이니 斯言이 果何謂也오

번지樊遲가 여전히 夫子의 말씀을 깨닫지 못하였으나 감히 더 묻지는 못하고, 마침내 물러나 이에 子夏를 보고 물어 가로되 "지난번에 내 夫子를 뵙고 知(智)에 대해서 여쭈었더니, 夫子께서 곧 내게 고하여 '곧은 사람을 들어 쓰고 모든 굽은 사람들을 버려두면, 능히 굽은 자로 하여금 곧게 할 수 있느니라.'라고 말씀하시니,
대개 곧은 사람을 들어 쓰고 굽은 사람을 버려두는 것은 내가 그것이 智인 것은 알겠으나, 능히 굽은 자로 하여금 곧게 할 수 있다는 말은 내가 알지 못하겠으니, 이 말이 과연 무슨 말씀이신가?"

子夏曰 富哉라 言乎여

자하子夏 가로되 "盛하도다! 夫子의 말씀이여!"

歎其所包者廣에 不止言知라

그 포괄한 바가 넓어 知(智)를 말하는데에 그치지 않음을 감탄한 것이다.

주해

- 富哉: 풍부하도다, 넉넉하도다. 앞의 '擧直錯諸枉, 能使枉者直' 두 句를 가리킨다.
  新安陳氏가 말했다. "한 마디로 仁과 知를 포괄했으므로 '富哉'라고 말한 것이다. 一言而該仁知, 故曰富哉."(大全註疏)

【備旨】

子夏ㅣ聞言而嘆曰 富哉라 夫子之言乎여 其意之所包者廣에 不止言知也니라

子夏가 번지樊遲말을 듣고 감탄하여 가로되 "盛하도다! 夫子의 말씀이여! 그 뜻이 포괄한 바가 넓어서 智를 말하는데 그치지 않도다."

舜有天下에 選於衆하사 擧皐陶하시니 不仁者ㅣ遠矣요 湯有天下에 選於衆하사 擧伊尹하시니 不仁者ㅣ遠矣니라

"순舜 임금이 天下를 두시고 여러 무리 중에 뽑아서 고요皐陶를 들어 쓰시니 不仁한 자들이 멀어지고, 탕湯 임금이 天下를 두시고 여러 무리 중에서 뽑아서 이윤伊尹을 들어 쓰시니 不仁한 자가 멀어졌느니라."

伊尹은 湯之相也라 不仁者遠은 言人皆化而爲仁하여 不見有不仁者하여 若其遠去爾니 所謂使枉者直也라 子夏ㅣ蓋有以知夫子之兼仁知而言矣니라

程子曰 聖人之語는 因人而變化하여 雖若有淺近者나 而其包含이 無所不盡을 觀於此章에 可見矣니 非若他人之言ㅣ語近則遺遠하고 語遠則不知近也니라

尹氏曰 學者之問也에 不獨欲聞其說이라 又必欲知其方하고 不獨欲知其方이라 又必欲爲其事하니 如樊遲之問仁知也에 夫子告之盡矣로되 樊遲未達이라 故로 又問焉而猶未知其何以爲之也러니 及退而問諸子夏然後에 有以知之하니 使其未喩면 則必將復問矣리라 旣問於師하고 又辨諸友하니 當時學者之務實也ㅣ如是니라

'이윤伊尹'은 탕湯 임금의 재상이다. '不仁한 자가 멀어졌다'는 것은 사람들이 모두 교화가 되어 仁을 행하니, 不仁한 자를 볼 수 없어 마치 그 멀리 떠나간 것과 같다는 말이니, 이른바 굽은 자로 하여금 곧게 한다는 것이다. 子夏는 대개 夫子께서 仁과 知을 겸하여 말씀하신 뜻을 알았던 듯하다.

程子 가로되 "聖人의 말씀은 사람에 따라 變化하여 비록 마치 淺近

함이 있는 것 같으나, 그 包含한 것이 다하지 않음이 없다는 것을 이 章을 살펴보면 가히 알 수 있으니, 他人의 말이 천근함을 말하면 곧 高遠함을 버리게 되고, 高遠함을 말하면 곧 천근함을 알지 못하는 것과 같지 않느니라."

尹氏 가로되 "學者의 물음에 다만 그 말을 듣고자 할 뿐만 아니라 또한 반드시 그 방법을 알고자 하고, 다만 그 방법을 알고자 할 뿐만 아니라 또한 반드시 그 일을 행하고자 하였다. 예를 들어 번지樊遲가 仁과 知을 여쭙자 夫子께서 자세히 告하셨으나, 樊遲가 깨닫지를 못했기 때문에 다시 물었으나 여전히 그것을 어떻게 해야 할지를 알지 못했는데, 물러나서 子夏에게 물어본 然後에 알 수가 있었으니, 가사 그가 깨닫지 못하였다면 곧 반드시 장차 다시 물었을 것이다. 이미 스승에게 여쭙고 또 벗에게 분별을 하니, 당시 배우는 자들이 실질에 힘쓰는 것이 이와 같았다."

주해

- 衆: 直者와 枉者가 함께 있는 상태를 말한다.
- 皐(높을 고) 陶(사람이름 요)

【備旨】

試以帝王之治로 觀之컨대 舜有天下於虞에 選於衆人之中하여 擧皐陶之仁而直者하니 由是로 天下皆化於仁하여 而不仁者ㅣ若相率而遠去矣요

湯有天下於商에 選於衆人之中하여 擧伊尹之仁而直者하니 由是로 天下皆化於仁하여 而不仁者ㅣ若相率

而遠去矣니 夫選衆而擧皐擧尹은 舜與湯之智也나 而不仁者ㅣ遠은 其僅舜與湯之智乎아 抑不僅舜與湯之智乎아 子試反而思之면 亦可以知夫子之言之富矣리라

"시험삼아 帝王의 다스림으로써 살피건대, 순舜 임금이 우虞에서 天下를 차지하여 많은 사람들 중에 선발하여 고요皐陶의 어질고 곧은 점을 들어 쓰시니, 이로 말미암아 天下가 모두 仁에 감화되어 不仁한 자들이 마치 서로 이끌고 멀리 떠나간 것과 같았고,
탕湯王이 商에서 天下를 차지하여 많은 사람들 중에 선발하여 이윤伊尹의 어질고 곧은 점을 들어 쓰시니, 이로 말미암아 天下가 모두 仁에 감화되어 不仁한 자들이 마치 서로 이끌고 멀리 떠나간 것과 같았다.
무릇 무리 중에서 선발하여 고요皐陶를 擧用하고 이윤伊尹을 擧用한 것은 舜과 湯의 지혜이나, 不仁한 자들이 멀리 떠나간 것은 舜과 湯의 지혜에 가까운가? 아니면 舜과 湯의 지혜에 가깝지 못한 것인가? 그대가 시험 삼아 돌이켜 생각하면, 또한 가히 夫子의 말씀이 盛하다는 것을 알 것이다."

주해

- 僅: 가깝다. '近'과 통한다. 僅(가까울 근)

[12·23]

子貢ㅣ問友한대
子曰 忠告而善道之하되 不可則止하여 無自辱焉이니라

子貢이 벗에 대해 묻건대,
孔子께서 가라사대 "충심으로 고하고 善하게 인도引導해 주되, 不可하면 곧 그쳐 스스로 욕되게 하지 말지니라."

友는 所以輔仁이라 故로 盡其心以告之하고 善其說以道之라 然이나 以義合者也라 故로 不可則止니 若以數而見疏면 則自辱矣라

벗은 仁을 돕는 것이다. 그러므로 그 마음을 다하여 고하고, 그 말을 善하게 하여 인도해야 한다. 그러나 의리로써 결합된 자이기 때문에 不可하면 곧 그쳐야 하니, 만약 자주 말하다가 소원疏遠해지면 곧 스스로 욕될 것이다.

주해

- 友: 交友의 道를 말한다.
- 善道: 善하게 인도하다. 곧 善을 다한다는 말이다.
- 數(자주 삭) 疏(소원할 소) 辱(욕될 욕)

【備旨】

子貢이 問處友之道한대
夫子ㅣ告之曰 友以輔仁에 必盡其心而告之하여 知無不言하고 言無不盡也며 而又善其辭說以道之하되 從容和氣하고 委曲諷諭也니 使其以忠告善道之言으로 爲不可則當見幾而止하여 無以數見疎而自取辱焉이니 是其始也에 以義而相正하고 其終也에 以義而全交니 處友之道ㅣ盡於是矣니라

子貢이 處友의 道에 대해 묻건대,
夫子께서 告하여 가라사대 "벗은 仁을 돕는데 있어서 반드시 그 마음을 다하여 고하고, 아는 것은 말하지 아니함이 없고 말을 다하지 아니함이 없으며, 또 그 辭說을 善하게 하여 인도하되 너그럽고 온화한 기운을 띠고, 완곡하고 깨우쳐야 하니,
가사 그 忠告와 善導의 말로써도 不可하다고 생각되면 곧 마땅히 幾微를 살펴 그치고, 자주 말하여 소원함을 당해서 스스로 욕됨을 취하지 말지니, 이는 그 처음에는 의리로써 서로 바르게 하고, 그 마지막에는 의리로써 사귐을 온전하게 하는 것이니, 處友의 道가 여기에서 다해지는 것이니라."

주해

- 委曲: 완곡하고 함축적이다.
  宋나라 진량陳亮의 ≪갑진답주원회서甲辰答朱元晦書≫에 나온다. "欲有所言, 必委曲而後敢及." 晦(어두울 회)
- 數(자주 삭) 疏(소원할 소) 辱(욕되게 할 욕)

[12·24]

曾子曰 君子는 以文會友하고 以友輔仁이니라

曾子께서 가라사대 "君子는 文으로써 벗을 모으고, 벗으로써 仁을 돕느니라."

講學以會友면 則道益明하고 取善以輔仁이면 則德日進이니라

학문을 강론하여 벗을 모으면 곧 道가 더욱 밝아지고, 善을 취하여 仁을 도우면 곧 德이 날로 진전될 것이다.

주해

- 以文會友, 以友輔仁: '文으로써 벗을 모으고, 벗으로써 仁을 돕다' 文은 詩書禮樂을 말한다.
  각헌채씨覺軒蔡氏가 말했다. "'以文會友'는 致知의 방법이고, '以友輔仁'은 힘써 행하는 일이다. 以文會友, 致知之方. 以友輔仁, 力行之事."(大全註疏)

【備旨】

曾子ㅣ論取友之益하여 曰 君子之學以求仁 而仁必資友焉하니 友非徒會也요 以文會之也라 或考詩書於古

하고 或窮事物於今而道益明矣요 爲仁이 非但由己也니 有善則相勸하고 有失則相規而德日進矣라 君子取友之益이 如此하니 彼泛言取友者ㅣ曷不折衷於君子哉아

曾子께서 벗을 취함의 유익함을 論하여 가라사대 "君子가 배워서 仁을 求하되 仁은 반드시 벗에게 자뢰資賴해야 하니, 벗은 다만 모으는 것이 아니요 文으로써 모아야 하느니라. 혹 詩書를 옛날에 상고하고, 혹 事物을 지금에 궁구하여 道가 더욱 밝아지게 되고, 仁을 행함이 다만 자신에게 말미암을 뿐만이 아니니, 善이 있으면 곧 서로 권하고 과실이 있으면 곧 서로 規制하여 德이 날로 진전될 것이다. 君子 벗을 취하는 유익함이 이와 같으니, 저 벗을 취한다고 泛然히 말하는 자들이 이찌 君子에게서 절충折衷하지 않으리오?"

주해

- 泛言: 泛然히 말하다. 함부로 경솔하게 말하다. '泛'은 '汎'과 통한다. 泛(뜰 범)
- 折衷: 바름을 취해서 사물을 판단하는 준칙準則으로 쓰다. '折中'이라고도 한다.
  ≪초사楚辭・九章・석송惜诵≫편에 "令五帝以折中兮, 戒六神与嚮服."이라 했고, ≪朱子集註≫에 "折中, 谓事理有不同者, 执其两端而折其中, 若≪史记≫所谓'六艺折中于夫子'是也."라고 풀이했다.

論語集註 卷十三

子路 第十三

子路 第十三

凡三十章

모두 30章이다.

[13·1]

子路問政한대
子曰 先之勞之니라

子路가 政事에 대해 묻건대,
孔子께서 가라사대 "솔선率先하고 노력해야 하느니라."

蘇氏曰 凡民之行을 以身先之면 則不令而行이요 凡民之事를 以身勞之면 則雖勤不怨이니라

蘇氏 가로되 "무릇 백성들이 행해야 할 것을 자신의 몸으로써 솔선率先하면 곧 명령하지 않아도 행해질 것이요, 무릇 백성들이 해야 할 일을 자신의 몸으로써 노력하면 곧 비록 수고롭게 하여도 원망하지 않을 것이다."

주해

- 先之: 爲政者가 백성들보다 먼저 '躬行孝悌'를 실천하는 것.
- 勞之: 農桑과 같은 일을 장려하고 독촉하는 일. 桑(뽕나무 상) ≪後漢書·탁무전卓茂傳≫에 "是時, 王莽秉政, 置大司農六部丞, 勸課農桑."이라고 했다. 莽(우거질 망) 丞(도울 승)
- 勤(수고로울 근) 怨(원망할 원)

【備旨】

子路ㅣ問爲政之道한대

夫子ㅣ告之曰 政也者는 本身以治民而已니 凡興民行에 毋徒言語敎飭已也요 必也以身先之니 欲民親其親인댄 必先之以孝하고 欲民長其長인댄 必先之以弟하여 正己率物이면 則民有所觀感而行無不興矣요

凡作民事에 無徒政令驅使已也요 必也以身勞之니 欲民勤於耕인댄 必春省以補之하고 欲民勤於斂인댄 必秋省以助之하여 率作興事면 則民有所勸勉而事無不擧矣니 爲政之道ㅣ如此니라

子路가 政事를 다스리는 道를 묻건대,

夫子께서 告하여 가라사대 "'政'이란 자신의 몸에 근본해서 백성을 다스릴 뿐이니, 무릇 백성들의 행실을 일으키는데 한갓 말로만 가르치고 삼가게 하는데 그치지 말 것이요, 반드시 몸으로써 솔선해야 하니, 백성들이 그 어버이를 어버이로 모시게 하고자 하면 반드시 孝로써 솔선하고, 백성들이 그 어른을 어른으로 모시게 하고자

하면 반드시 공손함으로써 솔선하여, 자신의 몸을 바르게 하여 남의 모범이 되면 곧 백성들이 보고 감응하는 바가 있어 행실을 일으키지 아니함이 없을 것이요,
무릇 백성들의 일을 일으키는데 한갓 政令으로만 채찍질하여 부리는데 그치지 말 것이요, 반드시 몸으로써 노력해야 하니, 백성들이 농사에 부지런하게 하고자 하면 반드시 봄에 경작을 살펴서 부족한 자를 도와주고, 백성들이 가을걷이에 부지런하게 하고자 하면 반드시 가을에 수확을 살펴서 부족한 자를 도와주어, 경작하는 것을 솔선하여 일을 일으키면 곧 백성들이 서로 권면勸勉하는 바가 있어 일이 거행되지 아니함이 없을 것이니, 爲政의 道가 이와 같느니라."

주해

- 敎飭: 가르치고 삼가게 하다. 飭(신칙할 칙)
- 弟: 공손하다, 공경하다. '제悌'와 통한다. 悌(공경할 제)
- 率物: 다른 사람들의 모범이 되다.
  ≪동관한기東觀漢記·오우전吳祐傳≫에 "遷, 膠東相, 政惟仁簡, 以身率物."이라 했고, ≪후한서後漢書·진식전陳寔傳≫에 "寔在鄕閭, 平心率物. 其有爭訟, 輒求判正, 曉譬曲直, 退無怨者."이라 했다. 膠(아교 교) 寔(이 시) 閭(마을 려) 輒(문득 첩)
- 春省以補之: 봄에 밭가는 것을 살펴서 부족한 자를 보조해주다.
  ≪孟子·告子下≫篇에 나온다. "春省耕而補不足, 秋省斂而助不給."
  耕(밭갈 경) 斂(거둘 렴)
- 秋省以助之: 가을에 추수하는 것을 살펴서 부족한 자를 보조해주다.

請益한대
曰無倦이니라

더 말씀해 주실 것을 請하자,
가라사대 "게으르지 말아야 하느니라."

吳氏曰 勇者는 喜於有爲而不能持久라 故로 以此告之시니라
程子曰 子路問政에 孔子旣告之矣요 及請益에 則曰無倦而已요 未嘗復有所告하시니 姑使之深思也시니라

吳氏 가로되 "용맹한 자는 일하는 것을 즐거워하나 능히 오래 가지 못한다. 그러므로 이로써 告하신 것이다."
程子 가로되 "子路가 政事를 여쭙자 孔子께서 이미 告해 주셨는데, 더 말씀해 주시기를 請하자 곧 '게으르지 말아야 하느니라'라고 말씀하시고, 일찍이 다시 告한 바가 없으셨으니, 잠시 그로 하여금 깊이 생각해 보도록 하신 것이다."

주해

- 無倦: 게으르지 말라. 倦(게으를 권)
  朱子가 말했다. "노고勞苦는 또한 사람이 하기 어려운 일이다. 그러므로 '無倦'이라는 말로써 권면勸勉하신 것이다. 勞苦亦人之難事. 故以無倦勉之."(大全註疏)

【備旨】

子路ㅣ又請益於先勞之外한대
夫子ㅣ告之曰 吾何以益子哉아 惟於先之勞之者에 持之以久하여 無或勉於始而倦於終이 可耳니 爲政之道ㅣ豈尙有加於此哉아

子路가 또 솔선하고 노력하는 것 외에 더 말씀해 주실 것을 청하자, 夫子께서 告하여 가라사대 "내가 무엇으로써 그대에게 더 말해주리오? 오직 솔선하고 노력하는 것에 오래도록 간직하여, 혹 처음에는 부지런히 힘쓰다가 마지막에는 게으르지 않는 것이 可할 뿐이니, 爲政의 道가 어찌 오히려 여기에 더할 것이 있으리오?"

[13·2]

仲弓이 爲季氏宰라 問政한대 子曰 先有司요 赦小過하며 擧賢才니라

중궁仲弓이 계씨季氏의 가재家宰가 되어 政事를 묻건대, 孔子께서 가라사대 "有司에게 먼저 시키고, 작은 과실은 용서해 주며, 賢才를 등용해야 하느니라."

有司는 衆職也라 宰兼衆職이나 然이나 事必先之於彼

하고 而後考其成功이면 則己不勞而事畢擧矣라 過는 失誤也라 大者는 於事或有所害하니 不得不懲이어니와 小者赦之이면 則刑不濫而人心悅矣라 賢은 有德者요 才는 有能者니 擧而用之면 則有司皆得其人하여 而政益修矣리라

'유사有司'는 여러 직책이다. '가재家宰'는 衆職을 겸하나, 그러나 일을 반드시 저들(有司)에게 먼저 시키고 난 이후에 그 성취한 공적을 상고하면, 곧 자신은 수고롭지 않으나 일은 모두 성취될 것이다. '과過'는 과실과 오류이다. 큰 잘못은 일에 혹 해로운 바가 있으니 징계懲戒하지 않을 수 없거니와, 작은 잘못은 용서해주면 곧 형벌이 남용되지 않아 사람들이 마음으로 기뻐할 것이다. '현賢'은 德이 있는 자요, '才'는 능력이 있는 자니, 천거해서 등용하면 곧 有司들이 모두 그 사람을 얻게 되어 政事가 더욱 닦여질 것이다.

주해

- 宰: 家臣의 우두머리. 宰(벼슬아치 재)
- 赦(용서할 사) 濫(넘칠 람)
- 事畢擧: 일이 모두 성취되다. '擧'는 '성취하다', '성공하다'의 뜻. 畢(모두 필)
  ≪史記・진섭세가陳涉世家≫에 "且壯士不死即已, 死即擧大名耳."라고 했다.

【備旨】

仲弓이 爲季氏家宰하여 而問政於夫子한대

夫子ㅣ告之曰 宰兼衆職이니 凡事를 必先付之有司하여 以分理庶務하고 吾惟考其成功이면 則下僚有報政之地矣요 宰平庶獄이니 必赦宥民之小過하여 以開其自新之路면 則在廷에 無苛政之苦矣요 宰集衆任이니 必擧有德有能之賢才하여 而布之庶位면 則書升이 皆立政之人矣리니 政之大體ㅣ不旣全哉아

중궁仲弓이 계씨季氏의 가재家宰가 되어 夫子께 政事에 대해 묻건대, 夫子께서 告하여 가라사대 "家宰는 衆職을 겸하니, 모든 일을 반드시 먼저 有司에게 맡겨서 서무庶務를 나누어 다스리고, 나는 오직 그 성취한 공적을 상고하기만 하면 곧 하급 관료들이 政事에 보답하는 자리에 있게 될 것이요,

家宰는 서옥庶獄을 다스리니, 반드시 백성들의 작은 잘못을 용서하여 그 스스로 새로워지는 길을 열어준다면 곧 朝廷에 가혹한 政事의 고통이 없게 될 것이요,

家宰는 衆任을 모으니, 반드시 德이 있고 能力이 있는 賢才를 등용하여 모든 자리에 두루 布置한다면 곧 書升이 모두 政事를 세우는 사람이 될 것이니, 政事의 大體가 이미 온전하지 않으리오?"

주해

- 庶務: 여러 가지 事務나 政務. 庶(여러 서)
- 庶獄: 여러 가지 옥사獄事. 獄(옥 옥)
- 赦宥: 용서하다. 赦(용서할 사) 宥(용서할 유)
- 書升: 글씨 쓰고 저울을 재는 하급관리.
- 付(맡길 부) 僚(관료 료)

曰焉知賢才而擧之리잇고
曰擧爾所知면 爾所不知를 人其舍諸아

가로되 "어떻게 賢者와 才者를 알아서 거용擧用할 수 있사옵니까?" 가라사대 "그대가 아는 자를 擧用하면, 그대가 알지 못하는 자들을 남들이 그를 내버려 두리오?"

仲弓이 慮無以盡知一時之賢才라 故로 孔子告之以此시니라
程子曰 人各親其親이니 然後엔 不獨親其親이니라 仲弓이 曰焉知賢才而擧之리잇고한대 子曰 擧爾所知면 爾所不知를 人其舍諸아 하시니 便見仲弓與聖人用心之大小라 推此義면 則一心可以興邦과 一心可以喪邦이 只在公私之間爾니라
范氏曰 不先有司면 則君行臣職矣요 不赦小過면 則下無全人矣요 不擧賢才면 則百職廢矣리니 失此三者면 不可以爲季氏宰어늘 況天下乎아

仲弓이 한 시기의 賢才를 다 알아 볼 수 없을까 염려했기 때문에 孔子께서 이로써 告하신 것이다.
程子 가로되 "사람은 각각 그 친속親屬을 친히 여기니, 그런 연후에는 다만 그 親屬만을 친히 여겨서는 안된다. 仲弓이 가로되 '어떻게 賢才를 알아서 擧用할 수 있사옵니까?'라고 물었는데, 孔子께서 가

라사대 '그대가 아는 자를 擧用하면, 그대가 알지 못하는 자들을 남들이 그를 내버려 두리오?'라고 하시니, 곧 仲弓과 聖人의 用心의 大小를 알 수 있다. 이 뜻을 미루어 보면, 곧 하나의 마음으로 가히 나라를 일으킬 수도 있고, 하나의 마음으로 가히 나라를 망하게 할 수도 있는 것이 다만 公과 私의 사이에 있을 뿐이다."

范氏 가로되 "有司에게 먼저 시키지 아니하면 곧 人君이 신하의 職務를 행할 것이요, 작은 과실을 용서해 주지 아니하면 곧 아래에 온전한 사람이 없을 것이요, 賢才를 擧用하지 아니하면 곧 모든 직책이 폐廢해질 것이니, 이 세 가지를 잃으면 가히 季氏의 家宰도 되지 못하거늘 하물며 天下에 있어서랴!"

주해

- 各親其親과 不獨親其親: ≪禮記 · 禮運≫篇에 나온다.
- 焉(어찌 언) 爾(너 이) 舍(버릴 사)

【備旨】

仲弓이 又獨慮賢才之難盡이라 故로 問曰 賢才之伏處無窮하니 焉能以一人之聞見으로 盡知天下之賢才而擧之乎잇고

夫子曰 賢才는 雖不能盡知나 亦必有所知者니 但擧爾所知者而用之면 其或爾所不知者를 人亦皆盡汲引之公이니 誰其肯舍諸而不擧乎아 爾雖不盡人而知之나 而他人知之猶吾知也요 雖不盡人而擧之나 而他人之擧猶吾擧也니 又何以不盡知爲慮哉아

仲弓이 또 홀로 賢才를 알아보고 擧用하기 어려움을 念慮하였기 때문에 여쭈어 가로되 "賢才가 숨어 있는 곳이 無窮하니, 어찌 능히 한사람의 見聞으로 天下의 賢才를 모두 알아보고 擧用하겠습니까?" 夫子께서 가라사대 "賢才는 비록 능히 다 알 수 없으나 또한 반드시 알아보는 자가 있으니, 다만 그대가 아는 자만 들어서 쓴다면, 그 혹 그대가 모르는 자를 남들이 또한 모두 인재를 擧用하는 公務를 다할 것이니, 누가 그 기꺼이 그를 내버려두고 擧用하지 않으리오? 그대가 비록 모든 사람을 다 알아보지 못하나 남들이 알아보는 것이 내가 알아보는 것과 같고, 비록 모든 사람을 다 擧用하지 못하나 남들이 擧用하는 것이 내가 擧用하는 것과 같으니, 또한 어찌 다 알아보지 못한 것을 염려하리오?"

주해

- 汲引: 인재를 추천하다, 선발하다. 汲(물댈 급)
  ≪漢書・유향전劉向傳≫에 "禹稷與皐陶, 傳相汲引, 不爲比周."라고 했다. 稷(기장 직) 皐(못 고)

[13・3]

子路曰 衛君이 待子而爲政하나니 子將奚先이시리잇고

子路가 가로되 "위衛나라 人君이 선생님을 모셔 政事를 하고자 하나니, 선생님께서는 장차 무엇을 먼저 하시겠습니까?"

衛君은 謂出公輒也라 是時는 魯哀公之十年이니 孔子自楚反乎衛라

'위군衛君'은 출공出公 첩輒을 말한다. 이때는 魯나라 애공哀公 10年(B.C.485)이니, 孔子께서 초楚나라에서 위衛나라로 돌아오셨다.

주해

- 奚先: 무엇을 急務로 삼을 것인가? 奚(무엇 해)
- 輒(문득 첩)

【備旨】

夫子ㅣ時方在衛러니
子路ㅣ問曰 設若衛君이 虛心하여 欲待子而爲政하나니 則子之所設施ㅣ將以何者로 爲先也시리잇고

夫子께서 당시에 바야흐로 위衛나라에 계셨는데,
子路가 물어 가로되 "만약에 위衛나라 人君이 마음을 비우고 선생님을 모셔 政事를 하고자 하나니, 곧 선생님께서 베푸시는 政事가 장차 무엇으로 우선을 삼으시겠습니까?"

주해

- 設若: 만약, 예를 들어. '假若'과 같다.

子曰 必也正名乎인저

孔子께서 가라사대 "반드시 명분을 바르게 할 것이니라."

是時에 出公이 不父其父而禰其祖하여 名實이 紊矣라 故로 孔子以正名爲先이라
謝氏曰 正名이 雖爲衛君而言이나 然이나 爲政之道는 皆當以此爲先이니라

이때에 出公이 그 아버지 괴외蒯聵를 아버지로 여기지 않고, 그 할아버지 사당을 아버지 사당으로 여겨 名과 實이 문란하였다. 그러므로 孔子께서 名分을 바르게 세우는 것으로써 우선을 삼으신 것이다. 謝氏 가로되 "명분을 바로 세우는 것이 비록 위군衛君 때문에 나온 말이나, 그러나 爲政의 道는 모두 마땅히 이것(正名)으로써 우선을 삼아야 한다."

주해

- 正名: 명칭이나 名分을 바르게 변별하여, 名과 實이 서로 부합되게 하는 일. 여기서는 君臣과 父子의 관계에 대해서 한 말이다. ≪관자管子·정제正第≫에 "守慎正名, 僞詐自止."라고 했고, ≪國語·진어晉語四≫에 "擧善援能, 官方定物, 正名育類."라고 했으며, 위소韋昭의 註에 "正上下服位之名."이라 풀이했다. 愼(삼갈 신) 援(당길 원)
- 出公, 不父其父而禰其祖: 出公 첩輒이 그 아버지 괴외蒯聵를 아버지로 여기지 않고, 그 할아버지 사당을 아버지 사당으로 여기다. 禰(아비사당 녜) 紊(어지러울 문)

新安陳氏가 말했다. "괴외蒯聵는 곧 첩輒의 아버지이다. 蒯聵가 衛나라로 들어가 人君이 되려고 했으나 輒이 거절했으니, 이는 그 아버지를 아버지로 여기지 않은 것이다. 아버지의 사당을 '녜禰'라 한다. 輒이 조부인 영공靈公을 계승했으니, 이는 그 할아버지 사당을 아버지 사당으로 삼은 것이다. 蒯聵乃輒之父也. 蒯聵欲入君衛, 而輒拒之, 是不父其父. 父廟曰禰. 輒繼靈公, 是禰其祖."(大全註疏) 蒯(황모괴) 聵(배냇귀머거리 외)

【備旨】

夫子ㅣ告之曰 政莫大於正倫이니 使我爲政於衛인댄 必也先正其君臣父子之名하여 使名稱其實乎인저하시니 是時에 衛之名이 不正이라 故로 夫子言此하시니라

夫子께서 告하여 가라사대 "政事는 人倫를 바르게 하는 것보다 큰 것이 없으니, 가사 내가 위衛나라에서 政事를 다스리고 하면, 반드시 먼저 그 君臣과 父子의 名分을 바로잡아 명분으로 하여금 그 실제에 걸맞게 할 것이니라."라고 하시니,
이때에 衛나라의 명분이 바르지 못하였기 때문에 夫子께서 이렇게 말씀하신 것이다.

子路曰 有是哉아 子之迂也여 奚其正이시리잇고

子路 가로되 "이 正名이 있습니까? 선생님의 우원迂遠하심이여! 어떻게 그것을 바르게 할 수 있다는 말씀이십니까?"

迂는 謂遠於事情이니 言非今日之急務也라

'우迂'는 일의 실정에서 멀다는 말이니, 지금의 급선무가 아니라고 말한 것이다.

주해

- 是: '正名'을 말한다.
- 迂: 멀다, 물정에 어둡다. '迂遠'이나 '우활迂闊'의 뜻이다. ≪史記 · 맹자순경열전孟子荀卿列傳≫에 나온다. "孟軻適梁, 梁惠王不果所言, 則見以爲迂遠而闊於事情." 軻(굴대 가) 適(갈 적) 闊(넓을 활)

【備旨】

子路ㅣ一聞正名之說하고 乃妄對曰 有是哉라 子之迂而遠於事情也여 爲政者ㅣ有救時之急務니 奚拘拘於名分之正乎잇고

子路가 한번 正名의 말씀을 듣자마자 이에 망령되이 대답하여 가로되 "이 正名이 있습니까? 선생님께서 일의 실정에 우원迂遠하심이여! 爲政者는 시대를 구원하는 급선무가 있으니, 어찌 名分을 바로 잡는데 구구拘拘하십니까?"

주해

- 拘拘: 구속되거나 얽매이는 모습.
  ≪장자莊子 · 대종사大宗師≫篇에 "偉哉, 夫造物者將以予爲此拘拘也!"라고 했고, 성현영成玄英의 소疏에 "拘拘, 攣縮不申之貌也."라고 풀이했다. 攣(걸릴 연) 縮(줄일 축)

子曰 野哉라 由也여 君子於其所不知에 蓋闕如也니라

孔子께서 가라사대 "비속卑俗하도다! 由여! 君子는 알지 못하는 바에 대개 잠시 그대로 두는 법이니라."

野는 謂鄙俗이니 責其不能闕疑而率爾妄對也라

'야野'는 비속鄙俗하다는 말이니, 그가 능히 의심스러운 것을 잠시 그대로 두지 못하고 경솔하고 망령되게 대답함을 꾸짖으신 것이다.

주해

- 鄙俗: 비루鄙陋하고 용속庸俗하다. 鄙(더러울 비) 陋(식견좁을 루)
- 闕疑: 의문스러운 점이 있으면, 잠시 내버려 두고 주관적인 억측을 하지 않다. 闕(빠질 궐)
  ≪論語 · 爲政≫篇에 "多聞闕疑, 愼言其餘, 則寡尤."라고 했고, 유보남劉寶楠의 ≪論語正義≫에 "其義有未明, 未安於心者, 闕空之也."라고 풀이했다. 寡(적을 과) 尤(허물 우)

【備旨】

夫子ㅣ責之曰 鄙俗哉라 由之爲人也여 君子於家國事에 或有所不知면 則姑闕其疑하여 以待問於人이니 豈可率爾而妄對乎아 由ㅣ其有愧於君子矣니라

夫子께서 꾸짖어 가라사대 "비속鄙俗하도다! 그대(由)의 사람됨이여! 君子는 집안과 나라의 일에 혹여 알지 못하는 바가 있으면, 곧 잠시 그 의문난 것을 내버려 두고 다른 사람에게 묻기를 기다리나니, 어찌 가히 경솔하고 망령되이 대답하는가? 그대(由)는 그 君子가 되기에 부끄러움이 있도다!"

주해

● 姑(잠시 고) 愧(부끄러울 괴)

名不正則言不順하고 言不順則事不成하고

"명분이 바르지 못하면 곧 말이 順하지 못하고, 말이 順하지 못하면 곧 일이 이루어지지 못하며,"

楊氏曰 名不當其實이면 則言不順이요 言不順이면 則無以考實而事不成이라

楊氏 가로되 "명분이 그 실제에 합당하지 못하면 곧 말이 順하지 못하고, 말이 順하지 못하면 곧 실제를 상고하지 못해 일이 이루어지지 못한다."

주해

- 言不順: 말이 順하지 못하다. '言'은 칭호稱號를 말하고, '不順'은 막히거나 거스르는 폐단이 있는 것이다. 곧 할아버지를 아버지로 삼고, 아버지를 원수로 삼는 것을 지적한 말이다.
  쌍봉요씨雙峯饒氏가 말했다. "夫子께서 '必也正名'이라고 말씀하신 것은 이는 일마다 모두 명분을 바로 세워야 한다는 말이니, 君臣과 父子는 본디 正名중의 큰 것이다. 夫子謂必也正名, 是事事皆要正名, 君臣父子, 固是正名中之大者."(大全註疏)

【備旨】

我之必先正名이 非迂也니라 亦以名之所係者ㅣ大耳니 使名不當其實而不正이면 則宣之於言에 有所窒礙而不順하고 言旣不順이면 則見之於事에 自多乖違而不成하며

"내가 '반드시 먼저 명분을 바르게 세워야 한다'는 것은 迂遠한 것이 아니니라. 또한 명분의 관계된 바가 크기 때문이니, 가사 명분이 그 실제에 합당하지 않고 바르지 못하면 곧 명분이 말로 표현되더라도 막히는 바가 있어 말이 順하지 못하고, 말이 이미 順하지 못하면 곧 일에 나타나더라고 자연히 대부분 어긋나고 위배되어 일이 이루어지지 못하며."

주해

- 窒礙: 장애, 막히다. 窒(막을 질) 礙(막힐 애)
- 乖違: 어긋나고 위배되다. 乖(어그러질 괴) 違(어길 위)

事不成則禮樂이 不興하고 禮樂이 不興則刑罰이 不中하고 刑罰不中 則民無所措手足이니라

"일이 이루어지지 못하면 곧 禮樂이 일어나지 못하고, 禮樂이 일어나지 못하면 곧 형벌刑罰이 알맞지 못하고, 刑罰이 알맞지 못하면 곧 백성들이 手足을 둘 곳이 없느니라."

范氏曰 事得其序之謂禮요 物得其和之謂樂이니 事不成이면 則無序而不和라 故로 禮樂이 不興이요 禮樂이 不興이면 則施之政事에 皆失其道라 故로 刑罰不中이니라

范氏 가로되 "일이 그 順序를 얻는 것을 '禮'라 말하고, 사물이 그 和를 얻는 것을 '樂'이라 말하니, 일이 이루어지지 못하면 곧 順序가 없어지고 和하지 못한다. 그러므로 禮樂이 일어나지 못하고, 禮樂이 일어나지 못하면 곧 政事에 시행되는 것이 모두 그 道를 잃게 된다. 그러므로 형벌이 알맞지 못하게 된 것이다."

주해

- 刑罰不中: 형벌이 알맞지 않다. 刑罰은 법률의 도구이니, 형벌이 알맞지 않다는 것은 형벌이 죄에 합당하지 못한 것이다.
- 朱子가 말했다. "'事不成'은 일로써 말한 것이고, '禮樂不興'은 이치로써 말한 것이다. 대개 '事不成'은 일의 측면에서 모두 도리가 없는 것이니, 무슨 禮樂을 말할 수 있으리오? 事不成, 以事言. 禮樂不興, 以理言. 蓋事不成, 則事上面都無道理了, 說甚禮樂?"(大全註疏)

【備旨】

事旣不成이면 則一身擧動이 必顚倒無序하고 乖戾不和而禮樂不興하고 禮樂不興이면 則施之政事에 必科條紊亂하고 獄訟繁興而刑罰不中하고 刑罰不中이면 則爲惡者ㅣ或得倖免하고 爲善者ㅣ或罹於禍하여 民不知趨避之路하여 而無所措其手足矣라 夫名不正이면 其弊一至於此하니 雖欲爲政이나 其可得哉아

"일이 이미 이루지지지 못하면 곧 일신의 거동이 반드시 전도顚倒되어 순서가 없고, 어긋나 和하지 못하여 禮樂이 흥기하지 못하고, 禮樂이 흥기하지 못하면 곧 政事를 시행하는데 반드시 과조科條가 문란紊亂하고 감옥의 송사訟事가 자주 일어나 형벌이 알맞지 못하고, 형벌이 알맞지 못하면 곧 惡을 행하는 자가 혹 요행히 면할 수가 있고, 善을 행하는 자가 혹 재앙에 걸리게 되어, 백성들이 따르고 피해야 하는 길을 알지 못하여, 그 手足을 놀릴 곳이 없게 되느니라. 무릇 명분이 바르지 못하면 그 폐단이 하나 같이 여기에 이를 것이니, 비록 政事를 하고자 하나 그것을 가히 얻을 수 있으리오?"

주해

- 乖戾: 어긋나다, 일치하지 않다. 乖(어그러질 괴) 戾(어그러질 려)
  ≪史記·천관서天官書≫에 "三能色齊, 君臣和. 不齊, 爲乖戾."라고 했다.
- 科條: 법령의 조문條文.
  ≪전국책戰國策·진책秦策一≫에 "科條既備, 民多僞態."라고 했고, 魏나라 조식曹植의 ≪문제뢰文帝誄≫에 "恢拓規矩, 克紹前人. 科條品制, 褒貶以因."이라 했다. 恢(넓을 회) 拓(넓힐 척) 褒(기릴 포) 貶(떨어뜨릴 폄)
- 趨避: 吉함을 좇고 凶함을 피하다. 趨(달릴 추) 避(피할 피)
- 顚(넘어질 전) 倒(넘어질 도) 紊(어지러울 문) 亂(어지러울 란) 罹(걸릴 리)

故로 君子ㅣ名之인댄 必可言也며 言之인댄 必可行也니 君子於其言에 無所苟而已矣니라

"그러므로 君子가 명분을 정하면 반드시 가히 말할 수 있으며, 말하게 되면 반드시 가히 행할 수 있으니, 君子가 그 말에 구차한 바가 없게 될 따름이니라."

程子曰 名實相須니 一事苟면 則其餘皆苟矣니라
胡氏曰 衛世子蒯聵ㅣ恥其母南子之淫亂하여 欲殺之라가 不果而出奔한대 靈公이 欲立公子郢이러니 郢이 辭하다 公卒에 夫人立之한대 又辭어늘 乃立蒯聵之子輒하여 以拒蒯聵라 夫蒯聵는 欲殺母라가 得罪於父하

고 而輒은 據國以拒父하니 皆無父之人也니 其不可有國也ㅣ明矣라 夫子爲政에 而以正名爲先인댄 必將具其事之本末하여 告諸天王하고 請于方伯하여 命公子郢而立之면 則人倫正하고 天理得하여 名正言順而事成矣리라 夫子告之之詳이 如此로되 而子路ㅣ終不喩也라 故로 事輒不去라가 卒死其難하니 徒知食焉에 不避其難之爲義요 而不知食輒之食이 爲非義也니라

程子 가로되 "名과 實은 서로 필요로 하니, 한 가지 일이 구차하면 곧 그 나머지도 모두 구차하게 된다."

胡氏 가로되 "위衛나라 世子인 괴외蒯聵가 그 어머니인 南子의 음란淫亂함을 부끄럽게 여겨 죽이려고 하다가 성공하지 못하자 국외로 망명하였다. 영공靈公이 公子 영郢을 세우고자 하였으나 郢이 사양하였다. 靈公이 죽자 夫人 南子가 郢을 세웠는데 또 사양하거늘, 이에 괴외蒯聵의 아들 첩輒을 세워 蒯聵를 막게 하였다. 무릇 蒯聵는 어머니를 죽이려고 하다가 부친에게 죄를 얻었고, 첩輒은 나라를 근거로 아버지와 맞섰으니, 모두 아비가 없는 사람들이니 그 가히 나라를 차지할 수 없는 것이 분명하다.

夫子께서 政事를 다스림에 正名으로써 우선을 삼으시니, 반드시 장차 그 일의 本末을 갖추어 그것을 天王(天子)에게 告하고 方伯(諸侯)에게 요청하여, 公子 영郢에게 명하여 세우셨으면, 곧 人倫이 바르게 되고 天理가 자리를 얻어, 명분이 바르고 말이 順하여 일이 이루어졌을 것이다. 夫子의 子路에게 告하신 자상함이 이와 같았으나, 子路는 끝내 깨닫지 못하였다. 그러므로 輒을 섬기며 떠나지 못하다가 마침내 그 亂에 죽고 말았으니, 다만 녹을 먹으면 그 亂을

피하지 않는 것이 義인 줄만 알았고, 輒의 녹을 먹는 것이 義가 아님을 알지 못한 것이다."

주해

- 君子: 여기서는 爲政者를 말한다.
- 徒知~, 不知…: '한갓 ~만 알 뿐, …은 알지 못하다.' 徒(한갓 도)
- 奔(달릴 분) 郢(땅이름 영)

【備旨】

故로 爲政에 君子知名不正則言不順하여 一有名焉인댄 必當其實而可言也요 知言不順則事不成하여 一有言焉인댄 必當其實而可行也니 夫名必可言은 是言所以言此名也요 言必可行은 是言所以基此行也라

君子之於言에 惟其揆之名而正하고 措之行而順하여 無所苟而已矣니라 言不苟則事之成하여 禮樂之興刑罰之中이 皆因之也리니 不然이면 其能免於弊哉아 此爲政之所以必先正名也니 子ㅣ奈何其迂之아

"그러므로 政事를 다스림에 君子는 名分이 바르지 못하면 곧 말이 順하지 못함을 알아서, 일단 명분이 있으면 반드시 그 실제에 합당하게 가히 말할 수 있어야 하며, 말이 順하지 못하면 곧 일이 이루어지지 못함을 알아서, 일단 말이 있으면 반드시 그 실제에 합당하게 가히 행할 수 있어야 하니, 무릇 명분이 있으면 반드시 가히 말할 수 있는 것은 이 말이 이 명분을 말하고 있기 때문이요, 말을

하면 반드시 가히 행해야 하는 것은 이 말이 이 실행에 기초한 것이기 때문이다.

君子는 말에 있어서 오직 그 명분을 헤아려 바르게 하고, 실행에 옮겨 順하게 해서 구차한 바가 없어야 할 따름이다. 말이 구차하지 않으면 곧 일이 이루어지고, 禮樂이 일어나고 형벌이 알맞은 것이 모두 이것으로 인하니, 그렇지 않으면 그것이 능히 폐단에서 면할 수 있으리오? 이는 政事를 다스리는데 반드시 명분을 앞세우는 이유이니, 그대는 어찌 그것이 우원迂遠하다고 여기는가?"

[13·4]

樊遲ㅣ請學稼한대
子曰 吾不如老農호라
請學爲圃한대
曰 吾不如老圃호라

번지樊遲가 농사일을 배우기를 청한대,
孔子께서 가라사대 "내 늙은 農夫만 같지 못하노라"
채전菜田 가꾸는 것을 배우기를 청한대,
가라사대 "내 늙은 채소꾼만 같지 못하노라."

種五穀曰稼요 種蔬菜曰圃라

오곡五穀을 심는 것을 '가稼'라 하고, 채소를 심는 것을 '포圃'라 한다.

주해

- 老農: 오로지 농사일을 다스리는데 경험이 많은 사람.
- 老圃: 오로지 채소밭 가꾸는 일에 경험이 많은 사람. 圃(밭 포)
  朱子가 말했다. "지혜와 힘을 농사일과 채소밭 가꾸는 일에다 쓰면, 안으로 족히 자신을 이룰 수 없고, 밖으로 족히 남을 다스릴 수 없으니, 이에 무슨 일을 구제하리오? 役智力於農圃, 內不足以成己, 外不足以治人, 是濟甚事."(大全註疏)
- 樊(울타리 번) 遲(늦을 지) 稼(심을 가) 種(심을 종) 穀(곡식 곡) 蔬(푸성귀 소) 菜(나물 채)

【備旨】

昔에 樊遲以務本力農으로 乃治生之常道라 하여 請學稼之事한대
夫子婉辭以拒之曰 稼之事는 惟老農知之라 吾不如老農하니 安能爲子言稼也리오 하시고
又以圃之事로 比稼爲易라 하여 請學爲圃之事한대
夫子亦婉辭以拒之曰 圃之事는 惟老圃知之라 吾不如老圃하니 安能爲子言圃也리오 하시니라

옛날에 번지樊遲가 근본에 힘쓰고 농사일에 힘쓰는 것이 곧 생계를 도모하는 떳떳한 道라고 여겨, 농사일 배우기를 청한대,
夫子께서 완곡婉曲한 말로써 거절하여 가라사대 "농사일은 오직 老農만이 알 뿐이니라. 나는 老農만 같지 못하니, 어찌 능히 그대를

위하여 농사일을 말할 수 있으리오?"라고 하시고,
또 채소밭 가꾸는 일이 농사일보다 쉬운 일이라고 여겨 채소밭 가꾸는 일을 배우기를 청한대,
夫子께서 또한 婉曲한 말로써 거절하여 가라사대 "채소밭 가꾸는 일은 오직 老圃만이 알뿐이니라. 나는 老圃만 같지 못하니, 어찌 능히 그대를 위하여 채소밭 가꾸는 일을 말할 수 있으리오?"라고 하시니라.

주해

- 治生: 생계를 도모하다.
  ≪관자管子 · 경중무輕重戊≫에 "出入者長時, 行者疾走, 父老歸而治生, 丁壯者歸而薄業."이라 했고, ≪史記 · 회음후열전淮陰侯列傳≫에 "韓信始爲布衣時, 貧無行, 不得推擇爲吏, 又不能治生商賈, 常從人寄食飮."이라 했다. 賈(장사 고)
- 婉辭: 공손하고 婉曲한 말. 婉(순할 완)
  ≪회남자淮南子 · 전언훈詮言訓≫에 "凡事人者, 非以寶幣, 必以卑辭, 事以玉帛, 則貨殫而欲不饜, 卑體婉辭, 則諭說而交不結."이라 했다. 幣(비단 폐) 帛(비단 백) 殫(다할 탄) 饜(물릴 염)

樊遲ㅣ出커늘
子曰 小人哉라 樊須也여

번지樊遲가 나가거늘,
孔子께서 가라사대 "小人이로다! 번수樊須여!"

小人은 謂細民이니 孟子所謂小人之事者也라

'小人'은 세민細民을 말한 것이니, ≪孟子≫에서 이른바 '小人의 일'이라는 것이다.

주해

- 細民: 평민, 小民과 같다.
  ≪안자춘추晏子春秋·諫下二十≫條에 나온다. "遂欲滿求, 不顧細民, 非存之道."
- 小人之事: 소인의 일. 여기서는 지위를 가지고 한 말이다.
  ≪孟子·등문공상滕文公上≫에 나온다. "然則治天下, 獨可耕且爲與? 有大人之事, 有小人之事, 且一人之身而百工之所爲備, 如必自爲而後用之, 是率天下而路也. 故曰 或勞心, 或勞力, 勞心者治人, 勞力者治於人. 治於人者, 食人. 治人者, 食於人, 天下之通義也."
  新安陳氏가 말했다. "여기에서 '小人'은 지위를 가지고 한 말이다. 下文의 集註에 나오는 '禮義信'은 大人의 일이다. 此小人, 是以位而言者, 下文集註云, 禮義信, 大人之事也."(大全註疏)

【備旨】

何樊遲ㅣ不悟而出커늘 夫子以其志趣卑陋하시고 又恐其終不喩也하사 遂從而責之曰 稼圃者는 小人之事어늘 須ㅣ乃以此爲問하니 小人哉라 其樊須也여

무슨 뜻인지를 번지樊遲가 깨닫지 못하고 나가거늘, 夫子께서 그의 志趣가 비루卑陋하다고 여기시고, 또 그가 끝내 깨닫지 못할까 염려

하여 마침내 좇아 꾸짖어 가라사대 "농사일과 채소밭 가꾸는 일은 小人의 일이거늘, 번수樊須가 곧 이런 일로 질문을 하니, 小人이로다! 그 樊須여!"

주해

- 志趣: 志向과 情趣.
- 卑(낮을 비) 陋(비루할 루)

上이 好禮則民莫敢不敬하고 上이 好義則民莫敢不服하고 上이 好信則民莫敢不用情이니 夫如是면 則四方之民이 襁負其子而至矣리니 焉用稼리오

"윗사람이 禮를 좋아하면 곧 백성들이 감히 공경하지 아니함이 없고, 윗사람이 義를 좋아하면 곧 백성들이 감히 복종하지 아니함이 없고, 윗사람이 信을 좋아하면 곧 백성들이 감히 성실하지 아니함이 없을 것이니, 무릇 이와 같이 한다면 곧 四方의 백성들이 그 자식을 강보에 싸서 업고 이를 것이니, 어찌 농사일을 말하리오?"

禮義信은 大人之事也라 好義則事合宜라 情은 誠實也라 敬服用情은 蓋各以其類而應也라 襁은 織縷爲之하

여 以約小兒於背者라

楊氏曰 樊須遊聖人之門而問稼圃하니 志則陋矣라 辭而闢之可也어늘 待其出而後에 言其非는 何也오 蓋於其問也에 自謂農圃之不如하시니 則拒之者至矣라 須之學이 疑不及此하여 而不能問하니 不能以三隅反矣라 故로 不復하시고 及其旣出하여는 則懼其終不喩也하여 求老農老圃而學焉이면 則其失愈遠矣라 故로 復言之하여 使知前所言者意有在也시니라

'禮·義·信'은 大人의 일이다. 義를 좋아하면 곧 일이 마땅함에 부합된다. '情'은 誠實함이다. '敬·服·用情'은 대개 각각 그 유형으로써 응한 것이다. '강繈'은 실로 짜서 만들어 아이를 등에 묶는 것이다. 楊氏 가로되 "번수樊須가 聖人의 門下에서 遊學하면서 농사일과 채소밭 가꾸는 일을 물으니, 뜻이 곧 비루鄙陋한 것이다. 말하여 열어주는 것이 可하거늘, 그가 나가기를 기다린 이후에 그의 잘못을 말한 것은 무엇 때문인가? 대개 그 물음에 스스로 老農과 老圃만 같지 못하다고 말씀하셨으니 곧 거절한 것이 지극한 것이다. 번지樊須의 학문이 의심컨대 여기에도 미치지 못하여 능히 묻지를 못하니, 능히 三隅로써 반증하지 못하였던 것이다. 그러므로 다시 말씀하지 않으시고, 그가 이미 나가자 곧 그가 끝내 깨닫지 못하고 老農과 老圃를 찾아가서 배우기를 구한다면, 곧 그 과실이 더욱 심해질까 염려하신 것이다. 그러므로 다시 말하여 하여금 조금 전에 말한 바의 뜻이 여기에 있다는 것을 알게 하신 것이다."

주해

- 上: 여기서는 지위가 있는 사람을 말한다.
- 禮: 處己臨民에 몸가짐이 장중하고 공경한 것을 말한다.
- 義: 好惡擧措에 마땅함을 얻는 것
- 信: 政令이 성실한 것
- 用情: 남을 속이는 마음이 없는 것.
- 襁(포대기 강) 負(질 부) 縷(실 루)
- 以三隅反: 세 모퉁이로 反證하다. 隅(모퉁이 우)
  〈述而〉篇에 나온다. "子曰 不憤不啓, 不悱不發, 擧一隅, 不以三隅反, 則不復也." 憤(성낼 분) 悱(표현못할 비)

【備旨】

抑未聞大人之事乎아 彼上이 誠好禮而莊以持己면 則禮足以肅民心而民莫敢不敬하고 上이 誠好義而事皆合宜면 則義足以服民心而民莫敢不服하고 上이 誠好信而不欺其下면 則信足以固民心而民莫敢不用情이니 夫能好禮義信하여 而致民之敬服用情이 如是則居大人之位하여 有大人之德에 四方之民이 襁負其子而至하여 以爲之耕稼矣리니 又焉用自耕稼爲哉아 稼不必爲면 則圃可知矣니 須何不以大人自待也오

"아니면 大人의 일을 들어보지 못했는가? 저 윗사람이 진실로 禮를 좋아하여 장엄莊嚴함으로써 자신을 간직하면, 곧 禮가 족히 民心을 엄숙하게 하여 백성들이 감히 공경하지 아니함이 없고, 윗사람이 진실로 義를 좋아하여 일이 모두 마땅함에 부합되면, 곧 義가 족히

民心을 감복시켜 백성들이 감히 복종하지 아니함이 없으며, 윗사람이 진실로 믿음을 좋아하여 그 아랫사람을 속이지 아니하면, 곧 믿음이 족히 민심을 견고하게 하여 백성들이 감히 성실하지 아니함이 없으니,

무릇 능히 禮와 義와 信을 좋아하여 백성들의 공경과 복종과 성실을 다하게 하는 것이 이와 같으면, 곧 大人의 자리에 올라 大人의 德이 있으니, 四方의 백성들이 강보襁褓에 그 자식을 업고 모여 들어 그를 위하여 농사를 지을 것이니, 또한 어찌 스스로 농사일을 하리오? 반드시 농사일을 할 필요가 없다면 곧 채소밭 가꾸는 일은 가히 알 수 있으니, 번수樊須는 어찌 大人으로써 스스로를 대하지 않으리오?"

주해

- 耕稼: 여러 가지 농사일. 耕(밭갈 경) 稼(심을 가)
  ≪孟子・공손추상公孫丑上≫篇에 나온다. "舜自耕稼陶漁以至爲帝, 無非取於人者."
- 自待: 스스로를 대하다.

[13・5]

子曰 誦詩三百하되 授之以政에 不達하며 使於四方에 不能專對하면 雖多나 亦奚以爲리오

孔子께서 가라사대 "≪시경詩經≫ 三百篇을 다 외우고도 政事를 맡기는데 통달하지 못하며, 四方에 사신으로 가서 능히 홀로 응대하지 못한다면, 비록 많이 외운들 또한 어디에 쓰리오?"

專은 獨也라 詩本人情하고 該物理하여 可以驗風俗之盛衰하고 見政治之得失하며 其言이 溫厚和平하여 長於風諭라 故로 誦之者ㅣ必達於政而能言也라

程子曰 窮經은 將以致用也니 世之誦詩者ㅣ果能從政而專對乎아 然則其所學者는 章句之末耳니 此學者之大患也니라

'전專'은 홀로이다. ≪시경詩經≫의 詩는 人情에 근본하고 物理를 갖추어, 가히 풍속의 성쇠盛衰를 징험徵驗할 수 있고, 政治의 得失을 알 수 있으며, 그 말이 온후溫厚하고 화평하여 풍유風諭에 뛰어나다. 그러므로 ≪시경詩經≫을 암송하는 자는 반드시 政事에 통달하고 언사에 능하게 된다.

程子 가로되 "經을 窮究하는 것은 장차 致用을 하기 위함이니, 세상의 ≪시경詩經≫을 외우는 자가 과연 능히 政事를 좇아 홀로 응대할 수 있으리오? 그런 즉 그가 배운 바는 章句의 말단일 뿐이니, 이는 배우는 자의 커다란 근심이다."

주해

- 使(사신갈 시) 該(갖출 해) 諭(깨우칠 유)
- 專對: 사신으로 가서 홀로 응대應對하는 일. 하안何晏의 ≪論語集解≫에 "專, 猶獨也."라 했다.

● 奚以爲: 어디에 쓸 수 있으리오? 奚(어찌 해) '以'는 '用'과 같고, '爲'는 어조사이다.

【備旨】

夫子ㅣ示窮經者ㅣ當求實用曰 窮經은 將以致用也라 如誦詩三百에 不爲不多矣니 其間에 通於政治하고 長於風諭者ㅣ亦旣備聞之矣니 宜達於政而能言也어늘 乃授之以政에 不能通達事理而有昧於施措之宜하고 使於四方에 不能專於應對而有待於介紹之助면 則誦詩雖多나 亦奚所用哉아 窮經者ㅣ當求其實用이 可矣니라

夫子께서 經을 궁구하는 자는 마땅히 實用을 求해야 함을 보여 가라사대 "經을 궁구하는 것은 장차 致用을 하기 위함이니라. 예를 들어 《詩經》 三百篇을 외우는데 많지 않은 것이 아니니, 그 사이에 政治에 통달하고 風諭에 뛰어난 것들이 또한 이미 갖추어져 알 수 있으니, 마땅히 政事에 통달하고 언사에 능할 수 있거늘,

이에 政事를 맡기는데 능히 事理에 통달하지 못하여 마땅히 시의적절하게 베푸는데 어둡고, 사방에 사신으로 가는데 능히 홀로 應待하지 못하여 소개紹介하는 이의 도움을 기다리게 되면, 곧 詩를 외운 것이 비록 많으나 또한 어디에 쓰리오? 經을 궁구하는 자는 마땅히 그 實用을 구하는 것이 可할지니라."

주해

● 備聞: 다 알다, 모두 알다.

위魏나라 종회鍾會의 ≪격촉문檄蜀文≫에 나온다. "蜀侯見禽於秦, 公孫述授首於漢, 九州之險, 是非一姓. 此皆諸君所備聞也." 檄(격문 격)

● 施措: 시의적절하게 시행하다. '措施'라고도 함.

[13·6]

子曰 其身이 正이면 不令而行하고 其身이 不正이면 雖令不從이니라

孔子께서 가라사대 "그 몸이 바르면 명령하지 아니해도 행해지고, 그 몸이 바르지 못하면 비록 명령하나 따르지 않을 것이니라."

주해

● 其: '人君'을 말한다.
● 正: '궁행솔민躬行率民'을 말한다.

【備旨】

夫子ㅣ論端本之治曰 上之敎民이 不在於令而在於身하니 苟能建極作則하여 而其身正矣면 則表率有原에 不假禁令而其化自行이요 如縱欲敗度하여 而其身不正이면 則倡化無本하여 雖有禁令之煩이나 而民將玩之而弗從矣리니 爲治者ㅣ可不端其本哉아

夫子께서 근본을 바로잡는 다스림을 논하여 가라사대 "윗사람이 백성을 가르치는 것이 명령에 있지 않고 몸가짐에 있으니, 만일 능히 中正의 道를 세워 법도로 삼고 그 몸이 바르게 되면, 곧 본보기에 근원이 있어 禁令을 빌리지 않아도 그 敎化가 저절로 행해질 것이요, 만약 방종을 일삼아 법도를 무너뜨리며 그 몸이 바르지 아니하면, 곧 교화를 주장하나 근본이 없어 비록 禁令의 번잡함이 있다해도 백성들이 장차 완롱玩弄하며 따르지 않을 것이니, 정치를 다스리는 자가 가히 그 근본을 바르게 하지 않으리오?"

주해

- 建極: 中正의 道를 세우다, 법도나 준칙準則을 세우다.
  ≪書 · 홍범洪範≫에 나온다. "皇建其有極." 공영달孔穎達의 소疏에 "皇, 大也. 極, 中也. 施政教, 治下民, 當使大得其中, 無有邪僻."이라 풀이했다.
  한편 채침蔡沉의 ≪書集傳≫에 "建, 立也. 極, 猶北極之極. 至極之義, 標準之名, 中立而四方之所取正焉者也."라 했다.
- 作則: 법도로 삼다. 則(법칙 칙)
  ≪禮記 · 哀公問≫에 "君子過言則民作辭, 過動則民作則."이라 했고, 정현鄭玄의 註에 "君之行雖過, 民猶以爲法."이라 했다.
- 表率: 모범, 본보기.
- 縱欲: 방종하게 욕망을 좇으며 절제하지 못함. 縱(놓을 종)
  ≪左傳 · 昭公十年≫에 "≪書≫ 曰 '欲敗度, 縱敗禮', 我之謂矣. 夫子知度與禮矣, 我實縱欲而不能自克也."라 했다.
- 煩(번거로울 번) 玩(희롱할 완)

[13·7]

子曰 魯衛之政이 兄弟也로다

孔子께서 가라사대 "노魯나라와 위衛나라의 政事가 兄弟間 이로다."

魯는 周公之後요 衛는 康叔之後니 本兄弟之國이요 而是時衰亂하여 政亦相似라 故로 孔子歎之시니라

'노魯'는 周公의 후예요, '위衛'는 강숙康叔의 후예니, 본디 兄弟의 나라였는데, 이 때에 쇠란衰亂하여 政事가 또한 서로 비슷하였다. 그러므로 孔子께서 탄식하신 것이다.

주해

- 兄弟之國: 周公과 康叔은 모두 文王의 아들이다.
  蘇氏가 말했다. "이 해는 魯나라 哀公 7년에 해당된다. 是歲, 魯哀公七年."(大全註疏)

【備旨】

夫子ㅣ感而嘆曰 昔에 周公封魯하고 康叔封衛하니 本兄弟之國이어늘 今就其紀綱法度言之컨대 其政이 亦兄弟之政也니 吾不意周公康叔之遺ㅣ其相同하여 亦一至於此也니라

夫子께서 감개感慨히 탄식하여 가라사대 "옛날에 周公을 노魯나라에 封하고 강숙康叔을 위衛나라에 봉封했으니 본디 兄弟의 나라이거늘, 이제 그 紀綱과 法度에 나아가 말하건대, 그 政事가 또한 兄弟의 政事이니, 내 周公과 康叔의 유풍遺風이 그 서로 비슷하여 또한 하나같이 이 지경에 이르게 될 줄은 생각지도 못하였노라."

[13·8]

子ㅣ謂衛公子荊하사되 善居室이로다 始有에 曰苟合矣라 하고 少有에 曰苟完矣라 하고 富有에 曰苟美矣라 하니라

孔子께서 위衛나라의 公子 형荊을 두고 말씀하시기를 "집안에 處하기를 잘 하는구다. 처음에 재용財用과 기물器物이 조금 있게 되면 가로되 '그런대로 모아졌다'라고 하고, 조금 더 있게 되면 가로되 '그런대로 갖추어졌다'라고 하고, 넉넉하게 있게 되면 가로되 '그런대로 아름답다'라고 말하니라."

公子荊은 衛大夫라 苟는 聊且粗略之意라 合은 聚也라 完은 備也라 言其循序而有節하여 不以欲速盡美로 累其心이라

楊氏曰 務爲全美면 則累物而驕吝之心이 生이어늘 公

子荊이 皆曰苟而已하니 則不以外物爲心하여 其欲이 易足故也니라

公子 형荊은 위衛나라의 大夫이다. '구苟'는 애오라지 거칠고 조잡하다는 뜻이다. '합合'은 '모아지다'는 뜻이다. '完'은 '갖추어지다'는 뜻이다. 그 순서에 따라 절도가 있고, 급히 이루거나 아름다움을 다하고자 하여 그 마음이 얽매이지 않음을 말한 것이다.
楊氏 가로되 "전적으로 아름답게 하는 데만 힘쓰면 곧 사물에 얽매어 교만하고 인색한 마음이 생겨나거늘, 公子 형荊은 모두 '그런대로'라고만 말했을 따름이니, 곧 외부 사물로 마음을 삼지 않아 그 욕망이 쉽게 충족되었기 때문이다."

주해

- 子謂: 孔子께서 사적으로 하신 말이다.
- 始有: 財用과 器物을 처음에 조금 가지게 되었으나, 아직 모아지지는 않은 상태를 말한다.
- 少有: 財用과 器物을 조금 더 가지게 되었으나, 아직 完備하지는 않은 상태를 말한다.
- 富有: 財用과 器物을 넉넉히 가지게 되었으나, 아직 아름답지는 않은 상태를 말한다.
- 聊且: 잠시, 잠깐. 聊(애오라지 료)
  ≪後漢書 · 장형전張衡傳≫에 "留瀛洲而採芝兮, 聊且以乎長生."이라 했고, 진晉나라 갈홍葛洪의 ≪포박자抱樸子 · 가둔嘉遯≫篇에 "聊且優遊以自得, 安能苦形於外物哉!"라고 했다. 瀛(바다 영) 樸(통나무 박) 遯(달아날 둔)
- 粗略: 거칠고 조잡하다. 대략, 간략의 뜻. 粗(거칠 조) 略(소략할 략)
- 苟(겨우 구) 驕(교만할 교) 吝(아낄 인)

【備旨】

夫子ㅣ謂衛大夫公子荊하시되 善於居室이로다 當其財用器物之始有也에 荊之心則曰 吾今已苟合矣라 하여 不見苟合之外에 有可願也요 及其財用器物之少有也에 荊之心則曰 吾今已苟完矣라 하여 不見究完之外에 有可求也요 及其財用器物之富有也에 荊之心則曰 吾今已苟美矣라 하여 不見苟美之外에 有可慕也라
循序而無欲速之累하고 有節而無盡美之心하여 公子荊之善居室이 如此하니 世之聞公子荊之風者ㅣ其亦可以少愧矣리라

夫子께서 衛나라 大夫인 公子 형荊을 두고 말씀하시되 "집안에 處하기를 잘 하는구나. 그 財用과 器物을 처음 가지게 되었을 때를 당하여, 형荊의 마음은 곧 '내 이제 이미 그런대로 모아졌구나!' 라고 말하며, '그런대로 모아졌다'는 것 외에는 가히 원하는 것이 있음을 볼 수 없었으며,
그 財用과 器物이 조금 더 있게 되면, 荊의 마음은 곧 '내 이제 이미 그런대로 갖추어졌구나!' 라고 말하며, '그런대로 갖추어졌다'는 것 외에는 가히 구하는 것이 있음을 보지 못했으며,
그 財用과 器物이 넉넉히 있게 되면, 荊의 마음은 곧 '내 이제 이미 그런대로 아름답게 되었구나!' 라고 말하며, '그런대로 아름답다'는 것 외에는 가히 부러워하는 것이 있음을 보지 못하였노라.
순서에 따라서 하되 빨리 이루고자 하는 허물이 없고, 절도가 있되

전적으로 아름답게만 하려고 하는 마음이 없어, 公子 형荊이 집안에 處하기를 잘하는 것이 이와 같으니, 세상의 公子 형荊의 風度를 들은 자는 그 또한 가히 조금은 부끄러울 것이니라."

[13·9]

子ㅣ適衛하실새 冉有僕이러니

孔子께서 위衛나라에 가실 때에 염유冉有가 수레를 몰게 되었는데,

僕은 御車也라

'복僕'은 수레를 모는 것이다.

주해

- 御車: 수레를 몰다. 御(어거할 어)
- 適(갈 적) 冉(나아갈 염) 僕(어거할 복)

【備旨】

昔에 夫子ㅣ適衛하실새 冉有爲之御車以行이러니

옛날 夫子께서 위衛나라에 가실 때에 염유冉有가 선생님을 위하여 수레를 몰아 행차行次하였는데,

子曰 庶矣哉라

孔子께서 가라사대 "백성들이 많도다."

庶는 衆也라

'서庶'는 많음이다.

주해

● 庶(많을 서)

【備旨】

夫子ㅣ有感於衛民之衆而嘆曰 庶矣哉라 其衛之民乎여하시니 蓋覩生齒之繁하시고 情與俱深矣시니라

夫子께서 위衛나라 백성들이 많음에 감응이 있어 탄식하여 가라사대 "많도다! 그 위衛나라의 백성이여!"라고 하시니,
대개 백성들이 많은 것을 보시고, 함께 하고자 하는 마음이 깊으신 것이다.

주해

● 生齒之繁: 人口 또는 백성들이 많다. '生齒'는 人口 또는 백성을 말한다. 齒(이 치) 繁(많을 번)
당唐나라 권덕여權德輿의 ≪사도증태부마공행장司徒贈太傅馬公行狀≫에

"生齒益息, 庶物蕃阜."라고 했고, ≪宋史·하거지이河渠志二≫에 "橫遏西山之水, 不得順流而下, 蹙溢於千裏, 使百萬生齒居無廬耕無田, 流散而不復."라고 했다. 輿(수레 여) 遏(막을 알) 蹙(오그라질 축) 溢(넘칠 일) 廬(오두막 려)

冉有曰 旣庶矣어든 又何加焉이리잇고 曰 富之니라

염유冉有가 가로되 "백성들이 이미 많으면, 또 무엇을 베풀어야 하옵니까?"
가라사대 "부유하게 해 주어야 하느니라."

庶而不富면 則民生不遂라 故로 制田里薄賦斂以富之라

백성들이 많으나 부유하지 못하면 곧 백성들의 생계가 이루어지지 못한다. 그러므로 田里를 제정하고 세금을 적게 거두어서 부유하게 해야 한다.

주해

- 加: 베풀다. '시施'와 통한다.
- 制田里: 백성들에게 토지와 집을 마련해주다.
  ≪周禮·地官·수인遂人≫篇에 "凡治野, 以下劑致甿, 以田里安甿."이라 했고, 가공언賈公彦의 疏에 "以田里安甿者, 田則爲百畮之田, 裏則五畮之宅. 民得業則安, 故雲安甿也."라고 풀이했으며, ≪孟子·盡心上≫에도 "所謂西伯善養老者, 制其田里, 教之樹畜, 導其妻子,

使養其老."라고 했다. 甿(백성 맹) 畮(이랑 무)

● 薄賦斂: 세금을 적게 거두다. 賦(조세 부) 斂(거둘 렴)

【備旨】

冉有ㅣ遂請曰 民患其寡也어늘 今旣庶矣인댄 又何道以加於庶之後焉이리잇고

夫子ㅣ告之曰 庶而不富면 則無以遂其生이니 必制田里薄賦斂以富之하여 俾今之衛로 猶昔日保乂之衛焉이니 而所以保其庶者ㅣ在是矣니라

염유冉有가 마친내 請하여 가로되 "백성들은 그 수가 적은 것이 근심이거늘, 이제 이미 많게 되었다면 또한 그 수가 많게 된 후에 어떤 방도를 베풀어야 되옵니까?"

夫子께서 告하여 가라사대 "백성들의 수가 많되 부유하지 못하면 곧 그 생계를 이루지 못하니, 반드시 田里를 제정하고 세금을 적게 거두어 부유하게 해주며, 지금의 위衛나라로 하여금 마치 옛날에 잘 다스려졌던 衛나라와 같게 해야 하니, 그 백성들이 많은 것을 보존하는 바가 여기에 있느니라."

주해

● 保乂: 나라를 잘 다스려 안정되고 태평스럽게 하다. '보애保艾'라고도 한다. 乂(다스릴 예) 艾(쑥 애)
≪書・군석君奭≫ 篇에 "率惟茲有陳, 保乂有殷."이라 했고, 孔傳에 "以安治有殷."이라 풀이했다. 奭(클 석) 茲(이 자)

● 寡(적을 과) 俾(하여금 비)

曰 旣富矣어든 又何加焉이리잇고

曰 敎之니라

가로되 "이미 부유하게 되었으면 또 무엇을 베풀어야 하옵니까?"
가라사대 "가르쳐야 하느니라."

富而不敎면 則近於禽獸라 故로 必立學校明禮義以敎之라

胡氏曰 天生斯民에 立之司牧하여 而寄以三事라 然이나 自三代之後로 能擧此職者는 百無一二라 漢之文明과 唐之太宗은 亦云庶且富矣나 西京之敎無聞焉이요 明帝는 尊師重傅하고 臨雍拜老하여 宗戚子弟莫不受學하며 唐太宗은 大召名儒하고 增廣生員하니 敎亦至矣라 然而未知所以敎也라 三代之敎는 天子公卿이 躬行於上하여 言行政事皆可師法하니 彼二君者其能然乎아

부유하되 가르치지 아니하면, 곧 금수禽獸에 가깝기 때문에 반드시 學校를 세워 禮와 義를 밝혀 가르쳐야 한다.

胡氏 가로되 "하늘이 이 백성을 내리되 사목司牧을 세워 '三事'를 맡겼다. 그러나 三代 이후로부터 능히 이 직職을 거행한 자는 백에 한 둘도 없었다. 漢나라의 문제文帝・명제明帝와 唐나라의 太宗은 또한 백성들이 많았고 또 부유하게 했다고 말할 수 있으나, 西京의 가르

침은 들은 바가 없었다. 明帝는 사부師傅를 존중하고 벽옹辟雍에 왕림해서 三老五更에게 절하여 宗室과 親戚의 子弟들이 受學하지 아니함이 없었으며, 唐나라 太宗은 名儒를 크게 불러 모으고 生員을 증원하니, 가르침이 또한 지극하였다. 그러나 가르치는 도리를 알지 못하였다. 三代의 가르침은 天子와 公卿이 몸소 위에서 행하여, 言行과 政事가 모두 가히 師法이 될 만 하였으니, 저 두 人君이 능히 그럴 수 있었으리오?"

주해

- 司牧: 君主 또는 관리를 말함.
- 三事: 庶 · 富 · 敎를 말함.
- 三代: 夏 · 殷 · 周를 말함.
- 臨雍拜老: 人君이 벽옹辟雍에 왕림하여 三老五更에게 절하다. '辟雍'은 西周시기 天子가 세운 大學으로 '벽옹辟雝'이라고도 한다. '벽辟'은 '벽璧'과 통한다. '老'는 '三老五更'를 말하는데, 천자가 父兄의 禮로써 모시는 자이다. 辟(임금 벽) 雝(늪 옹)

  '辟雍'은 漢나라 반고班固의 ≪백호통白虎通 · 벽옹辟雍≫에 나온다. "天子立辟雍何? 所以行禮樂宣德化也. 辟者, 璧也, 象璧圓, 又以法天, 於雍水側, 象教化流行也."

  '三老五更'은 ≪禮記 · 文王世子≫에 "適東序, 釋奠於先老, 遂設三老五更羣老之席位焉."이라 했고, 정현鄭玄의 註에 "三老五更各一人也, 皆年老更事致仕者也, 天子以父兄養之, 示天下之孝悌也. 名以三五者, 取象三辰五星, 天所因以照明天下者."라 풀이했다.

  또한 ≪禮記 · 樂記≫篇에 "食三老五更於大學."이라 했고, 鄭玄의 註에 "三老五更, 互言之耳, 皆老人更知三德五事者也."라고 풀이했고, 공영달孔穎達의 疏에 "三德謂正直剛柔. 五事謂貌言視聽思也."라고 풀이했다."

【備旨】

冉有ㅣ又請曰 民患其貧也어늘 今旣富矣어든 又何道以加於富之後焉이리잇고
夫子ㅣ告之曰 富而不敎면 則無以復其性이니 必立學校明禮義以敎之하여 俾今之衛로 猶昔日作新之衛焉이니 而所以保其庶於富後者ㅣ在是矣니라 하시니
惜乎라 衛有其民에 夫子有其具나 而卒不獲一試也하니 可慨也夫인저

冉有가 또 請하여 가로되 "百姓은 그 가난함을 근심하거늘, 이제 이미 부유하게 되었으면, 또한 어떠한 방도로써 부유해진 뒤에 베풀어야 하옵니까?"
夫子께서 告하여 가라사대 "부유하되 가르치지 아니하면 곧 그 本性을 회복할 수 없으니, 반드시 學校를 세우고 禮와 義를 밝혀 가르쳐, 지금의 衛나라로 하여금 옛날 날로 새롭게 되는 衛나라와 같게 해야 하니, 그 부유해진 뒤에 백성들이 많음을 보존하는 바가 이에 있느니라!"라고 하시니,
애석하도다! 衛나라가 그 백성을 두는데 夫子에게 그 방법이 있었으나, 끝내 한 번도 시험해 보지 못했으니 가히 개탄스럽도다!

주해

- 作新: 백성을 교화하다, 풍속을 변화시키다.
  ≪書·강고康誥≫篇에 "汝惟小子, 乃服惟弘王, 應保殷民. 亦惟助王, 宅天命, 作新民."이라 했고, 孔傳에 "弘王道, 安殷民, 亦所以惟助王者居順天命, 爲民日新之教."라 풀이했다.

[13·10]

子曰 苟有用我者면 朞月而已라도 可也니 三年이면 有成이리라

孔子께서 가라사대 "만일 나를 등용해 주는 자(人君)가 있다면, 일 년일 따름이라도 可할 것이니, 3년이면 성취가 있을 것이니라."

朞月은 謂周一歲之月也라 可者는 僅辭니 言綱紀布也요 有成은 治功成也라
尹氏曰 孔子歎當時莫能用己也라 故로 云然이니라
愚按 史記에 此蓋爲衛靈公不能用而發이라

'기월朞月'은 한 해를 주기로 삼는 열 두 달을 말한다. '可'는 '겨우'라는 말이니, 기강紀綱이 베풀어진다는 말이다. '有成'은 다스리는 功이 이루어지는 것이다.
尹氏 가로되 "孔子께서 當時에 능히 자신를 거용擧用하지 못함을 탄식하신 것이다. 그러므로 이렇게 말씀하신 것이다."
내 살피건대, ≪史記≫에 이는 대개 위衛나라 영공靈公이 능히 자신을 擧用하지 못했기 때문에 말씀하신 것이라고 했다.

주해

- 苟: 만일. '如'와 같다.
- 朞月: 일 년 열두 달. 朞(돌 기)

- 已可: 大綱과 小紀가 점차 갖추어지는 것.
- 有成: 財足과 兵强과 教行과 俗厚의 네 가지가 모두 이루어짐.

【備旨】

夫子ㅣ有感而言曰 當今之世하여 苟有人焉能用我者면 雖用이 至期月一年之間하여 而弊者革하고 廢者興하여 綱紀粗立을 已可觀也요 至於三年則治功已定하고 治道大備而有成矣리라 惜乎라 世莫我用하니 吾亦安能如之何哉아

夫子께서 감개感慨함이 있어 말씀하여 가라사대 "지금의 세상을 당하여 만일 누군가 능히 나를 擧用하는 자가 있다면, 비록 擧用이 일 년의 기간만 되어도 폐단弊端을 고치고 廢止된 제도를 일으켜 紀綱이 대략 세워짐을 이미 가히 볼 수 있을 것이요,
3년이 되면 곧 다스리는 功이 이미 안정되고, 다스리는 道가 크게 갖추어져서 성취가 있을 것이니라. 애석하도다! 세상이 나를 擧用하지 못하니, 내 또한 어찌 능히 무엇을 할 수 있으리오?"

주해

- 弊(폐단 폐) 廢(폐할 폐) 粗(거칠 조)

[13·11]

子曰 善人이 爲邦百年이면 亦可以勝殘去殺矣라 하니 誠哉라 是言也여

孔子께서 가라사대 "'善人이 나라를 백 년 동안 다스리면, 또한 가히 잔혹殘酷한 사람을 교화시키고 형벌로 죽이는 일을 없앨 수 있을 것이다.'라고 했으니, 훌륭하도다! 이 말씀이여!"

爲邦百年은 言相繼而久也라 勝殘은 化殘暴之人하여 使不爲惡也요 去殺은 謂民化於善하여 可以不用刑殺也라 蓋古有是言하여 而夫子稱之라
程子曰 漢自高惠로 至于文景히 黎民醇厚하여 幾致刑措하니 庶乎其近之矣로다
尹氏曰 勝殘去殺은 不爲惡而已니 善人之功은 如是로되 若夫聖人은 則不待百年하고 其化亦不止此니라

'백 년 동안 나라를 다스리다'는 서로 이어져 오래 지속된다는 말이다. '승잔勝殘'은 잔인하고 포학한 사람을 교화하여 惡을 행하지 못하게 하는 것이요, '거살去殺'은 백성들이 善에 교화가 되어 가히 죽이는 형벌을 쓰지 않을 수 있다는 말이다. 대개 옛날에 이 말이 있었기에 夫子께서 칭찬하신 것이다.
程子 가로되 "漢나라의 고조高祖·혜제惠帝로부터 文帝·경제景帝에 이르기까지 백성들이 순박하고 두터워 거의 형벌을 쓰지 않는데 이

르렀으니 거의 이에 가깝다."
尹氏 가로되 "'승잔거살勝殘去殺'은 惡을 행하지 않을 따름이니, 善人의 功은 이와 같다. 그러나 聖人과 같은 경우는 곧 百年을 기다리지 않아도 그 교화가 또한 여기에만 그치지 않을 것이다."

주해

- 爲邦: 나라를 다스리다. '爲'는 '治'와 같다.
- 刑殺: 사형을 집행하다. 刑(죽일 형)
  ≪周禮·秋官·장수掌囚≫篇에 나온다. "及刑殺, 告刑於王, 奉而適朝士, 加明梏, 以適市而刑殺之." 囚(가둘 수) 梏(쇠고랑 곡)
- 刑措: 형벌을 버려두고 쓰지 않다. '형착刑錯' 또는 '刑厝'이라고도 한다. 措(둘 조) 厝(둘 조)
  ≪荀子·議兵≫篇에 나온다. "傳曰 威厲而不試, 刑錯而不用." 厲(괴로울 려)

【備旨】

夫子ㅣ思善人之治曰 古語에 有云 善人이 相繼爲邦하여 積而至於百年之久면 善政善教ㅣ感孚已深에 亦可以勝殘暴之民하여 使不爲惡而去刑殺於不用矣라 하니 由今觀之컨댄 誠哉라 是言也여 世無善人이어늘 於是言中에 遇善人하고 善人無百年이어늘 於是言中에 見百年하니 爲是言者ㅣ慨與慕與인저 何爲使我感懷弗忘也오

夫子께서 善人의 다스림을 생각하여 가라사대 "옛말에 이르기를 '善人이 서로 이어 나라를 다스리는데 해가 쌓여 百年의 長久함에 이르면, 善政과 善敎에 감동해서 믿음이 이미 깊어지니 또한 가히 잔인하고 포악한 백성들을 교화시켜 惡을 행하지 못하게 하고, 죽이는 형벌을 제거하여 쓸 필요가 없게 된다.'고 하였으니,
지금으로 말미암아 살피건대, 훌륭하도다! 이 말씀이여! 세상에 善人이 없거늘 이 말씀 가운데에서 善人을 만날 수 있고, 善人은 百年까지 가지 못하거늘 이 말씀 가운데에서 백년을 볼 수 있으니, 이 말씀을 했던 자가 감개感慨함이여! 그리워함이여! 어찌하여 나로 하여금 감회感懷에 젖어 잊지 못하게 하는고?"

주해

- 感孚: 사람으로 하여금 감동해서 믿고 따르게 하다. 孚(미쁠 부)

[13·12]

子曰 如有王者라도 必世而後仁이니라

孔子께서 가라사대 "만약 王者가 있다 할지라도 반드시 한 세대가 지난 후에야 어질게 될 것이니라."

王者는 謂聖人受命而興也라 三十年이 爲一世라 仁은 謂敎化浹也라
程子曰 周自文武로 至於成王而後에 禮樂興하니 卽其

效也라

或問 三年必世ㅣ遲速不同은 何也오

程子曰 三年有成은 謂法度紀綱有成而化行也요 漸民以仁하고 摩民以義하여 使之浹於肌膚하고 淪於骨髓하여 而禮樂可興이 所謂仁也니 此非積久면 何以能致리오

'王者'은 聖人이 天命을 받아 일어난 것을 말한다. 30년을 一世로 삼는다. '仁'은 敎化가 두루 미친다는 말이다.

程子 가로되 "周나라의 文王·武王로부터 成王에 이른 후에야 예악禮樂이 興하니, 곧 그 효험效驗이다."

혹자가 묻되 "三年이라고도 하고 반드시 한 세대라고도 하여, 느리고 빠름이 같지 않는 것은 무엇 때문입니까?"

程子 가로되 "三年이 되면 성취가 있다는 것은 法度와 紀綱에 성취가 있어 교화가 행해진다는 말이요, 백성들을 仁으로써 젖어들게 하고 백성들을 義로써 연마시켜, 백성들로 하여금 피부와 살갗에 젖게 하고 골수骨髓에 스며들게 하여, 禮樂을 가히 일어나게 하는 것이 이른바 仁이니, 이는 오래도록 누적되지 아니하면 어찌 능히 이룰 수 있으리오?"

주해

- 肌膚: 살갗과 피부. 肌(살 기) 膚(살갗 부)
- 浹(두루미칠 협) 遲(늦을 지) 漸(점차 점) 摩(갈 마) 淪(잠길 륜) 髓(골수 수)

【備旨】

夫子ㅣ以王道로 望天下曰 世之論治者ㅣ孰不稱王者之仁이리오 然이나 仁未可以驟致也니 如有王者ㅣ受命而興이라도 必積而至於三十年之久而後에 仁漸義摩하고 禮陶樂淑하여 敎化浹洽於無間에 始可以言仁也니 王道之無近功이 如此하니 豈一時之所致哉아

夫子께서 王道로써 天下가 다스려지기를 바라며 가라사대 "세상에 다스림을 論하는 者가 그 누가 王者의 仁을 일컫지 않으리오? 그러나 仁은 가히 급하게 이룰 수 없는 것이니, 만약 王者가 天命을 받아 일어날지라도 반드시 누석되어 30년의 오랜 기간에 이른 후에, 仁에 젖어들고 義에 연마가 되며, 禮를 陶治하고 음악으로 맑게 하여 敎化가 빈틈이 없이 두루 젖어들게 되어 비로소 가히 仁이라고 말할 수 있으니, 王道가 近功이 없는 것이 이와 같으니, 어찌 일시에 이룰 수 있는 바이리오?"

주해

- 驟致: 급하게 이루다. 驟(달릴 취)
- 禮陶樂淑: 禮와 樂으로 도야陶冶하여 아름답게 만들다.
  清나라 진확陳確의 ≪대학변삼大學辨三 · 답장고부서答張考夫書≫에 "程子陶淑多賢, 可爲極盛."이라 했다. 確(굳을 확)

[13·13]

子曰 苟正其身矣면 於從政乎에 何有며 不能正其身이면 如正人에 何오

孔子께서 가라사대 "진실로 그 몸을 바르게 하면 政事에 종사하는데 무슨 어려움이 있을 것이며, 능히 그 몸을 바르게 하지 못하면 남을 바르게 하는데 어찌 하리오?"

주해

- 其身: 大夫가 된 자의 몸가짐을 말한다.
- 從政: 政事에 종사하다.

  쌍봉요씨雙峯饒氏가 말했다. "'從政'과 '爲政'은 서로 다르다. '爲政'은 人君의 일이고, '從政'은 大夫의 일이다. 夫子의 이 말씀은 대개 大夫를 위하여 發하신 것이다. 從政與爲政不同. 爲政是人君事, 從政是大夫事. 夫子此言, 蓋爲大夫而發."(大全註疏)

【備旨】

夫子ㅣ示從政者以端本之化曰 從政者ㅣ苟能不悖綱常하며 不乖憲度하여 而正其身矣면 則輔上率民하니 於從政以正人也에 何難之有며

如不能正其身이면 則未有己不正而能正人者也니 其如正人에 何哉아 然則從政者ㅣ可不以身爲先務乎아

夫子께서 政事에 종사하는 자들에게 근본을 바르게 하는 敎化를 보여 가라사대 "政事를 따르는 자가 진실로 능히 강상綱常을 거스르지 아니하며 법도에 어긋나지 아니하여, 그 몸을 바르게 하면 곧 人君을 보좌하고 백성을 거느리게 되니, 政事에 종사하여 사람을 바르게 하는데 무슨 어려움이 있을 것이며,
만약 능히 그 몸을 바르게 하지 못하면 곧 자신이 바르지 못하고서 능히 남을 바르게 할 수 있는 자는 있지 아니하니, 그 남을 바르게 하는데 어떻게 하리오? 그러한 즉 政事에 종사하는 자가 가히 자신으로서 급선무를 삼지 않으리오?"

[13 · 14]

冉子ㅣ退朝어늘
子曰 何晏也오
對曰 有政이러이다
子曰 其事也로다 如有政인댄 雖不吾以나 吾其與聞之니라

염자冉子가 조회朝會에서 물러 나오거늘,
孔子께서 가라사대 "어찌 늦었느냐?"
대답하여 가로되 "나라의 政事가 있었사옵니다."
孔子께서 가라사대 "그것은 大夫 집안의 일이로다. 만약 國政이 있었다면 비록 나를 등용하지는 않았으나 내가 그 참여하여 들

었을 것이니라."

冉有時爲季氏宰라 朝는 季氏之私朝也라 晏은 晩也라 政은 國政이요 事는 家事라 以는 用也라 禮에 大夫雖不治事라도 猶得與聞國政이라
是時에 季氏專魯하여 其於國政에 蓋有不與同列議於公朝하고 而獨與家臣謀於私室者라 故로 夫子爲不知者而言하니 此必季氏之家事耳라 若是國政이면 我嘗爲大夫하니 雖不見用이나 猶當與聞이어늘 今旣不聞하니 則是非國政也라 語意與魏徵獻陵之對로 略相似하니 其所以正名分抑季氏하여 而敎冉有之意가 深矣로다

염유冉有가 당시에 季氏의 가재家宰로 있었다. '朝'는 季氏의 사사로운 朝會이다. '안晏'은 늦음이다. '政'은 國政이요, '事'는 家事이다. '以'는 등용하는 것이다.≪禮記≫에 大夫는 비록 政事를 다스리지 않을지라도 오히려 國政에 참여하여 들을 수 있다고 하였다.
이때에 季氏가 魯나라를 전횡專橫하여 그 國政에 있어서도 대개 같은 同列과 더불어 公朝에서 의론하지 않고, 홀로 家臣들과 더불어 私室에서 도모하는 것이 있었을 것이다. 그러므로 夫子께서 알지 못하는 것처럼 하여 말씀하시니, "이는 필시 季氏의 집안일일 따름이다. 만약 이것이 國政이었다면 내 일찍이 大夫를 지냈으니, 비록 지금 등용되지는 않았으나 오히려 마땅히 참여하여 들었을 것이나, 이제 이미 듣지 못하였으니 곧 이는 國政이 아닐 것이다."라고 하신

것이다. 말씀하신 뜻이 위징魏徵의 헌릉獻陵이라는 대답과 더불어 대략 유사하니, 그 名分을 바르게 하여 季氏를 억제하고 冉有를 가르치신 바의 뜻이 깊다.

주해

- 退朝: 朝會에서 물러나오다. 여기서는 季氏의 사사로운 朝會를 말한다.
- 魏徵獻陵之對: 唐나라 太宗의 신하인 위징魏徵이 昭陵은 보이지 않고 獻陵만 보인다고 대답한 고사. 魏(나라이름 위) 徵(부를 징) 獻(바칠 헌) 陵(무덤 릉) 昭(빛날 소)

  ≪新唐書 · 위징전魏徵傳≫에 나온다. "唐나라 太宗이 부인 文德皇后를 이미 (소릉昭陵에) 장사지내고, 太宗은 禁苑에 높은 層觀을 짓고 날마다 昭陵을 바라보며 그리워하였다. 어느날 魏徵을 데리고 함께 누대에 올랐는데, 魏徵은 자세히 바라보다가 '臣은 눈이 가물거려 보이지 않습니다.'라고 말했다. 이에 太宗이 손으로 가리키자, 魏徵은 '臣은 폐하께서 母后의 獻陵을 바라보신 줄 알았습니다. 昭陵이라면 臣도 분명히 보입니다.' 라고 대답했다. 太宗은 이에 울면서 層觀을 헐어 버렸다. 文德皇后既葬, 帝即苑中作層觀以望昭陵. 引徵同升. 徵熟視曰 '臣眊昏, 不能見.' 帝指示之, 徵曰 臣以爲陛下望獻陵, 昭陵則臣固見之矣. 帝泣爲毀觀." 升(오를 승) 泣(울 읍) 毁(헐 훼)
- 晏(늦을 안) 專(오로지 전) 抑(누를 억)

【備旨】

冉有ㅣ爲季氏宰라 自其私朝而退하여 來見夫子한대 夫子ㅣ問之曰 退朝自有常期어늘 今日何若是之晏也오 冉有ㅣ對曰 朝有國政이라 相與議之라 故로 不覺其退

之晏耳노이다

夫子ㅣ諷之曰 此必季氏之家事也니라 如有國政이면 則事出於公에 必於公朝議之라 吾嘗從大夫之後라 雖不吾以而見用이나 吾其當與聞之니 何其宜聞而不聞也오 今旣不聞이니 則非國政을 可知矣니라 하시니라

夫子ㅣ辨政事之名이 如此하시니 所以抑季氏而敎冉有者ㅣ不亦深乎아

염유冉有가 季氏의 家宰가 되어, 그 사사로운 朝會에서 물러나와 夫子를 알현한대,

夫子께서 물어 가라사대 "朝會에서 물러나는 것은 예로부터 常期가 있거늘, 오늘은 어찌 이와 같이 늦었느냐?"

冉有가 대답하여 가로되 "朝廷에 國政이 있어 서로 더불어 의론하였습니다. 그러므로 그 조회에서 물러나는 것이 늦은 줄 알지 못했사옵니다."

夫子께서 풍유諷諭하여 가라사대 "이는 필시 季氏의 家事일 것이니라. 만약 國政이 있었다면 곧 일은 공변됨에서 나오니 반드시 公朝에서 의논하였을 것이다. 내 일찍이 大夫의 뒤를 종사했으니, 비록 나를 써서 등용을 받지는 못했으나 내 그 마땅히 참여하여 들었을 것이니, 어찌 그 마땅히 들었어야 하되 듣지 못했으리오? 이제 이미 듣지 못했으니 곧 國政이 아닌 것을 가히 알 수 있느니라."

夫子께서 政事의 명분을 분별함이 이와 같으시니, 季氏를 억제하고 冉有를 가르치신 바가 또한 깊지 않으리오?

[13 · 15]

定公이 問一言而可以興邦이라 하나니 有諸잇가
孔子ㅣ對曰 言不可以若是其幾也어니와

定公이 묻건대 "한마디 말로 가히 나라를 일으킬 수 있다고 했는데, 그런 일이 있습니까?"
孔子께서 대답하여 가라사대 "한 마디 말로는 가히 이와 같이 그것을 기필하지 못하거니와,"

幾는 期也니 詩曰 如幾如式이라 하니라 言一言之間에 未可以如此而必期其效라

'기幾'는 기필期必함이니, ≪詩經≫에 가로되 '기필期必한 것과 같고, 법과 같도다!' 라고 한 것이니라. 한 마디 말 사이에 가히 이와 같이 반드시 그 효험을 期必할 수 없다는 말이다.

주해

- 如幾如式: 기필期必한 것과 같고, 법도와 같다. '幾'는 '期'와 통한다. 幾(기필할 기) 式(법 식)
  ≪詩經 · 小雅 · 초자楚茨≫篇에 나온다. "卜爾百福, 如幾如式." 茨(가시나무 자) 卜(점 복) 爾(너 이)

【備旨】

定公이 問於孔子曰 善言이 固足以資治也라 然이나 有不出於一言이나 而可以期興邦之效라 하니 果有諸否乎아
孔子ㅣ對曰 一言은 至微也요 興邦은 大效也니 一言之間에 不可以若是其幾必興邦之效也어니와

定公이 孔子께 물어 가로되 "善言이 진실로 족히 다스림을 도울 수 있습니다. 그러나 한 마디 말에 벗어나지 않는데 가히 나라를 일으키는 효험을 기약할 수 있다고 하니, 과연 그런 일이 있습니까?"
孔子께서 대답하여 가라사대 "한마디 말은 지극히 미미微微한 것이고, 나라를 일으키는 일은 큰 효험이니, 한 마디 말 사이에 가히 이와 같이 그것이 나라를 일으키는 효험을 기필할 수는 없거니와,"

人之言曰 爲君難하며 爲臣不易라 하나니

"사람들의 말에 가로되 '人君 노릇하기가 어려우며, 신하 노릇하기도 쉽지 않다.'라고 했으니,"

當時有此言也라

當時에 이러한 말이 있었다.

【備旨】

然이나 亦有之하니 人之言曰 爲君者는 上係天命之去留하고 下係人心之離合하니 其統理之責이 蓋甚難也요 爲臣者는 天命이 賴以其永하고 人心은 賴以其保하니 其輔理之責이 亦不易也라 하나니 時人之言이 如此니라

그러나 또한 있으니, 사람들의 말에 가로되 "人君이 된 자는 위로는 天命이 떠나고 머무르는데 매어 있고, 아래로는 人心의 떠나고 모이는데 매어 있으니, 그 통괄統括해서 다스리는 책임이 대개 심히 어렵고,

臣下가 된 자는 天命이 자뢰資賴하여 그 오래가고, 인심이 資賴하여 그 보존되니, 그 보필輔弼해서 다스리는 책임이 또한 쉽지 않다."라고 했으니, 당시 사람들의 말이 이와 같았다.

주해

- 去留: 떠나거나 머무르다.
- 統理: 통괄統括또는 통솔統率해서 다스리다.
  ≪史記・역생육가열전酈生陸賈列傳≫에 나온다. "繼五帝三王之業, 統理中國." 酈(땅이름 역)
- 輔理: 補佐 또는 輔弼해서 다스리다.
  清나라 왕사진王士禛의 ≪지북우담池北偶談・담예삼談藝三・흑원도黑猿圖≫에 나온다. "念卿輔理之勤, 宜與同之, 特用頒賜, 以見朕意." 猿(원숭이 원) 頒(나눌 반) 賜(줄 사) 朕(나 짐)

如知爲君之難也인댄 不幾乎一言而興邦乎잇가

"만약 人君 노릇하기가 어렵다는 말을 안다면, 한 마디 말로 나라를 일으킨다는 것을 기필하지 않겠습니까?"

因此言而知爲君之難이면 則必戰戰兢兢하고 臨深履薄하여 而無一事之敢忽하리니 然則此言也ㅣ豈不可以必期於興邦乎아
爲定公言이라 故로 不及臣也시니라

이 말로 인하여 人君 노릇하기가 어렵다는 것을 알면, 곧 반드시 전전긍긍戰戰兢兢하여 깊은 못에 임하듯 얇은 얼음을 밟듯이 하여 한가지 일이라도 감히 소홀히 함이 없을 것이다. 그리하면 곧 이 말이 어찌 가히 나라를 일으키는데 期必하는 것이 아니리오?
定公을 위해서 한 말이기 때문에 신하에 대해서는 언급하지 않으셨다.

주해

- 不幾乎: '기필期必하는 것이 아닌가?' '不亦可期必乎'와 같다.
- 臨深履薄: 깊은 못에 임하듯 얇은 얼음을 밟듯이 매우 조심하다. 履(밟을 리) 薄(엷을 박)
  ≪詩·小雅·소민小旻≫篇에 나온다. "戰戰兢兢, 如臨深淵, 如履薄冰."

【備旨】

夫所謂爲君難者는 固一言耳니 如使爲君者로 因此言而知爲君之難也면 則必戰兢以圖하여 不敢怠忽이니 由是而天命固하고 人心歸면 不幾乎爲君難之一言 而可以興邦乎아

"무릇 이른바 人君 노릇하기가 어렵다는 것은 진실로 한마디 말일 뿐이니, 만약 人君이 된 자로 하여금 이 말로 인하여 人君 노릇하기가 어렵다는 것을 알게 하면, 곧 반드시 전전긍긍戰戰兢兢하게 도모하여 감히 태만하고 소홀하지 못할 것이니, 이로 말미암아 천명이 견고해지고 인심이 돌아오면, 人君 노릇하기가 어렵다는 한마디 말로 가히 나라를 일으키는 것을 기필하지 않으리오?"

曰 一言而喪邦이라 하나니 有諸잇가
孔子ㅣ對曰 言不可以若是其幾也어니와 人之言曰 予無樂乎爲君이요 唯其言而莫予違也라 하나니

가로되 "한 마디 말로 나라를 잃을 수도 있다고 했으니, 그런 일이 있습니까?"
孔子께서 대답하여 가라사대 "한마디 말로 가히 이와 같이 그것

을 기필할 수는 없거니와, 사람들의 말에 '내가 人君 노릇하는 것이 즐겁지 않고, 오직 그 말에 나를 거스르지 않는 것이 즐거움이네.' 라고 하나니,"

言他無所樂이요 惟樂此耳라

다른 것은 즐거울 바가 없고, 오직 이것을 즐거워할 뿐이라는 말이다.

주해

● 其言: 人君의 조고詔誥와 호령號令 등을 말한다. 詔(고할 조) 誥(고할 고)

【備旨】

定公이 又問曰 言固足以僨事也나 然有不出於一言이나 而卽至喪邦者ㅣ果有諸否乎잇가
孔子ㅣ對曰 一言은 至微也요 喪邦은 大禍也니 一言之間에 不可以若是其幾於喪邦之禍也나 然亦有之이라 人之言曰 君任至重하니 予無樂乎其爲君者也요 唯其言一出에 而臣民이 欽若하여 莫敢於予而或違也라 하나니 此則爲君之樂耳니 時人之言이 如此니라

定公이 또 물어 가로되 "말은 진실로 족히 일을 그르칠 수 있으나, 그러나 한마디 말에 벗어나지 않는데 곧 나라를 망하게 하는데 이

른다고 하니, 과연 그런 일이 있습니까?"

孔子께서 대답하여 가라사대 "한마디 말은 지극히 미미微微하고 나라를 잃는 것은 커다란 재앙이니, 한마디 말의 사이에 가히 이와 같이 그 나라를 망하게 하는 재앙에 기필할 수는 없으나, 그러나 또한 그런 일이 있습니다. 사람들의 말에 가로되 '人君의 책임은 지극히 重하니, 나는 그 人君 노릇하는 것에는 즐거움이 없고, 오직 그 말이 한 번 나옴에 臣民들이 공경하고 순종하여 감히 나에게 혹 거스름이 없는 것이 즐거움이네.' 라고 하나니, 이것이 곧 人君 노릇하는 즐거움일 뿐이니 당시 사람들의 말이 이와 같습니다."

주해

- 僨事: 일을 그르치다. 僨(실패할 분)

  ≪禮記·大學≫에 나온다. "一家仁, 一國興仁. 一家讓, 一國興讓. 一人貪戾, 一國作亂, 其機如此. 此謂一言僨事, 一人定國." 鄭玄의 註에 "僨, 猶覆敗也."라고 했다. 覆(넘어질 복)

- 欽若: 공경하고 순종하다. 欽(공경할 흠)

  ≪書·요전堯典≫에 나온다. "乃命羲和, 欽若昊天, 歷象日月星辰, 敬授民時." 羲(내쉬는숨 희) 昊(하늘 호)

如其善而莫之違也인댄 不亦善乎잇가

如不善而莫之違也인댄 不幾乎一言而喪邦乎잇가

"만일 그 말이 善하여 거스름이 없다면, 또한 좋지 않으리오? 만일 그 말이 不善한데도 거스름이 없다면, 한 마디 말로 나라를 잃는다는 것을 期必하는 것이 아니리오?"

范氏曰 如不善而莫之違면 則忠言이 不至於耳하여 君日驕而臣日諂하리니 未有不喪邦者也라
謝氏曰 知爲君之難이면 則必敬謹以持之요 惟其言而莫予違면 則讒諂面諛之人이 至矣리니 邦未必遽興喪也로되 而興喪之源이 分於此라 然이나 此非識微之君子면 何足以知之리오

범씨范氏 가로되 "만약 그 말이 善하지 않는데 거스름이 없으면 곧 忠言이 귀에 이르지 아니하여, 人君은 날로 교만해지고 臣下는 날로 아첨할 것이니, 나라를 잃지 아니한 자가 없을 것이다."
謝氏 가로되 "人君 노릇하기가 어렵다는 것을 알면 곧 반드시 공경하고 삼가하여 간직할 것이요, 오직 그 말에 나를 거스르지 않는다면 곧 참소讒訴하고 아첨阿諂하며 면전에서 굽실거리는 사람들이 몰려들 것이니, 나라가 반드시 갑자기 흥하거나 망하지 않을 것이나 흥하고 망함의 근원이 바로 여기에서 나누어진다. 그러나 이는 기미幾微를 아는 君子가 아니라면 어찌 족히 알 수 있으리오."

주해

- 讒諂: 참소讒訴하고 아첨하다. 讒(참소할 참) 諂(아첨할 첨)
- 面諛: 면전에서 굽실거리며 아첨하다. 諛(아첨할 유)

● 識微: 사물의 미세한 기미를 알다. 원래 ≪易≫의 '知微'에서 나온 말이다.
≪易・계사하繫辭下≫에 나온다. "君子知微知彰, 知柔知剛, 萬物之望."

【備旨】

夫所謂言莫予違者는 固一言耳니 如使爲君者ㅣ出其言善而臣下莫之違也면 則都俞於一堂者ㅣ皆保定之謀니 不亦善乎아
如出言이 不善而臣下亦莫之違也면 則忠言이 不至하여 君驕臣諂하니 不幾乎莫予違之一言而可以喪邦乎아 是則邦不自興也니 興於君心一念之敬이요 邦不自喪也니 喪於君心一念之肆니 凡有邦之責者ㅣ其亦可以悟矣리라

무릇 이른바 말을 하는데 나를 거스름이 없다는 것은 진실로 한마디 말일 뿐이니, 만약 人君이 된 자가 그 말을 善하게 하여 臣下들이 거스름이 없다면 곧 같은 조당朝堂에서 찬성하는 자들이 모두 보정保定을 도모하는 것이니 또한 善하지 않으리오?
만약 말을 하는데 不善하되 臣下들이 또한 거스름이 없다면 곧 忠言이 이르지 못하여, 人君은 교만해지고 臣下는 아첨하게 되니, 나를 거스르지 않는 한마디 말로 가히 나라를 잃게 되는 것을 기필하지 않으리오?
이는 곧 나라가 저절로 일어나는 것이 아니라 君心의 공경하는 한

생각에서 일어나고, 나라가 저절로 망하는 것이 아니라 君心의 방자한 한 생각에서 망하는 것이니, 무릇 나라의 책무가 있는 자가 그것을 또한 가히 깨달아야 할 것이니라.

주해

- 如使: 만약, 예를 들어. '設使'나 '당약倘若'과 같음. 倘(혹시 당)
  ≪孟子 · 공손추상公孫丑下≫에 나온다. "如使予欲富, 辭十萬而受萬, 是爲欲富乎?"
- 都兪: 君臣간에 國政을 논하는데 서로 화합되는 모습. '都兪吁咈'이라고도 함. '都'와 '兪'는 찬미하거나 동의하는 감탄사이고, '吁'와 '咈'은 반대하는 감탄사이다. 都(탄식할 도) 兪(응답할 유) 吁(탄식할 우) 咈(어길 불)
  ≪書經 · 요전堯典≫에 "帝曰 '籲!咈哉!'"라 했고, ≪書經 · 익직益稷≫에 "禹曰 '都, 帝, 愼乃在位.' 帝曰 '兪!'"라 했다. '籲(부를 유) 稷(기장 직)
- 保定: 보호하고 안정시키다.
  ≪詩 · 小雅 · 天保≫篇에 나온다. "天保定爾, 亦孔之固."이라 했고, 鄭玄의 전箋에 "保, 安. 爾, 女也. 女, 王也. 天之安定女, 亦甚堅固."라고 풀이했다.

[13 · 16]

葉公이 問政한대

섭공葉公이 政事를 묻건대,

音義並見第七篇이라

음과 뜻이 모두 제7편(述而篇)에 보인다.

주해

- 葉(성 섭) 見(나타날 현)

子曰 近者說하며 遠者來니라

孔子께서 가라사대 "가까이 있는 자들이 기뻐하며, 멀리 있는 자들이 찾아오는 것입니다."

被其澤則悅하고 聞其風則來라 然이나 必近者悅而後에 遠者來也니라

그 은택을 입으면 곧 기뻐하고, 그 소문을 들으면 곧 찾아오게 된다. 그러나 반드시 가까이 있는 자들이 기뻐한 이후에 멀리 있는 자들이 찾아올 것이다.

주해

- 近者: 邑內의 백성들을 말한다.
- 遠者: 邑外의 백성들을 말한다.
  南軒張氏가 말했다. "가까운 자들은 그 은택에 즐거워하고, 멀리 있는 자들은 그 소문을 듣고 흠모하게 된다. 그러나 은택이 가까운 데에 미치지 않고서 능히 사람들로 하여금 흠모하게 할 수 있는 자는 있지 않다. 近者樂其澤, 遠者慕其風. 然未有澤不及於近, 而能使

人慕之者也."(大全註疏)

【備旨】

楚葉公이 問政於夫子한대

夫子ㅣ告之曰 爲政은 以得民爲貴하니 必使近者之民으로 咸被吾澤而有歡悅之心하며 使遠者之民으로 皆聞吾風而有來歸之心이면 則可謂爲政矣니 亦思所以悅之來之ㅣ可也니라

초楚나라 섭공葉公이 夫子께 政事를 묻건대,

夫子께서 告하여 가라사대 "政事를 다스리는 것은 백성을 얻는 것을 귀하게 여기니, 반드시 가까이 있는 백성으로 하여금 모두 나의 은택을 입고서 기뻐하는 마음이 있게 하며, 멀리 있는 백성으로 하여금 모두 나의 소문을 듣고서 귀의하는 마음이 있게 하면, 곧 가히 政事를 다스린다고 말할 수 있으니, 또한 백성들이 기뻐하고 찾아오는 이유를 생각하는 것이 可할 것입니다."

주해

- 來歸: 歸順하다, 歸依하다. 咸(모두 함)

[13·17]

子夏ㅣ爲莒父宰라 問政한대
子曰 無欲速하며 無見小利니 欲速則不達하고 見小利則大事ㅣ不成이니라

子夏가 거보莒父의 邑宰가 되어 政事를 묻건대,
孔子께서 가라사대 "속速히 하려고 하지 말며 작은 이익을 보지 말 것이니, 속히 하고자 하면 곧 통달하지 못하고, 작은 이익을 보면 곧 大事를 이루지 못할 것이니라."

莒父는 魯邑名이라 欲事之速成이면 則急遽無序而反不達이요 見小者之爲利면 則所就者小而所失者大矣리라 程子曰 子張問政에 子曰 居之無倦하며 行之以忠이라 하시고 子夏問政에 子曰 無欲速하며 無見小利라 하시니 子張은 常過高而未仁하고 子夏之病은 常在近小라 故로 各以切己之事告之시니라

'거보莒父'는 노魯나라의 邑名이다. 일을 빨리 이루고자 하면 곧 급히 서둘러 순서가 없게 되어 도리어 통달하지 못할 것이요, 작은 것을 보고 이익으로 삼으면 곧 이룬 바는 적고 잃은 바는 크게 될 것이다. 程子 가로되 "子張이 政事를 묻자 孔子께서 가라사대 '마음에 보존하기를 게으르게 하지 말며, 일에 행하기를 忠으로써 하라.'고 하시고, 子夏가 政事를 묻자 孔子께서 가라사대 '속히 하려고 하지 말

며, 작은 이익을 보지 말라.'고 하시니, 子張은 항상 지나치게 遠大하여 어질지 못하고, 子夏의 병폐는 항상 淺近하고 작은데 있었다. 그러므로 각각 자신들의 몸에 절실한 일로써 告하신 것이다."

주해

- 無: 모두 경계하는 말이다.
- 欲速: 일을 급히 성사시키기 위해 조바심을 내는 일.
- 見小利: 작은 이익을 추구하는 편협한 마음.
- 居之無倦, 行之以忠: '마음에 보존하는 것을 게으르게 하지 않고, 일에 행하기를 忠으로써 하다.' 〈顔淵〉篇에 나온다.
- 切己: 자신에게 절실하고 밀접한 관계가 있는 일. '切身'이라고도 한다.
  明나라 왕수인王守仁의 ≪전습록傳習錄≫卷上에 나온다. "文公精神氣魄大, 是他早年合下便要繼往開來, 故一向只就考索著述上用功. 若先切己自修, 自然不暇及此." 魄(넋 백) 索(찾을 색) 暇(겨를 가)
- 莒(제후이름 거) 遽(갑자기 거)

【備旨】

子夏ㅣ爲莒父之宰라 乃問政於夫子한대

夫子ㅣ告之曰 爲政이 有二弊하니 方爲其事에 旋責其效면 是爲欲速이니 子ㅣ必無欲速하며 狃於淺近以爲便圖면 是爲見小利니 子ㅣ必無見小利니라 蓋爲養爲教는 凡事有自然之次第하고 有遠大之規模하니 若欲事之速成이면 則刻期旦夕하고 先後失序而政不達하며 見小者之爲利면 則貪於尺寸하고 忘其遠圖而大事

不成하니 此所以不可欲速하며 不可見小利也니 子ㅣ 爲政에 其可不以遠大爲務하고 而以近小爲戒乎아

子夏가 거보莒父의 邑宰가 되어, 이에 夫子께 政事를 묻건대, 夫子께서 告하여 가라사대 "政事를 다스리는데 두 가지 폐단이 있으니, 바야흐로 그 일을 행하는데 그 효험을 급히 구하면 이는 속히 하고자 하는 것이니, 그대는 반드시 빨리 하고자 하지 말 것이며, 淺近함을 탐하여 편리한 도모로 삼으면 이는 작은 이익을 보기 위한 것이니, 그대는 반드시 작은 이익을 보지 말지니라.
대개 기르고 가르치는 일은 모든 일에 자연스러운 차례가 있고 원대한 규모가 있으니, 만약 일을 속히 이루고자 하면 곧 기한을 朝夕으로 급박하게 잡고 先後가 차례를 잃어 政事에 통달하지 못하며, 작은 것을 보고 이익으로 삼으면 곧 작은 것에 탐하고 그 멀리 도모하는 것을 잊게 되어 大事를 이룰 수가 없으니, 이는 가히 속히 하고자 하지 말고 가히 작을 이익을 보지 말아야 할 이유이니, 그대가 政事를 다스리는데 그 가히 원대함을 급선무를 삼고, 近小함을 경계를 삼지 않으리오?"

주해

- 旋責: 급히 구하다, 급히 바라다. 旋(빠를 선) 責(바랄 책)
- 刻期: 기한을 분명하게 한정하다. 刻은 '剋'과 통함. 刻(정할 각) 剋(정할 극)
  ≪자치통감資治通鑒 · 진목제영화원년晉穆帝永和元年≫에 나온다. "虎好獵, 晚歲, 體重不能跨馬, 乃造獵車千乘, 刻期校獵." 獵(사냥 렵) 跨(타넘을 과)
- 弊(나쁠 폐) 狃(탐할 뉴) 貪(탐할 탐)

[13·18]

葉公이 語孔子曰 吾黨에 有直躬者하니 其父ㅣ攘羊이어늘 而子ㅣ證之하니이다

섭공葉公이 孔子에게 일러 가로되 "우리 무리 가운데 몸을 정직하게 하는 자가 있으니, 그 아버지가 羊을 훔치자 자식이 이를 증언하였습니다."

直躬은 直身而行者라 有因而盜曰攘이라

'직궁直躬'은 자신의 몸을 정직하게 하여 행하는 것이다. 원인이 있어 훔치는 것을 '양攘'이라고 말한다.

주해

- 語: 알리다, 고하다. '語'는 '告'와 같다. 黨(무리 당)
- 攘羊: 羊을 훔치다. 여기서는 남의 집 羊이 자신의 집에 들어와 취한 것을 말한다. 攘(훔칠 양)
  형병邢昺의 疏에 "言因羊來入己家, 父即取之."라고 풀이했다. 後以"攘羊"謂揚親之過。

【備旨】

葉公이 語於孔子曰 自直道之不行으로 人多私其所好어늘 今吾黨之中에 有直躬而行者하니 其父ㅣ攘人之

羊이어늘 而其子ㅣ乃從而證之하니이다 夫親莫親於父로되 猶且無隱이 如此則其直을 可知矣라

섭공葉公이 孔子께 말하여 가로되 "정직한 道가 행해지지 아니함으로부터 사람들이 대부분 그 좋아하는 바를 사사롭게 하거늘, 지금 우리 무리 가운데에 몸을 정직하게 하여 行하는 자가 있으니, 그 아버지가 남의 羊을 훔치거늘 그 자식이 이에 좇아서 증언을 하였습니다.
무릇 친함은 아버지 보다 친함이 없으나, 오히려 또한 숨겨주는 것이 없음이 이와 같으니, 곧 그 정직함을 가히 알 수 있습니다."

孔子曰 吾黨之直者는 異於是하니 父爲子隱하며 子爲父隱하나니 直在其中矣니라

孔子께서 가라사대 "우리 무리 가운데 정직한 자는 이와 다르니, 아버지가 자식을 위하여 숨겨주며 자식이 아버지를 위하여 숨겨주나니, 正直이 그 가운데에 있습니다."

父子相隱은 天理人情之至也라 故로 不求爲直이나 而直在其中이라
謝氏曰 順理爲直이니 父不爲子隱하고 子不爲父隱이면 於理順邪아 瞽瞍殺人이어든 舜竊負而逃하여 遵海

濱而處하시리니 當是時하여 愛親之心勝하니 其於直不直에 何暇計哉리오

父子가 서로 숨겨주는 것은 天理와 人情의 지극함이다. 그러므로 正直을 구하지 아니하나 正直이 그 가운데에 있다.

謝氏 가로되 "이치를 따르는 것이 正直이니, 아버지가 자식을 위하여 숨겨주지 않고, 자식이 아버지를 위하여 숨겨주지 않으면 이치에 순종하는 것이리오? 순舜 임금의 아버지 고수瞽瞍가 사람을 죽였다면, 舜 임금이 몰래 짊어지고 달아나 바닷가를 따라다니며 살았을 것이니, 이 때를 당해서는 어버이를 사랑하는 마음이 이길 것이니, 그 正直하고 正直하지 않는 것을 어느 겨를에 헤아리겠는가?"

주해

- 瞽瞍殺人: 순舜 임금의 아버지 고수瞽瞍가 사람을 죽이다. 瞽(소경 고) 瞍(소경 수)

  ≪孟子・盡心上≫에 나온다. "桃應問曰 '舜爲天子, 皐陶爲士, 瞽瞍殺人, 則如之何?' 孟子曰 '執之而已矣.' '然則舜不禁與?' 曰'夫舜惡得而禁之? 夫有所受之也.' '然則舜如之何?' 曰 '舜視棄天下猶棄敝蹝也. 竊負而逃, 遵海濱而處, 終身欣然, 樂而忘天下.'" 皐(못 고) 執(잡을 집) 棄(버릴 기) 敝(해질 폐) 蹝(짚신 사) 欣(기뻐할 흔)
- 竊(몰래 절) 逃(달아날 도) 遵(좇을 준) 濱(물가 빈) 暇(겨를 가)

【備旨】

孔子曰 吾黨所謂直者는 則異於是하니 子ㅣ或有過也

어든 而父且爲子隱하여 不以聞之於人하며 父ㅣ或有過也어든 而子亦爲父隱하여 不以聞之於人하나니 夫相隱이 若非直也나 然이나 父子相隱이 於天理爲順하고 人情爲安하니 雖不求爲直이나 而直在其相隱之中矣니라 若父子相證이면 則是拂乎天理人情矣니 豈得爲直哉아

孔子께서 가라사대 "우리 무리 가운데 이른바 正直이란 것은 곧 이와 다르니, 자식이 혹 허물이 있으면 곧 아버지가 또한 자식을 위하여 숨겨 주어서 남들에게 이를 소문내지 아니하며, 혹 아버지가 허물이 있으면 곧 자식이 또한 아버지를 위하여 숨겨 주어서 남들에게 이를 소문내지 아니하니,

무릇 서로 숨겨주는 것이 正直함이 아닌 것 같으나, 그러나 父子가 서로 숨겨주는 것이 天理에 順하고 人情에 편안한 것이니, 비록 正直하기를 구하지 않더라도 正直이 그 서로 숨겨주는 가운데에 있느니라. 만약 父子가 서로 증언을 하게 되면, 곧 이는 天理와 人情에 거스르는 것이니 어찌 正直하다고 할 수 있으리오?"

주해

- 拂(거스를 불)

[13·19]

樊遲ㅣ問仁한대
子曰 居處恭하며 執事敬하며 與人忠을 雖之夷狄이라도 不可棄也니라

번지樊遲가 仁을 묻건대,
孔子께서 가라사대 "거처에 공손하며, 일을 집행하는데 공경하며, 사람을 대하는데 忠하는 것을 비록 이적夷狄의 먼 곳까지 갈지라도 가히 버리지 말지니라."

恭은 主容이요 敬은 主事니 恭見於外하고 敬主乎中이라 之夷狄不可棄는 勉其固守而勿失也라
程子曰 此是徹上徹下語니 聖人은 初無二語也라 充之則睟面盎背요 推而達之면 則篤恭而天下平矣니라
胡氏曰 樊遲問仁者三에 此最先이요 先難이 次之요 愛人이 其最後乎인저

'공恭'은 용모를 주로 하고, '경敬'은 일을 주로 하니, 恭은 밖으로 드러나고 敬은 심중을 주장한다. '이적夷狄 땅에 가더라도 가히 버릴 수 없다는 것'은 그것을 굳게 지켜 잃지 않도록 힘쓰라는 것이다. 程子 가로되 "이는 위로 통하고 아래로 통하는 말이니, 聖人은 애초에 두 가지로 말하는 법이 없다. 그것을 채우면 곧 '맑고 윤택한 기운이 얼굴에 나타나고 뒷모습에 가득 비추다'는 것이 되고, 미루어

도달하면 곧 '군자가 공경함을 돈독하게 하면, 天下가 저절로 태평해진다.'는 것이 된다."

胡氏 가로되 "樊遲가 仁에 대해 물은 것이 세 번인데, 이것이 가장 먼저요, '先難'이 다음이요, '愛人'이 가장 뒤이다."

주해

- 居處: 한가하게 홀로 거처하는 때.
- 與人: 남과 교제하는 일.
- 之夷狄: 이적夷狄의 땅에 가다. '之'는 '가다'. '夷狄'은 매우 먼 곳을 말한다. 夷(오랑캐 이) 狄(오랑캐 적) 棄(버릴 기)
- 徹上徹下: 상하를 관통하고 통달하다. 徹(통할 철)
- 睟面盎背: 仁義禮智가 마음속에 닦여져 맑고 윤택한 기운이 얼굴에 나타나고 뒷모습에 가득 비추다. 睟(온화할 수) 盎(성할 앙)
≪孟子·盡心上≫에 나온다. "君子所性, 仁義禮智根於心, 其生色也, 睟然見於面, 盎於背, 施於四體, 四體不言而喻."
- 篤恭而天下平: '공경함을 돈독하게 하면 天下가 저절로 태평해진다.' ≪中庸≫ 33章에 나온다. "是故, 君子篤恭而天下平."
- 先難: 〈雍也〉篇에 나온다.
- 愛人: 〈顏淵〉篇에 나온다.

【備旨】

樊遲ㅣ問爲仁之道한대

夫子ㅣ告之曰 仁은 人心也니 無時無處而不在也라 故로 時乎居處엔 則容止必恭而不敢肆하며 時而執事엔 則始終必敬而不敢忽하며 時而與人엔 則矢念必忠而不敢欺니라 行此三者를 雖往夷狄이라도 亦固守此恭敬

忠之理하여 不可棄而失之也리니 斯則心無時而不存하고 理無時而或間이니 仁豈外是哉아

번지樊遲가 仁을 행하는 道를 묻건대,
夫子께서 告하여 가라사대 "仁은 人心이니 때와 장소에 있지 아니함이 없느니라. 그러므로 때로 한가하게 거처할 때는 곧 容止를 반드시 공손히 하여 감히 방자하지 말 것이며, 때로 일을 집행할 때는 곧 처음부터 끝까지 반드시 공경히 하여 감히 輕忽히 하지 말 것이며, 때로 남을 대할 때에는 곧 올바른 생각을 반드시 충성스럽게 하여 감히 속이지 말지니라.
이 세 가지를 행하는 것을 비록 夷狄의 먼 곳까지 갈지라도 또한 이 恭과 敬과 忠의 도리를 굳게 지켜서 가히 버려두고 잃지 말 것이니, 이는 곧 마음에 때로 보존되지 아니함이 없고, 이치에 때로 혹 간단間斷함이 없는 것이니, 仁이 어찌 여기에서 벗어나리오?"

주해

- 容止: 몸가짐과 태도, 곧 '의용거지儀容擧止'를 말함.
  ≪禮記・月令≫篇에 나온다. "先雷三日, 奮木鐸以令兆民曰 '雷將發聲, 有不戒其容止者, 生子不備, 必有凶災.'" 鄭玄의 註에 "容止, 猶動靜."이라 풀이했다. 奮(떨칠 분) 鐸(방울 탁)
- 矢念: 정직하고 올바른 생각. 矢(곧을 시)

[13·20]

子貢이 問曰 何如라야 斯可謂之士矣잇고 子曰 行己有恥하며 使於四方하여 不辱君命이면 可謂士矣니라

子貢이 물어 가로되 "어떻게 하면 이에 가히 선비라고 말할 수 있사옵니까?"
孔子께서 가라사대 "몸을 행하는데 부끄러움이 있으며, 사방에 使臣으로 가서 人君의 命을 욕되게 하지 않으면, 가히 선비라고 말할 수 있느니라."

此는 其志有所不爲而其材足以有爲者也라 子貢能言이라 故로 以使事告之하시니 蓋爲使之難이 不獨貴於能言而已니라

이는 그 뜻에 하지 않는 바가 있으나 그 재능은 족히 할 수 있는 자이다. 子貢은 말솜씨에 능하였다. 그러므로 使臣의 일로써 고하시니, 대개 使臣 노릇하기가 어려운 것이 다만 말솜씨가 능한 것을 귀하게 여기지 않을 뿐만이 아닌 것이다.

주해

- 行己: 立心과 制行을 말함.
- 使於四方: 사방에 사신으로 가다. 곧 人君의 명을 받들어 隣國으로 出師하는 일.

● 不獨貴於能言: '다만 말솜씨가 능한 것만을 귀하게 여기지 않다.' 獨(다만 독)

新安陳氏가 말했다. "'다만 말솜씨가 능한 것만을 귀하게 여기지 않는 것'은 대개 몸을 행하는데 부끄러움이 있는 것을 근본으로 삼기 때문이다. 不獨貴於能言, 蓋以行己有恥爲本也."(大全註疏)

【備旨】

子貢이 問於夫子曰 士之稱은 必有其實也니 必何如盡士之實이라야 斯可謂之士矣잇고

夫子ㅣ告之曰 士貴才志兼全也니 必其行之於一己者ㅣ以廉恥爲大節하여 凡非義之事를 皆有恥而不爲면 是其本立矣요 及其出使於四方하여는 則專對諸侯하되 强柔合體而不辱君所以命我之任이면 是其志ㅣ旣有所不爲하고 而其才ㅣ又足以有爲니 可謂之士而無愧矣리라

子貢이 夫子께 물어 가로되 "선비라는 칭호는 반드시 그 실제가 있으니, 반드시 어떻게 선비의 실제를 다해야 이에 가히 선비라고 말할 수 있사옵니까?"

夫子께서 告하여 가라사대 "선비는 才와 志가 모두 온전함을 귀하게 여기니, 반드시 그 한 몸에 행하는 것이 염치廉恥를 大節을 삼아, 무릇 의롭지 않은 일을 모두 부끄럽게 여겨 행하지 아니하면, 이는 그 근본이 바로 선 것이요,

그가 사방에 사신으로 나가서는 곧 오로지 제후만을 應對하되, 강

함과 부드러움이 合體하여 人君이 나에게 명한 바의 임무를 욕되게 하지 않으면, 이는 그 뜻에 이미 부끄러운 일을 하지 않는 바가 있고, 그 재주는 또한 족히 행함이 있는 것이니, 가히 선비라고 말하는데 부끄러움이 없을 것이니라."

주해

- 廉(청렴할 렴) 辱(욕될 욕) 愧(부끄러워할 괴)

曰 敢問其次하노이다
曰 宗族이 稱孝焉하며 鄕黨이 稱弟焉이니라

가로되 "감히 그 다음을 여쭙사옵니다."
가라사대 "宗族이 효성스럽다고 칭하며, 鄕黨의 사람들이 공손하다고 칭하는 사람이니라."

此는 本立而材不足者라 故로 爲其次라

이는 근본이 바로 섰으나 재능이 不足한 자이다. 그러므로 그 다음으로 삼은 것이다.

주해

- 次: '才志兼全'에 다음가는 자이다.
- 鄕黨: 姓氏가 다른 마을 사람들을 말한다.

【備旨】

子貢이 又問曰 敢問其士之次者ㅣ何如하노이다
夫子ㅣ告之曰 有人於此하니 內而宗族이 稱其孝焉하며 外而鄕黨이 稱其弟焉이면 此其才ㅣ雖有不足이나 然이나 大本已立에 斯可以爲士之次矣니라

子貢이 또 물어 가로되 "감히 그런 선비의 다음가는 자가 어떠한지를 여쭙사옵니다."
夫子께서 告하여 가라사대 "여기에 사람이 있으니 안으로 宗族들이 그 효성스러움을 칭찬하며, 밖으로 鄕黨의 사람들이 그 공손함을 칭찬하면, 이는 그 재능이 비록 부족함이 있으나 그러나 大本이 이미 바르게 서서 이에 가히 다음가는 선비가 될 수 있느니라."

曰 敢問其次하노이다
曰 言必信하며 行必果가 硜硜然小人哉나 抑亦可以爲次矣니라

가로되 "감히 그 다음을 여쭙사옵니다."
가라사대 "말을 반드시 미덥게 하며, 행동을 반드시 과단하게 결행하는 것이 경경硜硜한 小人과 같으나, 또한 가히 다음이 될 수 있느니라."

果는 必行也라 硜은 小石之堅確者라 小人은 言其識量之淺狹也라 此는 其本末이 皆無足觀이나 然亦不害其爲自守也라 故로 聖人猶有取焉이요 下此則市井之人이니 不復可爲士矣라

'과果'는 반드시 행하는 것이다. '경硜'은 작은 돌의 견고하고 단단한 것이다. '小人'은 그 식견과 도량이 얕고 좁은 것을 말한다. 이는 그 本末이 모두 족히 볼 만한 것이 없으나, 그러나 또한 그 스스로를 지키는데는 해가 되지 않는다. 그러므로 聖人께서 오히려 이에서 취한 것이 있는 것이요, 이보다 아래는 곧 市井의 사람들이니 다시 가히 선비라고 할 수 없다.

주해

- 次: 孝弟之人보다 더 아래인 사람을 말한다.
- 果: 과단하게 결행하다. 果(결행할 과)
- 硜硜然: 반드시 미덥게 하고 반드시 과단하게 결행하여 견고한 모습. 硜(돌소리 갱)
  朱子가 말했다. "硜硜한 소인을 또한 가히 선비라고 하는 것은, 그 식견과 도량이 비록 淺近하나 惡은 아니기 때문이다. 硜硜小人, 亦可爲士者, 其識量雖淺而非惡也."(大全註疏)

【備旨】

子貢이 又問曰 敢問其士之又次者ㅣ何如하노이다 夫子ㅣ告之曰 有人於此하니 言不顧是非而必信하며 行不擇可否而必果하여 硜硜然乃識量淺狹之小人哉나 此

其本末이 雖無足觀이나 然이나 自守之嚴이니 抑亦可以爲士之次矣니라

子貢이 또 물어 가로되 "감히 그 선비의 또 다음가는 자가 어떠한지를 여쭙사옵니다."
夫子께서 告하여 가라사대 "여기에 사람이 있으니 말은 是非를 돌아보지 않고 반드시 미덥게 하며, 행동은 可否를 가리지 않고 반드시 과단성 있게 하여, 갱갱硜硜히 이에 식견과 도량이 얕고 좁은 小人이나, 이는 그 본말이 비록 족히 볼만한 것이 없으나 그러나 스스로를 지키는 것이 엄하니, 또한 가히 그 다음가는 선비가 될 수 있느니라."

曰 今之從政者는 何如하니잇고
子曰 噫라 斗筲之人을 何足算也리오

가로되 "지금의 政事에 종사하는 자는 어떠하옵니까?"
孔子께서 가라사대 "슬프도다! 비루鄙陋하고 細微한 자들을 어찌 족히 셈하리오?"

今之從政者는 蓋如魯三家之屬이라 噫는 心不平聲이라 斗는 量名이니 容十升이요 筲는 竹器니 容斗二升이니 斗筲之人은 言鄙細也라 算은 數也라 子貢之問每

下라 故로 夫子以是警之시니라

程子曰 子貢之意는 蓋欲爲皎皎之行하여 聞於人者요 夫子告之는 皆篤實自得之事니라

'지금의 政事에 종사하는 자'는 대개 魯나라 三家(孟孫氏, 仲孫氏, 季孫氏)와 같은 무리들이다. '희噫'는 마음이 편하지 못한 소리이다. '두斗'는 용량의 이름이니 열 되를 담고, '소筲'는 대나무 그릇이니 한말 두 되를 담는다. '斗筲之人'은 비루鄙陋하고 세미細微하다는 말이다. '산算'은 셈하는 것이다. 子貢의 물음이 매번 내려갔기 때문에 夫子께서 이로써 경계하신 것이다.

程子 가로되 "子貢의 뜻은 대개 淸白한 행동을 하여 남들에게 소문나게 하고자 한 것이요, 夫子께서 告하신 것은 모두 篤實하게 하여 스스로 얻을 수 있는 일이다."

주해

- 斗筲之人: '斗'와 '筲'는 모두 용량을 세는 단위로서, '斗'는 한 말, '筲'는 한 말 두 되이다. 전하여 '斗筲'는 식견이 부족하고 기량이 협소한 자를 말한다. 筲(대그릇 소)
  ≪資治通鑒·한영제광화원년漢靈帝光和元年≫條에 "鬥筲小人, 依憑世戚, 附託權豪, 俛眉承睫, 徼進明時."라고 했다. 憑(기댈 빙) 俛(힘쓸 면) 眉(눈썹 미) 睫(속눈썹 첩) 徼(구할 요)
- 皎皎: 희고 깨끗한 모습, 곧 淸白한 행실을 말함. 皎(흴 교)
  ≪詩·小雅·백구白駒≫篇에 나온다. "皎皎白駒, 在彼空穀." 駒(망아지 구) 穀(곡식 곡)
- 噫(탄식할 희) 屬(무리 속)

【備旨】

子貢이 又問曰 今之從政爲大夫者는 其於士에 何如하니잇고
夫子ㅣ嘆之曰 噫라 斗筲鄙細之人은 本末이 旣無足觀이요 言行이 又無可取니 何足算其爲士也리오 子ㅣ欲爲士인댄 亦取法乎上이 可矣니라

子貢이 또 물어 가로되 "지금의 政事에 종사하여 大夫가 된 자는 그 선비에 있어서 어떠하옵니까?"
夫子께서 탄식하시며 가라사대 "슬프도다! 도량이 鄙陋하고 細微한 사람들은 본말이 이미 족히 볼 만한 것이 없고, 言行이 또한 가히 취할 만한 것이 없으니, 어찌 족히 그 선비다움을 헤아릴 수 있으리오? 그대가 선비가 되고자 하면, 또한 위에서 法으로 취함이 옳을 것이니라."

[13·21]

子曰 不得中行而與之인댄 必也狂狷乎인저 狂者는 進取요 狷者는 有所不爲也니라

孔子께서 가라사대 "中行의 선비를 얻어 함께 하지 못한다면, 반드시 광자狂者나 견자狷者와 함께 할 것인저! 狂者는 진취적이요, 狷者는 하지 않는 바가 있느니라."

行은 道也라 狂者는 志極高而行不掩이요 狷者는 知未及而守有餘라 蓋聖人이 本欲得中道之人而敎之라 然이나 旣不可得이요 而徒得謹厚之人이면 則未必能自振拔而有爲也라 故로 不若得此狂狷之人이니 猶可因其志節而激厲裁抑之하여 以進於道요 非與其終於此而已也라

孟子曰 孔子豈不欲中道哉시리오마는 不可必得이라 故로 思其次也시니 如琴張曾晳牧皮者는 孔子之所謂狂也니라 其志ㅣ嘐嘐然曰 古之人古之人이여하되 夷考其行而不掩焉者也니라 狂者를 又不可得이어든 欲得不屑不潔之士而與之하시니 是狷也요 是又其次也니라

'行'은 道이다. '광자狂者'는 뜻이 지극히 높고 행동이 가려지지 않는 것이요, '견자狷者'는 지혜가 미치지 못하나 지킴에 남음이 있는 것이다. 대개 聖人은 본디 中道의 사람을 얻어 가르치고자 한다. 그러나 이미 가히 얻지 못하고 한갓 근후謹厚한 사람만 얻는다면, 곧 반드시 능히 스스로 진발振拔하여도 이룰 수는 없을 것이다. 그러므로 이런 狂者나 狷者와 같은 사람을 얻는 것만 같지 못하니, 오히려 가히 그 지조와 절개로 인하여 격려激厲하고 재억裁抑하여 道에 나아갈 수 있고, 그들이 여기에서 마치는 것을 許與한 것이 아니다.

孟子께서 가라사대 "孔子께서 어찌 中道의 선비를 구하고자 하지 않으셨으리오마는, 가히 반드시 얻을 수는 없으셨다. 그러므로 그 다음 사람을 생각하시니, 예를 들어 금장琴張·증석曾晳·목피牧皮 같은 이는 孔子께서 이른바 '狂者'이다. 그 뜻이 효효연嘐嘐然하여 가

로되 '옛 사람이여! 옛 사람이여!'라고 하였으나, 그 행실을 살피면 가리지 못하는 자들이다. 狂者도 또한 가히 얻지 못하게 되자, 불결함을 달갑게 여기지 않는 선비를 얻어 함께 하고자 하셨으니, 이들은 '狷者'요, 이는 또 그 다음이니라."

주해

- 中行: 中道를 행하는 자.
  胡氏가 말했다. "道는 길과 같다. 그러므로 '行' 또한 道인 것이다. 道猶路也. 故行亦道也."(大全註疏)
- 狂者: 志向하는 바가 高遠하고 용맹스럽게 앞으로 나아가되 古人에게서 法을 취하는 자.
  형병邢昺의 疏에 "狂者進取於善道, 知進而不知退."라고 풀이했다.
- 狷者: 성품이 편벽되고 스스로 고결함을 좋아하여 남들과 함께 處하기를 싫어하나, 의롭지 않는 일은 결단코 행하지 않는 자. 狷(성급할 견)
  朱子가 말했다. "'狂者'는 아는 것이 지나친 것이고, '狷者'는 행동이 지나친 것이다. 狂者, 知之過. 狷者, 行之過."(大全註疏)
- 振拔: 분발하여 떨치고 일어나다. 곧 '진분자발振奮自拔'의 뜻. 振(떨칠 진) 拔(뺄 발)
  漢나라 반고班固의 ≪답빈희答賓戲≫에 나온다. "卒不能攄首尾, 奮翼鱗, 振拔洿塗, 跨騰風雲." 攄(당길 로) 洿(웅덩이 오) 塗(진흙 도) 跨(넘을 과) 騰(오를 등)
- 裁抑: 제재制裁하고 억제하다. 裁(마를 재) 抑(누를 억)
- 夷考: 고찰하다. 夷(평평할 이)
  ≪孟子·盡心下≫에 "夷考其行, 而不掩焉者也."라고 했고, 조기趙岐의 註에 "考察其行, 不能掩覆其言."이라고 풀이했다. 覆(뒤집을 복)
- 嘐嘐然: 뜻이 크고 발이 과장된 모습. 嘐(큰소리 효)
  ≪孟子·盡心下≫에 "何以謂之狂也? 曰其志嘐嘐然, 曰古之人古之

人.' 夷考其行而不掩焉者也."라고 했고, 趙岐의 註에 "嘐嘐, 志大言大者也."라고 풀이했다.

● 掩(가릴 엄) 激(물결부딪칠 격) 厲(힘쓸 려) 晳(밝을 석) 屑(달갑게여길 설)

【備旨】

夫子ㅣ思傳道之人曰 道는 必得所與而後에 傳也니 吾不得中行之士의 志節兼全하고 知行合道者 而與之以傳道矣니라 然則吾之所與者는 必也其狂與狷乎인저 蓋狂者는 遠大自期하여 進而有爲以取法乎古人하고 狷者는 自愛其身하여 不義之事에 斷然有所不爲也라 夫狂者는 有其志하고 狷者는 有其節하니 得是人而激勵裁抑之면 則今日之狂狷이 他日에 亦可與中行으로 同歸於道矣리니 噫라 微斯人이면 其誰與歸리오

夫子께서 道를 傳할 사람을 생각하여 가라사대 "道는 반드시 가르칠만한 사람을 얻은 이후에 전하는 법이니, 내가 中行의 선비가 志節을 兼全하고 知行이 道에 합당한 자를 얻어 그에게 道를 전하지 못하겠노라. 그러한 즉 내가 가르칠 자는 반드시 그 狂者와 狷者일 것인저!

대개 狂者는 遠大함으로 스스로 기약하여 나아가 행하되 古人에게서 법을 취하고, 狷者는 스스로 그 몸을 사랑하여 의롭지 않은 일에 단연코 하지 않는 바가 있느니라. 무릇 狂者는 그 志操가 있고, 狷者는 그 節介가 있으니, 이런 사람을 얻어 격려激勵하고 制裁하고

抑制하면 곧 今日의 狂者와 狷者가 他日에 또한 가히 中行의 선비와 더불어 함께 道에 돌아갈 수 있을 것이니, 아! 이런 사람이 아니면 그 누구와 더불어 돌아가리오?"

주해

- 噫(탄식할 희) 微(없을 미) 誰(누구 수)

[13·22]

子曰 南人이 有言曰 人而無恒이면 不可以作巫醫라 하니 善夫라

孔子께서 가라사대 "南人이 말을 하여 가로되 '사람이 恒心이 없으면 가히 무당과 의원도 될 수 없다.' 라고 하니, 훌륭하도다!"

南人은 南國之人이라 恒은 常久也라 巫는 所以交鬼神이요 醫는 所以寄死生이라 故로 雖賤役이나 而猶不可以無常이니 孔子稱其言而善之시니라

'南人'은 南國의 사람이다. '항恒'은 떳떳하고 오래가는 것이다. '무巫'는 귀신과 交感하는 자요, '의醫'는 死生을 맡기는 자이다. 그러므로 비록 천한 일이나, 오히려 가히 떳떳함이 없을 수 없으니, 孔子께서 그 말을 칭송하여 훌륭하다고 하신 것이다.

주해

● 恒(항상 항) 巫(무당 무) 醫(의원 의)

【備旨】

子曰 南國之人이 有言曰 人而無常久之心者는 則誠有不足하여 不可以作巫而交鬼神이며 術有不精하여 不可以作醫而寄死生이라 하니 南人之言이 如此하니 無恒之人은 卽巫醫도 且不可作이어늘 況修德立功之大者乎아 善夫라 南人之言近而指遠也여

孔子께서 가라사대 "南國의 사람들이 말을 하여 가로되 '사람이 常久의 마음이 없는 자는 곧 정성이 부족하여 가히 무당이 되어 귀신과 교감할 수 없으며, 의술이 精密하지 못하여 가히 의원醫員이 되어 死生을 맡길 수 없다.' 라고 하니, 南國 사람의 말이 이와 같으니 恒心이 없는 사람은 곧 무당과 의원도 또한 가히 되지 못하거늘, 하물며 덕을 닦고 공을 세우는 큰 일에 있어서랴! 훌륭하도다! 南國 사람들의 말이 천근淺近하나 뜻은 심원함이여!"

不恒其德이면 或承之羞라 하니

"'그 德을 떳떳하게 하지 않으면, 혹 부끄러움에 나아간다.' 라고 하니,"

此는 易恒卦九三爻辭라 承은 進也라

이는 ≪周易 · 항괘恒卦≫ 九三의 효사爻辭이다. '승承'은 나아간다는 뜻이다.

주해

- 恒卦: ≪周易≫ 64卦의 하나. ≪說文≫에 "恒, 常也."라 했고, ≪易 · 서괘전序卦傳≫에 "恒者, 久也."라고 했다. 卦(걸 괘)
- 羞(부끄러울 수) 爻(괘효 효)

【備旨】

然이나 不獨南人이 有是言也라 易之恒卦 九三爻辭에 有曰 人苟不能恒久其德이면 則內省多疚而外侮必至에 人皆得以羞辱奉之라 하니 易之所言이 如此라

"그러나 다만 南人만이 이러한 말을 한 것이 아니다. ≪周易 · 항괘恒卦≫ 九三의 효사爻辭에 두어 가로되 '사람이 만일 능히 그 德을 떳떳하게 지속하지 못하면, 곧 안으로 살피는데 잘못이 많게 되고 밖으로 업신여김이 반드시 이르게 되어, 남들이 모두 부끄러움과 욕됨으로써 받들 것이다.' 라고 하니, ≪周易≫에서 말한 바가 이와 같느니라."

주해

- 疚(오랜병 구) 侮(업신여길 모) 辱(욕될 욕)

子曰 不占而已矣니라

孔子께서 가라사대 "점占치지 않았을 따름이니라."

復加子曰하여 以別易文也니 其義未詳이라
楊氏曰 君子於易에 苟玩其占이면 則知無常之取羞矣니 其爲無常也는 蓋亦不占而已矣라 하니 意亦略通이니라

다시 '子曰'을 더하여 ≪周易≫의 문장과 구별하니, 그 뜻이 상세하지 않다.
楊氏 가로되 "君子가 ≪周易≫에서 만일 그 占의 뜻을 완미玩味해 보면 곧 떳떳함이 없으면 부끄러움을 취하게 된다는 것을 알 수 있으니, 그 떳떳함이 없는 행동을 하는 것은 대개 또한 '占치지 않을 따름이다' 라고 하니, 뜻이 또한 대략 통한다."

주해

- 不占: 점치지 않다, 점칠 필요가 없다.
  南軒張氏가 말했다. "'不占'은 이치의 필연을 말한 것이니, 점을 치지 않고도 결단코 가히 알 수 있는 것이다. 不占謂理之必然, 不待占決而可知也."(大全註疏)

【備旨】

夫子ㅣ旣引此辭又曰 是殆不玩其占而已矣니 君子於易에 苟玩其占이면 則知無常取羞而惕然省悟矣리니 人

之無恒者ㅣ可不繹方言而知戒하고 玩易辭而知儆哉아

夫子께서 이미 이 효사爻辭를 인용하고 또 가라사대 "이는 아마도 그 占을 玩味해보지 않았을 따름이니, 君子가 ≪周易≫에서 만일 그 占을 玩味해 보면 곧 無常이 부끄러움을 취한다는 사실을 알고서 두려워하며 반성하고 깨달을 것이니, 사람에게 恒心이 없는 자가 가히 方言을 풀어서 경계警戒로 삼을 줄을 알고, ≪周易≫의 효사爻辭를 玩味하여 警戒로 삼을 줄을 알지 못하리오?"

주해

- 惕然: 근심하고 두려워하는 모양, 惕(두려워할 척) 儆(경계할 경)

[13·23]

子曰 君子는 和而不同하고 小人은 同而不和니라

孔子께서 가라사대 "君子는 和하되 同하지 아니하고, 小人은 同하되 和하지 않느니라."

和者는 無乖戾之心이요 同者는 有阿比之意라
尹氏曰 君子는 尚義라 故로 有不同이요 小人은 尚利하니 安得而和리오

'화和'는 거스르는 마음이 없는 것이요, '동同'은 아첨하는 뜻이 있는 것이다.

尹氏 가로되 "君子는 義를 숭상하기 때문에 부화뇌동附和雷同하지 않음이 있고, 小人은 이익을 숭상하니 어찌 和할 수 있으리오?"

주해

- 君子: 여기서는 이치를 따르는 사람을 말한다.
- 小人: 여기서는 사욕을 좇는 사람을 말한다.
- 和同: 조화調和와 부화뇌동附和雷同.
  南軒張氏가 말했다. "'和'는 이치에 조화로운 것이고, '同'은 사사로움과 같이 되는 것이다. 이치에 조화로우면 곧 구차하게 같지 아니하고, 그 사사로움과 같이 하면 곧 능히 조화로울 수 없다. 和者, 和於理. 同者, 同其私. 和於理則不苟同, 同其私則不能和."(大全註疏)
- 乖戾: 乖(어그러질 괴) 戾(어그러질 려)
- 阿比: 아첨하여 친한 척 함. 阿(아첨할 아) 比(친할 비)

【備旨】

夫子ㅣ辨和同之介曰 君子小人은 心術不同이라 故로 其處事亦異하니 君子之心은 公이라 其與人也ㅣ初無乖戾之心하여 惟視理以爲可否하니 吾見其和也而非苟同於人矣요 小人之心은 私라 其與人也ㅣ莫非阿比之意하여 惟循情以爲可否하니 吾見其同也而非和以處衆矣니 和同之相反이 如此하니 人安可以無辨哉아

夫子께서 '和'와 '同'의 경계를 분별하여 가라사대 "君子와 小人은

心術이 같지 않기 때문에 그 일에 처하는 것이 또한 다르니, 君子의 마음은 공정하여 그 남과 더불어 하는 것이 애초에 어긋난 마음이 없어 오직 이치를 보고 可否로 삼으니, 내가 그 조화로우나 구차히 남과 雷同하지 않음을 알 수 있고, 小人의 마음은 사사로워 그 남과 더불어 하는 것이 아부하는 뜻이 아님이 없어 오직 私情을 따라서 可否로 삼으니, 내가 그 雷同하나 조화로써 무리에 처하지 않음을 알 수 있으니, 和와 同이 相反됨이 이와 같으니 사람이 어찌 가히 분별하지 않으리오?"

주해

- 介: 境界, 강계疆界. '界'와 통한다. 介(경계 개)
  ≪說文≫에 "介, 劃也."라 했고, ≪詩・周頌・思文≫에 "無此疆爾界." 라고 했는데, 육덕명陸德明의 ≪釋文≫에 '界'를 '介'라고 해석했다.

[13・24]

子貢이 問曰 鄕人이 皆好之면 何如잇고
子曰 未可也니라
鄕人이 皆惡之면 何如잇고
子曰 未可也니라 不如鄕人之善者ㅣ好之요 其不善者ㅣ惡之니라

子貢이 물어 가로되 "마을 사람들이 모두 좋아하면 어떠하옵니까?"

孔子께서 가라사대 "可하지 않느니라."
"마을 사람들이 모두 싫어하면 어떠하옵니까?"
孔子께서 가라사대 "可하지 않느니라. 마을 사람들이 善한 자가 좋아하고, 그 善하지 않는 자가 싫어하는 것만 같지 못하니라."

一鄕之人은 宜有公論矣라 然이나 其間에 亦各以類自爲好惡也라 故로 善者 | 好之而惡者 | 不惡면 則必其有苟合之行이요 惡者 | 惡之而善者 | 不好면 則必其無可好之實이니라

한 고을의 사람에게는 마땅히 公論이 있다. 그러나 그 사이에 또한 각각 부류로써 스스로 좋아하고 비워하게 된다. 그러므로 善한 자가 좋아하고 惡한 자가 미워하지 아니하면, 곧 반드시 그 구차하게 영합하는 행실이 있을 것이요, 惡한 자가 미워하고 善한 자가 좋아하지 아니하면 곧 반드시 그 가히 좋아할 만한 실질이 없을 것이다.

주해

- 惡者不惡: 악한 자가 미워하지 않다. 惡(미워할 오)
- 勉齋黃氏가 말했다. "마을 사람들이 모두 좋아하고 모두 싫어하는 것으로써 그 사람의 어진 여부를 정하지 않고, 반드시 善한 자가 좋아하고 善하지 않은 자가 미워하는 것에서 결정을 취해야 한다. 대개 善한 자는 이치를 따르기 때문에 좋아하는 바가 자신이 이치를 따르는 것과 같고, 善하지 않는 자는 사욕을 따르기 때문에 미워하는 바가 반드시 자신이 사욕을 따르는 것과 같지 않게 된다. 이것이 그가 어질다고 여기는 바이다. 不以鄕人皆好皆惡而定其人之賢, 必取決於善者之好, 不善者之惡. 蓋善者徇理, 故所好者如己之徇理者也. 不善者徇欲, 故所惡者必不如己之徇欲者也. 此其所以爲賢也."(大全註疏)

【備旨】

子貢이 問於夫子曰 賢者는 必見愛於人하니 若盡一鄕之人而皆好之면 何如잇고 可以爲賢乎아

夫子ㅣ告之曰 鄕人이 皆好면 安知非同類合汙者乎아 未可信其爲賢也니라

子貢이 又問曰 賢者는 多見忌於人하니 若盡一鄕之人而皆惡之면 何如잇고 可以爲賢乎아

夫子ㅣ告之曰 鄕人이 皆惡면 安知非詭世戾俗者乎아 未可信其爲賢也니라 蓋好惡之公이 不在於同이요 而善惡之分이 各以其類하니 與其以鄕人이 皆好爲賢으론 不如鄕人中之善者ㅣ好之之爲得也요 與其以鄕人皆惡爲賢으론 不如鄕人之中不善者ㅣ惡之之爲得也니 夫其志行之美ㅣ旣足取信君子하고 立心之直이 又不苟同小人이니 必如是라야 斯可以爲賢耳니라

子貢이 夫子께 물어 가로되 "賢者는 반드시 사람들에게 사랑을 받으니, 만약 온 마을 사람들이 모두 그를 좋아하면 어떠하옵니까? 가히 賢者라고 할 수 있사옵니까?"

夫子께서 告하여 가라사대 "마을 사람들이 모두 좋아한다면 어찌 同類가 더러움에 영합한 자가 아닌 줄을 알리오? 가히 그가 賢者라고 믿을 수가 없느니라."

子貢이 또 물어 가로되 "賢者는 사람들에게 시기를 많이 받으니, 만약 온 마을 사람들이 모두 그를 미워하면 어떠하옵니까? 가히 賢者

라고 할 수 있사옵니까?"

夫子께서 告하여 가라사대 "마을 사람들이 모두 싫어한다면 어찌 세상을 속이고 풍속을 어긋나게 하는 자가 아닌 줄을 알리오? 가히 그가 賢者라고 믿을 수가 없느니라. 대개 好惡의 공정함은 同類에 있지 않고, 善惡의 구분은 각각 그 部類로써 하니, 그 마을 사람들이 모두 좋아해서 어질다고 여기는 것은 마을 사람들 가운데 善한 者가 그를 좋아하는 것을 이득으로 삼는 것만 같지 못하며, 그 마을 사람들이 모두 미워해도 어질다고 여기는 것은 마을 사람들 가운데 不善한 자가 그를 미워하는 것을 이득으로 삼는 것만 같지 못하다. 무릇 그의 뜻과 행실의 아름다움이 이미 족히 君子에게서 미더움을 받고, 立心의 정직함이 또 구차하게 小人과 같지 않으니, 반드시 이와 같을지라야 이에 가히 賢者가 될 수 있을 뿐이니라."

주해

- 詭世: 세상 사람들을 속이다. 詭(속일 궤)
- 汙(더러울 오) 戾(어그러질 려)

[13·25]

子曰 君子는 易事而難說也니 說之不以道면 不說也요 及其使人也하여는 器之니라 小人은 難事而易說也니 說之雖不以道라도 說也요 及其使人也하여는 求備焉이니라

孔子께서 가라사대 "君子는 섬기기는 쉬우나 기쁘게 하기는 어려우니, 기쁘게 하는 것을 道로써 아니하면 기뻐하지 않을 것이요, 그가 사람을 부리는데 미쳐서는 그릇에 따라 하느니라. 小人은 섬기기는 어려우나 기쁘게 하기는 쉬우니, 기쁘게 하는 것을 비록 道로써 하지 않을지라도 기뻐할 것이요, 그가 사람을 부리는데 미쳐서는 완비되기만을 구하느니라."

器之는 謂隨其材器而使之也라 君子之心은 公而恕하고 小人之心은 私而刻하니 天理人欲之間에 每相反而已矣라

'器之'는 그 재주와 그릇(器量)에 따라서 부린다는 말이다. 君子의 마음은 공정하되 너그럽고, 小人의 마음은 사사롭되 각박하니, 天理와 人欲의 사이에 매번 相反될 따름이다.

주해

- 君子: 여기서는 公恕하면서 지위에 있는 자를 말한다.
- 小人: 여기서는 私刻하면서 지위에 있는 자를 말한다.
- 公而恕: 공정하면서 너그럽다. 恕(용서할 서)
  朱子가 말했다. "공정하기 때문에 기쁘게 하기 어렵고, 너그럽기 때문에 섬기기 쉽다. 公故難說, 恕故易事."(大全註疏)
- 私而刻: 사사로우면서 각박하다. 刻(각박할 각)
  朱子가 말했다. "사사롭기 때문에 기쁘게 하기 쉽고, 각박하기 때문에 섬기기 어렵다. 私故易說, 刻故難事."(大全註疏)

【備旨】

夫子ㅣ論君子小人用心之異曰 君子之人은 易於服事而難於取說也니 何則고 君子는 心惟其公이라 苟說之不以當然之道而巧於諂媚면 彼必以理御情而不說也니 說之不亦難乎아 及其使人也엔 則待之以恕하고 隨其材而器用之하여 有長에 皆可效니 事之又何易也요
小人之人은 難於服事而易於取說也니 何則고 小人은 心惟其私라 則說之雖不以道而曲爲逢迎이면 彼亦徇情忘理而說之也니 說之不亦易乎아 及其使人也엔 則待之以刻하고 必求其全備而後에 快焉하여 責望無已時하니 事之又何難也오 君子小人之相反이 如此하니 可不辨哉아

夫子께서 君子와 小人의 마음 씀씀이의 차이를 논하여 가라사대 "君子같은 사람은 섬기기는 쉬우나 기쁨을 취하기는 어려우니 무엇 때문이리오? 君子는 마음이 오직 그 공정하기 때문에 만일 기쁘게 하는 것을 당연한 道로써 아니하고 아첨하는데 재주를 부린다면, 그는 반드시 이치로써 私情을 다스려 기뻐하지 않을 것이니, 그를 기쁘게 하는 것이 또한 어렵지 않으리오? 그가 사람을 부리는데 미쳐서는 곧 너그러움으로 대하고 그 재질에 따라 중용하여 장점이 있으면 모두 가히 힘을 다할 수 있으니 섬기는 것이 또한 얼마나 쉬우리요!
小人같은 사람은 섬기기는 어려우나 기쁘게 하기는 쉬우니 무엇 때문이리오? 小人은 마음이 오직 그 사사롭기 때문에 곧 기쁘게 하는

것을 비록 道로써 아니하고 왜곡하여 비위를 맞춘다면, 그는 또한 私情을 따라 이치를 망각하고 기뻐할 것이니, 그를 기쁘게 하는 것이 또한 쉽지 않으리오? 그가 사람을 부리는데 미쳐서는 곧 각박하게 대하고 반드시 그 완전하게 갖춰지기를 구한 후에 기뻐하고 責望이 그칠 때가 없으니, 섬기는 것이 또한 얼마나 어려우리오! 君子와 小人의 상반됨이 이와 같으니 가히 분별하지 않으리오?"

주해

- 服事: 섬기다, 신하를 道理를 다하다.
  ≪左傳·昭公十二年≫條에 나온다. "今周與四國服事君王, 將唯命是從, 豈其愛鼎?" 鼎(솥 정)
- 諂媚: 아첨하고 아부하다. 諂(아첨할 첨) 媚(아첨할 미)
- 逢迎: 남의 뜻을 맞추며 영합迎合하다.
  ≪孟子·告子下≫篇에 나온다. "逢君之惡其罪大" 漢나라 조기趙岐의 註에 "逢, 迎也. 君之惡心未發, 臣以諂媚逢迎而導君爲非, 故曰罪大."라고 풀이했다.
- 器用: 중용하다.

[13·26]

子曰 君子는 泰而不驕하고 小人은 驕而不泰니라

孔子께서 가라사대 "君子는 태연하되 교만하지 아니하고, 小人은 교만하되 태연하지 못하느니라."

君子는 循理라 故로 安舒而不矜肆요 小人은 逞欲이라 故로 反是니라

君子는 이치를 따르기 때문에 편안하되 교만하거나 방자하지 않고, 小人은 욕망을 드러내기 때문에 이에 상반된다.

주해

- 安舒: 편안하고 느긋하다. 舒(펼 서)
- 矜肆: 교만하고 방종하다. 矜(자랑할 긍) 肆(방자할 사)
  ≪신당서新唐書 · 원재전元載傳≫에 나온다. "朝恩已誅, 載得意甚, 益矜肆."
- 逞欲: 욕망을 떠르다. 逞(쾌할 령)
  ≪左傳 · 환공桓公六年≫條에 나온다. "今民餒而君逞欲, 祝史矯擧以祭, 臣不知其可也." 두예杜預의 註에 "逞, 快也."라고 풀이했다. 餒(주릴 뢰) 矯(바로잡을 교)

【備旨】

夫子ㅣ辨君子小人之氣象曰 君子小人은 存心不同이라 故로 其見之氣象이 亦異하니 君子는 徇乎理而心廣體胖이라 常見其安舒而泰나 而不見其矜肆而驕也요 小人은 役於欲而氣溢志盈이라 常見其矜肆而驕나 而不見其安舒而泰也니 君子小人은 其氣象不同有如是니라

夫子께서 君子와 小人의 氣象을 분별하여 가라사대 "君子와 小人은 마음을 보존하는 것이 같지 않기 때문에, 그 나타나는 氣象이 또한

다르니라. 君子는 이치를 따라서 심광체반心廣體胖하기 때문에 항상 그 편안하고 태연함을 보되 그 교만하거나 방자함을 보지 못하며, 小人은 욕망에 사역使役 당하여 기운이 넘치고 뜻이 가득 차 있기 때문에 항상 그 교만하고 방자함을 보되 그 편안하고 태연함을 보지 못하니, 君子와 小人은 그 氣象이 같지 않는데 이와 같음이 있느니라."

주해

- 廣(넓을 광) 胖(펴질 반) 溢(넘칠 일) 盈(찰 영)

[13·27]

子曰 剛毅木訥이 近仁이니라

孔子께서 가라사대 "강직하고 굳세고 질박하고 어눌한 것이 仁에 가까우니라."

程子曰 木者는 質樸이요 訥者는 遲鈍이니 四者는 質之近乎仁者也라
楊氏曰 剛毅則不屈於物欲하고 木訥則不至於外馳라 故로 近仁이니라

程子 가로되 "'木'은 질박함이요, '눌訥'은 더디고 둔함이니, 네 가지는 바탕이 仁에 가까운 것이다."

楊氏 가로되 "강직하고 굳세면 곧 물욕에 굽히지 않고, 질박하고 어눌하면 곧 밖으로 내달리는데 이르지 않게 된다. 그러므로 仁에 가깝다."

주해

- 剛毅木訥: 강직하고 굳세고 질박하고 어눌하다. '강剛'은 體의 측면에서고, '의毅'는 用의 측면에서, '목木'은 용모의 측면에서, '눌訥'은 언어의 측면에서 각각 말한 것이다. 剛(굳셀 강) 毅(굳셀 의) 訥(말더듬을 눌)
- 樸(통나무 박) 遲(더딜 지) 鈍(무딜 둔) 馳(달릴 치)

【備旨】

夫子ㅣ欲人充美質以求仁曰 人之氣質이 有剛焉而強勇不屈하며 毅焉而堅忍有守하며 木焉而質樸無華하며 訥焉而遲鈍不佞하니 此四者는 皆質之美而未嘗從事於仁也라 然이나 仁者는 心無私欲하니 剛毅則不屈於物欲이요 仁者는 心存不放하니 木訥則不至於外馳니 要皆近於仁也라 使因其近仁之質而加以求仁之功이면 不將與仁爲一乎아

夫子께서 사람들에게 아름다운 자질을 확충하여 仁을 구하게 하고자 하여 가라사대 "사람의 氣質이 강직하여 강용強勇에도 굽히지 않음이 있으며, 굳세어서 견인堅忍하여 지킴이 있으며, 나무처럼 질박하여 화려함이 없으며, 어눌해서 더디고 둔하여 말 잘하지 못함이 있으니, 이 네 가지는 모두 자질은 아름다우나 일찍이 仁에 종사하지 못한 것이니라.

그러나 仁者는 마음에 사욕이 없으니, 강직하고 굳세면 곧 물욕에 굽히지 않을 것이요, 仁者는 마음이 보존되어 방자하지 아니하니, 질박하고 어눌하면 곧 밖으로 내달리는데 이르지 아니하니, 요컨대 모두 仁에 가까우니라. 가사 그 仁에 가까운 자질에 인하여 仁을 구하는 공부를 더하게 되면, 장차 仁으로 더불어 하나가 되지 않으리오?"

주해

● 堅(굳을 견) 佞(아첨할 녕)

[13·28]

子路ㅣ問曰 何如라야 斯可謂之士矣니잇고 子曰 切切偲偲하며 怡怡如也면 可謂士矣니 朋友엔 切切偲偲요 兄弟엔 怡怡니라

子路가 물어 가로되 "어떻게 해야 이에 가히 선비라고 말할 수 있사옵니까?"
孔子께서 가라사대 "간절하게 서로 면려勉勵하고 온화하게 하면 가히 선비라고 말할 수 있으니, 친구에게는 간절하게 서로 면려勉勵하고, 형제에게는 온화하게 해야 하느니라."

胡氏曰 切切은 懇到也요 偲偲는 詳勉也요 怡怡는 和悅也니 皆子路所不足이라 故로 告之요 又恐其混於所

施면 則兄弟有賊恩之禍하고 朋友有善柔之損이라 故로 又別而言之하시니라

胡氏 가로되 "'절절切切'은 간절하게 이르는 것이요, '시시偲偲'는 자상하게 권면勸勉하는 것이요, '이이怡怡'는 화평하고 기뻐하는 것이니, 모두 子路에게 不足한 것이다. 그러므로 子路에게 고하신 것이요, 또한 그 베푸는 것에 혼란混亂이 되면 곧 형제에게 은혜를 해치는 재앙이 생기고, 朋友에게 선유善柔하는 손실이 있을까 염려했기 때문에 다시 구별하여 말씀하신 것이다."

주해

- 切切: 매우 간절한 모양.
- 偲偲: 서로 면려勉勵하는 모양. 偲(자세히 살필 시)
- 怡怡: 온화한 모양. 怡(기쁠 이)
- 懇到: 간절하고 지극하게 대하다. 懇(간절할 간) 到(지극할 도)
- 善柔: 면전에서 아첨하고 비위를 맞추다.
  ≪季氏≫篇에 나온다. "友便辟, 友善柔, 友便佞, 損矣." 형병邢昺의 소疏에 "善柔, 謂面柔, 和顏悅色以誘人者也." 佞(아첨할 녕)

【備旨】

子路ㅣ問於夫子曰 士固超乎凡民者也니 果何如라야 斯可謂之士矣니잇고

夫子ㅣ告之曰 士之質性은 貴於中和하니 必其切切如情意之懇到하고 偲偲如詔告之詳勉하되 而又怡怡如顏色之和悅이니 斯則恩義兼盡而德性不偏에 可謂之士而

無愧矣니라

又不可混於所施也니 朋友는 以義合者니 則以切切偲偲施之라야 斯處朋友者善而用切偲者亦善也니 而凡類於朋友者之無不善焉을 可知矣요 兄弟는 以恩合者니 則怡怡以施之라야 斯處兄弟者得而用怡怡者亦得也니 而凡類於兄弟者之無不得焉을 可知矣라 夫恩義既全而所施有別하니 士之爲士인댄 當如是리니 由는 其知之否아

子路가 夫子께 여쭈어 가로되 "선비는 본디 凡民 보다 뛰어난 자이니, 과연 어떻게 해야 이에 가히 선비라고 말할 수 있사옵니까?" 夫子께서 告하여 가라사대 "선비의 자질과 품성은 中和를 귀하게 여기니, 반드시 切切하듯 情意를 간절하고 지극히 하며, 偲偲하듯 고하기를 자상하게 권면하되, 또한 怡怡하듯 안색을 和悅하게 할지니, 이렇게 하면 곧 恩義가 아울러 극진하고 德性이 치우치지 아니하여, 가히 선비라고 말하는데 부끄러움이 없을 것이니라.

또한 가히 베푸는 바에 혼란스러워서는 아니되니, 朋友는 의리로써 合한 자이니 곧 간절하고 서로 권면함으로써 베풀어야 이에 벗에 處하는 자가 善하게 되고, 간절하게 서로 권면하는 자가 또한 善하게 될 것이니, 무릇 朋友와 유사한 자들이 善하지 아니함이 없음을 가히 알 수 있느니라.

兄弟는 은혜로써 합한 자이니 곧 온화함으로써 베풀어야 이에 兄弟에게 처하는 자가 얻게 되고, 온화함을 쓰는 자가 또한 얻게 될 것이니, 무릇 兄弟와 유사한 자들이 얻지 못함이 없음을 가히 알 수

있느니라. 무릇 은혜와 의리가 이미 온전하고 베푸는 바가 분별이 있으니, 선비가 선비답게 되려면 마땅히 이와 같을지니, 그대(由)는 그 알리오? 모르리오?"

주해

● 愧(부끄러울 괴) 詔(고할 조)

[13·29]

子曰 善人이 教民七年이면 亦可以卽戎矣니라

孔子께서 가라사대 "善人이 백성을 7년 동안 가르치면, 또한 가히 전쟁에 나아가게 할 수 있느니라."

教民者는 教之以孝悌忠信之行과 務農講武之法이라 卽은 就也요 戎은 兵也라 民知親其上死其長이라 故로 可以卽戎이라
程子曰 七年云者는 聖人度其時可矣니 如云朞月三年百年一世大國五年小國七年之類를 皆當思其作爲如何라야 乃有益이니라

'백성을 가르친다'는 것은 가르치기를 '孝悌忠信'의 행실과 농사에 힘쓰고 무예를 강습하는 법으로써 하는 것이다. '즉卽'은 나아감이

요, '융戎'은 전쟁이다. 백성들이 그 윗사람을 친히 여기고 그 어른을 위해 죽을 줄 알기 때문에 가히 전쟁에 나아가게 할 수 있는 것이다.

程子 가로되 "7年이라고 말한 것은 聖人께서 그 때를 헤아려 可하다고 한 것이니, 예를 들어 朞月·三年·百年·一世·大國五年·小國七年이라고 말하는 것들을 모두 마땅히 그 할 일을 어떻게 할 것인가를 생각해야만이 이에 이익이 있을 것이다."

주해

- 善人: 여기서는 백성들에게 자애롭고 측달惻怛하며 지위에 있는 자를 말한다. 惻(슬퍼할 측) 怛(슬플 달)
- 卽戎: 전쟁에 나아가다. '卽'은 就와 통한다. 戎(전쟁 융) 卽(나아갈 즉)
- 度(헤아릴 탁) 朞(돌 기)

【備旨】

夫子ㅣ稱善人之化曰 戎兵은 大事니 豈可輕使民者아 惟善人은 內有實心하고 外有實政하여 其於民也에 敎之孝弟忠信以養其性하고 敎之務農以厚其生하고 敎之講武以熟其藝하여 積而至七年之久면 則民之習於其敎者하여 自知親上死長之義니 亦可以就乎戎兵而慷慨禦侮矣리라 夫以善人으로 敎民之久而後에 可卽戎이니 卽戎을 可易言哉아

夫子께서 善人의 교화를 칭찬하여 가라사대 "전쟁은 大事이니 어찌 가히 가볍게 백성을 부릴 수 있으리오? 오직 善人은 안으로는 實心이 있고 밖으로는 實政이 있어, 그 백성들에게 孝弟忠信을 가르쳐서 그 성품을 기르고, 무농務農을 가르쳐서 그 삶을 두텁게 하고, 강무講武를 가르쳐서 그 무예를 익숙하게 익혀서 누적되어 7년의 長久함에 이르게 되면, 곧 백성들이 그 가르침에 익숙하여 스스로 윗사람을 친히 하고 어른을 위해 죽는 의리를 알게 되니, 또한 가히 전쟁에 나아가 강개慷慨하게 모욕을 막을 수 있을 것이니라. 무릇 善人으로서 백성을 가르친지 오래된 후에야 가히 전쟁에 나아가게 할 수 있으니, 전쟁에 나아가는 것을 가히 쉽게 말하리오?"

주해

- 積(쌓을 적) 慷(강개할 강) 慨(분개할 개)
- 禦侮: 외적의 침략을 막다. 禦(막을 어) 侮(업신여길 모) ≪周書・위현전魏玄傳≫에 나온다. "灌瓜贈藥, 雖有愧於昔賢. 禦侮折衝, 足方駕於前烈." 灌(물댈 관) 瓜(오이 과) 衝(부딪칠 충) 駕(멍에할 가)

[13・30]

子曰 以不教民戰이면 是謂棄之니라

孔子께서 가라사대 "가르치지 아니한 백성으로써 싸우면, 이것을 일러 백성을 버린다고 하느니라."

以는 用也라 言用不教之民以戰이면 必有敗亡之禍하

니 是棄其民也라

'이以'는 쓰는 것이다. 가르치지 아니한 백성을 써서 싸우게 되면, 반드시 패망敗亡의 재앙이 있게 되니, 이는 그 백성을 버리는 것이라는 말이다.

주해

● 南軒張氏가 말했다. "이른바 '敎'라는 것은 君臣父子長幼의 義를 가르쳐서 하여금 모두 그 윗사람을 친히 하고 어른을 위해 죽을 줄 아는 마음을 지니게 하는 것이고, 또한 司馬法 같은 절제를 가르친다고 하는 것이 이것이다. 만약 백성들에게 가르치지도 않고 전쟁터로 내몬다면, 이는 사지속에 버리게 될 따름이다. 所謂敎者敎之以君臣父子長幼之義, 使皆有親其上死其長之心, 而又敎之以節制如司馬法是也. 若未之敎而驅之戰, 則是棄之死地而已矣."(大全註疏) 驅(몰 구)

【備旨】

夫子ㅣ爲輕用民者戒也曰 民者는 國之本이니 苟以平日不敎之民而遽使之赴戰이면 則民旣不知坐作擊刺之方하고 又不知親上死長之義하여 而敗亡之禍ㅣ在所不免이니 是謂自棄其民也니라 然則爲民上者ㅣ可不以棄民으로 爲鑒哉아

夫子께서 백성을 가볍게 쓰는 자를 위하여 경계하여 가라사대 "백성은 나라의 근본이니, 만일 평일에 가르치지 않은 백성으로써 갑

자기 하여금 전쟁터에 나아가게 하면, 곧 백성들이 이미 앉고 일어서는 동작과 창검을 찌르는 방법도 알지 못하고, 또 윗사람을 친히 하고 어른을 위해 죽을 줄 아는 의리도 알지 못하여, 敗亡의 禍가 면치 못할 바에 있게 되니, 이를 일러 스스로 그 백성을 버린다고 하느니라. 그러한 즉 백성의 윗사람이 된 자가 가히 백성을 버리는 것으로써 귀감龜鑑을 삼지 않으리오?"

주해

- 坐作: 앉거나 일어서고, 멈추거나 나아가는 동작. 고대 군사를 훈련시키는 동작을 말한다.
  ≪周禮 · 夏官 · 大司馬≫에 나온다. "以教坐作進退疾徐疏數之節." 鄭玄의 註에 "習戰法."이라고 풀이했다.
- 擊刺: 창이나 칼로 찌르는 동작. 擊(칠 격) 刺(찌를 지)
  ≪書 · 목서牧誓≫ 篇에 나온다. "不愆於四伐五伐六伐七伐" 공영달孔穎達 소疏에 "戈, 謂擊兵. 矛, 謂刺兵. 故雲伐謂擊刺."라고 풀이했다. 愆(허물 건)

論語集註 卷十四

憲問 第十四

憲問 第十四

胡氏曰 此篇은 疑原憲所記라

胡氏 가로되 "이 편은 의심컨대 원헌原憲이 기록한 것이다."

凡四十七章이라

모두 47장이다.

[14 · 1]

憲이 問恥한대
子曰 邦有道에 穀하며 邦無道에 穀이 恥也니라

원헌原憲이 부끄러움을 묻건대,
孔子께서 가라사대 "나라에 道가 있는데 녹祿만 받아먹으며, 나라에 道가 없는데 녹祿만 받아먹는 것이 부끄러움이니라."

憲은 原思名이라 穀은 祿也라 邦有道에 不能有爲하고

邦無道에 不能獨善 而但知食祿은 皆可恥也라 憲之狷介는 其於邦無道穀之可恥엔 固知之矣어니와 至於邦有道穀之可恥하여는 則未必知也라 故로 夫子丨因其問而幷言之하여 以廣其志하여 使知所以自勉而進於有爲也시니라

'헌憲'은 원사原思의 이름이다. '곡穀'은 녹祿이다. 나라에 道가 있는데도 능히 하는 일이 없고, 나라에 道가 없는데도 능히 홀로 善하지 못하고, 다만 祿을 받아먹을 줄만 아는 것은 모두 가히 부끄러운 일이다. 憲의 견개狷介로는 그 나라에 道가 없는데 祿을 받아먹는 것이 가히 부끄럽다는 것에 대해서는 본디 알고 있거니와, 나라에 道가 있는데 祿을 받아먹는 것이 가히 부끄럽다는 것에 대해서는 곧 반드시 아는 것은 아니었다. 그러므로 夫子께서 그 물음에 인하여 아울러 말씀하여 그 뜻을 넓혀 하여금 스스로 힘쓸 바를 알아서 좋은 일을 하는데 나아가게 하신 것이다.

주해

- 穀: 녹봉, 식록食祿. '녹祿'과 통함. 穀(녹봉 곡)
- 狷介: 절개를 지키고 몸가짐을 바르게 함. 狷(견개할 견)
  雙峯饒氏가 말했다. "'狷'은 꽉 잡아 지킴이 있는 것이고, '介'는 분별이 있는 것이다. 狷是有執守, 介是有分辨."(大全註疏)

【備旨】

昔에 原憲이 以狷介之資로 問於夫子曰 天下事에 何者

ㅣ爲可恥잇고

夫子ㅣ告之曰 君子貴有守之節하며 尤貴有爲之才하니 如邦之有道엔 可以有爲時也어늘 乃不能有爲而但知食祿하고 邦之無道엔 可以獨善時也어늘 乃不能獨善而但知食祿이면 是는 世治而無可行之道하여 不免素餐하고 與夫世亂而無能守之節하여 不免貪位하니 二者ㅣ同歸於可恥也라 憲也聞此하고 當由有守而進於有爲焉矣라

옛날 원헌原憲이 견개狷介한 자질로 夫子께 물어 가로되 "天下의 일에 무엇이 가히 부끄러운 것이옵니까?"

夫子께서 告하여 가라사대 "君子는 執守하는 절개를 귀하게 여기고, 좋은 일을 하는 재능을 더욱 귀하게 여기나니, 예를 들어 나라에 道가 있으면 가히 좋은 일을 할 수 있는 때이거늘, 이에 능히 좋은 일을 하지 못하고 다만 祿을 받아먹을 줄만 알고,

나라에 道가 없으면 가히 홀로 善할 때이거늘, 이에 능히 홀로 善하지 못하고 다만 祿을 받아먹을 줄만 안다면, 이는 세상이 다스려지는데도 가히 행할 수 있는 道가 없어 소찬素餐을 免치 못하게 되고, 세상이 어지러운데도 능히 執守하는 절개가 없어 지위를 탐하는 것을 면치 못하나니, 두 가지는 함께 가히 부끄러움으로 돌아갈 것이다. 그대(憲)는 이 말을 듣고 마땅히 절개를 지킴으로 말미암아 좋은 일을 하는데로 나아갈지니라."

주해

- 素餐: 功도 없이 祿만 받아먹다. 일하지 않고 먹고 놀다. '소손素飡'과 통한다. 素(한갓 소) 飡(저녁밥 손)

≪詩 · 魏風 · 벌단伐檀≫篇에 나온다. "彼君子兮, 不素餐兮." 毛傳에 "素, 空也."라고 했다.

- 尤(더욱 우)

[14 · 2]

克伐怨欲을 不行焉이면 可以爲仁矣잇가

"이기고자 하고, 자랑하고, 원망하고, 탐욕을 행하지 아니하면 가히 仁이라고 할 수 있사옵니까?"

此亦原憲이 以其所能而問也라 克은 好勝이요 伐은 自矜이요 怨은 忿恨이요 欲은 貪欲이라

이 또한 원헌原憲이 자신이 능한 바로써 물은 것이다. '극克'은 이기기를 좋아하는 것이요, '벌伐'은 스스로 자랑하는 것이요, '원怨'은 분노하고 원한을 품는 것이요, '욕欲'은 탐욕貪欲이다.

주해

- 克伐怨欲: 이기는 것을 좋아하고, 자랑하고, 원망하고, 탐욕을 부리는 일. 이 네 가지는 모두 私心이다. 克(이길 극) 伐(자랑할 벌)
- 忿恨: 분노하고 원한을 품다.
- 矜(자랑할 긍) 貪(탐할 탐)

【備旨】

原憲이 以其所能으로 問於夫子曰 人有克而好勝하며 伐而自矜하며 怨而忿恨하며 欲而貪欲하니 今制之하여 使不行焉이면 可以爲無私之仁矣乎아

原憲이 그 능한 바로써 夫子께 물어 가로되 "사람에게는 극克하여 이기기를 좋아하며, 벌伐하여 스스로 자랑하며, 원怨하여 분노하고 원한을 품으며, 욕欲하여 탐욕이 있으니, 이제 그것들을 억제하여 하여금 행해지지 않게 한다면, 가히 사사로움이 없는 仁이라 할 수 있사옵니까?"

子曰 可以爲難矣어니와 仁則吾不知也케라

孔子께서 가라사대 "가히 그렇게 하기가 어렵거니와, 그것이 仁인지는 곧 내 알지 못하겠노라."

有是四者而能制之하여 使不得行이면 可謂難矣라 仁則天理渾然하여 自無四者之累하니 不行은 不足以言之也라 程子曰 人而無克伐怨欲은 惟仁者ㅣ能之요 有之而能制其情하여 使不行은 斯亦難能也나 謂之仁則未也라 此聖人開示之深이니 惜乎라 憲之不能再問也여 或曰 四

者不行은 固不得爲仁矣나 然이나 亦豈非所謂克己之事求仁之方乎아 曰克去己私하여 以復乎禮면 則私欲不留하여 而天理之本然者得矣어니와 若但制而不行이면 則是未有拔去病根之意하여 而容其潛藏隱伏於胸中也니 豈克己求仁之謂哉아 學者ㅣ察於二者之間이면 則其所以求仁之功이 益親切而無滲漏矣리라

이 네 가지가 있으면서 능히 억제하여 하여금 행해지지 못하게 한다면 가히 어렵다고 말할 수 있다. 仁은 곧 天理가 혼연渾然하여 저절로 네 가지의 허물이 없으니, 행해지지 못하게 하는 것은 족히 말할 것이 못된다.

程子 가로되 "사람으로서 克·伐·怨·欲이 없는 것은 오직 仁者만이 능할 수 있고, 克·伐·怨·欲이 있으나 능히 그 情을 제어하여 하여금 행해지지 못하게 하는 것은 이 또한 능하기 어려우나, 그것을 仁이라고 이르는 것은 곧 아니다. 이는 聖人께서 開示하신 것이 심원하시거늘, 애석하도다! 원헌原憲이 능히 다시 묻지 못함이여! 혹자가 가로되 '네 가지가 행해지지 못하게 하는 것은 진실로 仁을 행하는 것이 될 수는 없으나, 그러나 또한 어찌 이른바 克己의 일과 求仁의 방법이 아니리오?'라고 하니, 가로되 '자신의 사사로움을 능히 제거하여 禮로 돌아간다면 곧 私欲이 남아있지 못하여 天理의 本然을 얻을 수 있거니와, 만약 다만 제어만 하고 행해지지 못하게 한다면 곧 이는 병의 뿌리를 뽑아 제거하려는 뜻이 없어 그것이 가슴속에 잠복하여 숨겨져 있는 것을 용납하는 것이니, 어찌 克己와 求仁이라고 말할 수 있으리오? 배우는 자가 두 가지의 사이를 살피면

곧 求仁하는 바의 공부가 더욱 가깝고 절실하여 새어나가거나 누락됨이 없을 것이다.'라고 하였다."

주해

- 仁: 自然無私한 天理를 말함.
- 開示: 드러내어 깨우치다. '啓示', '啓發'와 같음.
- 拔去: 뽑아서 제거하다. 拔(뽑을 발)
- 潛藏: 잠복하다, 몰래 감추다. 潛(잠길 잠) 藏(감출 장)
- 隱伏: 잠복하다, 남몰래 숨다. 隱(숨을 은) 伏(엎드릴 복)
- 滲(샐 삼) 漏(샐 루)

【備旨】

夫子ㅣ告之曰 常人之情은 一有克伐怨欲之心하여 萌於中이면 則必形之於外而不能以自制어늘 今能制之하여 使不得行이면 可以爲恒情之所難矣어니와 若夫仁則天理渾然하여 自無克伐怨欲之累하니 徒以不行者爲仁이면 則吾不得而知之也라 是則制私에 不可以爲仁이니 仁則無私之可制라 學者觀此에 可以識仁體矣리라

夫子께서 고하여 가라사대 "보통 사람들의 情은 한결같이 克·伐·怨·欲의 마음이 있어, 심중에 싹이 트면 곧 반드시 외부에 드러나 능히 스스로 제어할 수 없거늘, 이제 능히 제어하여 능히 행해지지 못하게 하면 가히 恒情으로 하기 어려운 바이거니와, 仁과 같은 경우는 곧 天理가 혼연하여 스스로 克·伐·怨·欲의 허물이 없으니,

한갓 행해지지 못하게 하는 것으로써 仁을 삼는다면 곧 내 얻어 알 수 없느니라. 이는 곧 사사로움을 제어하는 일이 가히 仁이 될 수 없으니, 仁은 곧 제어할 만한 사사로움이 없는 것이니라. 배우는 자가 이를 살피면 가히 仁의 요체要諦를 알 수 있느니라."

주해

● 恒情: 일반 사람들의 情理. '常情'과 통함. 恒(항상 항)
≪莊子 · 人間世≫篇에 나온다. "傳其常情, 無傳其溢言."

● 萌(싹 맹) 徒(한갓 도)

[14 · 3]

子曰 士而懷居면 不足以爲士矣니라

孔子께서 가라사대 "선비가 되어 편안하기를 생각하면, 족히 선비라고 할 수 없느니라."

居는 謂意所便安處也라

'거居'는 뜻이 편안하게 여기는 바의 곳을 말한다.

주해

● 懷居: 편안하게 살아가는데 연연戀戀해하다. '懷'는 연연해하며 차마 버리지 못하는 모양이다. 居(편안할 거)

【備旨】

夫子ㅣ論士當忘物累意曰 所貴乎士者는 以其慕道而忘物也니 若爲士者ㅣ於意之所便安에 戀戀而不舍焉이면 則其識趣卑陋에 不足以爲士矣라 然則爲士者ㅣ可不以道御情以理制欲乎아

夫子께서 선비는 마땅히 物累를 잊어야 한다는 뜻을 論하여 가라사대 "선비에게 귀한 바는 그 道를 사모하여 物累를 잊는 것이니, 만약 선비된 자가 마음이 편안한 바에 연연하여 버리지를 못하면 곧 그 식견과 취향이 비루卑陋하여 족히 선비가 될 수 없느니라. 그런즉 선비가 된 자가 가히 道로써 情을 제어하고 이치로써 사욕을 제어하지 않으리오?"

주해

- 物累: 외부 사물에 얽매이거나 구속당함. 累(허물 루)
  ≪莊子 · 天道≫篇에 나온다. "故知天樂者, 無天怨, 無人非, 無物累, 無鬼責."
- 識趣: 識見과 취향.

[14 · 4]

子曰 邦有道엔 危言危行하고 邦無道엔 危行言孫이니라

孔子께서 가라사대 "나라에 道가 있으면 말을 정직하게 하고 행실을 바르게 하며, 나라에 道가 없으면 행실을 바르게 하고 말을 공손히 해야 하느니라."

危는 高峻也요 孫은 卑順也라
尹氏曰 君子之持身은 不可變也어니와 至於言하여는 則有時而不敢盡하여 以避禍也라 然則爲國者ㅣ使士言孫이 豈不殆哉아

'위危'는 높고 험준한 것이요, '손孫'은 낮추고 따르는 것이다.
尹氏 가로되 "君子의 몸가짐은 가히 변할 수 없거니와, 말에 있어서는 곧 때로 감히 다하지 말아 재앙을 피해야 하는 일이 있다. 그런즉 나라를 다스리는 자가 선비로 하여금 말을 공손하게 하는 것이 어찌 위태롭지 않으리오?"

주해

- 危言: 정직한 말. '직언直言'과 같음. 危(높을 위)
  ≪漢書・賈捐之傳≫에 나온다. "臣幸得遭明盛之朝, 蒙危言之策, 無忌諱之患." 안사고顔師古의 註에 "危言, 直言也. 言出而身危, 故曰危言."이라 풀이했다. 賈(값 가) 捐(버릴 연) 遭(만날 조) 蒙(입을 몽) 忌(꺼릴 기) 諱(꺼릴 휘)
- 危行: 정직한 행위.
- 孫(공손할 손) 峻(높을 준) 避(피할 피) 殆(위태할 태)

【備旨】

夫子ㅣ論君子處世之道曰 君子之言行은 惟其時而已니 如邦有道時엔 可以遂其直也니 則危其言焉而言人之所不敢言하고 危其行焉而行人之所不敢行하며 如邦無道時엔 不可以遂其直也니 則亦危其行而不變己之守어니와 至於言하여는 則少加孫順而不激人之怒니 蓋行無時而可變者는 持身之節也요 言有時而不敢盡者는 保身之哲也니 君子ㅣ惟相時而動而已니라

夫子께서 君子가 세상에 處하는 道를 논하여 가라사대 "君子의 言行은 오직 그 때(時中)일 따름이니, 만약 나라에 道가 있을 때에는 가히 그 곧음을 이룰 수 있으니, 곧 그 말을 바르게 하여 남이 감히 말하지 못하는 바를 말하고, 그 행실을 바르게 하여 남이 감히 행하지 못한 바를 행하며,
만약 나라에 道가 없을 때에는 가히 그 곧음을 이룰 수 없으니, 곧 또한 그 행실을 바르게 하여 자신이 지키는 것을 바꾸지 않거니와, 말에 있어서는 곧 좀 더 공손하고 유순함을 더하여 남의 분노를 자극하지 말지니, 대개 행실에 때로 가히 바꾸지 않음이 있는 것은 몸을 간직하는 부절符節이요, 말에 때로 감히 다하지 않음이 있는 것은 몸을 보존하는 명철함이니, 君子는 오직 때를 살펴 행동할 따름이니라."

주해

- 相時: 때를 살피다, 관찰하다. 相(살필 상)

漢나라 가의賈誼의 ≪新書 · 立後義≫에 나온다. "夫帝王者, 莫不相時而立儀, 度務而制事, 以馴其時也."

[14 · 5]

子曰 有德者는 必有言이어니와 有言者는 不必有德이니라 仁者는 必有勇이어니와 勇者는 不必有仁이니라

孔子께서 가라사대 "德이 있는 자는 반드시 들을 만한 말이 있거니와, 말이 있는 자는 반드시 德이 있는 것은 아니니라. 仁者는 반드시 용기가 있거니와, 勇者는 반드시 仁이 있는 것은 아니니라."

有德者는 和順積中하여 英華發外요 能言者는 或便佞口給而已라 仁者는 心無私累하여 見義必爲요 勇者는 或血氣之强而已니라
尹氏曰 有德者는 必有言이어니와 徒能言者는 未必有德也요 仁者는 志必勇이어니와 徒能勇者는 未必有仁也니라

德이 있는 자는 和順함이 心中에 쌓여 영화가 밖으로 드러나고, 말에 능한 자는 혹 말만 잘할 뿐이다. 仁者는 마음에 사사로운 허물이 없어 義를 보면 반드시 실행하고, 勇者는 혹 血氣가 强할 따름이다.

尹氏 가로되 "德이 있는 자는 반드시 들을만한 말이 있거니와, 한갓 말만 능한 자는 반드시 德이 있는 것은 아니다. 仁者는 뜻이 반드시 용맹하거니와, 한갓 능히 용맹한 자는 반드시 仁이 있는 것은 아니다."

주해

- 有言: 德이 발하여 말이 된 것을 말함.
- 有言者: 한갓 말만 숭상하는 자.
- 有勇: 仁이 발하여 勇으로 된 것을 말함.
- 有勇者: 한갓 용기만 숭상하는 자.
- 便佞: 아첨하고 말재주가 좋음. 便(아첨할 편) 佞(아첨할 녕)
  胡氏가 말했다. "'便佞'과 '口給'은 德이 없는 말이다. 血氣에서 나오는 용기는 仁義에서 나온 용기가 아니다. 便佞口給, 無德之言. 血氣之强, 非仁義之勇也."(大全註疏)
- 口給: 말재주와 언변이 뛰어나다. 給(말잘할 급)
  ≪公冶長≫篇에 나온다. "禦人以口給, 屢憎於人." 禦(막을 어) 屢(여러 루) 憎(미워할 증)

【備旨】

夫子ㅣ爲修己觀人者發曰 有德之人은 積厚流光에 必有言也로되 若徒有言之人은 或恐爲色莊에 未必有其德也라 仁者之人은 理直氣壯에 必有勇也로되 若徒有勇之人은 或憑乎血氣에 未必其有仁也라 然則修己者ㅣ固當以德與仁으로 爲先이요 而觀人者ㅣ豈可以言與勇으로 爲重哉아

夫子께서 몸을 닦고 남을 살피는 자를 위하여 발명하여 가라사대 "德이 있는 사람은 공적을 두텁게 쌓고 恩德이 멀리 전해져서 반드시 들을만한 말이 있되, 한갓 말만 일삼는 사람의 경우는 혹 아마도 얼굴색은 엄숙할지라도 반드시 거기에 德이 있는 것만은 아니니라. 어진 사람은 이치가 곧고 기상이 장엄하여 반드시 용기가 있되, 한갓 용기만 있는 사람의 경우는 혹 血氣에 의지하더라도 반드시 거기에 仁이 있는 것만은 아니니라. 그런즉 몸을 닦는 자는 진실로 마땅히 德과 仁으로써 우선을 삼을 것이요, 사람을 관찰하는 자가 어찌 가히 말과 용기로써 중요함을 삼으리오?"

주해

- 積厚流光: 공적功績이 두텁게 쌓아서 후세에 미치는 恩德이 廣遠하다. 光은 '廣'과 통한다. 積(쌓을 적)
  원래 ≪荀子 · 禮論≫篇에 나오는 말이다. "故有天下者事七世, 有一國者事五世, 有五乘之地者事三世, 有三乘之地者事二世, 持手而食者不得立宗廟, 所以別積厚者流澤廣, 積薄者流澤狹也." 薄(엷을 박) 狹(좁을 협)
- 色莊: 안색만 엄숙하게 꾸미다. 〈先進〉篇에 나온다. "論篤是與, 君子者乎? 色莊者乎?"

[14 · 6]

南宮适이 問於孔子曰 羿는 善射하고 奡는 盪舟하되 俱不得其死나 然禹稷은 躬稼而有天下하시니이다

夫子ㅣ不答이러시니 南宮适이 出이어늘 子曰 君子哉라 若人이여 尙德哉라 若人이여

남궁괄南宮适이 孔子께 물어 가로되 "예羿는 활쏘기를 잘하고, 오奡는 힘이 세어 땅에서 배를 끌었으나, 모두 그 온전한 죽음을 얻지 못하였습니다. 그러나 우禹와 후직后稷은 몸소 농사를 지었으나 天下를 얻었사옵니다."
夫子께서 대답하지 않으시더니, 南宮适이 나가자 孔子께서 가라사대 "君子로다! 이 같은 사람이여! 德을 숭상하도다! 이 같은 사람이여!"

南宮适은 卽南容也라 羿는 有窮之君이니 善射하여 滅夏后相而簒其位러니 其臣寒浞이 又殺羿而代之하니라 奡는 春秋傳作澆하니 浞之子也라 力能陸地行舟러니 後爲夏后少康所誅라 禹平水土하고 暨稷播種하여 身親稼穡之事러니 禹ㅣ受舜禪而有天下하고 稷之後는 至周武王하여 亦有天下하니라 适之意는 蓋以羿奡比當世之有權力者하고 而以禹稷比孔子也라 故로 孔子不答이라 然이나 适之言如此하니 可謂君子之人而有尙德之心矣니 不可以不與라 故로 俟其出而贊美之라.

남궁괄南宮适은 곧 남용南容이다. '예羿'는 有窮國의 人君이니, 활쏘기를 잘하여 夏后인 상相을 멸하고 그 자리를 찬탈하였는데, 그 신하

한착寒浞이 또 예羿를 죽이고 대신하였다. '오奡'는 ≪春秋傳≫에 '요澆'라고 되었으니, 착浞의 아들이다. 힘이 능히 육지에서 배를 끌 수 있었는데, 후에 夏后인 소강少康에게 죽음을 당하였다. 우禹는 물과 토지를 다스리고, 후직后稷과 함께 파종하여 몸소 농사일을 하였는데, 禹는 舜임금의 선양禪讓를 받아 天下를 다스리게 되었고, 后稷의 후손은 周나라 武王에 이르러 또한 天下를 다스리게 되었다.

괄适의 뜻은 대개 예羿와 오奡로써 當世의 權力이 있는 자에 비유하고, 우禹와 후직后稷으로써 孔子에 비유한 것이었다. 그러므로 孔子께서 대답하지 않으셨다. 그러나 适의 말이 이와 같으니 가히 君子와 같은 사람으로 德을 숭상하는 마음이 있다고 말할 수 있으니, 가히 許與하지 않을 수 없기 때문에 그가 나가기를 기다렸다가 칭찬하신 것이다.

주해

- 羿: 有窮國의 君主. 羿(사람이름 예)
- 奡: 夏나라 한착寒浞의 아들. 奡(힘셀 오)
- 盪舟: 배를 끌다. 盪(끌 탕)
- 稼穡: 씨뿌리고 거두는 농사일. 稼(심을 가) 穡(거둘 색)
- 君子: 여기서는 행실이 나아간 바로 말한 것이다.
  新安陳氏가 말했다. "군자는 덕을 숭상하고 소인은 무력을 숭상한다. 괄适은 羿와 奡를 경계하고, 禹와 后稷을 존중하였으니, 이는 덕을 숭상하고 무력을 숭상하지 않은 것이다. 그러므로 군자로써 許與하신 것이다. 君子尙德, 小人尙力. 适戒羿奡, 尊禹稷. 是尙德不尙力也. 故許以君子."(大全註疏)
- 适(빠를 괄) 滅(멸망할 멸) 簒(빼앗을 찬) 浞(젖을 착) 澆(물댈 요) 誅(벨 주) 曁(및 기) 播(뿌릴 파) 俟(기다릴 사)

【備旨】

南宮适이 有感於當時重權力輕道德而問於孔子曰 昔者에 羿以善射見稱하고 奡以盪舟自恃하니 固一時之雄也라 然이나 羿ㅣ爲其臣寒浞所殺하고 奡ㅣ爲夏后少康所誅하여 俱不得其死也라 然이나 是力之不足恃也ㅣ如此어니와 至若禹平水土하고 暨稷播種하여는 躬親稼穡之事하여 皆有德於民也라 然이나 禹親受舜禪하고 稷之後는 至武王克商하여 俱有天下하니 是大德之食其報也ㅣ如此라

适之意는 蓋以羿奡로 比當世有權力者하고 以禹稷으로 比孔子也라 故로 夫子恐傷時尊己而不答이러니 南宮适ㅣ亦會夫子之意하고 不復問而出커늘

子ㅣ乃嘆美之曰 賤權力而貴有德하니 君子哉라 其若人乎여 何人品之高也며 尙德哉라 其若人乎여 何心術之正也오 豈隨今時爲趣向者ㅣ所可比哉아

남궁괄南宮适이 당시에 권력을 중시하고 도덕을 경시하는데 감응이 있어 孔子께 물어 가로되 "옛날에 예羿는 활쏘기를 잘하여 칭송을 받았고, 오奡는 땅에서 배를 끌면서 자부심을 가졌으니, 진실로 한 때의 영웅들입니다. 그러나 羿는 그 신하인 한착寒浞에게 죽음을 당하였고, 오奡는 夏后의 소강少康에게 죽음을 당하여 모두 그 온전한 죽음을 얻지 못하였습니다. 그러나 이 힘을 족히 믿을 수 없음이 이와

같거니와, 禹가 水土를 다스리고 后稷과 함께 씨뿌리는 경우는 몸소 농사일을 하여 모두 백성에게 덕을 베풀었습니다. 그러나 禹는 친히 舜임금의 禪讓을 받았고, 后稷의 후손은 武王에 이르러 商나라를 멸망하여 모두 天下를 다스렸으니, 이는 大德이 그 보답을 받은 것이 이와 같습니다."

南宮适의 뜻은 대개 羿와 奡로써 當世의 權力이 있는 자에 비유하고, 禹와 后稷으로써 孔子를 비유한 것이다. 그러므로 夫子께서 시대에 상심하고 자신를 높일까 염려하여 대답하지 않으셨는데, 南宮适이 또한 夫子의 뜻을 깨닫고 다시 묻지 않고 나가거늘,

夫子께서 이에 탄식하고 칭찬하여 가라사대 "權力을 천시하고 德이 있음을 귀하게 여기니 君子로다, 그 이 같은 사람이여! 얼마나 人品이 높으리오? 德을 숭상하도다, 그 이 같은 사람이여! 얼마나 心術이 바르리오? 어찌 지금의 時俗을 따르는 것을 趣向으로 삼는 자들이 가히 비할 것이리오?"

주해

- 自恃: 자부하다, 자만하다. 恃(믿을 시)
  ≪呂氏春秋 · 本味≫에 나온다. "士有孤而自恃, 人主奮而好獨者, 則名號必廢熄, 社稷必危殆." 奮(떨칠 분) 廢(폐할 폐) 熄(꺼질 식)
- 食報: 보답을 받다. 보응을 받다.
  ≪明史 · 서달상우춘전찬徐達常遇春傳贊≫條에 나온다. "顧中山賞延後裔, 世叨榮寵, 而開平天不假年, 子孫亦復衰替, 貴匹勳齊, 而食報或爽, 其故何也?" 叨(탐낼 도) 寵(사랑할 총) 爽(시원할 상)

[14·7]

子曰 君子而不仁者는 有矣夫어니와 未有小人而仁者也니라

孔子께서 가라사대 "君子로서 어질지 못한 자는 있을 수 있거니와, 小人이면서 어진 자는 있지 아니하니라."

謝氏曰 君子志於仁矣나 然毫忽之間에 心不在焉이면 則未免爲不仁也라

謝氏 가로되 "君子는 仁에 뜻을 두었으나, 그러나 잠깐 사이라도 마음을 두지 아니하면 곧 不仁함을 면하지 못한 것이다."

주해

- 君子: 여기서는 마음을 仁에 둔 자를 말한다.
- 有夫矣: '혹 있을 수도 있다'는 뜻이다.
- 小人: 여기서는 마음을 不仁에 둔 자를 말한다.
- 毫忽之間: 지극히 짧은 사이. 毫(가는털 호) 忽(갑자기 홀)

【備旨】

夫子ㅣ勉人爲仁意曰 仁者는 心純乎理而無人欲之私也나 存之甚難하고 失之甚易니 如君子ㅣ固志於仁矣나 然이나 存省之功이 少有不到면 則天理間斷하여 而不

仁者ㅣ容有矣夫어니와 若夫小人은 則失其本心하여 縱天理有時暫萌이나 亦不勝其私欲之擾하니 未有小人而仁者也라 夫君子者ㅣ可不密其功이며 彼小人者ㅣ可安於自棄乎哉아

夫子께서 사람들에게 仁을 행하라는 뜻을 권면하여 가라사대 "仁者는 마음이 이치에 순수하고 人欲의 사사로움이 없으나, 보존하기가 심히 어렵고 잃기는 매우 쉬운 법이니, 예를 들어 君子가 본디 仁에 뜻을 두었으나, 그러나 보존하고 살핌의 功夫가 조금이라도 지극하지 못함이 있으면 곧 天理가 間斷하여 不仁한 것이 혹 있을 수도 있거니와,
小人과 같은 경우는 곧 그 本心을 잃고서 비록 天理가 때로 잠시 싹틀 수는 있으나 또한 그 私欲의 어지러움을 이길 수가 없나니, 小人으로서 어진 자는 있지 아니하니라.
무릇 君子인 자가 가히 그 공부를 엄밀하게 하지 않으며, 저 小人인 자가 가히 스스로를 버리는데 안주할 수 있으리오?"

주해

● 到(지극할 도) 容(혹 용) 縱(비록 종) 暫(잠시 잠) 萌(싹틀 맹) 擾(어지러울 요)

[14·8]

子曰 愛之인댄 能勿勞乎아 忠焉인댄 能勿誨乎아

孔子께서 가라사대 "사랑하면서 능히 수고롭게 하지 않으리오? 충성하면서 능히 깨우쳐주지 않으리오?"

蘇氏曰 愛而勿勞는 禽犢之愛也요 忠而勿誨는 婦寺之忠也니 愛而知勞之면 則其爲愛也深矣요 忠而知誨之면 則其爲忠也大矣니라

蘇氏 가로되 "사랑하되 수고롭게 하지 않는 것은 짐승들의 사랑이요, 충성하되 깨우쳐주지 않는 것은 부인과 내시內侍들의 충성이니, 사랑하되 수고롭게 할 줄을 안다면 곧 그 사랑함이 깊은 것이요, 충성하되 깨우쳐주는 것을 안다면 곧 그 충성됨이 큰 것이다."

주해

- 婦寺: 궁중의 婦女와 내시內侍를 말함. 寺(내시 시)
  ≪詩·大雅·첨앙瞻卬≫篇에 나온다. "匪教匪誨, 時惟婦寺." ≪毛傳≫에 "寺, 近也."라고 했고, 공영달孔穎達의 疏에 "寺, 即侍也, 侍禦者必近其傍, 故以寺爲近."이라 풀이했다. 卬(나 앙) 匪(아닐 비) 禦(막을 어)
- 誨(가르칠 회) 禽(날짐승 금) 犢(송아지 독)

【備旨】

夫子ㅣ立忠君愛子之則曰 父之愛子는 情也나 然이나 旣有以愛之면 則必冀其成立而懲創之造就之하여 日置諸憂勤惕厲以勞之니 雖欲姑息而勿勞也나/하여 愛之之心을 能自已乎아

臣之忠君은 義也나 然이나 旣盡其忠焉이면 則惟望其聖明而啓沃之規諷之하여 日引於當道志仁以誨之니 雖欲順承而勿誨也나 忠之之心을 能自已乎아 然則爲父與臣者ㅣ當各盡其道요 而爲子與君者ㅣ亦當各體其情也니라

夫子께서 人君에게 충성하고 자식을 사랑하는 법을 세워 가라사대 "부모가 자식을 사랑하는 것은 情이나, 그러나 이미 자식을 사랑한다면 곧 반드시 그가 성장해서 自立하기를 바라기 때문에, 스스로 경계하고 성취하도록 하여 날로 근심하고 부지런하며 삼가고 경계할지니, 비록 잠시라도 수고롭게 하지 않고자 하나 자식을 사랑하는 마음을 능히 스스로 그치리오?

臣下가 人君에게 충성하는 것은 義이나, 그러나 이미 그 충성을 다한다면 곧 오직 그 聖明하기를 바라기 때문에, 성심으로 人君을 보좌하고 정중하게 깨우쳐서 날로 道에 마땅하고 仁에 뜻을 두도록 이끌어서 깨우쳐야 하니, 비록 순순히 받들어 깨우치지 않고자 하나 충성하는 마음을 능히 스스로 그치리오?

그런즉 부모와 신하가 된 자는 마땅히 각각 그 道를 다할 것이요, 자식과 人君이 된 자 또한 마땅히 각각 그 情을 體得할 것이니라."

주해

- 成立: 성취하다. 성장해서 자립하다.
- 懲創: 잘못을 교훈삼아 스스로 경계하도록 함. 懲(징창할 징) 創(징창할 창)
- 造就: 가르쳐서 성취하도록 함. 성취나 조예造詣. 詣(나아갈 예)
- 憂勤: 군주나 혹은 조정에서 國事를 위해 노심초사함. ≪史記·司馬相如列傳≫에 나온다. "且夫王事固未有不始於憂勤, 而

終於佚樂者也."

● 惕厲: 삼가고 근신하며 힘쓰다. '惕勵'라고도 한다. 惕(두려워할 척) 厲(힘쓸 려)
≪易 · 乾卦≫에 나온다. "君子終日乾乾, 夕惕若厲, 無咎." 咎(허물 구)

● 啓沃: 성심을 다하여 人君을 보좌하다. 啓(열 계) 沃(물댈 옥)
≪書 · 說命上≫에 나온다. "啟乃心, 沃朕心." 공영달孔穎達의 疏에 "當開汝心所有, 以灌沃我心, 欲令以彼所見, 教己未知故也."라고 했다. 灌(물댈 관)

● 規諷: 정중하게 권고하고 깨우쳐주다. '規勸諷諭'의 뜻.
南朝 梁나라 유협劉勰의 ≪文心雕龍 · 변소辨騷≫篇에 나온다. "譏桀紂之猖披, 傷羿澆之顚隕, 規諷之旨也." 譏(간할 기) 桀(뛰어날 걸) 紂(사나울 주) 猖(미쳐날뛸 창) 披(나눌 피) 羿(사람이름 예) 澆(물댈 요) 顚(엎어질 전) 隕(떨어질 운)

[14 · 9]

子曰 爲命에 裨諶이 草創之하고 世叔이 討論之하고 行人子羽脩飾之하고 東里子産이 潤色之하니라

孔子께서 가라사대 "鄭나라에서 사명辭命을 지을 때는 비침裨諶이 초고를 만들고, 세숙世叔이 토론하고, 使節인 자우子羽가 수식하고, 東里의 자산子産이 윤색潤色하였노라."

裨諶以下四人은 皆鄭大夫라 草는 略也요 創은 造也니

謂造爲草藁也라 世叔은 游吉也니 春秋傳에 作子太叔이라 討는 尋究也요 論은 講議也라 行人은 掌使之官이요 子羽는 公孫揮也라 脩飾은 謂增損之라 東里는 地名이니 子產所居也라 潤色은 謂加以文采也라 鄭國之爲辭命에 必更此四賢之手而成하니 詳審精密하여 各盡所長이라 是以로 應對諸侯에 鮮有敗事라 孔子言此는 蓋善之也라

비침裨諶 이하 네 사람은 모두 鄭나라 大夫이다. '초草'는 대략이요, '창創'은 만드는 일이니, 초고草藁를 만든다는 말이다. '세숙世叔'은 유길游吉이니 ≪春秋傳≫에 '子太叔'으로 실려 있다. '토討'는 따져서 窮究함이요, '논論'은 강론하여 議論하는 것이다. '行人'은 使臣을 관장하는 벼슬이요, '子羽'는 공손휘公孫揮이다. '脩飾'은 더하고 줄인다는 말이다. '東里'는 地名이니 자산子產이 살던 곳이다. '윤색潤色'은 文采를 더한다는 말이다. 鄭나라에서 辭命을 만들 때 반드시 다시 이 네 賢人의 손을 거쳐서 완성하니, 자상히 살피고 정밀히 하여 각각 의 장점을 다하였다. 이로써 諸侯를 應對하는데 실패하는 일이 드물었다. 孔子께서 이 말씀을 하신 것은 대개 그것을 좋게 여기신 것이다.

주해

- 命: 辭命. 講信修睦하는 人君의 외교문서를 말함.
- 裨(도울 비) 諶(참으로 침)
- 草創: '草'는 大意를 대략 쓴 것이고, '創'은 체제를 세우는 일이다.
- 討論: '討'는 典故를 따지는 일이고, '論'은 義理를 세우는 일이다.
- 行人: 官名. 외국의 빈객을 접대하거나 외교사절로 파견되는 사람을

말한다.

≪周禮·秋官·아사訝士≫篇에 나온다. "邦有賓客, 則與行人送逆之." 또한 ≪國語·晉語八≫에 "秦景公使其弟鍼來求成, 叔向命召行人子員. 行人子朱曰 '朱也在此.'"라고 했고, 위소韋昭의 註에 "行人, 掌賓客之官."이라 풀이했다. 訝(맞을 아) 鍼(침 침)

- 修飾: '修'는 지나치게 번잡한 것을 제거하는 일이고, '飾'은 너무 간략한 것을 첨가하는 일이다.
- 潤色: 직설적인 표현을 완곡하게 바꾸고, 속된 표현을 典雅하게 바꾸는 일을 말한다.

【備旨】

夫子ㅣ稱鄭國辭命之善曰 命以交隣에 爲之不可不善也니 今觀於鄭之爲命컨대 以裨諶善謀하여 則使之創爲草藁以立其大意하니 其規模ㅣ不已定歟아

然이나 規模於此而定者를 考辨於此ㅣ猶未詳也라 以世叔博聞하여 則使之討究典故以求其合하고 講論義理以求其當하니 其考辨이 不已詳歟아

然이나 考辨於此而詳者를 損益於此ㅣ猶有待也라 以行人子羽善筆削하여 則使之修之以去其太繁하고 飾之以增其太簡하니 其審量이 不已當歟아

然이나 審量於此而當者를 文采於此ㅣ猶有進也라 惟東里子產이 又從而潤色之하여 化陳而新하고 易俚而雅하여 而文采無不著焉하니 此應對諸侯에 鮮有敗事者는 四臣之力也니라

嗟라 夫四臣有辭에 鄭國賴之하니 命之不可以已也ㅣ如是夫인저

夫子께서 鄭나라에서 辭命을 잘 만드는 것을 칭찬하여 가라사대 "辭命으로써 인국隣國과 交際하는데 가히 잘하지 아니할 수 없으니, 이제 鄭나라가 辭命을 만드는 것을 살피건대 비침裨諶이 일의 계획을 잘 세우기 때문에 곧 그로 하여금 초고草藁를 만들어 그 大義를 세우게 하니, 그 규모가 이미 정해지지 않으리오?

그러나 규모가 여기에서 정해진 것을 여기에서 상고하고 辨正하는 것은 여전히 상세하지 못하니, 世叔이 博聞하기 때문에 곧 그로 하여금 典故를 연구하여 그 부합됨을 구하고, 義理를 講論하여 그 마땅함을 구하게 하니, 그 상고하여 辨正하는 것이 이미 상세하지 않으리오?

그러나 여기에서 상고하여 辨正한 것을 여기에서 加減하는 것은 여전히 손볼 곳이 있으니, 行人인 子羽가 필삭筆削을 잘하기 때문에 곧 그로 하여금 수정하여 그 지나치게 번잡한 것을 제거하고, 첨가하여 그 지나치게 간략한 것을 더하니, 그 살피고 헤아리는 것이 이미 마땅하지 않으리오?

그러나 여기에서 살피고 헤아려서 마땅하게 된 것을 여기에서 문채나게 하는 것은 여전히 진전시킬 것이 있으니, 오직 東里의 子産이 또 좇아서 윤색하여 진부한 것을 고쳐서 새롭게 하고, 속된 것을 바꾸어 典雅하게 하여 文采가 드러나지 아니함이 없으니, 이 諸侯를 應對하는데 실패하는 일이 드문 것은 네 신하의 힘이니라.

오호라! 무릇 네 신하가 辭命을 만드는데 鄭나라가 이들에게 資賴하니, 辭命을 가히 그칠 수 없는 것이 이와 같은 저!"

주해

- 善謀: 일의 계획을 잘 세우다.
- 考辨: 살펴서 辨正하다.
- 典故: 典制와 成例. 또는 詩文에 인용된 고대의 故事나 詞語를 말함. ≪後漢書 · 동평헌왕창전東平憲王蒼傳≫에 "親屈至尊, 降禮下臣, 每賜讌見, 輒興席改容, 中宮親拜, 事過典故."라고 했다. 讌(잔치 연) 輒(문득 첩)
- 筆削: 글이나 작품을 刪改하는 일. 削(깎을 삭) 刪(깎을 산)
- 陳(진부할 진) 俚(속될 리)

[14 · 10]

或이 問子産한대 子曰 惠人也니라

혹자가 자산子産에 대하여 묻건대,
孔子께서 가라사대 "은혜로운 사람이니라."

子産之政이 不專於寬이나 然이나 其心則一以愛人爲主라 故로 孔子以爲惠人이라 하시니 蓋擧其重而言也라

子産의 政事는 오로지 너그러움에만 있는 것이 아니었으나, 그러나 그 마음은 곧 한결 같이 사람을 사랑하는 것을 위주로 하였다. 그러므로 孔子께서 은혜로운 사람이라고 하신 것이니, 대개 그 중요한 것을 들어 말씀하신 것이다.

【備旨】

春秋時에 鄭有子産하고 楚有子西하고 齊有管仲하니 蓋卓然稱三傑矣라 故로 或人이 問鄭大夫子産은 其人品이 何如잇고한대

夫子ㅣ答之曰 子産之德澤이 歌頌於鄭國하니 乃惠愛其民之人也니라

春秋時代에 鄭나라에는 자산子産이 있고, 초楚나라에는 자서子西가 있고, 제齊나라에는 관중管仲이 있었으니, 대개 뛰어나서 삼걸三傑이라고 일컬어졌다. 그러므로 或人이 '鄭나라의 大夫인 子産은 그 人品이 어떠합니까?' 하고 묻자,

夫子께서 답하여 가라사대 "子産의 德과 은택이 鄭나라에서 功德을 노래하니, 이에 그 백성을 은혜롭게 사랑하는 사람이니라."

주해

- 卓然: 빼어나게 뛰어난 모습. 卓(높을 탁)
- 歌頌: 功德을 노래하다. '歌功頌德'의 말.

問子西한대

曰 彼哉彼哉여

자서子西를 묻건대,

가라사대 "저 사람이여! 저 사람이여!"

子西는 楚公子申이니 能遜楚國하고 立昭王하여 而改紀其政하니 亦賢大夫也라 然이나 不能革其僭王之號하고 昭王이 欲用孔子어늘 又沮止之러니 其後에 卒召白公하여 以致禍亂하니 則其爲人을 可知矣라 彼哉者는 外之之辭라

'자서子西'는 초楚나라 公子인 신申이니, 능히 楚나라를 양보하고 소왕昭王을 세워서 그 政事를 개혁하고 기강을 세우니 또한 어진 大夫이다. 그러나 능히 王을 참칭僭稱하는 호칭을 고치지 못하였고, 昭王이 孔子를 등용하고자 하거늘 또한 이를 저지하더니, 그 후에 마침내 白公을 불러들여 禍亂을 초래하였으니, 곧 그 사람됨을 가히 알 수 있다. '彼哉'는 멀리하는 말이다.

주해

● 遜(사양할 손) 昭(밝을 소) 紀(바로잡을 기) 僭(참람할 참) 召(부를 소)

【備旨】

或人이 又問楚大夫子西는 其人品이 何如잇고한대 夫子ㅣ但應之曰 彼哉여하니 蓋不置一可否는 外之之辭也라

或人이 또한 '楚나라 大夫인 子西는 그 人品이 어떠한가'하고 묻건대, 夫子께서 다만 응답하여 가라사대 "저 사람이여!"라고 하시니, 대개 可否를 하나도 표현하지 않은 것은 그를 멀리하신 말씀이다.

問管仲한대
曰 人也ㅣ奪伯氏騈邑三百하여늘 飯疏食하되 沒齒無怨言하니라

관중管仲에 대해서 묻건대,
가라사대 "이 사람이 백씨伯氏의 병읍騈邑 三百을 빼앗았거늘, 伯氏는 거친 음식을 먹되 죽을 때까지 원망하는 말이 없었노라."

人也는 猶言此人也라 伯氏는 齊大夫라 騈邑은 地名이라 齒는 年也라 蓋桓公奪伯氏之邑하여 以與管仲하니 伯氏自知己罪而心服管仲之功이라 故로 窮約以終身而無怨言이라 荀卿ㅣ所謂與之書社三百而富人莫之敢拒者가 卽此事也라
或이 問管仲子產孰優오하니 曰管仲之德은 不勝其才요 子產之才는 不勝其德이라 然이나 於聖人之學엔 則概乎其未有聞也니라

'人也'는 '이 사람'이라고 말하는 것과 같다. '伯氏'는 齊나라 大夫이다. '병읍駢邑'은 地名이다. '치齒'는 나이이다. 대개 환공桓公이 伯氏의 邑을 빼앗아 管仲에게 주니, 伯氏는 스스로 자신의 죄를 알고 管仲의 공에 心服하였기 때문에 곤궁하여 몸을 마치도록 원망하는 말이 없었다. 순경荀卿(荀子)이 이른바 "書社 三百을 주었으나, 빼앗긴 부자들이 감히 막는 이가 없었다"는 것이 곧 이러한 일이다.

혹자가 묻건대 "管仲과 子産은 누가 더 낫습니까?"라고 하니, 가로되 "管仲의 德은 그 재주를 이기지 못하였고, 子産의 재주는 그 德을 이기지 못하였다. 그러나 聖人의 학문에 대해서는 대개 들어본 것이 없었다."라고 하였다.

주해

- 駢邑三百: 伯氏의 食邑 三百家를 말한다. 駢(땅이름 병)
- 飯疏食: 거친 음식을 먹다. 飯(먹을 반) 疏(성길 소) 食(밥 사)
- 沒齒: 노인. 죽다. 齒(나이 치)
- 窮約: 곤궁. 빈곤.

  ≪안자춘추晏子春秋 · 간상오諫上五≫에 "使民飢餓窮約而無告."라고 했고, ≪莊子 · 선성繕性≫篇에 "故不爲軒冕肆志, 不爲窮約趨俗."이라 했다. 繕(기울 선) 冕(원통할 원) 肆(방자할 사) 趨(달릴 추)
- 書社: 고대에는 25家 마다 '社'를 세웠는데, 그 社內에 사는 사람들의 인명부를 '書社'라고 했다. 그후 書社에 등록된 인구나 토지를 의미하기도 한다.

  ≪商君書 · 상형賞刑≫篇에 "士卒坐陳者, 裏有書社."라고 했고, ≪左傳 · 哀公十五年≫條에 "因與衛地, 自濟以西, 禚媚杏以南, 書社五百."이라 했는데, 杜預의 註에 "二十五家爲一社, 籍書而致之."라고 풀이했다. 禚(땅이름 작) 媚(아첨할 미) 杏(살구나무 행)

【備旨】

或人이 又問齊大夫管仲은 其人品이 何如잇고 한대 夫子ㅣ答之曰 此人也ㅣ相桓公而有功於天下에 桓公이 嘗奪其大夫白氏駢邑三百戶하여 以與管仲이어늘 白氏ㅣ乃甘窮約飯疏食하여 以至沒齒而無怨言하니 蓋其心服管仲之功也니라 觀其功足服人에 不可知其爲人乎아 하시니라

吁라 夫子之論이 出하여 而三子之人品이 定矣니라

或人이 또한 "齊나라의 大夫인 管仲은 그 人品이 어떠합니까?" 하고 묻건대,

夫子께서 대답하여 가라사대 "이 사람이 桓公을 도와 天下에 功을 세우니, 桓公이 일찍이 그 大夫인 白氏의 駢邑 三百戶를 빼앗아 管仲에게 주었거늘, 白氏는 이에 곤궁함을 달게 여기고 거친 음식을 먹되 죽을 때까지 원망하는 말이 없었으니, 대개 그가 管仲의 功에 心服한 것이다. 그 功이 足히 사람을 심복시키는 것을 보건대 가히 그 사람됨을 알지 못하리오?" 라고 하시니,

오호라! 夫子의 논평이 나오니, 세 사람의 人品이 정해졌도다.

주해

- 奪(빼앗을 탈) 吁(탄식할 우)

[14·11]

子曰 貧而無怨은 難하고 富而無驕는 易하니라

孔子께서 가라사대 "가난하면서 원망이 없기는 어렵고, 부유하면서 교만함이 없기는 쉬우니라."

處貧難하고 處富易는 人之常情이라 然이나 人當勉其難이요 而不可忽其易也니라

가난에 처하기는 어렵고, 富에 처하기는 쉬운 것이 사람의 떳떳한 情이다. 그러나 사람은 마땅히 그 어려운 것을 힘써야 하며, 가히 그 쉬운 것을 소홀히 해서는 안 된다.

주해

- 貧而無怨: 가난하되 원망함이 없다.
  朱子가 말했다. "가난하되 원망이 없는 자는 가난하되 즐기는 자에 미치지는 못하나, 또한 아첨함이 없는 자 보다는 나을 것이다. 貧而無怨, 不及貧而樂者, 又勝似無諂者."(大全註疏)

【備旨】

夫子ㅣ卽常情以勉人曰 貧은 逆境也니 若處貧而無怨尤之心은 必其心泰然하고 安於義命者라야 方能之하니 實常情之所難也요 富는 順境也니 若處富而無驕矜之念은

苟義理自守而略知謹抑者라야 類能之니 乃常情之所易也라 然則人當勉其難이요 而不可忽其易也라

夫子께서 常情에 나아가 사람에게 권면하여 가라사대 "가난은 역경이니 만약 가난에 처하되 원망하거나 남을 탓하는 마음이 없는 것은 반드시 그 마음이 태연하고 天命에 안주하는 자라야 바야흐로 능할 수 있으니, 진실로 常情으로 하기 어려운 바요,
富는 順境이니 만약 富에 처하되 교만하거나 자랑하는 생각이 없는 것은 진실로 義理를 스스로 지키고 대략 삼가고 억제할 줄 아는 자라야 대개 능할 수 있으니, 곧 常情으로 하기 쉬운 바이니라. 그러므로 사람은 마땅히 그 어려움을 힘써야 하고, 가히 그 쉬운 것을 소홀히 하지 말지니라."

주해

- 怨尤: 남을 원망하고 탓함. 尤(허물 우)
- 義命: 天命.
- 驕矜: 교만하고 자부심이 강함. 驕(교만할 교) 矜(자랑할 긍)
  ≪韓非子 · 難一≫篇에 나온다. "使小臣有智能而遁桓公, 是隱也, 宜刑. 若無智能而虛驕矜桓公, 是誣也, 宜戮." 誣(속일 무) 戮(죽일 륙)
- 類: 대개, 대략. 類(대개 류)

[14 · 12]

子曰 孟公綽이 爲趙魏老則優어니와 不可以爲滕薛大夫니라

孔子께서 가라사대 "맹손작孟公綽은 조씨趙氏와 위씨魏氏의 家老가 되는 것은 곧 남음이 있거니와, 가히 등滕나라와 설薛나라의 大夫는 될 수가 없느니라."

公綽은 魯大夫라 趙魏는 晉卿之家라 老는 家臣之長이라 大家는 勢重而無諸侯之事하고 家老는 望尊而無官守之責이라 優는 有餘也라 滕薛은 二國名이라 大夫는 任國政者라 滕薛은 國小政繁하고 大夫는 位高責重하니 然則公綽은 蓋廉靜寡欲而短於才者也라
楊氏曰 知之弗豫하여 枉其才而用之면 則爲棄人矣니 此君子所以患不知人也라 言此則孔子之用人을 可知矣니라

'공작公綽'은 魯나라의 大夫이다. '조趙'와 '위魏'는 진晉나라 경卿의 집안이다. '老'는 家臣의 우두머리이다. '大家'는 권세가 重하나 諸侯의 일이 없고, '家老'는 명망이 높으나 官守의 책임이 없다. '우優'는 남음이 있는 것이다. '등滕'과 '설薛'은 두 나라의 이름이다. 大夫는 國政을 맡은 자이다. 滕과 薛은 나라가 작으나 정사가 번거롭고, 大夫는 지위가 높고 책임이 무거우니, 그렇다면 公綽은 대개 청렴하고 욕심은 적으나 재주가 부족한 자이다.
楊氏 가로되 "사람을 미리 알아보지 못하고 그 재주를 잘못하여 사용하면 곧 사람을 버리는 것이니, 이는 君子가 사람을 알아보지 못할까 근심하는 바이다. 이렇게 말하니 곧 孔子의 用人을 가히 알 수 있다."

주해

- 趙魏: 춘추시대 진晉나라 六卿(韓氏, 魏氏, 趙氏, 知氏, 范氏, 中行氏)의 하나.
- 官守: 관리로서의 직책.
  ≪左傳 · 昭公二十三年≫條에 나온다. "親其民人, 明其伍候, 信其鄰國, 愼其官守."
- 綽(너그러울 작) 繁(많을 번) 豫(미리 예) 枉(굽을 왕) 棄(버릴 기)

【備旨】

夫子ㅣ慨用人不當曰 我觀魯大夫孟公綽者는 廉靜寡欲하니 設以之爲趙魏大家之老엔 取其風貪鎭躁면 則優乎有餘矣어니와 若使爲大夫엔 非有理煩治劇之才者면 不能이니 公綽은 未免短於才矣라 卽滕薛小國도 亦不可以爲大夫也니 觀此則魯國用人之失을 可見矣리라

夫子께서 用人이 마땅하지 않음을 개탄하여 가라사대 "내 살피건대 魯나라의 大夫인 공손작孟公綽이란 자는 청렴하고 욕심이 적으니, 설령 그를 趙氏와 魏氏 大家의 家老로 삼는데는 그 탐욕을 버리고 조급함을 억제하는 것을 취한다면 곧 넉넉히 남음이 있거니와,
만약 大夫로 삼는데는 번거로움을 다스리고 어려운 일을 다스리는 재주가 있는 자가 아니면 불가능하니, 公綽은 재주가 부족함을 면하지 못할 것이니라. 등滕과 설薛의 작은 나라에서도 또한 가히 大夫가 될 수 없으니, 이를 살피면 곧 魯나라에서 用人을 잘못하고 있음을 가히 알 수 있느니라."

주해

- 治劇: 번잡하고 어려운 일을 처리하다. 劇(번거로울 극)
  ≪漢書 · 혹리전酷吏傳 · 尹賞≫篇에 나온다. "左馮翊薛宣奏賞能治劇, 徙爲頻陽令." 酷(독할 혹) 馮(성 풍) 翊(도울 익) 薛(성 설) 奏(아뢸 주) 徙(옮길 사)
- 煩(번거로울 번) 風(버릴 풍) 鎭(누를 진) 躁(성급할 조)

[14 · 13]

子路ㅣ問成人한대

子曰 若臧武仲之知와 公綽之不欲과 卞莊子之勇과 冉求之藝에 文之以禮樂이면 亦可以爲成人矣니라

子路가 全人에 대해 묻건대,

孔子께서 가라사대 "만약 장무중臧武仲의 지혜와 공작公綽의 탐욕이 없음과 변장자卞莊子의 용기와 염구冉求의 技藝에다 禮樂으로써 文采나게 하면, 또한 가히 全人이 될 수 있느니라."

成人은 猶言全人이라 武仲은 魯大夫니 名은 紇이라 莊子는 魯卞邑大夫라 言兼此四子之長이면 則知足以窮理하고 廉足以養心하고 勇足以力行하고 藝足以泛應이요 而又節之以禮하고 和之以樂하여 使德成於內而文見乎外면 則材全德備하여 渾然不見一善成名之迹이요 中正

和樂하여 粹然無復偏倚駁雜之蔽하여 而其爲人也亦成矣라

然이나 亦之爲言은 非其至者니 蓋取子路之所可及而語之也라 若論其至인댄 則非聖人之盡人道면 不足以語此니라

'成人'은 全人이라는 말과 같다. '무중武仲'은 魯나라의 大夫이니 이름은 흘紇이다. 장자莊子는 魯나라 변읍卞邑의 大夫이다. 이 네 사람의 장점을 겸하면 곧 지혜는 족히 이치를 궁구하고, 청렴은 족히 마음을 기르고, 용기는 족히 힘써 행할 수 있고, 기예는 족히 두루 응대할 수 있으며,

또한 禮로써 절제하고 樂으로써 조화롭게 하여, 德이 내면에서 이루어지고 문채가 밖으로 드러나도록 하면 곧 재주가 온전해지고 德이 갖추어져 혼연渾然히 한 가지만 잘한 것으로 이름을 이룬 흔적을 드러내지 않을 것이요,

中正하고 和樂하여 수연粹然히 다시는 편벽되고 잡박한 폐단이 없게 되어, 그 사람됨이 또한 이루어질 것이라고 말한 것이다.

그러나 '亦'이라는 말은 그 지극하다는 것이 아니니, 대개 子路가 가히 미칠 수 있는 바를 취하여 말한 것이다. 만약 그 지극함을 논한다면, 곧 聖人이 人道를 다한 것이 아니라면 족히 이(成人)를 말할 수 없는 것이다.

주해

- 成人: 全人. 재주와 德을 겸비(才全德備)한 자.
- 藝: 여기서는 두루 응대하는 재주를 말한다.

- 文之以禮樂: 禮樂으로써 文采나게 하다. '之'는 知 · 廉 · 勇 · 藝 네 가지를 가리킴.
- 偏倚: 한 쪽으로 편중偏重되다, 편향偏向되다. 偏(치우칠 편) 倚(치우칠 의) ≪禮記 · 中庸≫에 "喜怒哀樂之未發謂之中."이라 했고, 朱子의 ≪集註≫에 "無所偏倚, 故謂之中."이라 풀이했다.
- 駁雜: 뒤섞여서 순수하지 못함. 駁(섞일 박)
≪朱子語類≫ 卷三三에 나온다 "管仲非不尊周攘夷, 如何不是王道? 只是功利駁雜其心耳." 攘(물리칠 양)
新安陳氏가 말했다. "禮로써 절제하면 中正하여 한쪽으로 치우침이 없고, 樂으로써 조화로우면 和樂하여 뒤섞여 어지로움이 없다. 節以禮則中正而無偏倚, 和以樂則和樂而無駁雜."(大全註疏)
- 紇(명주실 흘) 粹(순수할 수) 蔽(덮을 폐)

【備旨】

子路ㅣ問成人之道한대

夫子ㅣ告之曰 所謂成人者는 知以窮理를 必若臧武仲之知하며 廉以養心을 必若孟公綽之不欲하며 勇以力行을 必若卞莊子之勇하며 禮以泛應을 必若冉求之禮니 兼四子之長하되 而又節以禮하고 和以樂하여 去其偏矯之病이면 則渾然而材全德備하고 粹然而中正和樂하여 以爲成人이니 其亦可矣니라

子路가 成人의 道에 대해 묻건대,

夫子께서 告하여 가라사대 "이른바 成人은 지혜로써 이치를 궁구하는 것을 반드시 장무중臧武仲의 지혜와 같이 하며, 청렴으로써 마음을 기르는 것을 반드시 맹공작孟公綽의 탐욕이 없는 것과 같이 하며, 용기로써 힘써 행하는 것을 반드시 변장자卞莊子의 용기와 같이 하며, 禮로써 두루 응대하는 것을 반드시 冉求의 禮와 같이 하니, 네 사람의 장점을 兼하되, 또 禮로써 절제하고 樂으로써 조화롭게 하여, 그 偏矯의 병폐를 제거하면 곧 혼연히 재주가 온전해지고 德이 갖추어져, 수연粹然히 中正하고 和樂하여 成人이 될 것이니, 그 또한 可할지니라."

주해

- 偏矯: 치우치거나 속이는 일. 矯(속일 교)

曰 今之成人者는 何必然이리오 見利思義하며 見危授命하며 久要에 不忘平生之言이면 亦可以爲成人矣니라

가라사대 "지금의 成人은 어찌 반드시 그러하리오? 이익을 보면 義를 생각하며, 위태로움을 보면 목숨을 바치며, 오래전의 약속일지라도 평일에 기약한 말을 잊지 않는다면, 또한 가히 成人이 될 수 있느니라."

復加曰字者는 旣答而復言也라 授命은 言不愛其生하여 持以與人也라 久要는 舊約也요 平生은 平日也라 有是忠信之實이면 則雖其才知禮樂이 有所未備나 亦可以

爲成人之次也니라

程子曰 知之明信之篤行之果는 天下之達德也니 若孔子所謂成人은 亦不出此三者라 武仲은 知也요 公綽은 仁也요 卞莊子는 勇也요 冉求는 藝也니 須是合此四人之能하고 文之以禮樂이면 亦可以爲成人矣라 然而論其大成이면 則不止於此라 若今之成人은 有忠信而不及於禮樂하니 則又其次者也니라

又曰 臧武仲之知는 非正也니 若文之以禮樂이면 則無不正矣리라

又曰 語成人之名인댄 非聖人이면 孰能之리오

孟子曰 唯聖人然後可以踐形이라 하시니 如此라야 方可以稱成人之名이니라

胡氏曰 今之成人以下는 乃子路之言이니 蓋不復聞斯行之之勇이요 而有終身誦之之固矣라 하니 未詳是否라

다시 '曰'字를 더한 것은 이미 대답하고 다시 말한 것이다. '수명授命'은 그 목숨을 아끼지 않고 가져가다 남에게 주는 것을 말한다. '久要'는 옛날의 약속이요, '平生'은 平日이다. 이 忠信의 실제가 있으면 곧 비록 그 才·知·禮·樂이 未備한 바가 있으나, 또한 가히 成人의 다음은 될 수가 있다.

程子 가로되 "지혜가 밝고, 믿음이 두터우며, 행실이 果斷한 것은 天下의 達德이니, 孔子께서 이른바 成人이라는 것도 또한 이 세 가지에서 벗어나지 않는다. 武仲은 知요, 公綽은 仁이요, 卞莊子는 勇이

요, 冉求는 藝이니, 모름지기 여기에다 이 네 사람의 능력을 합하고, 禮樂으로써 문채나게 하면, 또한 가히 成人이 될 수 있다. 그러나 그 大成을 논한다면 곧 여기에 그치지 않는다. 오늘날의 成人과 같은 경우는 忠과 信은 있으나 禮와 樂에는 미치니 못하니, 곧 또한 그 다음가는 자들이다." 또 가로되 "藏武仲의 知는 바른 것이 아니니, 만약 禮樂으로써 문채나게 했다면 곧 바르지 아니함이 없었을 것이다." 또 가로되 "成人의 명칭을 말하자면, 聖人이 아니면 누가 능히 할 수 있으리오?"

孟子 가라사대 "聖人이 된 연후에야 가히 천형踐形할 수 있느니라."라고 하셨으니, 이와 같이 해야 바야흐로 가히 成人이라는 이름을 칭할 수 있다.

胡氏 가로되 "'今之成人' 이하는 곧 子路가 한 말이니, 대개 들으면 즉시 행하는 용기가 다시는 없고, 종신토록 외우기만 하는 고루함만 있게 되었다."라고 하니, 그러한 지의 여부는 상세하지 않다.

주해

- 久要: 옛날의 약속. 要(약속할 요)
  何晏의 ≪集解≫에 孔安國의 말을 인용해서 "久要, 舊約也. 平生, 猶少時."라고 했고, 형병邢昺의 疏에 "言與人少時有舊約, 雖年長貴達, 不忘其言."이라 풀이했다.
- 達德: 변함없이 두루 통하는 道德.
  ≪禮記 · 中庸≫에 나온다. "知仁勇三者, 天下之達德也." 鄭玄의 註에 "達者, 常行, 百王所不變也."라고 풀이했다.
- 踐形: 사람이 하늘로부터 부여받은 품성을 체현하다.
  ≪孟子 · 盡心上≫篇에 나온다. "形色, 天性也, 惟聖人然後可以踐形."
- 聞斯行之: 이것을 들으면 즉시 행하다. 〈先進〉篇에 나온다.
- 終身誦之: 종신토록 외우기만 하다. 〈子罕〉篇에 나온다.

【備旨】

子ㅣ又曰 吾所謂成人者은 自人道之備者言之也니 亦夫今之所謂成人者는 何必其才知禮樂之兼備然哉아 惟見利면 則思義之當否而臨財無苟得하며 見危면 則授命以舍生而臨難無苟免하며 久要엔 則必踐之而不忘平生之言이면 此雖其材知禮樂이 有所未備나 而有是忠信之實이면 則大本已立이니 亦可以爲成人之次矣라 由今之成人而進之하여 而吾所稱成人者를 可及也니 由也ㅣ勉之어다

夫子께서 또 가라사대 "내가 이른바 成人이란 자는 人道가 갖춰진 자로 말미암아 말한 것이니, 또한 오늘날에 이른바 成人이란 자는 어찌 반드시 그 才·知·禮·樂을 兼備해야만 한다고 하리오? 오직 利를 보면 곧 義에 마땅한가 여부를 생각하고 재물에 임하여 구차히 얻지 아니하며, 위태로움을 보면 곧 목숨을 아끼지 않고 버리고 환란에 임하여 구차히 면하지 아니하며, 오래전의 약속이라도 곧 반드시 실천하여 평소에 기약했던 말을 잊지 않는다면, 이는 비록 才·知·禮·樂이 갖춰지지 않은 바가 있으나, 이 忠과 信의 실제가 있으면 곧 大本이 이미 선 것이니, 또한 가히 成人의 다음이 될 수 있느니라. 지금의 成人으로 말미암아 나아가서 내가 成人이라 일컫는 자에 가히 미칠 수 있으니, 그대(由)는 힘쓸지어다."

[14·14]

子ㅣ問公叔文子於公明賈曰 信乎夫子ㅣ不言不笑不取乎아

孔子께서 공숙문자公叔文子를 공명가公明賈에게 물어 가라사대 "진실로 公叔文子가 말하지도 아니하고, 웃지도 아니하며, 취하지도 아니하느냐?"

公叔文子는 衛大夫公孫枝也라 公明은 姓이요 賈는 名이니 亦衛人이라 文子爲人을 其詳不可知나 然이나 必廉靜之士라 故로 當時以三者稱之라

공숙문자公叔文子는 위衛나라의 大夫 공손지公孫枝이다. '公明'은 姓이요, '가賈'는 이름이니, 또한 衛나라 사람이다. 文子의 사람됨을 그 자세히는 가히 알 수 없으나, 그러나 필시 청렴하고 조용한 선비였을 것이다. 그러므로 당시에 세 가지로 칭송한 것이다.

주해

- 夫子: 公叔文子를 말함.
- 乎: 어조사. '乎'字에는 의심하여 믿지 못하겠다는 뜻이 내포되어 있다.
- 廉靜: 성품이 겸손하고 조용함.
  新安陳氏가 말했다. "말하거나 웃지 않는데서 그 조용함을 알 수 있고, 취하지 않는데서 그 청렴함을 알 수 있다. 不言笑見其靜, 不取見其廉."(大全註疏)

【備旨】

夫子ㅣ問衛大夫公叔文子於公明賈曰 人有稱爾夫子不言不笑不取者하니 信乎夫子果靜而不言하며 恬而不笑하며 廉而不取乎아

夫子께서 衛나라 大夫인 공숙문자公叔文子에 대해 공명가公明賈에게 물어 가로되 "사람들이 그대의 夫子는 말하지도 않고, 웃지도 않고, 취하지도 않는다고 일컫는 자들이 있으니, 진실로 夫子는 과연 조용해서 말하지도 않으며, 편안해서 웃지도 않으며, 청렴해서 취하지도 않는가?"

公明賈ㅣ對曰 以告者ㅣ過也로소이다 夫子ㅣ時然後言이라 人不厭其言하며 樂然後笑라 人不厭其笑하며 義然後取라 人不厭其取하나니이다

子曰 其然가 豈其然乎리오

公明賈가 대답하여 가로되 "告한 자가 지나친 것입니다. 夫子는 때에 맞은 연후에 말하기 때문에 사람들이 그 말을 싫어하지 아니하며, 즐거운 연후에 웃기 때문에 사람들이 그 웃음을 싫어하지 아니하며, 義에 맞은 연후에 取하기 때문에 사람들이 그가 取하는

것을 싫어하지 않는 것입니다."
孔子께서 가라사대 "그가 그러하는가? 어찌 그가 그럴 수 있으리오?"

厭者는 苦其多而惡之之辭라 事適其可면 則人不厭而不覺其有是矣라 是以로 稱之或過하여 而以爲不言不笑不取也라 然이나 此言也는 非禮義充溢於中하여 得時措之宜者면 不能이니 文子雖賢이나 疑未及此로되 但君子與人爲善이요 不欲正言其非也라 故로 曰 其然가 豈其然乎리오하시니 蓋疑之也라

'厭'이란 그 많은 것 괴로워 싫어한다는 말이다. 일이 그 可함에 맞으면, 곧 사람들이 싫증을 내지 않아 그에게 이러한 일이 있는지 깨닫지 못하게 된다. 이 때문에 칭찬하는 것이 혹 지나쳐 말하지도 않고, 웃지도 않고, 取하지도 않는다고 여긴 것이다. 그러나 이 말은 禮義가 마음속에 차고 넘쳐서 때에 맞춰 마땅함을 얻은 자가 아니라면 능히 할 수 없으니, 文子가 비록 어질기는 하나 의심컨대 여기까지 미치지는 못한 듯하다. 다만 君子는 남이 善을 행하도록 해주고, 그 잘못을 곧바로 말하지는 않는다. 그러므로 가로되 "그가 그러하는가? 어찌 그가 그럴 수 있으리오?"라고 하시니, 대개 의심하신 것이다.

주해

- 厭(싫을 염) 適(맞을 적)
- 充溢: 가득차서 넘침. 充(찰 충) 溢(넘칠 일)
- 時措: 때에 맞게 조치하다. 때에 맞춰 마땅함을 취하다. 措(둘 조)

≪禮記·中庸≫篇에 나온다. "成己, 仁也. 成物, 知也. 性之德也, 合內外之道. 故時措之宜也." 鄭玄의 註에 "時措, 言得其時而用也."라고 했고, 孔穎達의 疏에 "措猶用也. 言至誠者成萬物之性, 合天地之道, 故得時而用之, 則無往而不宜."라고 풀이했다.

● 與人爲善: 남이 善을 하도록 도와주다. ≪孟子·公孫丑上≫篇에 나온다.

【備旨】

公明賈ㅣ對曰 人以不言不笑不取告者는 乃言過其實也로소이다 吾夫子ㅣ非不言也로되 但時可言而後言故로 人不厭其言而以爲不言也며 非不笑也로되 但樂當笑而後笑故로 人不厭其笑而以爲不笑也며 非不取也로되 但義當取而後取故로 人不厭其取而以爲不取也니이다 信如賈言인댄 文子는 固得時中之道者矣라

故로 夫子ㅣ疑之曰 爾之夫子는 其時言樂笑義取를 爲子之所云然乎아 然이나 不言不笑不取는 固難이요 而時言樂笑義取는 尤難이니 豈其果能時措之宜를 信如子之所云然乎리오하시니

蓋不遽斥其不然하고 亦不輕許其然하시니 忠厚之意와 是非之公을 具見之矣니라

公明賈가 대답하여 가로되 "사람들이 不言·不笑·不取로써 告한 것은 곧 말이 그 실제를 지나친 것입니다. 우리 夫子(公叔文子)는 말하지 않는 것이 아니로되 다만 때에 가히 말할만한 이후에 말하기 때

문에 사람들이 그 말을 싫어하지 않고 '不言'이라고 여기며, 웃지 않는 것이 아니로되 다만 즐거워서 마땅히 웃을만한 이후에 웃기 때문에 사람들이 그 웃음을 싫어하지 않고 '不笑'라고 여기며, 취하지 않는 것이 아니로되 다만 의리상 마땅히 取할만한 이후에 取하기 때문에 사람들이 그 取한 것을 싫어하지 않고 '不取'라고 여긴 것입니다." 진실로 公明賈의 말과 같다면 文子는 진실로 時中의 道를 얻은 자일 것이다. 그러므로 夫子(孔子)께서 의심하여 가라사대 "그대의 夫子(公叔文子)는 그 時言·樂笑·義取를 그대가 말한 바와 같이 그렇게 하는가? 그러나 不言·不笑·不取는 본디 어려운 일이요, 時言·樂笑·義取는 더욱 어려운 일이니, 어찌 그가 과연 능히 時措의 마땅함을 진실로 그대가 말한 바와 같이 그렇게 할 수 있으리오?"라고 하시니, 대개 그가 그렇지 않다는 것을 갑자기 배척排斥하지 않고, 또한 그가 그렇다는 것을 가볍게 許與하지도 않으시니, 忠厚한 뜻과 是非의 공정함을 함께 볼 수 있다.

주해

- 爾(너 이) 尤(더욱 우) 遽(갑자기 거) 斥(물리칠 척)

[14·15]

子曰 臧武仲이 以防으로 求爲後於魯하니 雖曰不要君이나 吾不信也하노라

孔子께서 가라사대 "장무중臧武仲이 防邑을 근거로 魯나라 人君에게 후사後嗣를 세우겠다고 요구하니, 비록 人君을 협박한 것은 아니라고 말하나, 내 믿지 못하겠노라."

防은 地名이니 武仲所封邑也라 要는 有挾而求也라 武仲이 得罪奔邾러니 自邾如防하여 使請立後而避邑하여 以示若不得請이면 則將據邑以叛하니 是要君也라
范氏曰 要君者는 無上이니 罪之大者也라 武仲之邑은 受之於君하니 得罪出奔이면 則立後在君이요 非己所得專也어늘 而據邑以請하니 由其好知而不好學也니라
楊氏曰 武仲이 卑辭請後하니 其跡은 非要君者나 而意實要之니라 夫子之言은 亦春秋誅意之法也시니라

'방防'은 地名이니 武仲이 봉封해진 邑이다. '要'는 믿는 바가 있어 요구하는 것이다. 武仲이 罪를 얻어 주邾나라로 달아났다가 다시 邾로부터 防邑에 가서, 사람을 보내어 후사後嗣를 세워주면 防邑을 피해 떠나겠다고 요청함으로써, 만약 요청을 받아주지 않으면 곧 장차 防邑에 웅거雄據하여 반란을 일으키겠다는 뜻을 보였으니, 이는 人君을 협박한 것이다.
范氏 가로되 "'要君'은 人君을 무시한 것이니, 罪 중에 큰 것이다. 武仲의 邑은 人君에게서 받은 것이니, 罪를 얻어 달아났다면 곧 後嗣를 세우는 일은 人君에게 있고 자신이 專橫할 바가 아니거늘, 邑을 근거로 요청하였으니, 그가 지략만을 좋아하고 배우기를 좋아하지 않았기 때문이다."
楊氏 가로되 "武仲이 겸손한 말로 後嗣를 청하니, 그 행적은 人君을

협박한 것이 아니나, 뜻은 실제로 협박한 것이다. 夫子의 말씀은 또한 ≪春秋≫의 뜻을(意圖를) 주벌하는 법이다."

주해

- 挾(낄 협) 邾(나라이름 주) 如(갈 여) 卑(낮을 비)
- 春秋誅意: ≪春秋≫는 孔子가 기록한 魯나라의 역사서이다. 春秋誅意란 '春秋筆法'에 죄를 짓지는 않았으나, 의도만 惡해도 誅罰하는 일을 말한다. '誅意'는 '诛心'과 같다. 誅(벨 주)
  ≪後漢書 · 곽서전霍諝傳≫에 "諝聞 ≪春秋≫之義, 原情定過, 赦事誅意, 故許止雖弑君而不罪, 趙盾以縱賊而見書."라 했는데, 李賢의 註에 "≪公羊傳≫又曰 晉史書趙盾弑其君. 趙盾曰 天乎無辜, 吾不弑君! 太史曰 爾爲仁爲義, 人殺爾君而不討賊, 此非弑君如何? 此赦事誅意也."라고 풀이했다. 霍(성 곽) 諝(슬기 서) 赦(용서할 사) 弑(죽일 시)

【備旨】

夫子ㅣ誅武仲無君之心曰 臧武仲이 得罪奔邾하니 不宜有邑矣어늘 乃復自邾如防하여 使人請爲後於魯而避邑焉하니 夫請後는 可也어니와 必如防以請者는 何爲哉아 恃吾有可叛之資하여 而脅君以必從之勢니 雖曰彼之所請이 出於不獲已하여 不是有所挾以要求其君이나 吾不信也하노라 하시니 夫子言此는 亦春秋誅心之法歟인저

夫子께서 武仲의 人君을 무시하는 마음을 誅罰하여 가라사대 "臧武仲이 죄를 얻어 주邾나라로 달아났으니 마땅히 封邑이 없어야 하거

늘, 이에 다시 邾나라로부터 防邑에 가서 사람으로 하여금 魯나라 人君에게 後嗣를 세워주면 邑을 떠나겠다고 요청하게 하였다. 무릇 후사를 요청하는 것은 可하거니와, 반드시 防邑에까지 가서 요청한 것은 무엇 때문이리오?

나에게 가히 배반할 수 있는 바탕이 있음을 믿고 人君을 必從의 형세로써 협박한 것이니, 비록 '그가 청한 바가 不得已한데서 나온 것이지, 믿는 바가 있어 그 人君을 협박한 것이 아니다.'라고 말하나, 나는 믿지 못하겠노라!"라고 하시니, 夫子께서 이를 말씀하신 것은 또한 ≪春秋≫의 나쁜 마음을 주벌誅罰하는 法인저!

주해

- 恃(믿을 시) 叛(배반할 반)
- 不獲已: '不得已'와 같다. 獲(얻을 획)
  ≪後漢書 · 독행전獨行傳 · 엄수嚴授≫篇에 나온다. "張顯蹙令進, 授不獲已, 前戰, 伏兵發, 授 身被十創, 歿於陣." 蹙(움츠릴 축) 歿(죽을 몰)

[14 · 16]

子曰 晉文公은 譎而不正하고 齊桓公은 正而不譎하니라

孔子께서 가라사대 "진晉나라 문공文公은 속이면서 바르지 않았고, 제齊나라 환공桓公은 바르면서 속이지 않았노라."

晉文公의 名은 重耳요 齊桓公의 名은 小白이라 譎은 詭也라 二公은 皆諸侯盟主니 攘夷狄以尊周室者也라 雖其以力假仁하여 心皆不正이나 然이나 桓公伐楚에 仗義執言하여 不由詭道하니 猶爲彼善於此요 文公則伐衛以致楚하고 而陰謀以取勝하니 其譎甚矣라 二君他事도 亦多類此라 故로 夫子言此하여 以發其隱하시니라

진晉나라 文公의 이름은 중이重耳요, 제齊나라 환공桓公의 이름은 小白이다. '휼譎'은 속이는 것이다. 두 公은 모두 제후의 盟主이니, 이적夷狄을 물리치고 周나라 왕실을 높인 자들이다. 비록 그 힘으로써 仁을 빌려 마음이 모두 바르지 못하였으나, 그러나 桓公이 초楚나라를 칠 때 義에 의지하여 언약을 지켰고 속임수(詭道)를 쓰지 않았으니, 오히려 저(桓公)는 이(文公) 보다는 나은 것이다. 文公은 곧 위衛나라를 치면서 楚나라를 끌어들이고, 음모로써 승리를 취하니 그 속임수가 심한 것이다. 두 人君의 다른 일도 또한 이와 유사한 것이 많기 때문에, 夫子께서 이를 말씀하여 그 숨은 사실을 드러내신 것이다.

주해

- 仗義執言: 의리에 근거해서 공정한 말을 하다. 仗(잡을 장) 執(잡을 집)
  明나라 풍몽룡馮夢龍의 ≪경세통언警世通言≫卷十二에 나온다. "此人姓範名汝爲, 仗義執言, 救民水火." 汝(너 여)
- 詭道: 속임수. 詭(속일 궤)
  ≪孫子 · 計≫에 나온다. "兵者, 詭道也." 조조曹操의 註에 "兵無常形, 以詭詐爲道."라고 풀이했다.
- 譎(속일 휼) 攘(물리칠 양) 夷(이민족 이) 狄(이민족 적) 裝(꾸밀 장)

【備旨】

夫子ㅣ發桓文之隱曰 齊桓晉文은 心皆不正이나 然이나 以其事較之면 猶有彼善於此者라

晉文公則陰謀取勝하여 專事詭譎而不由正道하니 觀其因楚圍宋엔 則伐曹衛以致楚師之救하고 及楚釋宋엔 則復曹衛以携二國之交하며 至於溫之會엔 則以臣而召君하고 翟泉之盟엔 則以下而凌上하니 他可知矣요

齊桓公은 卽仗義執言하여 猶知正道而不尙詭譎하니 觀其於楚之未服엔 則責以尊王之義하고 於楚之旣服엔 則許以如師之盟하며 至於葵丘之會하얀 明王者之大禁하고 首止之盟엔 則定世子之大法하니 他可知矣라

蓋其功罪ㅣ雖同이나 而優劣頓異이 如此라 然이나 此亦就二公之事論之耳니 推其心이면 則皆假借仁義하여 同歸於譎而已니 其於王者之道에 豈可同日語哉리오

夫子께서 桓公과 文公의 숨은 일을 드러내어 가라사대 "齊나라 환공과 晉나라 文公은 마음이 모두 바르지 않으나, 그러나 그 일로써 비교하면 오히려 저(桓公)가 이(文公) 보다 나은 점이 있느니라.

晉나라 文公은 곧 陰謀로써 승리를 취하여 오로지 속임수를 일삼으며 正道를 말미암지 않았으니, 살피건대 그는 楚나라가 宋나라를 포위하자 곧 조曹나라와 위衛나라를 쳐서 楚나라 군대의 구원병을 끌어들이고, 楚나라가 宋나라의 포위를 풀어주자 곧 曺 · 衛와의 관계를 회복하여 두 나라와 수교를 맺었으며, 온溫의 會盟에서는 곧 臣下의

신분으로서 人君을 부르고, 적천翟泉의 회맹에서는 곧 아랫사람으로서 윗사람을 능멸하였으니, 그 나머지 일들은 가히 알 수 있느니라. 齊나라 桓公은 곧 義理에 의지하여 공정한 말을 하고, 오히려 正道만을 알고 속임수를 숭상하지 않았으니, 살피건대 그는 楚나라가 아직 복종하지 않자 곧 尊王의 의리로써 責望하였고, 楚나라가 이미 복종하자 곧 如師의 會盟을 許與하였으며, 규구葵丘의 會盟에 이르러서는 王者의 大禁을 밝혔고, 首止의 회맹에서는 곧 世子의 大法을 정하였으니, 그 나머지 일들은 가히 알 수 있느니라.

대개 그들의 功과 罪가 비록 같으나 우열優劣이 크게 다른 점이 이와 같노라. 그러나 이는 또한 두 公의 일에 대해 논했을 뿐이니, 그 마음을 미루어 논하자면 곧 모두 仁義를 빌어서 똑같이 속임수로 귀결될 따름이니, 그들이 王者의 道에 있어서 어찌 가히 함께 두고 논할 수 있으리오?"

주해

- 隱事: 숨겨진 사실. 隱(숨을 은)
- 同歸: 똑같은 결과나 목적으로 귀결(귀착)되다.
- 同日語: 서로 다른 사람이나 서로 다른 일에 대해서 함께 두고 논하다. '同日而論'과 같다.
  ≪史記 · 소진열전蘇秦列傳≫에 "夫破人之與破於人也, 臣人之與臣於人也, 豈可同日而論哉!"라고 했고, ≪漢書 · 식부궁전息夫躬傳≫에 "臣與祿異議, 未可同日語也."라고 했다.
- 圍(둘러쌀 위) 攜(끌 휴) 凌(능멸할 능) 頓(문득 돈) 翟(꿩 적)

[14·17]

子路曰 桓公이 殺公子糾하야늘 召忽은 死之하고 管仲은 不死하니 曰未仁乎인저

子路 가로되 "환공桓公이 公子 규糾를 죽였을 때, 소홀召忽은 따라 죽고, 관중管仲은 죽지 않았으니, 仁하지 못하다고 말할 것인저!"

按春秋傳에 齊襄公이 無道한대 鮑叔牙ㅣ奉公子小白奔莒하고 及無知弑襄公에 管夷吾召忽이 奉公子糾奔魯러니 魯人納之未克하여 而小白入하니 是爲桓公이라 使魯殺子糾而請管召한대 召忽은 死之하고 管仲은 請囚러니 鮑叔牙言於桓公하여 以爲相이라 子路ㅣ疑管仲忘君事讐하고 忍心害理하여 不得爲仁也라

≪春秋傳≫에 따르면, 齊나라 양공襄公이 無道하자 포숙아鮑叔牙는 公子 소백小白을 모시고 거莒나라로 달아났고, 무지無知(公孫無知)가 襄公을 시해하자 관이오管夷吾(管仲)와 소홀召忽은 公子 규糾를 모시고 魯나라로 달아났었다. 魯人(莊公)이 齊나라를 쳐서 糾를 받아들이게 했으나 이기지 못하고, 小白이 齊나라로 들어가니 이가 桓公이다. 魯나라로 하여금 公子 糾를 죽이게 하고 管仲과 召忽은 보내줄 것을 청하자, 召忽은 죽고 管仲은 죄수되기를 자청하니, 鮑叔牙가 桓公에게 말하여 재상으로 삼도록 했다. 子路는 管仲이 人君을 잊고 원수를

섬기며, 마음을 사납게 하고 이치를 해쳐서 仁이 되지 못한다고 의심한 것이다.

주해

- 糾: 희공僖公의 아들이자 桓公의 아우. 糾(살필 규)
- 莒: 周나라 제후국의 하나. 오늘날 산동성 거현莒縣 일대에 위치함. 莒(감자 거)
- 忍心: 양심을 해치다. 잔인한 마음. 忍(잔인할 인)
  ≪詩 · 大雅 · 桑柔≫篇에 나온다. "惟彼忍心, 是顧是復." 朱子는 이에 대해 "忍, 殘忍也."라고 풀이했다.
- 襄(도울 양) 鮑(절인 어물 포) 奔(달아날 분) 囚(가둘 수) 讐(원수 수)

【備旨】

子路ㅣ問曰 管仲召忽은 皆子糾之臣也로되 及桓公이 殺公子糾하여 召忽은 死其難하니 誠當矣어니와 管仲則請囚而不死하니 以由言之컨댄 忘君事讎하여 忍心害理하니 毋乃未得爲仁乎아

子路가 물어 가로되 "관중管仲과 소홀召忽은 모두 公子 규糾의 臣下로되, 桓公이 公子 糾를 죽이자 召忽은 그 환난에 함께 죽으니 진실로 마땅하거니와, 管仲은 곧 죄수가 되기를 자청하여 죽지 않았으니, 제(由)가 말하건대 人君을 잊고 원수를 섬겼으며 마음을 사납게 하고 이치를 해쳤으니, 어찌 仁이 될 수 없는 것이 아니리오?"

주해

● 毋乃: '어찌~이 아니리오?' '莫非'나 '豈非'와 같다. 毋(아닐 무) ≪禮記 · 단궁하檀弓下≫篇에 나온다. "君反其國而有私也, 毋乃不可乎?"

子曰 桓公九合諸侯하되 不以兵車는 管仲之力也니 如其仁 如其仁이리오.

孔子께서 가라사대 "환공桓公이 여러 차례 諸侯들을 糾合하였으나, 무력으로써 하지 않은 것은 관중管仲의 힘이었으니, 누가 그의 仁과 같으리오! 누가 그의 仁과 같으리오!"

九는 春秋傳作糾하니 督也니 古字通用이라 不以兵車는 言不假威力也라 如其仁은 言誰如其仁者니 又再言以深許之라 蓋管仲이 雖未得爲仁人이나 而其利澤及人하니 則有仁之功矣라

'九'는 ≪春秋傳≫에 '규糾'라고 되어 있고 감독한다는 뜻이니 古字에 통용되었다. '不以兵去'는 위력威力을 빌리지 않았다는 말이다. '如其仁'은 '누가 그의 仁과 같으리오!' 라는 말이니, 또 재차 말하여 깊이 許與하신 것이다. 대개 管仲이 비록 仁人이 될 수는 없었으나, 그 이로움과 은택이 사람들에게 미쳤으니 곧 仁의 功이 있는 것이다.

주해

- 九合: 여러 차례 규합糾合하다. '九'는 연속해서 규합한다는 뜻도 되고, '糾'와 통하기도 한다. 실제로 桓公이 제후들을 규합한 것은 모두 열 한차례에 이른다.

【備旨】

夫子ㅣ告之曰 子ㅣ以仲之不死爲未仁하니 亦未知其有仁者之功耳로다 彼桓公이 糾合天下之諸侯하여 率之以尊周攘夷之義하되 當時不過明大義以服之하고 昭大信以一之하니 不假兵甲之威나 而諸侯莫不率從은 皆管仲輔相之力也니 是其功在王室하고 澤及天下에 仁人之功溥矣라 縱觀列國大夫에 孰有如其仁者乎아 孰有如其仁者乎아 安可因不死之一節하여 遂沒其功而以未仁少之也아

夫子께서 告하여 가라사대 "그대는 管仲이 죽지 않았다고 해서 仁하지 않다고 하니, 또한 그에게 仁者의 功이 있다는 사실을 알지 못할 뿐이로다. 저 桓公이 天下의 諸侯들을 糾合하여 周나라 왕실을 높이고 오랑캐를 물리치는 의리로써 통솔을 하되, 當時에 大義를 천명하여 그들을 복종시키고 大信을 밝혀 그들을 하나로 만드는데 지나지 않았으니, 무력의 위엄을 빌리지 않고서도 諸侯들이 따르지 아니함이 없는 것은 모두 관중이 도운 힘이니, 이는 그 功이 왕실에 있고 은택이 天下에 미쳐서 仁人의 功이 두루미친 것이니라. 비록 列國의 大夫들을 살피건대 누가 그와 같이 仁한 자가 있으리오! 누

가 그와 같이 仁한 자가 있으리오! 어찌 가히 따라 죽지 않았다는 일개 절개만을 가지고 마침내 그 공을 묻어버리고 어질지 못하다고 경시하리오?"

주해

- 輔相: 돕다, 보좌하다. 輔(도울 보) 相(도울 상)
- 率從: 따르다, 순종하다.
  ≪詩 · 小雅 · 채숙采菽≫篇에 나온다. "平平左右, 亦是率從." 鄭玄의 箋에 "率, 循也."라 했고, 孔穎達의 疏에 "循順而從之."라고 풀이했다.
- 少: 경시하다, 얕잡아보다.
  王充의 ≪논형論衡≫에 나온다. "儒生之徒亦自相少."
- 溥(두루미칠 부) 孰(누구 숙) 縱(비록 종)

[14 · 18]

子貢이 曰管仲은 非仁者與인저 桓公殺公子糾어늘 不能死요 又相之온여

子貢이 가로되 "管仲은 仁者가 아닌 것이저! 桓公이 公子 糾를 죽였거늘, 능히 따라 죽지 아니하고 또 桓公을 돕고 있으니!"

子貢意不死猶可어니와 相之則已甚矣라

子貢은 죽지 아니한 것은 오히려 可하거니와, 桓公을 도운 것은 곧 이미 심하다고 생각한 것이다.

주해

- 管仲非仁者: 管仲은 仁者가 아니다.

  慶源輔氏가 말했다. "子路는 勇者이다. 그러므로 召忽의 죽음을 取해서 管仲은 죽지 않은 것으로 仁하지 못하다고 한 것이다. 子貢은 智者이다. 그러므로 管仲이 죽지 않은 것은 오히려 可하지만, 桓公을 도운 것은 이미 심해서 仁이 아니라고 한 것이다. 子路勇者也. 故有取於召忽之死, 而以管仲之不死爲未仁. 子貢智者也. 故以仲之不死猶可, 而以其相桓爲已甚而非仁."(大全註疏)

【備旨】

子貢이 問曰 吾觀管仲은 殆非仁者與인저 桓公이 殺公子糾하니 則桓公은 乃管仲之仇也라 仲不能死子糾之難이면 亦已矣어니와 及又從而相之하니 是는 忍心害理니 仁者ㅣ固如是乎아

子貢이 물어 가로되 "내 살피건대 管仲은 아마도 仁者가 아닐 것인저! 桓公이 公子 糾를 죽였으니, 곧 桓公은 管仲의 원수이다. 管仲이 능히 公子 糾의 환난에 따라 죽지 않았다면 또한 그만이거니와, 또 좇아서 桓公을 도우니, 이는 마음을 잔인하게 하고 이치를 해친 것이니, 仁者가 진실로 이와 같으리오?"

子曰 管仲이 相桓公霸諸侯하여 一匡天下하니 民到于今히 受其賜하나니 微管仲이면 吾

其被髮左衽矣리라

孔子께서 가라사대 "管仲이 桓公을 도와서 諸侯의 패자霸者가 되게 하고 한 번 天下를 바로잡으니, 백성들이 지금에 이르기까지 그 은혜를 받고 있나니, 管仲이 없었다면 우리는 그 머리를 풀어헤치고 옷깃을 왼쪽으로 하였을 것이니라."

霸는 與伯同이니 長也라 匡은 正也라 尊周室攘夷狄은 皆所以正天下也라 微는 無也라 衽은 衣衿也니 被髮左衽은 夷狄之俗也라

'패霸'는 백伯과 같으니 우두머리이다. '광匡'은 바로잡는 것이다. 周나라 왕실을 높이고 夷狄을 물리치는 것은 모두 天下를 바로잡는 것이다. '미微'는 없다는 것이다. '임衽'은 옷깃이니, '피발좌임被髮左衽'은 夷狄의 풍속이다.

주해

- 被髮左衽: 머리를 풀어헤치고 옷깃을 왼쪽으로 하다. '임衽'은 '임袵'과 통한다. 被(풀어헤칠 피) 髮(터럭 발) 衽(옷깃 임) 袵(옷깃 임)
- 吾: 우리. '吾輩'와 같다.
- 霸(으뜸 패) 匡(바로잡을 광) 賜(은혜 사) 微(없을 미)

【備旨】

夫子ㅣ告之曰 子ㅣ疑仲之相桓이 爲未仁이라 하니 不

知仲之仁在天下後世者는 正以其相桓也라 管仲이 相桓公以經營四十年之國政하여 遂以其君으로 主盟於中夏而霸諸侯하니 當其時하여 尊周室以正君臣之分하고 攘夷狄以嚴中外之防하니 其一匡天下ㅣ如此라
故로 不特當時之民賴之라 卽民到于今히 得以相安於衣冠文物之盛者는 皆管仲一匡之賜也라 向使微管仲相桓公以匡天下면 則中國淪於夷狄하여 吾其爲被髮左衽之人矣리니 安得受今日賜哉아

夫子께서 告하여 가라사대 "그대는 管仲이 환공桓公을 도운 것이 어질지 못하다고 의심을 하니, 管仲의 仁이 天下 후세에까지 있게 된 것이 바로 그가 桓公을 도운 결과임을 알지 못한 것이니라. 管仲이 桓公을 도와 40년 동안 國政을 경영하여 마침내 그 人君을 中夏의 맹주가 되게 하고 諸侯의 霸者가 되게 하였으니, 그 때를 당하여 周나라 王室을 높여 君臣간의 본분을 바르게 하고, 夷狄을 물리쳐 나라 밖의 방비를 엄밀하게 하였으니, 그가 한 번 天下를 바로잡은 것이 이와 같았느니라.
그러므로 다만 당시의 백성들만 은혜를 입었을 뿐만 아니라, 곧 백성들이 지금에 이르기 까지 서로 衣冠과 文物의 盛함에 편안한 것은 모두 管仲이 한번 바로잡은 은혜이니라. 지난번에 가사 管仲이 桓公을 도와 天下를 바로잡은 일이 없었다면, 中國은 夷狄에게 빠져 우리는 그 被髮과 左衽을 하는 사람이 되었을 것이니, 어찌 지금의 은혜를 받을 수 있었으리오?"

주해

- 中夏: 中國. '华夏'와 같다.
  ≪文選 · 班固 〈東都賦〉≫에 나온다. "目中夏而布德, 瞰四裔而抗稜."
  呂向의 註에 "中夏, 中國."이라 했다. 瞰(볼 감) 裔(후손 예) 稜(모 릉)
- 賴(힘입을 뢰) 淪(빠질 윤) 向(접때 향)

豈若匹夫匹婦之爲諒也하여 自經於溝瀆而莫之知也리오

"어찌 필부필부匹夫匹婦들이 작은 신의를 위하여 스스로 도랑에서 목매어 죽어 세상에 알아주는 이가 없는 것과 같이 하리오?"

諒은 小信也라 經은 縊也라 莫之知는 人不知也라 後漢書引此文에 莫字上에 有人字라

程子曰 桓公은 兄也요 子糾는 弟也니 仲이 私於所事하여 輔之以爭國은 非義也니 桓公殺之雖過나 而糾之死實當이라 仲이 始與之同謀하니 遂與之同死ㅣ可也요 知輔之爭이 爲不義하여 將自免以圖後功도 亦可也라 故로 聖人이 不責其死而稱其功이라 若使桓弟而糾兄하여 管仲所輔者正이어늘 桓奪其國而殺之면 則管仲之與桓은 不可同世之讐也라 若計其後功而與其事桓이면 聖人之言이 無乃害義之甚하여 啓萬世反覆不忠之亂乎아 如

唐之王珪魏徵은 不死建成之難하고 而從太宗하니 可謂害於義矣라 後雖有功이나 何足贖哉리오 愚謂管仲은 有功而無罪라 故로 聖人이 獨稱其功이요 王魏는 先有罪而後有功이니 則不以相掩이 可也니라

'양諒'은 작은 믿음이다. '經'은 목매는 것이다. '莫之知'는 사람들이 알아주지 않는 것이다. ≪後漢書≫에 이 문장을 인용했는데 '莫'字 위에 '人'字 가 들어 있다.

程子 가로되 "桓公은 형이요 공자 糾는 아우니, 管仲이 섬긴 바를 사사롭게 하여 糾를 도와 나라를 다툰 것은 義가 아니니, 桓公이 糾를 죽인 것이 비록 지나쳤으나, 糾의 죽음은 실로 마땅하다. 管仲이 처음에 그와 더불어 모의를 함께 하였으니, 마침내 그와 함께 죽는 것이 可하기는 하다. 그러나 糾를 도와 나라를 다투는 것이 義가 아님을 알고, 장차 스스로 죽음을 면하여 훗날의 공을 도모한 것도 또한 可한 일이다. 그러므로 聖人께서 그가 죽는 문제를 꾸짖지 않고 그의 功을 칭찬하신 것이다.

만약 桓公이 아우가 되고 糾가 형이 되어 管仲이 도운 바가 옳은데도, 桓公이 그 나라를 빼앗고 糾를 죽였다면 곧 管仲과 桓公은 가히 세상을 함께 할 수 없는 원수였을 것이다. 만약 그 훗날의 功만을 계산하고 그 桓公을 섬기는 것을 許與했다면, 聖人의 말씀이 어찌 義를 해침이 심하여 만세에 不忠을 반복하는 亂을 열어 놓은 것이 아니리오? 唐나라의 왕규王珪나 위징魏徵 같은 경우는 建成의 난에 함께 죽지 않고 太宗을 따랐으니, 가히 義에 해롭다고 말할 수 있다. 훗날 비록 功이 있었으나 어찌 족히 속죄할 수 있으리오?"

내 생각건대 管仲은 功이 있고 罪가 없기 때문에 聖人께서 다만 그

공을 칭찬하신 것이요, 왕규王珪와 위징魏徵은 먼저 罪가 있고 나중에 功이 있었으니, 곧 서로 罪를 가릴 수 없는 것이 옳다.

주해

- 經: 목매다. '의縊'과 통한다. 經(목맬 경) 縊(목맬 의)
- 溝瀆: 도랑. '구학溝壑'과 같다. 溝(봇도랑 구) 瀆(도랑 독) 壑(골짜기 학)
- 無乃: '어찌 ~이 아니리오?' '莫非'나 '毋乃'와 같다.
  〈雍也〉篇에 나온다. "居敬而行簡, 以臨其民, 不亦可乎? 居簡而行簡, 無乃太簡乎?"
- 建成之難: 建成은 唐나라 高宗의 長子이며 太宗 李世民의 兄으로 太子에 책봉된 후 이세민을 미워해서 죽이려고 亂을 일으켰다가 도리어 자신이 죽음을 당한 사건.
- 諒(믿을 량) 覆(뒤집힐 복) 珪(홀 규) 贖(속바칠 속)

【備旨】

夫仲之不死하여 其功在天下後世 | 如此라 此天下後世所以皆知有仲也니 豈若匹夫匹婦之爲諒也하여 少有忿激이면 遂忘遠圖하고 自經於溝瀆之中하여 而天下後世之人이 竟莫之或知也리오 然則仲之相桓은 誠賢者 | 自重其死耳어늘 而子 | 乃以又相爲不仁하니 此豈欲匹夫匹婦律仲耶아

"무릇 管仲이 죽지 아니하여 그 功을 천하 후세에 남긴 것이 이와 같노라. 이는 천하 후세가 모두 管仲에게 功이 있음을 아는 바이니, 어찌 匹夫匹婦가 작은 신의를 위하여 조금이라도 분노하고 격분할

일이 있으면, 마침내 원대한 도모를 잊고서 스스로 도랑의 가운데서 목매어 죽음으로써 천하 후세 사람들이 끝내 혹시라도 알아주는 사람이 없는 것과 같이 하리오? 그러한 즉 管仲이 桓公을 도운 것은 진실로 賢者가 스스로 그 죽음을 중하게 여겼을 뿐이거늘, 그대는 이에 또한 도와준 일로써 仁하지 못하다고 여기니, 이 어찌 匹夫匹婦의 식견으로 管仲을 구속하려고 하는가?"

주해

- 忿激: 분노와 격분. 忿(성낼 분)
- 律: 구속하다. 속박하다. 律(구속할 률)
  ≪韓非子 · 難四≫篇에 나온다. "五伯兼並, 而以桓律人."

[14 · 19]

公叔文子之臣大夫僎이 與文子로 同升諸公이러니

공숙문자公叔文子의 家臣인 大夫 선僎이 文子와 더불어 함께 公朝에 오르니,

臣은 家臣이요 公은 公朝니 謂薦之與己同進하여 爲公朝之臣也라

'臣'은 家臣이요, '公'은 公朝니, 그를 천거하여 자신과 더불어 함께

나아가 公朝의 臣下가 된 것을 말한다.

주해

● 僎(갖출 선) 薦(천거할 천)

【備旨】

公叔文子之家臣에 後爲大夫名僎者ㅣ與文子로 同升諸公朝而並列焉하니 是忘分以薦賢이니 誠無愧於古大臣之風矣라

公叔文子의 家臣으로 뒤에 大夫가 된 선僎이란 者가 文子와 더불어 함께 公朝에 올라 반열을 나란히 하니, 이는 신분을 잊고 현자를 천거한 것이니, 진실로 옛 大臣의 風道에 부끄러움이 없다.

子ㅣ聞之하시고 曰 可以爲文矣로다

孔子께서 들으시고 가라사대 "가히 시호諡號를 文이라고 할 만하도다."

文者는 順理而成章之謂니 諡法에 亦有所謂錫民爵位曰文者라

洪氏曰 家臣之賤而引之하여 使與己並이 有三善焉하니

知人이 一也요 忘己가 二也요 事君이 三也라

'文'은 이치를 따라 문장을 이룬 것을 말하니, 시호諡號를 짓는 법에 또한 소위 백성에게 작위爵位를 내려주는 것을 '文'이라 말한 것이 있다.

洪氏 가로되 "家臣은 천한 신분인데, 그를 이끌어 자신과 더불어 나란히 한 것에는 세 가지 善이 있으니, 사람을 알아본 것이 첫 번째요, 자신을 잊은 것이 두 번째요, 人君을 섬기는 것이 세 번째이다."

주해

- 諡(시호 시) 錫(줄 석) 爵(벼슬 작)

【備旨】

夫子ㅣ聞而稱之曰 文者는 順理成章之謂也니 今就公叔之得諡爲文엔 我固不知其他라 然이나 卽其薦僎一事觀之컨대 則順理成章이라 是卽可以爲文矣니 夫豈有溢美哉아

夫子께서 듣고서 그를 찬미하여 가라사대 "'文'이란 이치를 따라 문장을 이룬다는 말이니, 이제 公叔이 文이라는 諡號를 얻은 것에 대해서는 내 진실로 다른 것은 알지 못하노라. 그러나 그가 선僎을 천거한 한 가지 일로 나아가 살피건대 곧 이치를 따라 문장을 이룬 것이니라. 이는 곧 가히 文이라고 할 수 있으니, 무릇 어찌 찬사가 지나침이 있으리오?"

주해

● 溢美: 지나치게 찬미하다. 溢(넘칠 일)
≪莊子 · 人間世≫篇에 나온다. "夫兩喜必多溢美之言."

[14 · 20]

子ㅣ言衛靈公之無道也러시니
康子曰 夫如是로되 奚而不喪이니잇고

孔子께서 위衛나라 영공靈公의 無道함을 말씀하시니,
강자康子 가로되 "무릇 이와 같되 어찌 지위를 잃지 않사옵니까?"

喪은 失位也라

'상喪'은 地位를 잃는 것이다.

주해

● 康子: 魯나라 大夫인 季康子를 말함.
● 奚(어찌 해)

【備旨】

夫子ㅣ嘗言衛靈公이 乃無道之君也러시니
季康子ㅣ因而問曰 人君이 有道則興하고 無道則喪이어

늘 今靈公之無道ㅣ如是로되 奚爲而不喪其位乎잇고

夫子께서 일찍이 위衛나라 영공靈公이 곧 無道한 人君이라고 말씀하시니,
계강자季康子가 인하여 물어 가로되 "人君이 道가 있으면 곧 흥하고, 道가 없으면 곧 지위를 잃게 되거늘, 이제 靈公의 無道함이 이와 같되 어찌하여 그 地位를 잃지 않사옵니까?"

孔子曰 仲叔圉는 治賓客하고 祝鮀는 治宗廟하고 王孫賈는 治軍旅하니 夫如是이니 奚其喪이리오

孔子께서 가라사대 "중숙어仲叔圉는 빈객을 다스리고, 축타祝鮀는 종묘宗廟를 다스리고, 왕손가王孫賈는 군사를 다스리니, 무릇 이와 같으니 어찌 그 地位를 잃으리오?"

仲叔圉는 卽孔文子也라 三人은 皆衛臣이니 雖未必賢이나 而其才可用이요 靈公이 用之에 又各當其才라
尹氏曰 衛靈公之無道는 宜喪也로되 而能用此三人하여 猶足以保其國하니 而況有道之君이 能用天下之賢才者乎아 詩曰 無競維人이면 四方其訓之라 하니라

'중숙어仲叔圉'는 곧 孔文子이다. 三人은 모두 위衛나라의 臣下이니, 비록 반드시 어진 것은 아니었으나, 그 재주가 가히 쓸 만하였고, 靈公이 그들을 등용하니 또한 각각 그 재주에 마땅하였다.

尹氏 가로되 "衛나라 靈公의 無道함으로 보면 마땅히 지위를 잃어야 하나, 능히 이 세 사람을 등용하여 오히려 족히 그 나라를 보존할 수 있었으니, 하물며 道있는 人君이 능히 天下의 賢才를 등용함에 있어서랴! ≪詩經≫에 '인재를 등용하는데 막강하게 하니, 사방에서 모두 순종하도다!' 라고 하였다."

주해

- 賓客: 이웃나라에 빙문聘問하는 사절을 말한다.
- 無競維人, 四方其訓之: "인재를 등용하는데 이보다 더 강함이 없게 하니, 사방에서 모두 순종하다." '競'은 '强'과 같다. 競(겨룰 경) ≪詩經 · 大雅 · 탕억蕩抑≫篇에 나온다. "無競維人, 四方其訓之. 有覺德行, 四國順之. 訏謨定命, 遠猶辰告. 敬愼威儀, 維民之則." 訏(클 우) 謨(꾀 모)
- 圉(마부 어) 鮀(모래무지 타) 奚(어찌 해)

【備旨】

孔子ㅣ告之曰 靈公이 雖無道나 然이나 能知人而善任使라 彼仲叔圉는 長於應對也니 則用之以治賓客而主送往迎來之事하고 祝鮀는 長於祀典也니 則用之以治宗廟而修禴祀烝嘗之禮하고 王孫賈는 長於師旅也니 則用之以治軍旅而司簡閱訓練之方하니 夫三子之才可用而靈公用之하되 又各當其才ㅣ如是하니 則交隣有道에 國賴

之以弭하고 祀神有禮에 國祚賴之以延하고 禦變有略에 國威賴之以振하니 奚其至於喪也리오 夫以無道之靈公而能用人하여 有足以保其國하니 況不爲靈公者乎아 信乎라 人才之有益於人國家也여

孔子께서 告하여 가라사대 "영공靈公이 비록 無道하나, 그러나 능히 사람을 알아보고 任用과 파견하는 일을 잘 하였노라. 저 중숙어仲叔圉는 응대에 뛰어나니 곧 등용하여 賓客을 다스리게 해서 送往迎來의 일을 주관하게 하고, 축타祝鮀는 祀典에 뛰어나니 곧 등용하여 宗廟를 다스리게 해서 약사증상禴祀烝嘗의 禮를 닦게 하고, 왕손가王孫賈는 師旅에 뛰어나니 곧 등용하여 軍旅를 다스리게 해서 간열簡閱과 훈련訓練의 방도를 맡게 하니,

무릇 三子의 재주가 가히 쓸 만하여 靈公이 이들을 등용하였으되, 또한 각각 그 재주에 마땅함이 이와 같았으니, 곧 이웃나라와 交際하는데 道가 있어 나라가 힘입어서 편안하고, 祀神에 禮가 있어 國祚가 힘입어서 오래 이어지고, 변란을 막는데 지략이 있으니 國威가 힘입어서 振作되니, 어찌 그 지위를 잃게 되리오? 무릇 無道한 靈公으로써 능히 사람을 등용하여 족히 그 나라를 보존할 수 있었으니, 하물며 靈公과 같지 않는 자임에랴! 진실로 人才가 백성과 국가에 유익함이 있도다!"

주해

- 任使: 관리를 任用하고 派遣하는 일.
  ≪左傳 · 昭公六年≫條에 나온다. "猶求聖哲之上, 明察之官, 忠信之長, 慈惠之師, 民於是乎可任使也, 而不生過亂."

- 送往迎來: 가는 자를 전송하고 오는 자를 맞이하다. 곧 이웃나라의 빈객이나 관원을 응대하는 일을 말한다.
≪禮記 · 中庸≫篇에 나온다. "送往迎來, 嘉善而矜不能, 所以柔遠人也."
- 祀典: 제사 지내는 儀式이나 儀禮.
南朝 宋나라 안연지顔延之의 ≪황태자석전회작시皇太子釋奠會作詩≫에 나온다. "敬躬祀典, 告奠聖靈." 躬(몸 궁) 奠(제사지낼 전)
- 禴祀: 봄제사. 禴(종묘제사이름 약)
- 烝嘗: 조상의 제사. '증烝'은 겨울제사, '상嘗'은 가을제사를 말함.
≪詩 · 小雅 · 초자楚茨≫篇에 나온다. "絜爾牛羊, 以往烝嘗." 鄭玄의 箋에 "冬祭曰烝, 秋祭曰嘗."이라 했다.
- 簡閱: 軍師를 검열하다. 簡(검열할 간) 閱(검열할 열)
≪南史 · 韋粲傳≫에 나온다. "還至廬陵, 聞侯景作逆, 便簡閱部下, 倍道赴援."
- 國祚: 나라의 운수. 祚(복 조)
- 禦(막을 어) 弭(편안할 미)

[14 · 21]

子曰 其言之不怍이면 則爲之也難하니라

孔子께서 가라사대 "그 말하는데 부끄러워하지 아니하면, 곧 행하기가 어려우니라."

大言不慚이며 則無必爲之志하여 而自不度其能否矣니 欲踐其言이나 豈不難哉아

큰소리치면서 부끄러워하지 아니하면 곧 반드시 행하려는 뜻이 없고, 스스로 그 能한 여부를 헤아리지 못하는 것이니, 그 말을 실천하고자 하나 어찌 어렵지 않으리오?

주해

- 爲之: 행하기가 어렵다, 실천하기가 어렵다.
  新安陳氏가 말했다. "말하는데 가벼운 자는 반드시 행하는데 힘쓰지 않을 것이다. 이는 반드시 행함이 있고 말해야 하는 것이다. 輕於言者, 必不務力於行也. 此必有爲而言."(大全註疏)
- 怍(부끄러워할 작) 慙(부끄러울 참) 度(헤아릴 탁)

【備旨】

夫子ㅣ戒易言者曰 心於必爲者는 必顧其精神力量如何와 事勢如何라야 言自有不能放者어니와 若或輕肆大言하고 高自稱許하여 略無慙怍之心이면 則是全無必爲之志하고 徒妄言以欺人耳니 其爲言也ㅣ不亦難乎아 然則人何可以易其言也리오

夫子께서 말을 쉽게 하는 자들을 경계하여 가라사대 "마음속에 반드시 행하겠다는 뜻이 있는 자는 반드시 그 정신의 역량이 어떠하고, 일의 형세가 어떠한가를 살피고 나서야, 말에 저절로 능히 방기放棄하지 않은 것이 있거니와, 만약 혹 가볍고 방자하게 큰소리치며 스스로를 높여 칭찬하고 허여하면서 조금도 부끄러워하는 마음이 없다면, 곧 이는 전혀 반드시 행하려는 뜻이 없고, 한갓 말만 망령되게 하여 남을 속일 따름이니, 그 말을 행하는 것이 또한 어렵지 않으리오? 그러한 즉 사람이 어찌 가히 그 말을 쉽게 할 수 있으리오?"

주해

- 放棄: 방치하고 포기하다. 棄(버릴 기)
- 稱許: 칭찬하고 許與하다, 찬성하다.

[14 · 22]

陳成子ㅣ弑簡公이어늘

진성자陳成子가 간공簡公을 시해弑害하거늘,

成子는 齊大夫니 名은 恒이요 簡公은 齊君이니 名은 壬이라 事在春秋哀公十四年이라

'成子'는 제齊나라 大夫이니 이름은 '항恒'이요, 간공簡公은 齊나라 人君이니 이름은 임壬이다. 일은 ≪春秋≫ 애공哀公 14년에 실려 있다.

주해

- 弑(죽일 시) 恒(항상 항)

【備旨】

昔에 齊大夫陳成子ㅣ弑其君簡公이어늘

옛날에 齊나라 大夫인 진성자陳成子가 그 人君인 簡公을 시해弑害하거늘,

孔子ㅣ沐浴而朝하사 告於哀公曰 陳恒이 弑其君하니 請討之하소서

孔子께서 목욕하시고 조회에 나아가 哀公에게 고하여 가라사대 "진항陳恒이 그 人君을 시해弑害하였으니 청컨대 토벌하소서!"

是時에 孔子致仕居魯라 沐浴齊戒以告君은 重其事而不敢忽也라 臣弑其君은 人倫之大變이요 天理所不容이니 人人得而誅之온 況鄰國乎아 故로 夫子ㅣ雖已告老나 而猶請哀公討之라

이때에 孔子께서 치사致仕하시고 魯나라에 거처하셨다. 목욕재계沐浴齋戒하고 人君에게 고한 것은 그 일을 중히 여겨 감히 소홀히 하지 않은 것이다. 臣下가 그 人君을 시해하는 것은 人倫의 큰 변고요, 天理로 용납하지 않는 바이니, 사람마다 그를 주벌誅罰할 수 있거늘, 하물며 이웃나라임에랴! 그러므로 夫子께서 비록 이미 늙어서 벼슬에서 물러나기를 告했으나 오히려 哀公에게 이를 토벌하도록 청하신 것이다.

주해

● 告老: 관리가 나이가 많아 벼슬을 사양하고 물러남. '致仕'와 같음.
● 齋(재계할 재) 戒(경계할 계) 誅(벨 주) 罰(벌 벌)

【備旨】

是時에 孔子已致仕나 乃齋戒沐浴而朝하사 告於哀公曰 陳恒이 弑其君은 乃王法所不赦也니 請君興兵討之하여 以伸大義於天下焉하소서

이 때에 孔子께서 이미 致仕하였으나 이에 齋戒하고 沐浴하여 조회에 나아가 哀公에게 고하여 가라사대 "진항陳恒이 그 人君을 弑害한 것은 곧 王法에 용서할 수 없는 바이니, 청컨대 人君께서는 軍師를 일으켜 討伐하여 天下에 大義를 펴소서!"

주해

● 赦(용서할 사)

公曰 告夫三子하라

公이 가로되 "저 三子에게 고하라."

三子는 三家也니 時에 政在三家하여 哀公이 不得自專

이라 故로 使孔子告之라

'三子'는 三家이니, 당시 政事가 三家에게 있어 哀公이 스스로 마음대로 할 수 없었다. 그러므로 孔子로 하여금 고하게 한 것이다.

주해

- 自專: 스스로 결행하다. 독단獨斷하다.
  ≪禮記 · 中庸≫에 나온다. "愚而好自用, 賤而好自專."

【備旨】

魯政이 時在三家하여 哀公이 不得自由라 乃答曰 汝ㅣ告夫孟孫叔孫季孫之三子하라 하니 是哀公之不振을 可知니 而夫子請討之心이 窮矣라

魯나라의 政事가 당시 三家에게 있어 哀公이 스스로 주장할 수 없었다. 이에 답하여 가로되 "그대가 저 맹손씨孟孫氏 · 숙손씨叔孫氏 · 계손씨季孫氏의 三子에게 告하라."라고 하니, 이에 哀公이 振作시킬 수 없음을 가히 알 수 있으니, 夫子께서 토벌하기를 請하는 마음이 곤궁하다.

주해

- 自由: 스스로 주장하다. 구속을 받지 않다.
  ≪옥대신영玉台新詠 · 古詩 〈爲焦仲卿妻作〉≫에 나온다. "吾意久懷忿, 汝豈得自由."

● 不振: 진작振作하지 못하다. 振(떨칠 진)
≪공총자孔叢子 · 집절執節≫에 나온다. "當如今日山東之國, 弊而不振, 三晉割地以求安."

孔子曰 以吾從大夫之後라 不敢不告也하니 君曰 告夫三子者온여

孔子께서 가라사대 "내가 일찍이 大夫의 벼슬을 지냈기 때문에 감히 고하지 않을 수 없었는데, 人君이 '저 三子에게 고하라.'고 하시는구나."

孔子ㅣ出而自言如此하니 意謂弑君之賊은 法所必討요 大夫謀國하니 義所當告어늘 君ㅣ乃不能自命三子而使我告之邪아

孔子께서 나와서 스스로 말씀하신 것이 이와 같으니, 마음으로 "人君을 弑害한 역적은 법으로 반드시 토벌할 바요, 大夫는 나라를 도모하니 의리상 마땅히 告할 바이거늘, 人君이 이에 능히 스스로 三子에게 命하지 못하고 나로 하여금 고하게 하는가?"하고 말씀하신 것이다.

주해

● 從大夫之後: 일찍이 大夫의 벼슬을 지내다.

【備旨】

故로 夫子ㅣ出而自言曰 弑君之賊은 法所必討니 以吾嘗從大夫之後라 不敢不告也어늘 君ㅣ乃不能自命三子而曰 告夫三子는 何耶오하시니 夫子此言은 所以傷其君者ㅣ至矣라

그러므로 夫子께서 나와서 스스로 말씀하여 가라사대 "人君을 弑害한 역적은 법으로 반드시 토벌할 바이니, 내 일찍이 大夫의 벼슬을 지냈기 때문에 감히 고하지 않을 수 없거늘, 人君이 이에 능히 스스로 三子에게 命하지 못하고, 가로되 '저 三子에게 고하라.'고 한 것은 어찌된 일인고?"라고 하시니, 夫子의 이 말씀은 그 人君에게 傷心하신 바가 지극하다.

之三子하여 告하신대
不可라 하여늘
孔子曰 以吾從大夫之後라 不敢不告也라

三子에게 가서 告하신대,
'不可'라고 하거늘,
孔子께서 가라사대 "내 일찍이 大夫의 벼슬을 지냈기 때문에 감히 告하지 않을 수 없었노라."

以君命往告로되 而三子는 魯之强臣으로 素有無君之心하여 實與陳氏로 聲勢相倚라 故로 沮其謀而夫子復以此應之하시니 其所以警之者ㅣ深矣로다

程子曰 左氏記孔子之言曰 陳恆이 弑其君에 民之不予者半이니 以魯之衆으로 加齊之半이면 可克也라 하니 此非孔子之言이라 誠若此言인댄 是는 以力이요 不以義也라 若孔子之志는 必將正名其罪하여 上告天子하고 下告方伯하여 而率與國以討之요/니 至於所以勝齊者하여는 孔子之餘事也니 豈計魯人之衆寡哉아 當是時하여 天下之亂이 極矣라 因是足以正之면 周室其復興乎인저 魯之君臣이 終不從之하니 可勝惜哉아

胡氏曰 春秋之法에 弑君之賊은 人得而討之하니 仲尼此擧는 先發後聞이 可也니라

人君의 命으로써 가서 고했으나 三子는 魯나라의 强盛한 신하로 평소 人君을 無視하는 마음이 있어, 실로 陳氏와 더불어 성세聲勢가 서로 비슷하였다. 그러므로 그 모책謀策을 저지한 것인데, 夫子께서 다시 이로써 應하시니 그 경계하신 바가 깊도다.

程子 가로되 "左氏가 孔子의 말씀을 기록하여 '진항陳恒이 그 人君을 시해하자 백성 중에 참여하지 않는 자가 半이니, 魯나라의 衆民으로 齊나라의 半을 더하면 가히 쳐서 이길 수 있습니다.'라고 말했으니, 이는 孔子의 말씀이 아니다. 진실로 이와 같이 말하셨다면 이는 무력으로써 하신 것이요, 義리로써 하신 것이 아니다. 만약 孔子의 뜻이라면 반드시 장차 그 罪를 바로 잡아, 위로 天子에게 고하고 아래

로 方伯들에게 고하여, 동맹국을 이끌고 토벌하셨을 것이요, 齊나라를 이기는 바의 문제는 孔子의 나머지 일이니, 어찌 魯人의 숫자가 많고 적음을 계산하셨으리오? 이 때를 당하여 天下의 혼란이 극심하였기 때문에, 이로 인하여 족히 바로 잡았다면, 周나라 왕실을 그 復興시킬 수 있었을 것인 저! 魯나라의 君臣들이 끝내 따르지 아니하니, 가히 애석함을 이기리오?"

胡氏 가로되 "≪春秋≫의 法에 人君을 시해한 역적은 사람들이 그를 토벌할 수 있었으니, 仲尼의 이 일은 먼저 발동하여 토벌하고 뒤에 天子에게 아뢰어도 可한 일이었다."

주해

- 聲勢: 聲威와 氣勢.
- 左氏: ≪左傳≫을 지은 좌구명左丘明을 말함.
- 正名: 명분을 바로잡아 명실상부名實相符하게 하다.
  ≪管子・正第≫篇에 "守愼正名, 僞詐自止."라고 했고, ≪國語・晉語四≫條에 "擧善援能, 官方定物, 正名育類."라고 했으며, 위소韋昭의 註에 "正上下服位之名."이라 풀이했다. 援(당길 원)
- 與國: 동맹국同盟國 또는 이웃 友邦國.
  ≪管子・八觀≫篇에 "與國不恃其親, 而敵國不畏其彊."이라 했고, ≪史記・항우본기項羽本紀≫에 "項梁曰 田假爲與國之王, 窮來從我, 不忍殺之.'라 했다. 恃(믿을 시) 彊(지경 강)
- 予(참여할 여) 聞(아뢸 문) 寡(적을 과)

【備旨】

由是로 孔子ㅣ奉君命以往告三子하신대 而三子는 亦魯之陳恒也니 皆以爲不可라 하여늘 而夫子請討之心이

益窮矣라 因復應之曰 弑君은 乃齊之大變이요 討賊은 實魯之大義라 吾之所以來告者는 以吾嘗從大夫之後라 不敢不以討賊之事爲吾子告也어늘 況爲大夫當國政者ㅣ 乃以爲不可는 何耶오하시니
夫子此言은 所以儆其臣者ㅣ深矣로다

이로 말미암아 孔子께서 君命을 받들어 三子에게 가서 告하셨는데, 三子는 또한 魯나라의 陳恒과 같은 자들이니 모두 '不可하다'고 하거늘, 夫子께서 토벌을 청하는 마음이 더욱 곤궁해졌다. 이로 인하여 다시 對應하여 가라사대 "人君을 弑害한 일은 齊나라의 큰 변고요, 역적을 토벌하는 일은 실로 魯나라의 大義니라. 내가 와서 고한 이유는 내 일찍이 大夫의 벼슬을 지냈기 때문에, 감히 역적을 토벌하는 일로써 그대들을 위해 고하지 않을 수 없었거늘, 하물며 大夫가 되어 國政을 담당한 자가 이에 '不可'라고 하는 것은 무엇때문이리오?"라고 하시니,
夫子의 이 말씀은 그 臣下를 경계하신 바가 깊도다.

[14·23]

子路ㅣ問事君한대
子曰 勿欺也요 而犯之니라

子路가 人君 섬기는 일을 묻건대,

孔子께서 가라사대 "속이지 말고, 범안犯顔해야 하느니라."

犯은 謂犯顔諫爭이라

范氏曰 犯은 非子路之所難也요 而以不欺爲難이라 故로 夫子ㅣ告以先勿欺而後犯也시니라

'범犯'은 人君의 위엄에 맞서 간쟁諫爭하는 것을 말한다.

范氏 가로되 "'범犯'은 子路가 하기 어려운 바가 아니요, 속이지 않는 일이 어렵다. 그러므로 夫子께서 '속이지 말 것'을 먼저 告하고, '諫爭하는 것'을 뒤에 告하신 것이다."

주해

- 犯顔: 감히 人君의 위엄에 맞서다. 犯(범할 범) 顔(얼굴 안)
  ≪禮記 · 檀弓上≫에 "事君有犯而無隱."이라 했고, ≪韓非子 · 외저설좌하外儲說左下≫에 "犯顔極諫, 臣不如東郭牙, 請立以爲諫臣."이라 했다. 儲(쌓을 저) 郭(성곽 곽)
  洪氏가 말했다. "충성하면서 犯하는 것이 이른바 犯顔이니, 남몰래 속임이 없이 犯하는 것이 人君을 犯顔하는 것이다. 忠而犯之, 所謂有犯. 無隱欺而犯之, 是犯上也."(大全註疏)
- 欺(속일 기) 諫(간할 간)

【備旨】

子路ㅣ問事君之道한대

夫子ㅣ告之曰 臣之事君也에 上下之情이 睽則易於欺하

고 尊卑之分이 嚴則難於犯하니 若事君者ㅣ於平日進言宣力에 內以盡其心하고 外以盡其分하여 勿以欺爲也요 而君或未向道志仁이면 必犯顔敢諫하여 雖觸君之怒라도 不恤也니 事君之道ㅣ盡於此矣니라

子路가 人君을 섬김의 道를 묻건대,
夫子께서 告하여 가라사대 "신하가 人君을 섬기는데 있어서 上下의 情이 어긋나면 곧 속이기가 쉽고, 존귀尊卑의 구분이 엄하면 곧 犯顔하기가 어려우니, 人君을 섬기는 자와 같은 경우는 평일에 자신의 뜻을 아뢰고 진력盡力하는데 있어서, 안으로 그 마음을 다하고 밖으로 그 분수를 다하여 속임으로써 하지 말 것이요,
人君이 혹 道를 향하고 仁에 뜻을 두지 아니하면, 반드시 犯顔하고 용감히 간쟁諫爭하여 비록 人君의 분노를 살지라도 근심하지 말지니, 人君을 섬김의 道가 이에서 다할 것이니라."

주해

- 進言: 윗사람에게 자신의 의견을 말함.
  ≪荀子 · 臣道≫篇에 나온다. "大臣父兄有能進言於君, 用則可, 不用則去, 謂之諫."
- 宣力: 힘을 다하다. 진력盡力하다.
- 睽(어긋날 규) 卑(낮을 비) 觸(부딪칠 촉) 恤(근심할 휼)

[14·24]

子曰 君子는 上達하고 小人은 下達이니라

孔子께서 가라사대 "君子는 上達하고 小人은 下達이니라"

君子는 循天理라 故로 日進乎高明하고 小人은 徇人欲이라 故로 日究乎汙下라

君子는 天理를 따르기 때문에 날로 高明함에 나아가고, 小人은 人欲을 따르기 때문에 날로 오하汙下에 이르게 된다.

주해

- 上達: 점차 天理의 極處에 도달하는 것. '上'은 곧 天理(仁義)이다.
- 下達: 점차 人欲의 極處에 도달하는 것. '下'는 곧 人欲(財利)이다.
- 汙下: 더럽고 낮음. '汙'는 '汚'와 같음. 汙(더러울 오)
- 循(좇을 순) 徇(주창할 순) 究(이를 구)

【備旨】

夫子ㅣ別君子小人所造之異曰 天理는 本高明也니 君子는 循天理라 故로 其知行이 日進乎高明하니 不其上達乎아 人欲은 本汙下也니 小人은 徇人欲이라 故로 其知行이 日究乎汙下하니 不其下達乎아 是其所造ㅣ不同은 其始惟在於理欲之分耳니 學者ㅣ可不審哉아

夫子께서 君子와 小人이 나아가는 바가 다름을 분별하여 가라사대 “天理는 본래 高明하니 君子는 天理를 따르니라. 그러므로 그 知行이 날로 高明함에 나아가니, 그 上達하지 않으리오가? 人欲은 본래 더럽고 낮으니, 小人은 人欲을 따르니라. 그러므로 知行이 날로 더럽고 낮은 곳으로 도달하니, 그 下達하지 않으리오? 이렇게 그 나아가는 바가 같지 않는 것은 그것이 애초에 天理와 人欲의 구분에 달려있을 따름이니, 배우는 자가 가히 살피지 않으리오?”

[14·25]

子曰 古之學者는 爲己러니 今之學者는 爲人이로다

孔子께서 가라사대 “옛날의 배우는 자는 자신을 위한 학문을 하더니, 지금의 배우는 자는 남에게 보여주기 위한 학문을 하는구나.”

程子曰 爲己는 欲得之於己也요 爲人은 欲見知於人也라
程子曰 古之學者는 爲己하여 其終至於成物이러니 今之學者는 爲人하여 其終至於喪己니라
愚按컨대 聖賢ㅣ論學者用心得失之際에 其說多矣나 然이나 未有如此言之切而要者하니 於此에 明辨而日省之면 則庶乎其不昧於所從矣리라

程子 가로되 "'爲己'는 자신에게서 얻고자 함이요, '爲人'은 남에게 알려지기를 바라는 것이다."

程子 가로되 "옛날의 배우는 자는 자신을 위한 학문을 하여 그 마침내 成物에 이르렀는데, 지금의 배우는 자는 남에게 보여주기 위한 학문을 하여 그 마침내 자신을 잃는데에 이른다."

내 살피건대 聖賢들이 배우는 자들의 用心의 득실을 논하는데 그 설이 많으나, 그러나 이처럼 말이 간절하고 긴요緊要한 것이 없으니, 이에 밝게 분별하여 날로 살피면 곧 거의 그 따르는 바에 어둡지 않을 것이다.

주해

- 成物: 자신을 제외한 일체의 사물이 성취하도록 도와줌.
  ≪禮記 · 中庸≫에 나온다. "誠者, 非自成己而已也, 所以成物也. 成己, 仁也. 成物, 知也. 性之德也, 合外內之道也." 孔穎達의 疏에 "言人有至誠, 非但自成就己身而已, 又能成就外物."이라 했다.
- 喪(잃을 상) 庶(거의 서) 昧(어두울 매)

【備旨】

夫子ㅣ別古今學者用心之異曰 古今所學之事ㅣ雖同이나 而其用心則異하니 古之學者는 致知力行하되 其心이 惟恐一理之未明하며 一行之未備하여 必欲得之於己而後已焉하니 是其爲己有如此者러니 今之學者는 亦致知力行하되 其心이 惟恐一善之不見稱하며 一德之不見揚하여 必欲見知於人而後已焉하니 是其爲人有如

此者라

此古今之所以不相及也니 學者ㅣ可不辨哉아

夫子께서 古今의 배우는 자들의 用心의 다름을 분별하여 가라사대 "古今의 배우는 바의 일은 비록 같으나 그 마음을 쓰는 일은 곧 다르니라. 옛날의 배우는 者는 致知하고 力行하되, 그 마음이 오직 한가지 이치를 깨닫지 못하며 한 가지 행동이 갖춰지지 못할까 두려워하여, 반드시 그것을 자신에게서 체득한 후에야 그치고자 하니, 이는 그 자신을 위한 학문을 하는데 이와 같은 점이 있느니라.
지금의 배우는 者는 또한 致知와 力行을 하되, 그 마음이 오직 한 가지 善이 칭송되지 못하고 한가지 德이 양명揚名되지 못할까 두려워하여, 반드시 그것이 남들에게 알려진 후에야 그치고자 하나니, 이는 그 남을 위한 학문을 하는데 이와 같은 점이 있느니라.
이는 古今의 서로 미치지 못한 바이니, 배우는 자가 가히 분별하지 않으리오?"

[14 · 26]

蘧伯玉이 使人於孔子어늘

거백옥蘧伯玉이 孔子에게 사람을 보내오거늘,

蘧伯玉은 衛大夫니 名은 瑗이라 孔子居衛하실새 嘗主於其家러시니 旣而反魯라 故로 伯玉이 使人來也라

거백옥蘧伯玉은 衛나라 大夫이니, 이름은 원瑗이다. 孔子께서 衛나라에 머무르실 때 일찍이 그 집을 주인으로 한 적이 있었는데, 이미 魯나라로 돌아오셨기 때문에 거백옥蘧伯玉이 사람을 보내온 것이다.

주해

● 蘧(풀이름 거) 使(심부름보낼 사) 瑗(패옥 원)

【備旨】

蘧伯玉은 衛之賢大夫也라 孔子在衛에 與之交好러니 旣而反魯하니 伯玉思之하여 乃使人問候孔子어늘

거백옥蘧伯玉은 衛나라의 어진 大夫이다. 孔子께서 衛나라에 머무르실 때에 그와 더불어 사이좋게 지냈는데, 이미 魯나라로 돌아오시니 伯玉이 孔子를 사모思慕하여 이에 사람을 보내 孔子께 안부를 묻거늘,

주해

● 交好: 서로 友誼를 맺다.
≪周禮 · 秋官 · 掌交≫篇에 나온다. "掌邦國之通事, 而結其交好."

孔子ㅣ與之坐而問焉曰 夫子는 何爲오
對曰 夫子ㅣ欲寡其過而未能也니이다
使者ㅣ出커늘

子曰 使乎使乎여

孔子께서 그와 더불어 앉아서 물어 가라사대 "夫子(蘧伯玉)께서는 무엇을 하시는고?"
대답하여 가로되 "夫子께서는 그 허물을 적게 하고자 하나, 아직 능하시지 못합니다."
使者가 나가자,
孔子께서 가라사대 "훌륭한 使者로다! 훌륭한 使者로다!"

與之坐는 敬其主以及其使也라 夫子는 指伯玉也라 言其但欲寡過而猶未能하니 則其省身克己하여 常若不及之意를 可見矣라 使者之言이 愈自卑約이나 而其主之賢益彰하니 亦可謂深知君子之心而善於辭令者矣라 故로 夫子ㅣ再言使乎하여 以重美之라
按莊周稱伯玉한대 行年五十而知四十九年之非라 하고 又曰 伯玉이 行年六十 而六十化라 하니 蓋其進德之功이 老而不倦이라 是以로 踐履篤實하고 光輝宣著하여 不惟使者ㅣ知之요 而夫子ㅣ亦信之也시니라

'그와 함께 앉은 것'은 그 주인을 공경하여 그 使者에게까지 미친 것이다. '夫子'는 거백옥蘧伯玉을 가리킨다. 그가 다만 허물을 적게 하고자 하나, 여전히 아직 능하지 못함을 말한 것이니, 곧 그 몸을 살피고 자신의 사욕을 이겨 항상 미치니 못하는 것 같이 한다는 뜻을 가히 알 수 있다. 使者의 말이 더욱 스스로 겸양하고 제어하나, 그 주

인의 어짊을 더욱 드러내었으니, 또한 가히 君子의 마음을 깊이 알고 辭令을 잘하는 자라고 이를 만하다. 그러므로 夫子께서 재차 '使乎'라고 말하여 거듭 칭찬하신 것이다.

장주莊周(莊子)가 거백옥蘧伯玉을 칭찬한 내용을 살피건대, "나이 50세에 지난 49년의 잘못을 알았다."라고 했고, 또 가로되 "거백옥蘧伯玉의 나이 60세에 60년 동안 기질을 변화시켰다."라고 했으니, 대개 그 德에 나아가는 공부가 늙어서도 게으르지 않은 것이다. 이로써 실천하는 것이 독실篤實하고 광채가 널리 드러나, 오직 使者만이 안 것이 아니요, 夫子께서도 또한 믿으신 것이다.

주해

- 何爲: '무엇을 하는가?', '어떻게 하고 있는가?' 여기서는 孔子가 使者에게 "거백옥蘧伯玉은 학문과 수양공부를 어떻게 하고 있는가?"하고 물은 것이다.
- 未能: 스스로 만족하지 못함을 말한다.
- 使乎: 능히 使者의 道를 다한 것을 칭찬하는 말.
- 省身克己: 몸을 살피고 자신의 사욕을 제어制御하다.
  雲峯胡氏가 말했다. "'省身'은 항상 미치지 못하는 것 같이 하되, 오직 그 몸에 허물이 있을 까 두려워하며 항상 성찰을 더하는 것이다. '克己'는 항상 미치지 못하는 것 같이 하되, 오직 그 허물을 고치지 못할까 두려워하며 항상 능히 다스리기를 더하는 것이다. 省身常若不及, 惟恐其身之有過, 而常加省察也. 克己常若不及, 惟恐其過未改, 而常加克治也."(大全註疏)
- 卑約: 겸양謙讓하고 제어制御하다.
- 辭令: 다른 나라와 외교하는 자리에서 應對하는 말.
  ≪左傳 · 양공襄公三十一年≫條에 나온다. "公孫揮能知四國之爲, 而辨於其大夫之族姓班位貴賤能否, 而又善爲辭令."
- 行年: 나이. 지내온 세월.

● 六十化: 지난 60년 동안 끊임없이 기질을 변화시키다.
朱子가 말했다. "'化'란 지난 일이 모두 융화되어서 고정되거나 막힘이 없는 것이다. 化是舊事都消融了無固滯."(大全註疏)
消(사라질 소) 融(녹일 융) 滯(막힐 체)

【備旨】

孔子ㅣ敬其使하여 乃與使者坐而問焉曰 爾夫子는 近日果何所修爲오
使者ㅣ對曰 我夫子ㅣ無他爲也라 但其心欲自寡其過나 而猶未能以遽寡也니이다
夫曰寡過은 可見伯玉省察克治之心이요 曰未能은 又可見伯玉檢身不及之心이니 伯玉有心을 何意使者能道之哉아 於是에 使者ㅣ出커늘
夫子ㅣ遂美之曰 使者는 可謂知心而善於辭令者矣니 其眞可謂使乎여 其眞可謂使乎여 非伯玉之賢이면 不能如此存心이요 非使者之賢이면 不能知伯玉之存心也니라

孔子께서 그 使者를 공경하여 이에 使者와 더불어 앉아서 물어 가라사대 "그대의 夫子(거백옥蘧伯玉)는 요즈음 과연 학문과 수양공부를 어떻게 하시는고?"
使者가 대답하여 가로되 "저희 夫子께서는 달리 하시는 일이 없고, 다만 그 마음에 스스로 그 허물을 적게 하고자 하나, 오히려 능히 갑작스럽게 적게 하시지 못할 따름입니다."
무릇 '寡過'라고 말하는 것은 가히 거백옥蘧伯玉의 省察하고 克治하는 마음을 알 수 있고, '未能'이라고 말하는 것은 또한 가히 蘧伯玉의 몸을 검속檢束하고 미치지 못한 듯이 하는 마음을 알 수 있으니, 蘧伯玉이 마음두는 것을 어찌 使者가 능히 말할 수 있다고 생각했으리오? 이에 使者가 나가거늘,
夫子께서 마침내 찬미하여 가라사대 "使者는 가히 마음을 헤아려서 辭令을 잘하는 자라고 말할 수 있으니, 그는 진실로 가히 使者답도다! 그는 진실로 가히 使者답도다! 蘧伯玉의 현명함이 아니면 능히 이처럼 마음을 보존하지 못할 것이요, 使者의 현명함이 아니면 능히 蘧伯玉의 存心을 알지 못할 것이니라."

주해

● 克治: 私欲과 邪念을 능히 다스리고 제어制御함.
明나라 왕수인王守仁의 ≪전습록傳習錄≫卷上에 나온다. "俟其心意稍定, 只懸空靜守, 如槁木死灰, 亦無用須教他省察克治."
俟(기다릴 사) 稍(점점 초) 懸(매달 현) 槁(마를 고)

[14·27]

子曰 不在其位하여는 不謀其政이니라

孔子께서 가라사대 "그 자리에 있지 않고서는, 그 政事를 도모하지 말 것이니라."

重出이라

거듭 나왔다.

주해

- 이미 〈泰伯〉篇에 나온 구절이다.

[14 · 28]

曾子曰 君子는 思不出其位니라

曾子께서 가라사대 "君子는 생각이 그 지위를 벗어나지 않느니라."

此는 艮卦之象辭也니 曾子ㅣ蓋嘗稱之어늘 記者ㅣ因上章之語而類記之也라

范氏曰 物各止其所에 而天下之理得矣라 故로 君子所思不出其位에 而君臣上下大小ㅣ皆得其職也니라

이는 간괘艮卦의 상사象辭이니, 曾子가 대개 일찍이 이 말을 일컬었는데, 기록하는 자가 上章의 말로 인하여 유사한 내용끼리 여기에 기록한 것이다.

范氏 가로되 "사물들이 각각 그 자리에 그치면 天下의 이치가 얻어진다. 그러므로 君子는 생각하는 바가 그 지위를 벗어나지 않음에, 君臣과 上下와 大小가 모두 그 직분을 얻게 되는 것이다."

주해

- 思不出其位: 생각이 그 지위에서 벗어나지 않다. '思'는 '心之所慕'이고, '位'는 '身之所居'를 말한다.
- 艮卦: 周易 六十四卦의 하나. 艮(그칠 간)
  大象의 傳辭에 나오는 말이다 "象傳에 가로되 '山을 겸하는 것이 간艮이니, 君子가 보고서 생각이 그 지위를 벗어나지 않는다. 象曰 兼山艮, 君子以, 思不出其位."

【備旨】

曾子ㅣ述艮卦之象辭하여 以示人曰 人心은 莫不有思나 而思貴範於位之中이라 是故로 君子觀艮止之象而夙夜圖維하여 只在位之中이요 不在位之外니 位之所不居는 思之所不在也라 夫君子之思ㅣ止於其所ㅣ如此하니 然則世之越位以思者는 蓋亦不占而已矣니라

曾子께서 간괘艮卦의 象辭를 서술하여 사람들에게 보여 가라사대 "人心은 생각하지 않을 수 없으나, 생각은 지위의 가운데에 법삼는 것을 귀하게 여긴다. 이 때문에 君子는 간지艮止의 象을 보고 朝夕으로 도모하여, 다만 지위의 가운데 있고 지위의 밖에 있지 않을 뿐이니, 자리의 거하지 아니한 바는 생각의 있지 아니한 바이다.
무릇 君子의 생각이 그 자리에 그치는 것이 이와 같으니, 그러한 즉 세상의 지위를 뛰어 넘어 생각하는 자는 대개 또한 점치지 않았을 따름이니라."

주해

- 夙夜: 朝夕 또는 日夜. 夙(일찍 숙)
- 圖維: 도모하다, 고려하다.
  ≪속자치통감續資治通鑒 · 송이종순우사년宋理宗淳祐四年≫에 나온다. "且嵩之之爲計亦姦矣. 自入相以來, 固知二親耄矣, 旦夕圖惟, 先爲起復張本." 嵩(높을 숭) 耄(늙은이 모)
- 範(법 범) 占(점칠 점)

[14 · 29]

子曰 君子는 恥其言而過其行이니라

孔子께서 가라사대 "君子는 그 말을 부끄럽게 여기고, 그 행실을 남음이 있게 하느니라."

恥者는 不敢盡之意요 過者는 欲有餘之辭라

'치恥'는 감히 다하지 않는다는 뜻이요, '과過'는 남음이 있게 한다는 말이다.

주해

- 不敢盡과 有餘: ≪中庸≫ 13章에 나오는 말이다. "有所不足, 不敢不勉. 有餘不敢盡."

【備旨】

夫子ㅣ勉人致愼於言行曰 言은 易至於有餘也니 君子則恥其言하여 若有所羞赧而不敢盡하며 行은 每患其不足也니 君子則過其行하여 必倍加鼓勵而使有餘니 此言行所以相顧而爲君子也라

夫子께서 사람들에게 言行에 지극히 삼갈 것을 권면하여 가라사대 "말은 有餘한데로 이르기 쉬우니, 君子는 곧 그 말을 부끄럽게 여겨 마치 부끄럽게도 감히 다하지 못한 바가 있듯이 하며, 행실은 매번 그 부족할까 근심하니, 君子는 곧 그 행실을 남음이 있게 하여 반드시 노력을 배가하여 남음이 있도록 해야 하니, 이는 言行이 서로 상응相應하여 君子가 되는 바이다."

주해

- 羞赧: 몹시 부끄러워 얼굴을 붉히다. 羞(부끄러울 수) 赧(얼굴붉힐 난) 唐나라 유지기劉知幾의 ≪史通·암혹暗惑≫篇에 나온다. "彼草萊稚子, 齠齔童兒, 非唯羞赧不見, 亦自驚惶失據." 萊(명아주 래) 稚(어릴 치) 齠(이갈 초) 齔(이갈 츤) 驚(놀랄 경) 惶(두려워할 황)
- 鼓勵: 노력하다, 면려勉勵하다. 勵(힘쓸 려)
- 相顧: 서로 돌보다, 서로 상응相應하다. 顧(돌아볼 고)

[14·30]

子曰 君子道者ㅣ三에 我無能焉하니 仁者는 不憂하고 知者는 不惑하고 勇者는 不懼니라

孔子께서 가라사대 "君子의 道가 세 가지인데 나는 능한 것이 없으니, 仁者는 근심하지 않고, 知者는 미혹迷惑되지 않고, 勇者는 두려워하지 않느니라."

自責以勉人也라

스스로 責하여 사람들을 면려勉勵하신 것이다.

주해

- 君子道: 君子의 道. '君子'는 仁과 知와 勇을 갖춘 사람을 말하고, '道'는 成德의 道를 말한다.
- 이 구절은 〈자한子罕〉篇에도 나온다.

【備旨】

夫子ㅣ自責以勉人曰 君子所以爲道者ㅣ有三하니 反之於我에 無一能焉이라 仁者는 處順逆而無憂어늘 我未免於憂也니 則於君子仁之道에 無能也요 知者는 遇事物而不惑이어늘 我未免於惑也니 則於君子知之道에 無能也요 勇者는 任重大而不懼어늘 我未免於懼也니 則

於君子勇之道에 無能也니 敢不勉哉아

夫子께서 자책自責하며 사람들을 면려勉勵하여 가라사대 "君子가 道로 삼는 바가 세 가지가 있으니, 그것들을 나에게 돌이키는데 한 가지도 능한 것이 없도다.
仁者는 순경順境과 역경逆境에 처하되 근심이 없거늘, 나는 근심에서 면치 못하니 곧 君子의 仁의 道에 능한 것이 없으며,
知者는 事物을 만나되 미혹迷惑됨이 없거늘, 나는 迷惑에서 면치 못하니 곧 君子의 知의 道에 능한 것이 없으며,
勇者는 맡은 임무가 重大하되 두려움이 없거늘, 나는 두려움에서 면치 못하니 곧 君子의 勇의 道에 능한 것이 없으니, 감히 힘쓰지 않으리오?"

子貢曰 夫子ㅣ自道也샷다

子貢이 가로되 "夫子께서 스스로 겸손하게 하신 말씀이니라."

道는 言也니 自道는 猶云謙辭라
尹氏曰 成德은 以仁爲先하고 進學은 以知爲先이라 故로 夫子之言이 其序有不同者는 以此니라

'도道'는 말한다는 뜻이니, '自道'는 '겸사謙辭'로 말하는 것과 같다.
尹氏 가로되 "德을 이루는 것은 仁을 우선으로 삼고, 학문에 나아가

는 것은 知를 우선으로 삼는다. 그러므로 夫子의 말씀에 그 차례가 같지 않음이 있는 것은 이 때문이다."

주해

- 道(말할 도)
- 成德以仁爲先, 進學以知爲先: 成德은 仁을 우선으로 삼고, 進學은 知를 우선으로 삼는다.
  胡氏가 말했다. "학문을 다스리는 차례는 智를 우선으로 한다. 德을 이루는 경우는 곧 仁이 또한 百行의 으뜸이 된다. 爲學之序, 以智爲先. 若德之成, 則仁又爲百行之首."(大全註疏)

【備旨】

子貢曰 此는 特吾夫子之自道ㅣ如此也시니 以賜觀之컨대 夫子는 固仁之至知之盡에 不賴勇而裕如者시니라 蓋綽綽乎其有餘矣니 又何君子之道ㅣ有不能焉者哉아

子貢이 가로되 "이는 다만 우리 夫子께서 스스로 말씀하신 것이 이와 같으니, 내(賜)가 살피건대 夫子께서는 본디 仁이 지극하고 知가 곡진曲盡하여, 勇에 자뢰資賴하지 않고도 여유로운 분이시다. 대개 작작綽綽하게 그 남음이 있으니, 또한 어찌 君子의 道에 능하지 못한 것이 있으리오?"

주해

- 綽綽: 너그럽고 여유있는 모습. 綽(너그러울 작)
- 特(다만 특) 賴(힘입을 뢰) 裕(넉넉할 유)

[14·31]

子貢이 方人하더니
子曰 賜也는 賢乎哉아 夫我則不暇로라

子貢이 사람을 비교하니,
孔子께서 가라사대 "사賜(子貢)는 어지느냐? 무릇 나는 곧 그럴 겨를이 없노라."

方은 比也라 乎哉는 疑辭라 比方人物而較其短長은 雖亦窮理之事나 然이나 專務爲此면 則心馳於外하여 而所以自治者ㅣ疏矣라 故로 褒之而疑其辭하고 復自貶以深抑之하시니라
謝氏曰 聖人責人에 辭不迫切而意已獨至ㅣ如此시니라

'方'은 비교함이다. '乎哉'는 의문사이다. 人物을 비교하여 그 단점과 장점을 비교하는 것은 비록 또한 궁리窮理하는 일이나, 그러나 오로지 이 일에만 힘쓴다면 곧 마음이 밖으로 내달려 스스로 다스리는 바가 소홀해질 것이다. 그러므로 子貢을 칭찬하되 그 말에 의문을 나타내시고, 다시 스스로를 폄하貶下하여 깊이 억제하신 것이다.
謝氏 가로되 "聖人께서 사람을 꾸짖을 때 말씀이 박절迫切하지 않으나 뜻은 이미 특히 지극함이 이와 같으시다."

주해

- 褒貶: 남의 좋고 나쁨을 평가하다. 褒(기릴 포) 貶(떨어뜨릴 폄)
- 方(비교할 방) 暇(겨를 가) 馳(달릴 치) 迫(닥칠 박)

【備旨】

子貢이 嘗比方人物而較其短長하니 非自治之切務也라 夫子ㅣ婉言以儆之曰 賜也는 務於方人하니 必其修於己者ㅣ旣至하여 而自治有餘力也니 其賢乎哉아 若我則躬行未得이라 方汲汲於自治之不暇어늘 而猶暇於方人乎아하시니

夫子此言은 所以儆子貢者ㅣ至矣시니라

子貢이 일찍이 人物을 비교하여 그 장단점短長點을 견주니, 스스로를 다스리는 急務가 아니다.

夫子께서 완곡한 말로써 경계하여 가라사대 "사賜(子貢)는 남을 비교하는데 힘쓰니, 반드시 그 몸에 닦은 것이 이미 지극하여 스스로 다스리는데 餘力이 있을 것이니 그는 현명한가? 나 같은 경우는 곧 몸소 행하는 것을 얻지 못하여, 바야흐로 스스로 다스리는데도 겨를이 없어 급급하거늘, 오히려 남을 비교하는 겨를이 있으리오?"라고 하시니,

夫子의 이 말씀은 子貢을 경계하는 바가 지극하다.

주해

- 切務: 급하게 힘쓸 일. '急務'와 같다.

● 婉言: 완곡한 말. 婉(순할 완) 儆(경계할 경)

[14 · 32]

子曰 不患人之不己知요 患其不能也니라

孔子께서 가라사대 "남이 나를 알아주지 않는다고 근심하지 말고, 자신이 능하지 못함을 근심할지니라."

凡章에 指同而文不異者는 一言而重出也요 文小異者는 屢言而各出也라 此章은 凡四見而文皆有異는 則聖人於此一事에 蓋屢言之시니 其丁寧之意를 亦可見矣라

모든 章에 뜻이 같고 문장이 다르지 않는 것은 한번 말씀하신 것이 거듭 나온 것이요, 문장이 조금 다른 것은 여러 번 말씀하신 것이 각각 나온 것이다. 이 章은 모두 네 번 나오는데 문장이 모두 다르게 나타난 것은, 곧 聖人께서 이 한 가지 일에 대개 여러 번 말씀하신 것이니, 그 정녕丁寧하신 뜻을 또한 가히 알 수 있다.

주해

● 此章, 凡四見: 이 章은 모두 네 번 나온다. 見(나타날 현)
이 〈憲問篇〉 외에도 〈學而篇〉의 "不患人之不己知, 患不知人也.", 〈里仁篇〉의 "不患莫己知, 求爲可知也.", 〈衛靈公篇〉의 "君子病無能焉, 不病人之不己知也." 등의 구절이 나온다.

● 丁寧: 재삼 알리다. 간곡하게 고하다. '정녕叮嚀'과 같다. 叮(정성스러울 정) 嚀(간절할 녕)
≪漢書 · 곡영전穀永傳≫에 나온다. "二者(日食, 地震) 同日俱發, 以丁寧陛下, 厥咎不遠, 宜厚求諸身." 안사고顔師古의 註에 "丁寧, 謂再三告示也."라고 풀이했다. 陛(섬돌 폐) 厥(그 궐) 咎(허물 구)

【備旨】

夫子ㅣ丁寧學者曰 大凡世之知譽는 與己無涉이라 故로 不患人之不己知요 惟其學焉而不能明其理하며 行焉而不能踐其實하여 反之我心而未慊者를 此深足患也어늘 今乃不以此爲患而患人之不己知하니 抑獨何哉리오 君子는 亦求在我而可也니라

夫子께서 배우는 者들에게 간곡하게 告하여 가라사대 "大凡 세상에서 나를 알아주는 것과 명예는 나와 상관이 없느니라. 그러므로 남이 나를 알아주지 않는다고 근심하지 말고, 오직 자신이 배우는데 그 이치를 밝히지 못하며, 행하는데 능히 그 실제를 실천하지 못하여, 그것을 내 마음에 돌이켜서 만족스럽지 못한 것을 이에 깊이 족히 근심해야 하거늘, 이제 지금은 이것을 근심으로 삼지 아니하고 남이 자신을 알아주지 않는 것을 근심하니, 또한 홀로 어찌 하리오? 君子는 또한 나에게 있는 것을 구하는 것이 可할지니라."

주해

● 無涉: 관련되다. 涉(미칠 섭)
● 慊(만족할 겸) 抑(또한 억)

[14·33]

子曰 不逆詐하며 不億不信이나 抑亦先覺者ㅣ是賢乎인저

孔子께서 가라사대 "남이 나를 속이는 것을 미리 예측하지 아니하며, 남이 나를 불신하는 것을 미리 억측臆測하지 아니하나, 그러나 또한 먼저 깨달은 자가 이에 어질도다!"

逆은 未至而迎之也요 億은 未見而意之也라 詐는 謂人欺己요 不信은 謂人疑己라 抑은 反語辭라 言雖不逆不億이나 而於人之情僞에 自然先覺이라야 乃爲賢也라 楊氏曰 君子一於誠而已이라 然이나 未有誠而不明者라 故로 雖不逆詐不億不信이라도 而常先覺也라 若夫不逆不億이라가 而卒爲小人所罔焉이면 斯亦不足觀也已니라

'역逆'은 아직 이르지 않은 것을 미리 맞이하는 것이요, '억億'은 아직 보이지 않은 것을 미리 생각하는 것이다. '사詐'는 남이 자신을 속이는 것을 말하고, '不信'은 남이 자신을 의심하는 것을 말한다. '억抑'은 반어사이다. 비록 미리 예측하지 않고 억측하지 않으나, 남의 진실과 허위에 대해 자연스럽게 먼저 깨달아야 이에 어진 사람이 된다는 말이다.

楊氏 가로되 "君子는 誠에만 한결같이 할 뿐이다. 그러나 精誠스러

우면서 밝지 아니한 자는 있지 않기 때문에, 비록 남이 나를 속이는 것을 미리 예측하지 아니하고, 남이 나를 불신하는 것을 미리 억측臆測하지 않을지라도 항상 먼저 깨닫는다. 만약 미리 예측하지도 않고 미리 억측하지도 않다가, 마침내 小人에게 기망欺罔을 당한다면 이 또한 족히 볼 것이 없다."

주해

- 不逆詐: 남이 나를 속이는 것을 미리 예측하지 아니함. 逆(미리헤아릴 역) 詐(속일 사)
- 不億不信: 남이 나를 불신하는 것을 미리 억측臆測하지 않다. 億은 '臆'과 통한다. 億(헤아릴 억) 臆(생각할 억)
- 抑: 그러나, 도리어(반어사). 上文의 뜻과 약간 반대되는 경우에 사용됨.
- 情僞: 참과 거짓. 진실과 허위.
  ≪易 · 계사상繫辭上≫에 나온다. "聖人立象以盡意, 設卦以盡情僞."
- 欺罔: 속이다. 가리다. 欺(속일 기) 罔(속일 망)
  〈雍也篇〉에 나온다. "可欺也, 不可罔也."

【備旨】

夫子ㅣ思先覺者意曰 天下之人에 防範過密者는 多逆億之私하고 其不逆億者는 又墮小人之計하니 有人於此에 初不逆料人之我欺하며 不億測人之我疑나 而於人之我欺我疑에 抑亦自然先覺者는 此是心地光明하여 物無遁照하니 其不爲賢乎인저 然則世之以察爲明者ㅣ亦當知所取法矣니라

夫子께서 先覺者를 생각하여 뜻하여 가라사대 "天下의 사람들 중에 防範을 지나치게 세밀하게 하는 자는 미리 예측하고 미리 억측하는 사사로움이 많고, 그 미리 예측하고 미리 억측하지 않는 자는 또한 小人의 간계奸計에 떨어지나니, 어떤 사람이 여기에서 애초에 남이 나를 속일까 미리 예측하지도 않고, 남이 나를 의심할까 미리 억측하지도 않다가, 남이 나를 속이거나 남이 나를 의심하게 되면 또한 자연히 먼저 깨닫는 되는 자는, 이는 이 心地가 광명하여 사물이 남몰래 비추지 못하게 되니, 그가 어진 사람이 되지 않으리오? 그러니 곧 세상의 살피는 것을 밝음으로 삼는 자는 또한 마땅히 법으로 취할 바를 알지니라."

주해

- 防範: 제방과 틀. 곧 사물을 속박하고 구속하는 일. 防(둑 방) 範(틀 범) 漢나라 양웅揚雄의 ≪法言・五百≫에 "川有防, 器有範."이라 했고, 진晉나라 이궤李軌의 註에 "川防禁溢, 器範檢形, 以諭禮教人之防範也."라고 풀이했다.
- 逆料: 미리 헤아리다. 예측하다.
- 遁照: 남몰래 비추다. 속이면서 비추다. 遁(감출 둔)

[14・34]

微生畝謂孔子曰 丘는 何爲是栖栖者與오 無乃爲佞乎아

미생모微生畝가 孔子께 일러 가로되 "구丘께서는 어찌 이토록 연연해 하십니까? 말재주를 부리는게 아니십니까?”

微生은 姓이요 畝는 名也라 畝名呼夫子而辭甚倨하니 蓋有齒德而隱者라 栖栖는 依依也라 爲佞은 言其務爲口給以悅人也라

‘미생微生’은 姓이요, ‘모畝’는 이름이다. ‘미생모微生畝’가 夫子의 이름을 부르고 말이 심히 거만하니, 대개 나이가 많고 德이 있는 은자隱者였을 것이다. ‘서서栖栖’는 의의依依하는 것이다. ‘위녕爲佞’은 그 말을 잘하여 남을 기쁘게 하는데 힘쓰는 것을 말한다.

주해

- 栖栖: 새가 깃드는 모습. 연연戀戀해 하는 모양. 栖는 ‘서棲’와 같다. 栖(깃들일 서) 棲(깃들일 서)
- 齒德: 나이와 덕행. 齒(나이 치)
  ≪孟子 · 公孫丑下≫篇에 나온다. “天下有達尊三, 爵一, 齒一, 德一.” 爵(벼슬 작)
- 口給: 말재주가 좋음.
  〈公冶長〉篇에 나온다. “禦人以口給, 屢憎於人.” 禦(막을 어) 屢(자주 루) 憎(미워할 증)
- 佞(말잘할 영) 倨(거만할 거) 隱(숨길 은)

【備旨】

微生畝는 以退隱爲高하여 見孔子轍環列國하고 謂之曰 丘는 於列國에 何爲是栖栖然依戀不舍與오 無乃爲佞以

求用於世乎아

미생모微生畝는 벼슬에서 물러나 은거하는 것을 고상하게 여겼는데, 孔子께서 列國을 철환轍環하는 것을 보고 일러 가로되 "丘께서는 列國에 대해 어찌 이토록 연연해 하며 차마 떠나지 못하는 것입니까? 어찌 말재주로써 세상에 쓰여지기를 구하는 것이 아니리오?"

주해

- 退隱: 벼슬에서 물러나 은거함.
  ≪史記 · 樂毅列傳≫에 나온다. "及民志不入, 獄囚自出, 然後二子(指箕子商容) 退隱." 獄(옥 옥) 囚(가둘 수)
- 轍環: 수레를 타고 천하 각지를 周遊하다. 轍(수레바퀴 철) 環(돌 환)
  唐나라 한유韓愈의 ≪進學解≫에 나온다. "昔者孟軻好辯, 孔道以明, 轍環天下, 卒老於行."
- 依戀: 머뭇거리며 차마 떠나지 못하는 모습.
  南朝시대 宋나라 포조鮑照의 ≪松柏篇≫에 나온다. "欲還心依戀, 欲見絶無由."

孔子曰 非敢爲佞也라 疾固也니라

孔子께서 가라사대 "감히 말재주를 부리는 것이 아니라, 고집스런 자를 미워하는 것이니라."

疾은 惡也요 固는 執一而不通也라 聖人之於達尊에 禮

恭而言直이 如此하시니 其警之亦深矣라

'질疾'은 미워함이요, '고固'는 한 가지만 고집하여 변통하지 못하는 것이다. 聖人이 달존達尊에 대하여 예절이 공손하고 말씀이 곧음이 이와 같으시니, 그 경계한 것이 또한 깊다.

주해

- 禮恭而言直: 禮가 공손하고 말이 곧다.
  胡氏가 말했다. "공손하지 않으면 곧 長幼의 차례를 잃게 되고, 곧지 않으면 곧 義理의 바름을 잃게 된다. 不恭則失長幼之序, 不直則失義理之正."(大全註疏)

【備旨】

孔子ㅣ因答曰 丘는 嘗惡佞하니 所以栖栖者는 非敢爲佞以徇世也요 誠以世道汙濁에 挽回在人이니라 不如是則絶人逃世하여 執一不通이 甚矣라 是則我之所疾也니 子ㅣ其知我乎아

孔子께서 因하여 대답하여 가라사대 "나(丘)는 일찍이 말재주 부리는 것을 미워하니, 연연해하는 이유는 감히 말재주로써 세상을 따르는 것이 아니요, 진실로 세상의 道가 오탁汚濁하여 원래대로 회복하는 것이 사람에게 달려 있기 때문이니라. 이와 같지 아니하면 곧 사람을 끊고 세상을 피하여, 한 가지만 고집하고 변통하지 못함이 심한 것이니라. 이것이 곧 내가 미워하는 바이니, 그대가 그 나를 안다 하

리오?"

주해

- 汚濁: 더럽고 흐리다. 汚(더러울 오) '혼탁混濁'과 같다.
- 挽回: 불리한 국면을 호전好轉시키거나 원래대로 회복함.

[14 · 35]

子曰 驥는 不稱其力이라 稱其德也니라

孔子께서 가라사대 "기驥는 그 힘을 칭찬하는 것이 아니라, 그 德을 칭찬하는 것이니라."

驥는 善馬之名이요 德은 謂調良也라
尹氏曰 驥雖有力이나 其稱在德하니 人이 有才而無德이면 則亦奚足尚哉아

'기驥'는 좋은 말의 이름이요, '德'은 온순하게 순종하는 것을 말한다. 尹氏 가로되 "기驥는 비록 힘이 있으나 그 칭찬이 德에 있으니, 사람에게 재주가 있으나 德이 없다면 곧 또한 어찌 족히 숭상하리오?"

주해

- 驥(천리마 기) 奚(어찌 해)
- 調良: 온순하게 순종順從하다. 調(익힐 조)

胡氏가 말했다. "'調'는 숙련되게 익혀서 제어하기가 쉬운 것이다. '良'은 온순하게 순종해서 차거나 깨물지 않는 것이다. 調者, 習熟而易控御也. 良者, 順服而不踶齧也."(大全註疏) 踶(굽 제) 齧(깨물 설)

三國時代 위魏나라 조비曹丕의 ≪여손권서與孫權書≫에 나온다. "此二馬, 朕之常所自乘, 甚調良善走, 數萬匹之極選者."

【備旨】

夫子ㅣ借驥以論君子曰 驥非不足於力也나 然이나 名之曰驥者는 不徒稱其有任重致遠之力이요 惟稱其有調良之德하여 閑習而易控御하며 馴服而不奔逸也니 觀此則人之所以爲君子者ㅣ不以才而以德을 可知矣니라

夫子께서 기驥를 빌어서 君子에 대해 논하여 가라사대 "기驥는 힘이 부족한 것이 아니나, 그러나 이름하여 가로되 '기驥'라고 한 것은 한갓 무거운 것을 짊어지고 먼 곳까지 도달하는 힘이 있어서 칭찬할 뿐만 아니요, 오직 그 온순하게 순종하는 德이 있어 숙련되게 익혀서 다루기가 쉬우며, 온순하게 복종하여 멋대로 날뛰지 않아서 칭찬한 것이니, 이를 살피면 곧 사람이 君子가 되는 이유가 재주 때문이 아니라 德 때문인 것을 가히 알 수 있느니라."

주해

- 任重致遠: 무거운 짐을 싣고 먼 곳까지 이르다.
  ≪易·계사하繫辭下≫篇에 나온다. "服牛乘馬, 引重致遠."
- 閑習: 숙련되게 익히다. '熟習'과 같다. '閑'은 '한嫻'과 통한다. 閑(익힐 한) 嫻(익숙할 한)

≪呂氏春秋 · 물궁勿躬≫篇에 나온다. "登降辭讓, 進退閑習, 臣不若隰朋." 隰(진펄 습)

- 馴服: 순종하다, 복종하다. 馴(길들 순)
≪史記 · 秦本紀≫ : "大費 佐 舜 馴鳥獸, 鳥獸多馴服。"
- 奔逸: 멋대로 날뛰다. '분방奔放'과 같다. 奔(달릴 분) 逸(달아날 일)

[14 · 36]

或曰 以德報怨이 何如하니잇고

或人이 가로되 "德으로써 원한을 갚는 것이 어떠하옵니까?"

或人所稱은 今見老子書라 德은 謂恩惠也라

或人이 말한 바는 지금 老子의 책에 보인다. '德'은 은혜를 말한다.

주해

- 老子書: 老子의 ≪道德經≫ 36章에 나온다. "爲無爲, 事無事, 味無味. 大小多少, 報怨以德. 圖難於其易, 爲大於其細."

【備旨】

或人ㅣ以人情讎怨相尋으로 乃爲之問曰 人惟恩怨之心이 太明이라 故로 忠厚之風이 日薄하니 若人之有怨於我者를 我惟以德報之何如하니잇고

或人이 人情은 원수와 원한이 서로 이어지기 때문에, 이에 이를 위하여 물어 가로되 "사람은 오직 은혜와 원한의 마음이 지나치게 분명하기 때문에, 忠厚한 풍속이 날로 각박刻薄해지니, 만약 남이 나에게 원한이 있는 것을 내가 오직 德으로써 갚는 것이 어떠하옵니까?"

주해

- 讎(원수 수) 怨(원망할 원)
- 相尋: 서로 이어지다, 계속되다. 尋(찾을 심)

子曰 何以報德고

孔子께서 가라사대 "그렇다면 무엇으로써 德을 갚으리오?"

言於其所怨에 旣以德報之矣면 則人之有德於我者를 又將何以報之乎아

그가 원망하는 바에 대해서 이미 德으로써 그에게 갚는다면, 곧 남이 나에게 德이 있는 것을 또한 장차 무엇으로써 갚을 것인가를 말한 것이다.

【備旨】

夫子ㅣ告之曰 怨者는 德之反이니 旣報怨而以德이면 則

人之有德於我者를 又將何以報之乎아 是怨德之報ㅣ皆不得其平矣라

夫子께서 고하여 가라사대 "'怨'은 德의 상반된 것이니, 이미 원망을 갚되 德으로써 했다면 곧 남이 나에게 德이 있는 것을 또한 장차 무엇으로써 갚으리오? 이는 원망과 德에 대해 갚는 것이 모두 그 공평함을 얻지 못한 것이니라."

以直報怨이요 以德報德이니라

"곧음으로써 원한을 갚고, 德으로써 德을 갚아야 하느니라."

於其所怨者에 愛憎取舍를 一以至公而無私ㅣ所謂直也라 於其所德者엔 則必以德報之하여 不可忘也니라 或人之言은 可謂厚矣라 然이나 以聖人之言으로 觀之컨대 則見其出於有意之私하여 而怨德之報ㅣ皆不得其平也니 必如夫子之言然後에 二者之報ㅣ各得其所라 然이나 怨有不讐而德無不報면 則又未嘗不厚也라 此章之言이 明白簡約하되 而其指意曲折反復하여 如造化之簡易易知而微妙無窮하니 學者ㅣ所宜詳玩也니라

그 원망하는 사람에게 애증愛憎과 취사取舍를 한결같이 지극히 공평

하고 사사로움이 없게 하는 것이 이른바 '直'이다. 그 德이 있는 사람에게는 곧 반드시 德으로써 갚고 가히 잊지 말아야 한다.
或人의 말은 가히 厚德하다고 말할 수 있다. 그러나 聖人의 말씀으로 살피건대, 곧 그것이 有意의 사사로움에서 나와 원망과 德에 대한 보답이 모두 그 공평함을 얻지 못한 것을 알 수 있으니, 반드시 夫子의 말씀과 같은 연후에 두 가지의 보답이 각각 그 자리를 얻을 수 있다. 그러나 원망에 원수로 여기지 않고, 德에 보답하지 않음이 없으니, 곧 또한 일찍이 厚德하지 않은 것이 아니다.
이 章의 말이 명백하고 간약簡約하나 그 뜻이 곡절曲折하고 반복反復하여, 마치 造化의 간이簡易함을 쉽게 알 수 있으나 미묘함은 끝이 없으니, 배우는 자가 마땅히 자세히 완미玩味해야 할 것이다.

주해

- 簡約: 간략하다, 상세하지 않다. '簡略'과 같다.
- 指意: 주지主旨, 의도. '旨意'와 같다.
  ≪史記 · 노중연추양열전론魯仲連鄒陽列傳論≫에 나온다. "魯連其指意雖不合大義, 然餘多其在布衣之位, 蕩然肆志, 不詘於諸侯, 談說於當世, 折卿相之權." 鄒(고을이름 추) 詘(굽힐 굴)
- 簡易: 簡約하고 어렵지 않음.
  ≪易 · 繫辭上≫에 나온다. "乾以易知, 坤以簡能." 한강백韓康伯의 註에 "天地之道, 不爲而善始, 不勞而善成, 故曰易簡."이라 했고, 朱熹의 ≪本義≫에 "坤順而靜, 凡其所能, 皆從乎陽而不自作, 故爲以簡而能成物."이라 풀이했다.

【備旨】

必也ㅣ人之有怨於我者는 我不計其怨而惟以直報之니

라 使其人可愛可取를 不以懷私怨而昧與善之公心하며 使其人當憎當舍를 不以避私嫌而廢除惡之公典하니 是則雖曰報怨이나 而豈害其爲公平忠厚哉아

至於德有大小엔 皆所當報면 則以德報之ㅣ可矣니 若必以德報怨이면 是亦私意所爲요 非天理之正也니라

"반드시 남이 나에게 원망이 있는 것은 내가 그 원망을 계산하지 않고 오직 곧음으로써 보답해야 하느니라. 가사 그 사람이 가히 사랑하고 가히 取하는 것을, 사사로운 원망을 품고서 善을 따르는 公心을 어둡게 하지 못하게 하며, 가사 그 사람이 마땅히 미워하고 마땅히 버리는 것을, 사사로이 싫어하는 것을 피하고서 악을 제거하는 公典을 폐하지 못하게 하니, 이렇게 하면 곧 비록 원망에 보답한다고 말하나, 어찌 그 공평하고 忠厚한 것을 해칠 수 있으리오?

德에 大小가 있는 경우에는 모두 마땅히 보답해야 할 바에는 곧 德으로써 보답하는 것이 可하니, 만약 반드시 德으로써 원망에 보답한다면, 이는 또한 사사로운 뜻으로 하는 바요, 天理의 올바른 것이 아니니라."

주해

- 與善: 善을 좇다. 善을 許與하다. 與(좇을 여)
- 公典: 나라와 조정의 전장典章, 법전法典.
- 昧(어두울 매) 嫌(싫어할 혐)

[14·37]

子曰 莫我知也夫인저

孔子께서 가라사대 "나를 알아주는 이가 없도다!"

夫子自歎하여 以發子貢之問也시니라

夫子께서 스스로 탄식하여 子貢의 질문을 유발誘發하신 것이다.

주해

- 也夫: 어조사. 개탄慨歎하는 뜻이 들어 있다.

【備旨】

夫子ㅣ自嘆曰 當今之世하여 莫有人知我者也夫인저하시니 蓋將發子貢之問하여 而進之以達天之學也라

夫子께서 스스로 탄식하여 가라사대 "지금의 세상을 當하여, 사람들이 나를 알아주는 자가 없도다!"라고 하시니, 대개 장차 子貢의 질문을 유발하여 위로 天理에 이르는 학문에 나아가게 하신 것이다.

주해

- 達天之學: 上達, 즉 아래로 人事를 배운 후에 위로 天理에 이르는 학문을 말함.

子貢이 曰何爲其莫知子也잇고

子曰 不怨天하며 不尤人이요 下學而上達하노니 知我者는 其天乎인저

子貢이 가로되 "어찌하여 그 선생님을 알아주는 이가 없다고 하십니까?"
孔子께서 가라사대 "하늘을 원망하지 아니하고, 사람을 탓하지 아니하며, 아래로 人事를 배워 위로 天理에 통달하노니, 나를 알아주는 자는 그 하늘이신저!"

不得於天而不怨天하고 不合於人而不尤人이요 但知下學而自然上達하니 此는 但自言其反己自修하여 循序漸進耳요 無以甚異於人而致其知也라 然이나 深味其語意면 則見其中에 自有人不及知而天獨知之之妙라
蓋在孔門에 唯子貢之智ㅣ幾足以及此라 故로 特語以發之하시니 惜乎라 其猶有所未達也여
程子曰 不怨天 不尤人은 在理當如此니라 又曰 下學上達은 意在言表니라 又曰 學者ㅣ須守下學上達之語니 乃學之要라 蓋凡下學人事면 便是上達天理라 然이나 習而不察이면 則亦不能以上達矣니라

하늘로부터 얻지 못하였으나 하늘을 원망하지 않고, 사람들과 합하지 못하였으나 사람을 탓하지 않으며, 다만 아래로 人事를 배워 자

연스럽게 위로 天理에 통달하는 것만 안다는 것이다. 이는 다만 자연스럽게 그 자신에게 돌이켜 스스로 닦아서 순서에 따라 점차 나아갈 뿐이요, 남들과 심히 다르게 하여 그들이 알아주게 할 수는 없다고 말씀하신 것이다. 그러나 그 말뜻을 깊이 음미해 보면, 곧 그 가운데에 저절로 남들이 알아주지 않으나 하늘이 홀로 그것을 알아주는 오묘奧妙함이 있음을 알 수 있다.

대개 孔門에 있어서 오직 子貢의 지혜만이 거의 족히 여기에 미칠 수 있었다. 그러므로 특별히 말하여 誘發시킨 것이다. 애석하도다! 그도 오히려 통달하지 못한 바가 있음이여!

程子 가로되 "하늘을 원망하지 않고 남을 탓하지 않는 것은 이치에 있어서 마땅히 이와 같아야 한다." 또 가로되 "'下學'과 '上達'은 그 뜻이 말 밖에 있다." 또 가로되 "배우는 자는 모름지기 '下學'과 '上達'의 말을 지켜야 하니, 이것이 곧 배움의 요체要諦이다. 대개 무릇 아래로 人事를 배우면 곧 이는 위로 天理에 이르게 된다. 그러나 익히기만 하고 살피지 아니하면 곧 또한 능히 위로 통할 수 없다."

주해

- 下學: 平實한 공부. 즉 人情과 事理에 대해 공부하는 基本常識을 말한다.
  하안何晏의 ≪集解≫에서 '下學而上達'에 대해 "下學人事, 上知天命." 이라고 풀이했다.
- 上達: 高明한 境界. 즉 군자가 德性을 닦고, 仁義에 통달하는 공부에 힘쓰는 것을 말한다.
  "君子上達, 小人下達."에 대해 형병邢昺의 疏에 "言君子小人所曉達不同也. 本爲上, 謂德義也. 末爲下, 謂財利也. 言君子達於德義, 小人達於財利."라고 풀이했다.
- 循(돌 순) 幾(거의 기) 特(다만 특)

【備旨】

子貢이 怪而問之曰 夫子之道는 宜爲人所知니 何爲其莫知子也잇고

夫子ㅣ告之曰 夫人立異以爲高者는 始足致人之知也나 我之所爲異於是矣라 彼窮通은 出於天也니 我也ㅣ遭時之窮하여 不得於天이라도 亦惟反己有歉하니 何敢以怨天이며 用舍는 係於人也니 我也ㅣ値時之舍하여 不合於人이라도 亦惟反己有歉하니 何敢以尤人이리오

但知黽勉於日用之間하고 致力於人事之近하여 理有未知也어든 必求知其所當知하며 事有未能也어든 必求行其所當行하여 由是로 知焉日精하고 行焉日進하니 此下學而上達이라

要皆無以甚異於人而致其知니 然則知我者는 其惟彼蒼之天乎저 蓋吾惟奉天之理면 則天理之周旋에 意者ㅣ其爲天心之降鑒耳니 是人莫我知者ㅣ正在此也라

子貢이 이상하게 여겨 물어 가로되 "夫子의 道는 마땅히 남들이 알아주는 바이니, 어찌하여 그 선생님을 알아주는 이가 없다고 하십니까?"

夫子께서 고하여 가라사대 "무릇 사람이 특이한 것을 세워서 고상함으로 삼는 자는 처음에는 족히 남들이 알아주게 할 수는 있으나, 내가 하는 바는 이와 다르니라. 저 궁窮하고 통通하는 것은 하늘로부터 나오니, 내가 시대의 곤궁함을 만나 天理를 얻지 못할지라도 또한

오직 자신에게 돌이켜 부족함이 있으니, 어찌 감히 하늘을 원망하리오? 등용되거나 등용되지 못하는 것은 남에게 달려 있으니, 내가 시대의 등용되지 못함을 만나 남에게 부합하지 못할지라도 또한 오직 자신에게 돌이켜 부족함이 있으니, 어찌 감히 남을 탓하리오?

다만 日用의 사이에 힘쓰고 人事의 가까운 일에 진력盡力할 줄만 알고서, 天理에 아직 깨닫지 못한 것이 있거든 반드시 그 마땅히 알아야 할 바를 아는 것을 구하며, 人事에 능하지 못한 것이 있거든 반드시 그 마땅히 행할 바를 행하는 것을 구하여, 이로 말미암아 앎이 날로 정밀해지고, 행함이 날로 나아가니, 이것이 아래로 배워서 위로 통한다는 것이니라.

요컨대 모두 남들과 심히 다르게 하여 그들이 알아주게 만들 수는 없으니, 그렇다면 곧 나를 알아주는 이는 그 오직 저 푸르른 하늘뿐인 저! 대개 내가 오직 하늘의 이치를 받들면 곧 天理가 주선周旋하여, 뜻은 그 天心이 굽어 살피게 될 뿐이니, 이는 남들이 나를 알아주는 이가 없는 이유가 바로 여기에 있느니라!"

주해

- 窮通: 窮하고 通함. 곧 곤궁困窮함고 출세하는 일.
  ≪莊子 · 讓王≫篇에 나온다. "古之得道者, 窮亦樂, 通亦樂, 所樂非窮通也. 道德於此, 則窮通爲寒暑風雨之序矣."
- 歉(부족할 겸) 遭(만날 조) 値(만날 치)
- 用舍: 등용되거나 혹 등용되지 못함. 사舍는 '사捨'와 통한다. 捨(버릴 사)
- 黽勉: 부지런히 힘쓰다, 盡力하다. 黽(힘쓸 민)
  ≪詩 · 패풍邶風 · 谷風≫에 나온다 "黽勉同心, 不宜有怒." 이를 毛傳에서는 "言黽勉者, 思與君子同心也."라고 풀이했다. 邶(나라이름 패)
- 周旋: 運轉하다, 運行하다.
  ≪左傳 · 僖公十五年≫條에 나온다. "亂氣狡憤, 陰血周作, 張脈僨興,

外彊中乾, 進退不可, 周旋不能.” 狡(교활할 교) 憤(성낼 분) 僨(넘어질 분)

- 降鑒: 굽어 살피다. 降(내릴 강) 鑒(살필 감)
≪詩 · 王風 · 黍離≫篇에 “悠悠蒼天”이라 했고, 毛傳에 “自上降鑒, 則稱上天. 據遠視之蒼蒼然, 則稱蒼天.”이라 했다. 黍(기장 서)

[14 · 38]

公伯寮ㅣ愬子路於季孫이어늘 子服景伯이 以告曰 夫子ㅣ固有惑志於公伯寮하나니 吾力이 猶能肆諸市朝니이다

공백료公伯寮가 子路를 계손季孫에게 참소하거늘,
자복경백子服景伯이 孔子께 告하여 가로되 “夫子(季孫)가 진실로 公伯寮의 말에 미혹迷惑한 뜻을 두고 있으니, 제 힘으로 오히려 능히 公伯寮의 시신을 市井과 朝廷에 늘어 놓을 수 있사옵니다.”

公伯寮는 魯人이라 子服은 氏요 景은 諡요 伯은 字이니 魯大夫子服何也라 夫子는 指季孫이니 言其有疑於寮之言也라 肆는 陳尸也니 言欲誅寮라

‘공백료公伯寮’는 魯나라 사람이다. ‘자복子服’은 氏요, ‘경景’은 시호諡號요, ‘백伯’은 字이니, 魯나라 大夫인 자복하子服何이다. ‘夫子’는 계손季孫을 가리키니, 그가 公伯寮의 말에 의심하고 있다는 말이다. ‘사肆’는 시체를 늘어놓는 것이니, 公伯寮를 주살하겠다는 말이다.

주해

- 愬: 참소譏愬하다. '소愬'는 '訴'와 통한다. 愬(참소할 소)
- 惑志: 미혹된 뜻. 곧 '의심하다'는 뜻이다. 惑(미혹할 혹)
- 肆諸市朝: 죄인의 시신을 저자(市)나 朝廷에 늘어 놓다. 大夫 이상이 죄를 지으면 그 시신을 朝廷에 늘어 놓고, 大夫 이하가 죄를 지으면 그 시신을 저자(市)에 늘어 놓았다. 肆(버릴 사)
≪周禮≫의 註에 "有罪旣殺, 陳其尸曰肆"
- 寮(벼슬아치 료) 謚(시호 시) 陳(늘어놓을 진) 尸(주검 시) 誅(벨 주)

【備旨】

昔에 子路ㅣ爲季氏宰라 魯人有公伯寮者하여 乃譏愬子路之行於季氏하니 蓋欲沮其道之行也라 魯大夫子服景伯이 以其事로 告於孔子曰 吾夫子季孫이 固有惑志於公伯寮之言而信任하나니 子路ㅣ將不終矣리라 但吾以大夫之力으로 猶能誅寮하여 陳其尸於市朝하여 以正其誣賢之罪焉이니이다

옛날에 子路가 季氏의 家宰가 되었다. 魯人중에 공백료公伯寮란 자가 있어, 이에 季氏에게 子路의 행실을 참소譏愬하니, 대개 그 道가 행해지는 것을 막고자 한 것이다.
魯나라 大夫인 자복경백子服景伯이 그 일을 孔子께 고하여 가로되 "우리 夫子인 계손季孫이 진실로 公伯寮의 말에 미혹한 뜻을 가지고 信任을 하니, 子路는 장차 천수를 누리지 못할 것입니다. 다만 제가 大

夫의 힘으로 오히려 능히 公伯寮를 주살하여, 그 시신을 저자와 朝廷에 늘어 놓고, 그 賢者를 속이는 罪를 바로잡을 수 있습니다."

주해

- 不終: 늙어서 죽지 못하다. 천수天壽를 다 누리지 못하다. ≪漢書 · 조착전찬晁錯傳贊≫에 나온다. "錯雖不終, 世哀其忠. 故論其施行之語著於篇."
- 讒(참소할 참) 沮(막을 저) 誣(무고할 무)

子曰 道之將行也與도 命也며 道之將廢也與도 命也니 公伯寮其如命何리오

孔子께서 가라사대 "道가 장차 행해지는 것도 命이며, 道가 장차 폐廢해지는 것도 命이니, 공백료公伯寮가 그 命을 어찌하리오?"

謝氏曰 雖寮之愬行이라도 亦命也니 其實은 寮無如之何라

愚謂 言此以曉景伯하고 安子路而警伯寮耳니 聖人이 於利害之際에 則不待決于命而後泰然也니라

謝氏 가로되 "비록 公伯寮의 참소讒愬가 행해진다 해도 또한 命이니, 사실은 公伯寮도 어찌할 수 없는 것이다."

내 생각건대, 이를 말씀하여 자복경백子服景伯을 깨우쳐 주고, 子路를 안정시켜 公伯寮를 경계시켰을 뿐이니, 聖人께서 利害의 사이에서 곧 命에 결정되기를 기다린 이후에 泰然해지는 것은 아니다.

주해

- 公伯寮其如命何: '공백료公伯寮가 그 命을 어찌하리오?', 곧 公伯寮가 天命을 어길 수 없다는 말이다.

【備旨】

夫子ㅣ曉之曰 子ㅣ不必誅寮也니 蓋道之興廢는 有命存焉이라 使時苟用我하여 而道之將行也與도 是命之通也요 使時苟不我用하여 而道之將廢也與도 是命之窮也니 夫道之興廢ㅣ有於命이 如此라 故로 今日之命이 誠通則寮ㅣ雖愬나 亦不能使由之道終廢요 今日之命이 誠窮則寮ㅣ雖不愬나 亦不能使由之道必行矣리니 公伯寮其如命何리오하시니
知此면 則寮ㅣ可無愬요 子路ㅣ可無憂而景伯도 亦不必誅寮矣니라

夫子께서 깨우쳐 가라사대 "그대(子服景伯)가 반드시 공백료公伯寮를 주살할 필요는 없으니, 대개 道의 흥폐는 命에 달려 있느니라. 가사 시대가 진실로 나를 등용하여 道가 장차 행해지는 것도 이 命의 통함이요, 가사 시대가 진실로 나를 등용하지 못하여 道가 장차 廢해지는 것도 이 命의 窮함이니, 무릇 道의 흥폐가 命에 달려 있음이 이와 같으니라.

그러므로 今日의 命이 진실로 통한다면 곧 公伯寮가 비록 참소譏愬한 다 해도, 또한 능히 由(子路)의 道로 하여금 끝내 廢하게 할 수는 없을 것이요, 今日의 命이 진실로 窮하다면 곧 公伯寮가 비록 譏愬하지 않는다 해도, 또한 능히 由의 道로 하여금 반드시 행해지게 할 수는 없을 것이니, 公伯寮가 그 命에 어찌하리오?"라고 하시니,

이 점을 안다면 곧 公伯寮는 가히 참소하지 않을 것이요, 子路는 가히 근심이 없고, 子服景伯도 또한 반드시 公伯寮를 주살할 필요가 없을 것이다.

[14 · 39]

子曰 賢者는 辟世하고

孔子께서 가라사대 "賢者는 無道한 세상을 피하고,"

天下無道而隱이니 若伯夷太公이 是也라

天下에 道가 없으면 숨으니, 백이伯夷와 태공太公 같은 이가 이들이다.

주해

- 辟世: 혼탁한 세상을 피하다. 은거하며 벼슬하지 않다. '피辟'는 '피避'와 통한다. 辟(피할 피) 避(피할 피)
  예를 들어 太公이 주왕紂王을 피해 동북해의 바닷가에 산 것과 같은 일이다. "辟紂而居東北海之濱."(大全註疏)

【備旨】

夫子丨傷時之衰曰 賢者之出處去就丨有其時而已니 有見天下無道면 則隱而不出하여 以辟世者焉하고

夫子께서 시대의 쇠衰함을 상심하여 가라사대 "賢者의 出處와 去就는 그 때가 있을 따름이니, 天下에 道가 없음을 보면 곧 은거하고 出仕하지 않으며, 세상을 피하는 자가 있고,"

주해

- 出處: 出仕와 退隱. 곧 벼슬에 나아가거나 물러나 은거하는 일. 仕(벼슬 사)
- 去就: 관직을 맡거나 맡지 않는 일.
  ≪莊子 · 秋水≫篇에 나온다. "寧於禍福, 謹於去就."

其次는 辟地하고

"그 다음은 어지러운 나라를 피하고,"

去亂國適治邦이라

어지러운 나라를 떠나 다스려지는 나라로 가는 것이다.

주해

- 辟地: 어지러운 나라를 피해 떠나는 경우를 말한다.
  예를 들어 백리해百里奚가 우虞나라를 떠나 진秦나라로 간 것과 같은 일이다.
- 適(갈 적) 邦(나라 방)

【備旨】

其有次於辟世者로 去亂國適治邦하여 以辟地者焉하고

"그 無道한 세상을 피하는데 다음가는 자로, 어지러운 나라를 떠나 다스려지는 나라로 가서 땅을 피하는 자가 있고,"

其次는 辟色하고

"그 다음은 人君의 공손하지 못한 안색顔色을 피하고,"

禮貌衰而去라

예모禮貌가 쇠하여 떠나는 것이다.

주해

- 辟色: 人君의 안색이 공손하지 못해 떠나는 경우를 말한다.

【備旨】

其有次於辟地者로 因禮貌衰而去之하여 以辟色者하고

"그 어지러운 나라를 피하는데 다음가는 자로, 禮貌가 쇠하기 때문에 떠나가서 人君의 공손하지 못한 顔色을 피하는 자가 있고,"

其次는 辟言이니라

"그 다음은 불합리한 人君의 말을 피하느니라."

有違言而後去也라

程子曰 四者는 雖以大小次第言之나 然이나 非有優劣也요 所遇不同耳니라

말에 거스름이 있은 후에 떠나는 것이다.

程子 가로되 "네 가지는 비록 大小의 차례로써 말씀하신 것이나, 그러나 우열優劣이 있는 것은 아니요, 처한 바가 같지 않을 뿐이다."

주해

- 辟言: 人君의 말이 불합리하여 떠나는 경우를 말한다. 예를 들어 위衛나라 영공靈公이 孔子에게 진법陳法을 묻자, 孔子가 그 나라를 떠나버린 것과 같은 경우이다.

● 大小次第: 大小의 차례.
雲峯胡氏가 말했다. "천하는 크고, 邦國은 작다. '辟世'와 '辟地'는 그 나라를 피하는 것이다. '辟色'과 '辟言'은 그 사람을 피하는 것이다. 程子가 이른바 '大小의 次第'라는 것은 賢者의 德에 우열이 있다는 말이 아니다. 天下爲大, 邦國爲小. 辟世辟地, 是辟其國. 辟色辟言, 是辟其人. 程子所謂大小次第, 而非以賢者之德爲有優劣也."(大全註疏)

【備旨】

其有次於辟色者로 或因言語不合而去之하여 以辟言者焉하니 是其所遭或異라 故로 其所辟不同이나 歸潔其身而已矣니 道之衰를 不亦深可慨哉아

"그 人君의 공손하지 못한 顏色을 피하는데 다음가는 자로, 혹 人君의 말이 불합리하여 떠나가서 人君의 불합리한 말을 피하는 자가 있으니, 이는 그 만난 바가 혹 다르기 때문이다. 그러므로 그 피하는 바가 같지 않으나 그 몸을 깨끗이 하는데로 귀결될 따름이니, 道의 쇠함을 또한 크게 가히 개탄하지 않으리오?"

[14·40]

子曰 作者ㅣ七人矣로다

孔子께서 가라사대 "일어나 은둔하려고 떠나간 자가 7인이로다."

李氏曰 作은 起也니 言起而隱去者 今七人矣라 不可知其誰何하니 必求其人以實之則鑿矣라

李氏 가로되 "'作'은 일어나는 것이니, 일어나 은둔하려고 떠나간 자가 지금 7인이라는 말이다. 그 사람이 누구인가는 가히 알 수 없으니, 반드시 그 사람을 찾아서 실증하려 한다면, 곧 이는 천착穿鑿하는 것이다."

주해

- 作: 기미幾微를 보고 일어나 떠나가다. 作(일어날 작)
- 七人: 한 사람 보다 많다는 뜻이다.
- 穿鑿: 견강부회牽强附會하게 억지로 해석하다. 穿(뚫을 천) 鑿(뚫을 착) 牽(끌 견)

  ≪漢書 · 예악지禮樂志≫에 나온다. "以意穿鑿, 各取一切."

【備旨】

夫子ㅣ憂世意曰 賢者之出處로 可以驗世道之盛衰어늘 今知道不行하여 起而隱去者ㅣ已七人矣라 夫賢者隱遯之多ㅣ如此하니 則世道之衰를 豈不深可慨哉아

夫子께서 세상을 근심하여 뜻하여 가라사대 "賢者의 出仕와 은퇴隱退로 가히 世道의 성쇠盛衰를 증험證驗할 수 있거늘, 이제 道가 행해지지 못함을 알고 일어나 은둔하려고 떠나간 자가 이미 7인이니라. 무릇 賢者 중에 은둔하려고 떠나간 이가 이와 같이 많으니, 곧 世道의 쇠함을 어찌 깊이 가히 개탄하지 않으리오?"

주해

- 隱遯: 은둔하다, 세속을 떠나다. '둔遯'은 '둔遁'과 통한다. 遯(피할 둔) 遁(피할 둔)

[14·41]

子路ㅣ宿於石門이러니
晨門曰 奚自오
子路曰 自孔氏로라
曰 是知其不可而爲之者與아

子路가 석문石門에서 유숙留宿하자,
문지기가 가로되 "어디로부터 오셨습니까?"
子路가 가로되 "孔氏가 계신 곳에서 왔소이다."
가로되 "이는 그 不可한 줄 알면서도 그렇게 하는 사람 말이오?"

石門은 地名이라 晨門은 掌晨啓門이니 蓋賢人이 隱於抱關者也라 自는 從也니 問其何所從來也라
胡氏曰 晨門은 知世之不可而不爲라 故로 以是譏孔子나 然이나 不知聖人之視天下에 無不可爲之時也니라

'석문石門'은 地名이다. '신문晨門'은 새벽에 성문城門을 열어주는 일을 관장하는 자이니, 대개 賢人이면서 관문을 지키는 일에 은둔한 자일

것이다. '自'는 '從'(~부터)이니, 그가 어느 곳으로부터 왔는가를 물은 것이다.

胡氏 가로되 "문지기는 세상에 不可한 줄을 알고 하지 않는 자이다. 그러므로 이 때문에 孔子를 기롱譏弄한 것이다. 그러나 聖人께서 天下를 보는데 가히 不可한 때는 없다고 여기시는 것을 알지 못한 것이다.

주해

- 宿: 留宿하다, 헐숙歇宿하다. 宿(묵을 숙) 歇(쉴 헐)
- 石門: 地名으로 魯나라 城밖에 있었다고 전한다.
- 晨門: 문지기. 새벽에 성문을 열어주는 일을 맡은 자. 晨(새벽 신)
- 是: 孔子를 말한다.
- 抱關: 문빗장을 걸고 성문을 지키는 小吏. 抱(안을 포) 關(빗장 관) ≪史記 · 魏公子列傳≫에 나온다. "嬴乃夷門抱關者也, 而公子親枉車騎, 自迎嬴於衆人廣坐之中." 嬴(찰 영)
- 譏弄: 나무라고 놀리다. 譏(나무랄 기) 弄(희롱할 롱)

【備旨】

子路ㅣ從夫子周流四方이라가 偶宿於石門之地러니 時有掌晨啓門者ㅣ問曰 子ㅣ何所從而來乎아

子路曰 吾自孔氏而來也로라

晨門이 遂譏之曰 子ㅣ所謂孔氏者는 是知其世之不可爲하되 猶欲栖栖不舍而爲之者與아 子之從之ㅣ亦勞甚矣로다

子路가 夫子를 따라서 四方을 周流하다가 우연히 石門이란 곳에서 유숙을 하였는데,
그때 새벽에 성문을 열어주는 일을 관장하는 어떤 자가 물어 가로되 "그대는 어디로부터 오셨습니까?"
子路가 가로되 "나는 孔氏가 계신 곳에서 왔소이다."
성문지기가 마침내 기롱譏弄하여 가로되 "그대가 이른바 孔氏라는 자는, 이는 그 세상에 가히 할 수 없음을 알면서도, 여전히 머뭇거리며 떠나지 못하고 하는 자 말인가? 그대가 그를 따르는 것도 또한 노고가 크도다!"

주해

- 栖栖不舍: 머뭇거리면서 떠나지 못하는 모습. '栖栖'는 '棲棲'와 통한다. 栖(깃들일 서) 棲(살 서) 舍(버릴 사)
  ≪詩・小雅・六月≫篇에 나온다. "六月棲棲, 戎車既飭." 朱熹의 ≪集傳≫에 "棲棲, 猶皇皇不安之貌."라고 풀이했다.
- 偶(우연히 우) 啓(열 계)

[14・42]

子ㅣ擊磬於衛러시니 有荷蕢而過孔氏之門者曰 有心哉라 擊磬乎여

孔子께서 위衛나라에서 경磬을 두드리셨는데, 삼태기를 메고 孔氏의 門 앞을 지나가는 자가 있어 가로되 "천하를 근심하는 마음이 있도다. 磬을 치는 소리여."

磬은 樂器라 荷는 擔也요 蕢는 草器也니 此荷蕢者ㅣ亦隱士也라 聖人之心이 未嘗忘天下어늘 此人이 聞其磬聲而知之하니 則亦非常人矣라

'경磬'은 악기이다. '하荷'는 메는 것이요, '궤蕢'는 풀로 짠 그릇이니, 이 삼태기를 멘 자는 또한 은사隱士이다. 聖人의 마음이 일찍이 天下를 잊은 적이 없거늘, 이 사람이 그 경쇠 소리를 듣고 알았으니 곧 또한 범상한 사람이 아니다.

주해

- 有心: 위민우세爲民憂世하는 마음을 말한다.
- 擊(칠 격) 磬(경쇠 경) 荷(멜 하) 蕢(삼태기 궤)

【備旨】

夫子ㅣ一日在衛할새 偶然擊磬이러니 其憂世之心이 已寓於磬聲中矣라 乃有隱士適荷草器而過孔氏之門者ㅣ聞其聲而嘆之曰 有心於天下哉라 斯人之擊磬乎여

夫子께서 하루는 위衛나라에 계실 때에 우연히 경磬을 두드리셨는데, 그 세상을 근심하는 마음이 이미 磬치는 소리에 깃들어 있었다. 이에 隱士이면서 마침 삼태기를 메고 孔氏의 문 앞을 지나는 자가 있어, 그 소리를 듣고 탄식하여 가로되 "天下를 근심하는 마음이 있도다! 이 사람의 磬을 치는 소리여!"

주해

● 寓(깃들 우) 適(마침 적)

既而曰 鄙哉라 硜硜乎여 莫己知也어든 斯己而已矣니 深則厲요 淺則揭니라

잠시 후에 가로되 "비루鄙陋하도다! 경경硜硜한 소리여! 자신을 알아주지 않으면 이에 그칠 따름이니, 물이 깊으면 곧 옷을 입은 채로 건너고, 물이 얕으면 곧 옷을 걷고 건너면 되느니라."

硜硜은 石聲이니 亦專確之意라 以衣涉水曰厲요 攝衣涉水曰揭라 此兩句는 衛風匏有苦葉之詩也라 譏孔子人不知己而不止하여 不能適淺深之宜라

'경경硜硜'은 돌 소리이니, 또한 專一하고 確固하다는 뜻이다. 옷을 입고 물을 건너는 것을 '려厲'라 하고, 옷을 걷고 물을 건너는 것을 '게揭'라 한다. 이 두 句는 ≪詩·衛風·포유고엽匏有苦葉≫篇의 詩이다. 孔子께서 남들이 자신을 알아주지 않는데도 그치지 아니하고, 능히 물이 깊고 얕음의 마땅함에 나아가지 못함을 기롱한 것이다.

주해

● 硜硜: 악기의 소리. 매우 딱딱한 모습. 硜(단단할 경)
● 斯已而已矣: 이에 그칠 따름이다. 앞의 '已'는 '止'와 통한다. '而已矣'

는 어조사이다.

- 深則厲, 淺則揭: '물이 깊으면 옷을 입은 채로 건너며, 물이 얕으면 옷을 걷고 건넌다.' '려厲'는 곧 '連衣涉水'의 뜻이다. 厲(옷입고건널 려) 揭(옷걷고건널 게)
  ≪集註≫에서는 〈衛風〉篇에 나온다고 했으나, 원래는 ≪詩 · 패풍邶風 · 포유고엽匏有苦葉≫篇에 나온다. "深則厲, 淺則揭." ≪毛傳≫에서는 "以衣涉水爲厲, 謂由帶以上也. 揭, 褰衣也."라고 풀이했다. 褰(걷을 건)
- 鄙(더러울 비) 匏(박 포) 攝(당길 섭)

【備旨】

旣而譏之曰 鄙哉라 斯人이여 何其擊磬之聲이 硜硜然專確하여 而不知變通이 若是乎아 夫君子之所以出而用世者는 以世能我用耳어늘 今上下無交하여 莫己知也어든 斯與時俱已而已矣니

不觀之涉水乎아 水之深者엔 則以衣涉之而爲厲하고 水之淺者엔 則攝衣涉之而爲揭하나니 是淺深之用이 各有其宜也어늘 今人莫己知而不已하니 何其不適淺深之宜乎아 誠哉라 其硜硜已여

잠시 후에 譏弄하여 가로되 "비루鄙陋하도다! 이 사람이여! 어찌 그 磬을 치는 소리가 경경연硜硜然히 專一하고 확고確固하여, 변통變通을 모르는 것이 이와 같으리오? 무릇 君子가 出仕하여 세상에 쓰이는 바는 세상이 능히 나를 쓸 수 있기 때문이거늘, 이제 上下가 교류하지 못하여 나를 알아주는 이가 없거든 이에 때와 더불어 함께 그칠

따름이니라.
물을 건너는 것을 보지 못했는가? 물이 깊으면 곧 옷을 입고 물을 건너는 것을 '려厲'라 하고, 물이 얕으면 곧 옷을 걷고 건너는 것을 '게揭'라 하나니, 이 얕고 깊은 곳의 쓰임이 각각 그 마땅함이 있거늘, 이제 남들이 나를 알아주지 않는데도 그치지 아니하니, 어찌 그 얕고 깊은 곳의 마땅함으로 나아가지 못하는가? 참으로 그 경경硜硜할 뿐이로다!"

子曰 果哉라 末之難矣니라

孔子께서 가라사대 "과감하도다! 어려울 것이 없겠도다!"

果哉는 歎其果於忘世也라 末은 無也라 聖人은 心同天地하여 視天下猶一家하고 中國猶一人하여 不能一日忘也라 故로 聞荷蕢之言 而歎其果於忘世하고 且言人之出處를 若但如此면 則亦無所難矣시니라

'과재果哉'는 그 세상일을 잊고 사는데 과감한 것을 탄식하신 것이다. '말末'은 없다는 뜻이다. 聖人은 마음을 天地와 같이 하여 天下를 마치 一家와 같이 보고, 中原의 國人들을 마치 한 사람과 같이 여겨, 능히 하루도 잊은 적이 없다. 그러므로 삼태기를 멘 사람의 말을 듣고 그가 세상일을 잊고 사는데 과감한 것을 탄식하고, 또 사람의 出

仕와 은퇴隱退를 만약 다만 이와 같이 한다면, 곧 또한 어려울 바가 없을 것이라고 말씀하신 것이다.

주해

- 果哉: 세상 일을 잊고 사는데 과감하다.
- 中國: 고대 黃河 유역을 중심으로 한 中原地域, 또는 중원지역에 거주하는 사람. 여기서는 후자의 뜻으로 쓰였다.
  ≪晉書 · 선제기宣帝紀≫에 "吳以中國不習水戰, 故敢散居東關."이라 했고, ≪宋史 · 악비전岳飛傳≫에 "金人所以立劉豫於河南, 蓋欲荼毒中原, 以中國攻中國."이라 했다. 荼(씀바귀 도)

【備旨】

夫子ㅣ聞其言而嘆曰 斯人也는 其殆浩然長往하여 果於忘世者哉인저 且人之出處所以難者는 以其當可止之時而猶不能一日忘天下也니 若但以人莫己知而遂已면 此少知潔身之義者ㅣ能之니 則亦末之難矣라 然則我之有心은 正我之不果也 而我之硜硜은 實我之所難也니 荷蕢亦知之否아

夫子께서 그 말을 듣고 탄식하여 가라사대 "이 사람은 그 아마도 浩然히 은둔하면서 세상일을 잊고 사는데 과감한 자로다! 또 사람의 出仕와 隱退가 어려운 이유는 그가 가히 그쳐야 할 때를 당하여, 오히려 능히 하루라도 세상일을 잊지 못하기 때문이니,

만약 다만 남들이 자신을 알아주지 않기 때문에 마침내 그만 둔다면, 이런 일은 자신의 몸을 깨끗이 하는 義理를 조금이라도 아는 자라면

능히 할 수 있으니, 곧 또한 어려움이 없을 것이다. 그러한 즉 내가 세상일에 마음을 둔 것은 바로 내가 세상일을 잊고 사는데 과감하지 못한 것이요, 나의 경쇠 소리가 경경硜硜한 것은 실로 내가 어렵게 여기는 바이니, 삼태기를 멘 자가 이런 도리를 알 수 있으리오?"

주해

- 浩然: 막힘이 없고 머뭇거리지 않는 모습.
  ≪孟子・公孫丑下≫篇에 나온다. "夫出晝而王不予追也, 予然後浩然有歸志." 朱子의 ≪集註≫에 "浩然, 如水之流不可止也."라고 풀이했다.
- 長往: 세상을 떠나 은거하다.
  晉나라 반악潘岳의 ≪西征賦≫에 "悟山潛之逸士, 卓長往而不反."이라 했고, 唐나라 왕도王度의 ≪고경기古鏡記≫에 "又將遍遊山水, 以爲長往之策."이라 했다.

[14・43]

子張曰 書云 高宗이 諒陰三年不言이라 하니 何謂也잇고

子張이 가로되 "≪書傳≫에 이르되 '고종高宗이 양암諒陰 3년 동안 號令을 발하지 않았다.'고 했으니, 무엇 말입니까?"

高宗은 商王武丁也라 諒陰은 天子居喪之名이니 未詳其義라

'高宗'은 상商나라 王인 무정武丁이다. '양암諒陰'은 天子의 居喪을 말한 것이니, 그 뜻이 상세하지 않다.

주해

- 書云 高宗諒陰, 三年不言: ≪尙書 · 無逸≫篇에 나오는 말이다.
- 諒陰: 人君이 부모의 喪中에 처함. 또는 喪中에 거처하던 방을 말한다. '양암諒闇' 또는 '흉려凶廬'라고도 한다. 諒(살필 량) 闇(닫힌문 암) 廬(오두막 려)
  ≪禮記 · 喪服四制≫에 나온다. "≪書≫ 曰 '高宗諒闇, 三年不言.' 善之也." 鄭玄의 註에 "闇, 謂廬也."라고 풀이했다. 廬(오두막집 려)
- 不言: 號令을 내지 않다.

【備旨】

子張이 問曰 商書에 有云 商王高宗이 宅憂諒陰에 三年不言이라 하니 夫人君은 天下之主也라 三年不言이면 則臣下罔攸稟令이니 不知케라 書之所言은 果何謂也잇고

子張이 물어 가로되 "商書에 이르기를 '商나라 王인 高宗이 부모의 喪中에 처한 3年 동안 號令을 發하지 않았다.'고 했으니, 무릇 人君은 天下의 주인으로 3年 동안 號令을 發하지 않았다면 곧 臣下들이 명령을 받을 수가 없었을 것이니, 알지 못하겠습니다. ≪書傳≫에서 말한 바는 과연 무슨 말이옵니까?"

주해

- 宅憂: 부모의 喪中에 처하다.

≪書 · 說命上≫에 나온다. "王宅憂." 공영달孔穎達의 疏에 "言王居父憂."라고 풀이했다.

● 罔(없을 망) 攸(바 유) 稟(받을 품)

子曰 何必高宗이리오 古之人이 皆然하니 君薨커시든 百官이 總己하여以聽於冢宰三年하니라

孔子께서 가라사대 "어찌 반드시 高宗만이 그렇게 했으리오? 옛 사람들이 모두 그러하였으니, 人君이 돌아가시면 百官들이 자신들의 직무를 총괄하여 총재冢宰에게 3年 동안 듣고 처리하였느니라."

言君薨則諸侯亦然이라 總己는 謂總攝己職이라 冢宰는 太宰也라 百官聽於冢宰라 故로 君得以三年不言也라 胡氏曰 位有貴賤이나 而生於父母는 無以異者라 故로 三年之喪은 自天子達이라 子張이 非疑此也요 殆以爲人君三年不言이면 則臣下無所稟令하여 禍亂이 或由以起也라 孔子이 告以聽於冢宰하시니 則禍亂은 非所憂矣니라

군훙君薨이라고 말했으니 곧 제후 또한 그러했을 것이다. '총기總己'는 자신의 직책을 主宰하는 것을 말한다. '총재冢宰'는 태재太宰이다. 百官

들이 冢宰에게 듣기 때문에 人君이 3년 동안 號令을 내지 않을 수 있다.

胡氏 가로되 "지위에는 貴賤이 있으나 父母에게서 태어난 것은 다름이 없다. 그러므로 3年의 喪은 天子로부터 공통된다. 子張이 이를 의심한 것이 아니라 아마도 人君이 3년 동안 號令을 發하지 않게 되면, 곧 臣下들이 명령을 받을 수가 없어 재앙과 변란이 혹 이 때문에 일어날 수 있다고 생각한 것이다. 孔子께서 총재冢宰에게 듣고 처리할 수 있다고 고하시니, 곧 재앙과 변란은 근심할 바가 아니다."

주해

- 古之人: 천자와 제후를 겸해서 한 말이다.
- 總攝: 주지主持하다, 주재主宰하다.

  ≪鬼谷子 · 本經陰符≫에 "九竅十二舍者, 氣之門戶, 心之總攝也."라고 했고, ≪後漢書 · 烏桓傳≫에 "從子蹋頓有武略, 代立, 總攝三郡, 眾皆從其號令."이라 했다. 竅(구멍 규) 蹋(밟을 답) 頓(넘어질 돈)

  新安陳氏가 말했다. "喪을 당하여 총재冢宰가 섭정을 하면, 곧 후사後嗣가 된 人君이 비록 號令을 發하지는 않으나, 또한 失政한 것이 아니다. 居喪而冢宰攝政, 則嗣君雖不言, 亦無失政矣."(大全註疏)
- 冢宰: 周代의 官名으로 六卿의 우두머리. '태재太宰'와 같다. 冢(클 총)

  ≪書 · 周官≫에 "塚宰掌邦治, 統百官, 均四海."라고 했고, 孔傳에 "天官卿稱太宰, 主國政治, 統理百官, 均平四海之內."라고 풀이했다.
- 禍亂: 재앙災殃과 변란變亂.

【備旨】

夫子ㅣ告之曰 居喪에 三年不言은 何必高宗爲然哉리오 古之人爲君者ㅣ皆然이라 然이나 所以得三年不言者는

何也오 蓋君薨而嗣君이 宅憂에 百官이 總攝己職하여 以聽於冢宰處分三年하니 則凡嗣君所當言者를 冢宰皆代言之矣라 故로 君得以三年不言也라 然則高宗도 亦猶行古之道耳니 又何疑哉아

夫子께서 고하여 가라사대 "居喪에 3年 동안 號令을 發하지 않은 것이 어찌 반드시 高宗만이 그리 하였으리오? 옛날의 人君이 된 자들이 모두 그러하였느니라. 그러나 3년 동안 號令을 發하지 않을 수 있었던 것은 무엇 때문이리오? 대개 人君이 죽고 後嗣가 된 人君이 喪中에 처하게 되면, 百官들이 모두 자신들의 직책을 총괄하여 총재冢宰에게 듣고 3년 동안 처리하였으니, 곧 무릇 嗣君이 마땅히 號令을 發할 바를 冢宰가 모두 대신하여 號令을 發한 것이니라. 그러므로 人君이 3년 동안 號令을 發하지 않을 수 있었느니라. 그러한 즉 高宗도 또한 여전히 옛날의 道를 행했을 뿐이니, 또한 어찌 의심하리오?"

주해

- 嗣君: 後嗣가 된 人君. 嗣(이을 사)

[14 · 44]

子曰 上ㅣ好禮則民易使也니라

孔子께서 가라사대 "윗사람이 禮를 좋아하면, 곧 백성을 부리기가 쉬우니라."

謝氏曰 禮達而分定이라 故로 民易使니라

謝氏 가로되 "禮가 아랫사람에게 達하여 분수가 정해진다. 그러므로 백성을 부리기가 쉬운 것이다."

주해

- 上: 爲政者를 말한다.
- 禮達而分定: 禮가 아랫사람에게까지 미치면 분수가 정해진다. ≪禮 · 禮運≫篇에 나온다. "禮達而分定, 又均也, 分劑也."
  慶源輔氏가 말했다. "'達'은 아랫사람에게 도달한다는 말이다. 윗사람이 禮를 좋아하면, 곧 品節이 분명해지고 誠意가 겸손해진다. 그러므로 아래에서 보고 감응이 된 자가 또한 모두 자신의 직분에 편안해 하고, 윗사람의 명령을 듣게 되어 부리기가 쉽게 되는 것이다. 達謂達於下也. 上好禮則品節分明, 而誠意退遜. 故觀感於下者, 亦皆安己之分, 聽上之命, 而易使."(大全註疏)

【備旨】

夫子ㅣ示崇禮之治曰 禮는 所以辨上下而定民志者也니 誠使爲上者ㅣ心誠好之하여 修之於身而視聽言動을 必以禮하며 敷之於政而型方訓俗을 必以禮하면 則禮達而分定하니 民皆知事使之當然하여 而處常則趨事赴功하고 處變則從征犯難하며 不待刑驅勢迫而爭先恐後矣리니 有不易使者乎아

夫子께서 禮를 숭상하는 다스림을 보여 가라사대 "禮는 上下를 분별

하고 백성들의 뜻을 정하는 바이니, 가령 윗사람이 된 자가 마음에서 진실로 禮를 좋아하여 몸에서 禮를 닦고, 보고 듣고 말하고 행동하는 것을 반드시 禮로써 하며, 禮를 政事에 베풀어서 법을 바로잡고 백성을 교화시키는 것을 반드시 禮로써 하면, 곧 禮가 아랫사람에게 미쳐서 분수가 정해지니, 백성들이 모두 使役하는 것을 당연하게 알아, 일상에 처하면 곧 일을 처리하여 功을 세우고, 변란에 처하면 곧 전쟁에 나아가 위험을 무릅쓰고 싸우며, 형벌로 내몰고 권세로 핍박하는 것을 기다리지 않고도 앞서기를 다투고 뒤쳐지는 것을 두려워할 것이니, 쉽게 부리지 못할 자가 있으리오?"

주해

- 誠使: 가사, 가령.
- 型方訓俗: 법도를 바로 세우고, 백성들을 교화하다. 型(본보기 형) 敷(펼 부)
  清나라 임칙서林則徐의 ≪曉諭粵省士商君民人等速戒鴉片告示稿≫에 나온다. "梓桑紳士, 宜有以訓俗型方, 詎忍安坐遷延, 不一援手."
  粵(나라이름 월) 鴉(까마귀 오) 梓(가래나무 재) 桑(뽕나무 상) 紳(큰띠 신) 詎(어찌 거)
- 事使: 일을 시키다. 부리다. '役使'와 같다.
  ≪管子 · 版法解≫에 나온다. "凡人君者, 覆載萬民而兼有之, 燭臨萬族而事使之."
- 趨事赴功: 일을 처리하고 공을 세우다. 趨(달릴 추) 赴(나아갈 부)
  '추사趨事'는 '일을 처리하다'는 뜻으로, ≪漢書 · 주박전朱博傳≫에 나온다. "夜寢早起, 妻希見其面……其趨事待士如是."
  '赴功'은 '功業을 세운다'는 뜻으로, 宋나라 증공曾鞏의 ≪本朝政要策 · 任將≫篇에 나온다. "小其名而不撓其權, 則在位者有赴功之心, 而勇智者得以騁." 撓(어지러울 요) 騁(달릴 빙)
- 從征犯難: 전쟁에 나아가 위험을 무릅쓰며 싸우다.
  ≪逸周書 · 史記≫에 나온다. "犯難爭權, 疑者死."

● 刑驅勢迫: 형벌로 내몰고, 권세로 핍박하다. 驅(몰 구) 迫(다그칠 박)
● 爭先恐後: 앞서기를 다투고 오직 뒤쳐질까 두려워하다.

[14·45]

子路ㅣ問君子한대
子曰 脩己以敬이니라
曰 如斯而已乎잇가
曰 脩己以安人이니라
曰 如斯而已乎잇가
曰 脩己以安百姓이니 脩己以安百姓은 堯舜도 其猶病諸시니라

子路가 君子의 道에 대해 묻건대,
孔子께서 가라사대 "敬으로써 몸을 닦는 것이니라."
가로되 "이와 같이 할 따름입니까?"
가라사대 "몸을 닦아 남을 편안하게 할지니라."
가로되 "이와 같이 할 따름입니까?"
가라사대 "몸을 닦아 백성을 편안하게 해야 하니, 몸을 닦아 백성을 편안하게 하는 것은 요순堯舜께서도 그 오히려 부족하다고 여기셨느니라."

脩己以敬은 夫子之言이 至矣盡矣나 而子路少之라 故로 再以其充積之盛하여 自然及物者로 告之하시니 無他道也라 人者는 對己而言이요 百姓則盡乎人矣라 堯舜猶病은 言不可以有加於此니 以抑子路하여 使反求諸近也라

蓋聖人之心이 無窮하여 世雖極治나 然이나 豈能必知四海之內에 果無一物不得其所哉리오 故로 堯舜도 猶以安百姓爲病이시니라 若曰 吾治已足이라 하면 則非所以爲聖人矣니라

程子曰 君子ㅣ脩己以安百姓하고 篤恭而天下平이니 惟上下一於恭敬이면 則天地自位하고 萬物自育하여 氣無不和而四靈畢至矣라 此는 體信達順之道니 聰明睿知皆由是出하니 以此事天饗帝니라

'敬으로써 몸을 닦는다'는 것은 夫子의 말씀이 지극하고 곡진曲盡한데도, 子路는 부족하다고 여겼다. 그러므로 다시 그 충적充積이 盛하여 자연히 사물에까지 미치게 된다는 것으로써 告하시니, 다른 방도가 있는 것이 아니다. '人'은 자신의 상대로 말한 것이요, '百姓'은 곧 사람을 다 포함한 것이다. '堯舜도 오히려 부족하게 여겼다'는 것은 가히 여기에 더할 것이 없다는 말이니, 子路를 제어하여 돌이켜 가까운 곳에서 구하게 하신 것이다.

대개 聖人의 마음은 끝이 없어 세상이 비록 지극히 잘 다스려진다 해도, 그러나 어찌 능히 반드시 四海의 안에 과연 한 가지 물건이라도 그 제자리를 얻지 못한 것이 없다는 것을 알 수 있으리오? 그러므

로 堯舜도 오히려 백성을 편안하게 하는 것이 부족하다고 여기신 것이니라. 만약 '나의 다스림이 이미 만족스럽다.'라고 말한다면, 곧 聖人이 될 수 있는 바가 아니다.

程子 가로되 "君子가 몸을 닦아 백성을 편안하게 하고, 恭敬을 독실하게 하여 天下가 태평해지니, 오직 上下가 恭敬에 한결같이 하면 곧 天地가 저절로 자리를 잡고 萬物이 저절로 生育되어, 기운이 和하지 아니함이 없어서 네 가지 영물靈物이 모두 이를 것이다. 이는 誠信을 체현體現하고 和順한 境界에 도달하는 道이니, 총명聰明과 예지睿知가 모두 이로 말미암아 나오니, 이로써 하늘을 섬기고 天帝께 제향祭饗하는 것이다."

주해

- 君子: 여기서는 君子의 道를 말한다.
- 已: 그치다. '止'와 같다.
- 猶病: 오히려 부족하다고 여기다. 病(부족할 병)
- 少: 부족하다고 여기다. 少(부족할 소)
- 充積: 가득차다. 充(채울 충) 積(쌓을 적)
- 四靈: 전설상의 네 가지 신령한 동물. 곧 린麟·봉鳳·구龜·용龍을 말한다. 麟(기린 린) 鳳(봉새 봉) 龜(거북 구) 龍(용 룡)
- 體信達順: 誠信을 體現하고, 和順한 境界에 도달하다.
  《禮記·禮運》篇에 나온다. "先王能修禮以達義, 體信以達順故. 此順之實也."
  朱子가 말했다. "'信'은 實理이고, '順'은 和氣이다. '體身'은 中에 이른다는 뜻이고, '達順'은 和에 이른다는 뜻이다. 信是實理, 順是和氣. 體身是致中意, 達順是致和意."(大全註疏)
- 畢(모두 필) 叡(밝을 예) 饗(잔치할 향)

【備旨】

子路ㅣ問何如而後에 爲君子니잇고

夫子ㅣ告之曰 人之成德은 不外自心하이 若能修其在己하되 惟一以敬하고 戒愼恐懼하여 無敢惰惰放이면 則天理以存하고 人欲以遏이리니 是之爲君子也니라 蓋敬은 該動靜合內外徹上下하니 所以齊家治國平天下之本이 擧積諸此니라

子路ㅣ不喩而少之也曰 君子之道ㅣ如斯修己而已乎잇가

夫子ㅣ告之曰 敬이 極其至면 則心平氣和하고 靜虛動直하여 而施爲自然各當其理라 是以로 治之所及에 人得其安하니 修己以敬而可以安人也니라

子路ㅣ又不喩而少之也曰 君子之道ㅣ如斯安人而已乎잇가

夫子ㅣ又告之曰 施爲當理면 將羣黎百姓이 莫不其安이니 修己以敬而可以安百姓也니라 夫修己以安百姓은 此其功效之大니 堯舜之心도 猶以爲病하니 此決非君子면 不足以當之矣 而子ㅣ何以是爲不足盡君子也오

子路가 묻건대 "어떻게 한 이후에 君子가 될 수 있사옵니까?"

夫子께서 告하여 가라사대 "사람이 德을 이루는 것은 스스로의 마음에서 벗어나지 않으니, 만약 능히 그 몸에 있는 것을 닦되 오직 敬으로써 한결같이 하고, 계신戒愼하고 공구恐懼하여 감히 마음에 게으르고 방자한 생각이 없으면, 곧 天理를 보존하고 人欲을 막을 수 있을

것이니, 이것이 君子가 되는 것이니라. 대개 敬은 動靜을 갖추고 內外를 합하며 上下로 통하니, 집안을 가지런히 하고 나라를 다스리고 천하를 태평하게 하는 근본이 모두 여기에 쌓여 있느니라."

子路가 깨닫지 못하고 부족하다고 여겨 가로되 "君子의 道가 이와 같이 몸을 닦는데 그칠 뿐입니까?"

夫子께서 고하여 가라사대 "敬이 그 지극함을 다하면 곧 마음이 평화롭고 기운이 화평하며, 고요하면 텅 비어 있고 움직이면 곧아서, 베풀면 자연스럽게 각각 그 이치에 마땅하게 되느니라. 이로써 다스림이 미친 곳에 사람들이 그 편안함을 얻으니, 敬으로써 몸을 닦아 남을 편안하게 할 수 있느니라."

子路가 또 깨닫지 못하고 부족하다고 여겨 가로되 "君子의 道가 이와 같이 남을 편안하게 하는데 그칠 뿐입니까?"

夫子께서 또 고하여 가라사대 "베풀어서 이치에 마땅하게 되면, 장차 수많은 백성들이 그 편안하지 아니함이 없으니, 敬으로써 몸을 닦아 가히 백성들을 편안하게 할 수 있느니라. 무릇 몸을 닦아 백성을 편안하게 하는 것은 이는 그 공효功效가 큰 것이니, 요순堯舜의 마음으로도 오히려 부족하게 여겼으니, 이는 결단코 君子가 아니면 족히 감당할 수가 없거늘, 그대(子路)는 어찌 이것이 족히 君子의 道를 다할 수 없다고 여기는가?"

주해

- 懼(두려워할 구) 惰(게으를 타) 遏(막을 알) 徹(통할 철) 擧(모두 거)
- 羣黎百姓: 수많은 백성. 萬民. 黎(많을 려)
  《詩·小雅·天保》篇에 나온다. "羣黎百姓, 徧爲爾德." 鄭玄의 箋에 "黎, 衆也. 羣衆百姓."이라 했고, 朱자의 《集傳》에 "羣, 衆也. 黎, 黑也, 猶秦言黔首也."라고 풀이했다. 黔(검을 검)

[14·46]

原壤이 夷俟러니
子曰 幼而不孫弟하며 長而無述焉이요 老而不死가 是爲賊이라 하시고 以杖叩其脛하시다

원양原壤이 걸터앉은 채로 孔子를 기다리는데, 孔子께서 가라사대 "어려서는 공손하지 못하고, 자라서는 칭찬할 만한 일이 없으며, 늙어서는 德行도 없이 죽지 않으니, 이는 적해賊害만 될 뿐이니라."라고 하시고, 지팡이로 그 정강이를 가볍게 치셨다.

原壤은 孔子之故人이니 母死而歌라 蓋老氏之流로 自放於禮法之外者라 夷는 蹲踞也요 俟는 待也니 言見孔子來而蹲踞以待之也라 述은 猶稱也라 賊者는 害人之名이니 以其自幼至老에 無一善狀而久生於世하여 徒足以敗常亂俗이면 則是賊而已矣라 脛은 足骨也라 孔子旣責之하시고 而因以所曳之杖으로 微擊其脛하여 若使勿蹲踞然이시니라

'원양原壤'은 孔子의 옛 친구이니, 어머니가 죽었는데 노래를 불렀다. 대개 老子의 무리로서 스스로 禮法의 밖에 방탄放誕한 자이다. '이夷'는 걸터앉다(또는 쭈그려 앉다)는 뜻이요, '사俟'는 기다림이니, 孔子가 오는 것을 보고도 걸터앉아 기다리고 있었다는 말이다. '술述'은 칭찬함

과 같다. '적賊'은 사람을 해친다는 명칭이니, 그가 어려서부터 늙을 때까지 하나도 善한 모습이 없이 세상에 오래 살면서, 한갓 족히 常道를 해치고 풍속을 어지럽힌다면 곧 이는 적해賊害일 뿐이다. '경脛'은 다리뼈이다. 孔子께서 이미 꾸짖으시고, 인하여 끌고 다니던 지팡이로 그 정강이를 가볍게 쳐서, 마치 걸터앉지 말도록 하신 것이다.

주해

- 原壤: 孔子의 옛 친구. ≪禮記 · 단궁檀弓≫篇에 그에 관한 고사가 나오는데, 原壤의 모친이 죽자 孔子가 가서 治喪을 도와 주었는데, 原壤은 오히려 棺 위에 서서 노래를 불렀다고 전한다. 壤(흙 양)
- 夷俟: 걸터앉아 기다리다. '이夷'는 '준거蹲踞' 또는 '기거箕踞'와 같다. '蹲踞'는 웅크리거나 쭈그려 앉아 있는 모습이고, '箕踞'는 땅위에 앉아 다리를 八字 모양으로 쭉 뻗고 앉아 있는 모습이다. 夷(걸터앉을 이) 俟(기다릴 사) 箕(다리뻗고앉을 기) 蹲(웅크릴 준) 踞(웅크릴 거. 걸터앉을 거)
  雙峯饒氏가 말했다. "'준거蹲踞'는 솔개가 웅크리고 앉아 있기를 좋아하기 때문에 '준치蹲鴟'라고 말한다. 또는 혹 '치이鴟夷'라고도 말하는데, '夷'는 곧 '蹲'의 뜻이다. 蹲踞, 鴟鳥好蹲, 故謂之蹲鴟. 又或謂之鴟夷, 夷卽蹲也."(大全註疏) 鴟(솔개 치)
- 孫弟: 겸손謙遜하고 공손恭遜하다. '遜悌'와 같다. 遜(겸손할 손) 悌(공손할 제)
- 敗常亂俗: 常道를 해치고 풍속을 어지럽히다.
  ≪書 · 君陳≫篇에 나온다. "狃於姦宄, 敗常亂俗." 狃(친압할 뉴) 宄(도둑 귀)
- 誕(속일 탄) 述(지을 술) 杖(지팡이 장) 叩(두드릴 고) 脛(정강이 경)

【備旨】

原壤者는 孔子之故人也니 見孔子來而蹲踞以待之러니

孔子ㅣ責之曰 人之生於世하여 方其幼也에 有長者在上이면 則當孫順以盡弟道하고 長而成人이면 則當有以自立하여 使人得有所稱述이어늘 汝幼小하얀 不孫順於長上하고 及長而無德行可稱述이요 今老則不如早死免得하여 久留身於世하여 爲風俗之蠹而又不死하고 不循禮敎하여 敗常亂俗하니 是爲賊害己耳라 하시고 旣數責之하고 復以杖叩其脛하여 使勿復蹲踞然也시니라

原壤은 孔子의 옛 친구인데, 孔子께서 오시는 것을 보고 걸터앉아 기다리고 있었는데,
孔子께서 그를 꾸짖어 가라사대 "사람이 세상에 태어나 바야흐로 그 어렸을 때 어른이 위에 계시면 곧 마땅히 손순遜順하게 공손한 도리를 다해야 하고, 자라서 成人이 되면 곧 마땅히 自立함이 있어 사람들에게 칭찬받고 기술되는 바가 되어야 하거늘,
그대는 어려서는 어른께 손순遜順하지 못하고, 자라서는 가히 칭찬하고 기술할만한 德行이 없으며, 이제 늙어서는 곧 일찍 죽어 면하는 것만 같지 못하거늘, 오래도록 세상에 몸을 맡기면서 風俗의 해충이 되었는데도, 또 죽지도 아니하고 禮敎도 따르지 아니하여, 常道를 해치고 風俗을 어지럽히니, 이는 몸의 賊害만 될 뿐이니라."라고 하시며, 이미 수차례 꾸짖고 나서 다시 지팡이로 그 정강이를 때리며 다시는 걸터앉지 못하게 하셨다.

주해

- 稱述: 찬양하며 기술記述하다. '稱揚述說'의 뜻.
  ≪史記 · 陳杞世家≫에 나온다. "杞小微, 其事不足稱述."

- 孫順: 겸손하게 따르다. '遜順'과 같다. 遜(겸손할 손)
- 免得: 면제하다. 생략하다. 免(면할 면)
- 留身: 목숨을 보존하다.
- 蠹(좀 두) 循(좇을 순)

[14·47]

闕黨童子ㅣ將命이어늘 或이 問之曰 益者與잇가

궐당闕黨의 童子가 命을 전하거늘,
혹자가 물어 가로되 "학문에 진전이 있어서 시키신 것입니까?"

闕黨은 黨名이라 童子는 未冠者之稱이라 將命은 謂傳賓主之言이라 或人이 疑此童子學有進益이라 故로 孔子ㅣ使之傳命하여 以寵異之也라

'궐당闕黨'은 黨의 지명이다. '童子'는 관례冠禮를 치르지 않은 자의 호칭이다. '將命'은 손님과 주인의 말을 전달하는 것을 이른다. 或人이 이 童子의 배움에 進益이 있기 때문에, 孔子께서 그로 하여금 命을 전달하게 하여 특별히 총애하신 것이라고 의아해한 것이다.

주해

- 黨: 마을의 단위.

● 將命: 命을 받들다. 命을 傳하다. 여기서는 후자의 뜻으로 쓰였다. 將(전달할 장)

● 進益: 학식과 修養工夫에 進步(진전進展)가 있음.

● 寵異: 특별히 총애寵愛하거나 존중하다. 寵(은혜 총) ≪漢書 · 敘傳上≫에 나온다. "班侍中本大將軍所擧, 宜寵異之."

【備旨】

闕黨에 有童子하여 來學於夫子러니 夫子ㅣ使之傳賓主之命이어늘
或人이 疑而問之曰 傳命은 非易事也어늘 此童子ㅣ必學有進益이라 故로 爲此以寵異之與잇가

궐당闕黨에 童子가 있어 夫子께 와서 배웠는데, 夫子께서 그로 하여금 손님과 주인의 命을 전하게 하시거늘,
或人이 의아하게 여겨 물어 가로되 "命을 전하는 것은 쉬운 일이 아니거늘, 이 童子가 반드시 배움에 進益함이 있기 때문에 이 일을 시켜서 특별히 그를 총애하시는 것입니까?"

子曰 吾見其居於位也하며 見其與先生並行也하니 非求益者也라 欲速成者也니라

孔子께서 가라사대 "내 그가 長子의 자리에 앉는 것을 보았으며,

그가 선생과 더불어 나란히 걸어가는 것을 보았으니, 배움에 進展을 구하는 자가 아니라, 빨리 成人이 되고자 하는 자이니라."

禮에 童子當隅坐隨行이라 孔子言 吾見此童子에 不循此禮하니 非能求益이요 但欲速成爾라 故로 使之給使令之役하여 觀長少之序하고 習揖遜之容하니 蓋所以抑而教之요 非寵而異之也라

禮에 童子는 마땅히 모퉁이에 앉고 어른을 뒤에서 따라가야 한다. 孔子께서 "내 이 童子를 보건대 이런 禮를 따르지 아니하니, 능히 배움의 進展을 구하는 것이 아니요, 다만 빨리 成人이 되고자 할 뿐이다."라고 말씀하셨다. 그러므로 그에게 사령使令의 일을 맡겨서 長少의 차례를 살피고, 읍손揖遜의 몸가짐을 익히게 한 것이니, 대개 그를 제어하여 가르치신 것이요, 특별히 그를 총애하신 것이 아니다.

주해

- 居於位: 長子의 자리에 앉다.
- 先生: 연장자를 말한다.
- 並行: 어깨를 나란히 하고 걷다.
- 速成: 成人의 班列에 빨리 오르고자 하다.
- 隅坐: 모퉁이에 앉다. 隅(모퉁이 우)
  ≪禮記 · 檀弓上≫篇에 나온다. "曾子寢疾, 病, 樂正子春坐於牀下, 曾元曾申坐於足, 童子隅坐而執燭." 鄭玄의 註에 "隅坐, 不與成人並."이라 풀이했다.
- 使令: 심부름꾼, 또는 심부름을 시키다.
  ≪孟子 · 梁惠王上≫篇에 나온다. "便嬖不足使令於前與?" 嬖(사랑할 폐)

● 揖遜: 賓主의 禮. '읍양揖讓'과 같다. 揖(읍 읍) 讓(사양할 양) ≪周禮·秋官·司儀≫篇에 나온다. "司儀掌九儀之賓客擯相之禮, 以詔儀容辭令揖讓之節." 賔(손 빈) 擯(물리칠 빈)

【備旨】

夫子ㅣ告之曰 禮에 童子當隅坐어늘 而此童子는 吾見其居於位也니 不循隅坐之禮矣요 禮에 童子當隨行이어늘 而此童子는 吾見其與先生並行也니 不循隨行之禮矣라 是非能謙虛下人하여 以求學之益也요 乃不守童子之分하고 而欲速進於成人之列者也라 故로 使之將命하여 亦欲其觀長少之序하고 習揖遜之容하여 以潛消其亢志焉耳니라 是乃抑而教之니 豈寵而異之哉아

夫子께서 고하여 가라사대 "禮에 童子는 마땅히 모퉁이에 앉아야 하거늘, 이 童子는 내 보기에 그 長子의 자리에 앉아 있으니, 모퉁이에 앉아야 하는 禮를 따르지 않은 것이요, 禮에 童子는 마땅히 어른을 뒤따라야 하거늘, 이 童子는 내 보기에 그 先生과 더불어 나란히 걸어가니, 선생을 뒤따라야 하는 禮를 따르지 않은 것이니라.
이는 능히 아랫사람들에게 겸허謙虛하고 배움의 進展을 구하는 것이 아니요, 곧 童子의 분수를 지키지 않고 成人의 반열에 빨리 나아가고자 하는 자이니라. 그러므로 그로 하여금 命을 전하게 하여, 또한 그 長少의 차례를 살피고 읍손揖遜의 몸가짐을 익혀서, 그 거만한뜻을 남몰래 없애도록 할 뿐이니라. 이는 곧 그를 제어하고 가르치는 것이니 어찌 특별히 그를 총애하는 것이리오?"

주해

● 謙虛下人: 아랫사람들에게 겸손하다, 자만하지 않다. 謙虛는 '겸손謙遜'과 같고, 下人은 百姓을 말한다.
≪詩 · 小雅 · 角弓≫篇에 "莫肯下遺"라고 했고, 鄭玄의 箋에 "今王不以善政啟小人之心, 則無肯謙虛以禮相卑下, 先人後己, 用此居處, 斂其驕慢之過者."라고 풀이했다. 斂(거둘 렴)

● 潛消: 남몰래 사라지게 하다. 潛(몰래 잠) 消(사라질 소)

● 亢志: 고상한 뜻, 또는 스스로 굽히지 않고 세상을 거만하게 바라보는 태도. 여기서는 후자의 뜻으로 쓰였다. '抗志'와 통한다. 亢(높을 항)
三國시대 魏나라 조식曹植의 ≪문제뢰文帝誄≫에 "潛心無妄, 亢志清冥."라고 했고, ≪六韜 · 上賢≫篇에 "士有抗志高節以爲氣勢, 外交諸侯, 不重其主者, 傷王之威."라고 했다. 誄(조문 뢰)

부록1

孔子世系表

◀ 孔子祖先 ▶

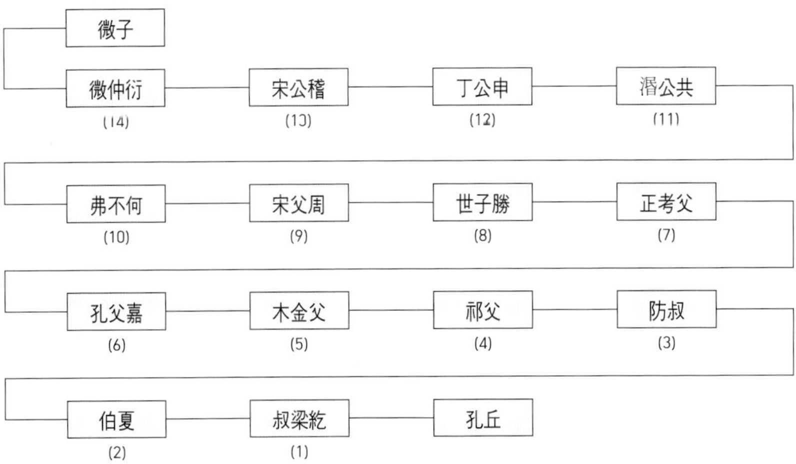

* 〈孔子辭典 · 孔子世系表〉, 上海辭書出版社, 2008. 참조.

◀ 孔 氏 嫡 裔 ▶

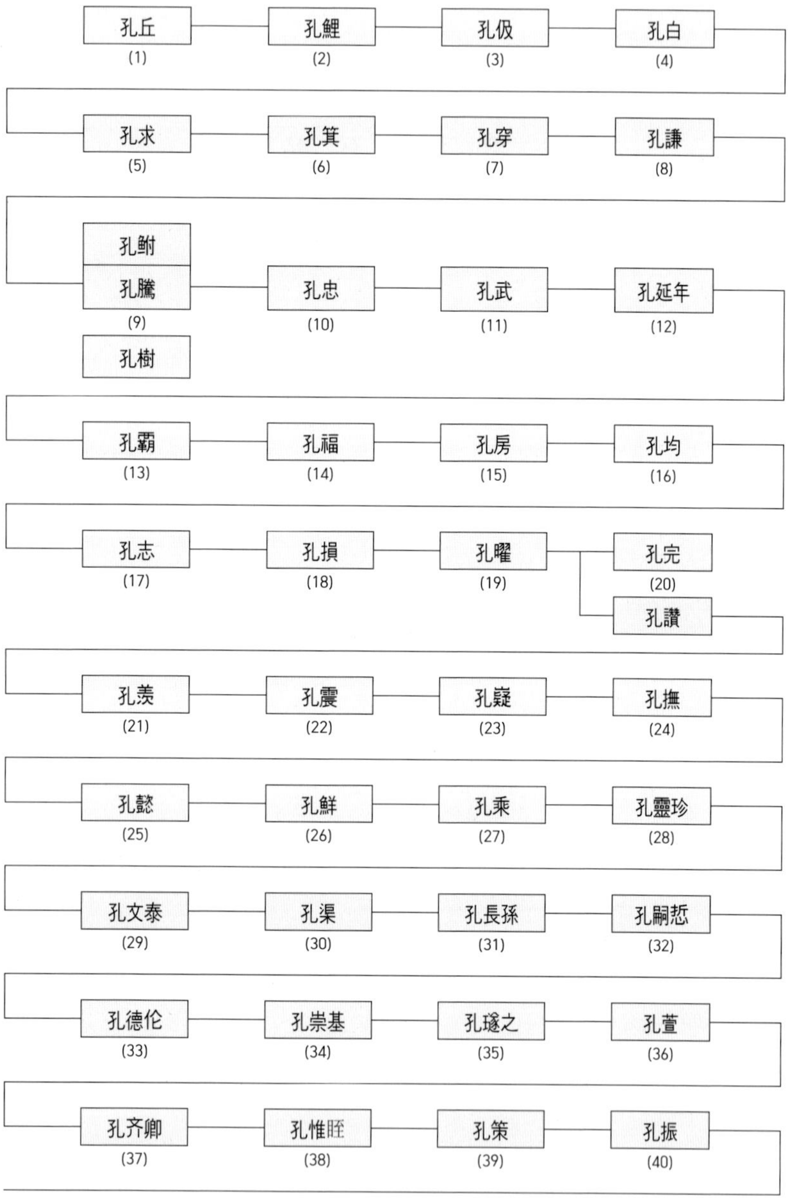
孔丘
(1)
孔鯉
(2)
孔伋
(3)
孔白
(4)
孔求
(5)
孔箕
(6)
孔穿
(7)
孔謙
(8)
孔鮒
孔騰
(9)
孔樹
孔忠
(10)
孔武
(11)
孔延年
(12)
孔霸
(13)
孔福
(14)
孔房
(15)
孔均
(16)
孔志
(17)
孔損
(18)
孔曜
(19)
孔完
(20)
孔讚
孔羨
(21)
孔震
(22)
孔嶷
(23)
孔撫
(24)
孔懿
(25)
孔鮮
(26)
孔乘
(27)
孔靈珍
(28)
孔文泰
(29)
孔渠
(30)
孔長孫
(31)
孔嗣悊
(32)
孔德伦
(33)
孔崇基
(34)
孔璲之
(35)
孔萱
(36)
孔齐卿
(37)
孔惟晊
(38)
孔策
(39)
孔振
(40)

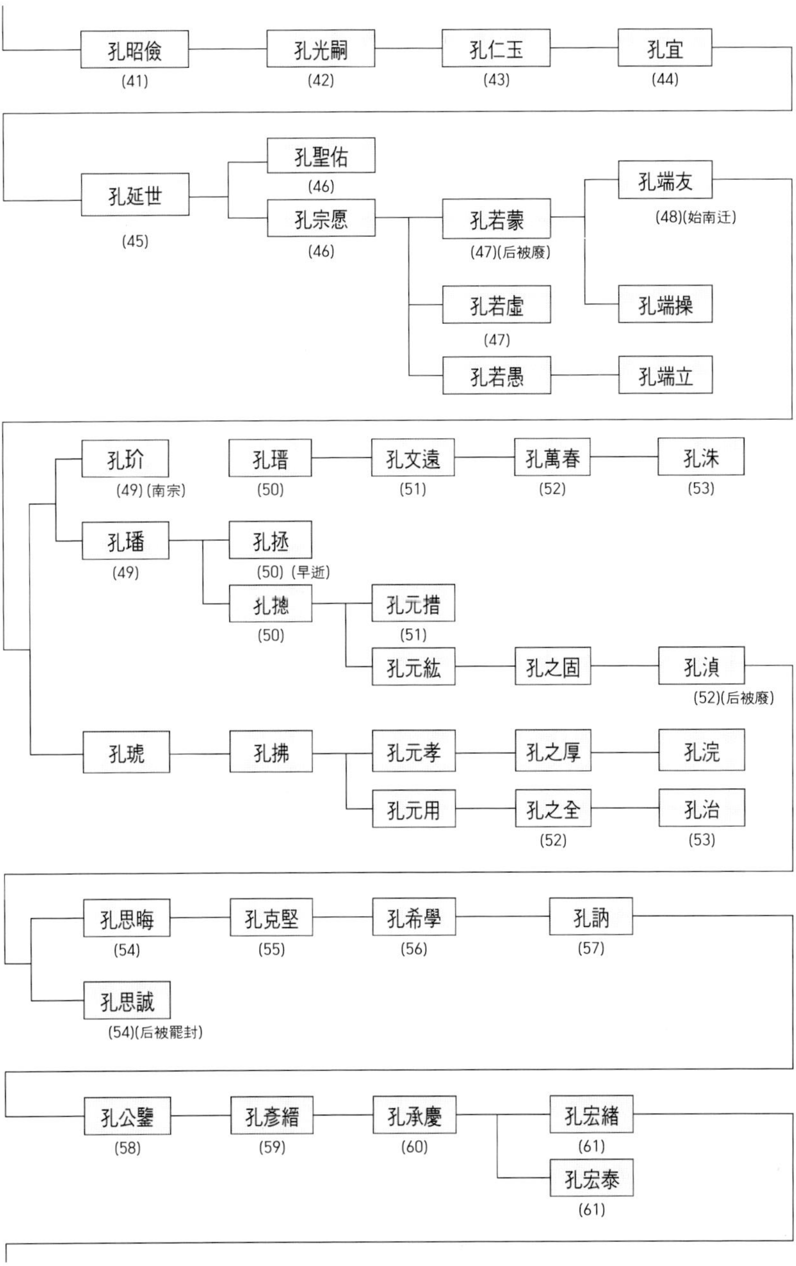

孔昭儉 (41)
孔光嗣 (42)
孔仁玉 (43)
孔宜 (44)
孔延世 (45)
孔聖佑 (46)
孔宗愿 (46)
孔若蒙 (47)(后被廢)
孔端友 (48)(始南迁)
孔端操
孔若虛 (47)
孔若愚
孔端立
孔玠 (49) (南宗)
孔瑨 (50)
孔文遠 (51)
孔萬春 (52)
孔洙 (53)
孔璠 (49)
孔拯 (50) (早逝)
孔摠 (50)
孔元措 (51)
孔元紘
孔之固
孔湞 (52)(后被廢)
孔琥
孔拂
孔元孝
孔之厚
孔浣
孔元用
孔之全 (52)
孔治 (53)
孔思晦 (54)
孔克堅 (55)
孔希學 (56)
孔訥 (57)
孔思誠 (54)(后被罷封)
孔公鑒 (58)
孔彥縉 (59)
孔承慶 (60)
孔宏緒 (61)
孔宏泰 (61)

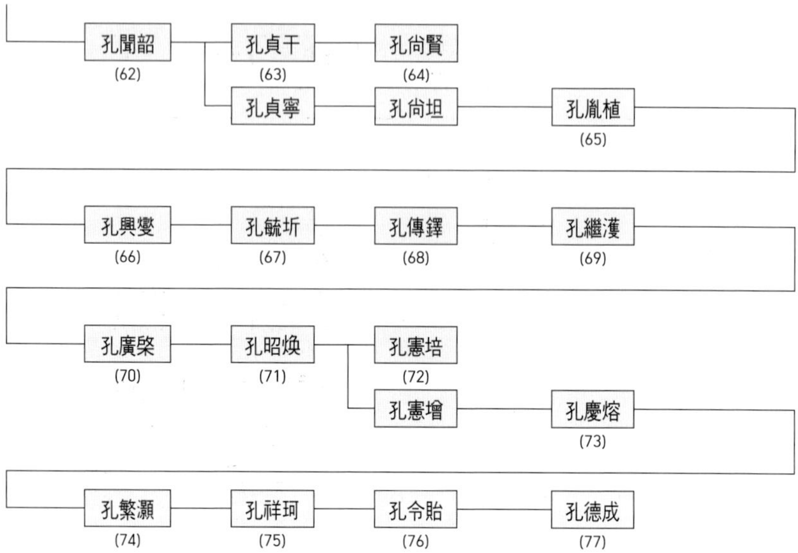
孔聞韶
(62)
孔貞干
(63)
孔尚賢
(64)
孔貞寧
孔尚坦
孔胤植
(65)
孔興燮
(66)
孔毓圻
(67)
孔傳鐸
(68)
孔繼濩
(69)
孔廣棨
(70)
孔昭煥
(71)
孔憲培
(72)
孔憲增
孔慶鎔
(73)
孔繁灝
(74)
孔祥珂
(75)
孔令貽
(76)
孔德成
(77)

부록 2

색 인

論語集註 備旨 懸吐 完譯

論語集註 備旨 (III)

인쇄 | 2012년 2월 15일
발행 | 2012년 2월 25일

저자 | 曉泉 金慶國 · 木仁 朴相澤
발행 | 김윤수
발행처 | 전남대학교출판부

등록 | 1981. 5. 21. 第53호
주소 | 500-757 광주광역시 북구 용봉로 77
전화 | (062) 530-0571~3
팩스 | (062) 530-0579
홈페이지 | http://altair.chonnam.ac.kr/~cnup

값 25,000원

ISBN 978-89-7598-821-9 (94820) 세트
ISBN 978-89-7598-996-4 (94820)

이 도서의 국립중앙도서관 출판시도서목록(CIP)은 e-CIP홈페이지(http://www.nl.go.kr/ecip)와 국가자료공동목록시스템(http://www.nl.go.kr/kolisnet)에서 이용하실 수 있습니다.
(CIP제어번호 : CIP2012000719)